Wilfried Westphal
Königinnen der Nacht

Wilfried Westphal

Königinnen der Nacht

Vom Glanz und Elend käuflicher Liebe

Magnus Verlag

© 2004 Magnus Verlag, Essen
Alle Rechte vorbehalten
Umschlaggestaltung: DPS, Essen; Foto: Dietmar Gust
Satz: Hans Winkens, Wegberg
ISBN 3-88400-501-4

»Liebe mich immer
und sei nicht eifersüchtig,
wenn mich auch andere lieben.«

Hermione, Hetäre

»Wenn ich nicht vor Scham,
Qual und Angst gestorben bin,
so habe ich es meinem Lebenswillen zu verdanken,
der stärker war als alles andere.«

Germaine Aziz, Nordafrikanerin

Inhalt

Anhang

Wovon die Rede ist

Im »Spiegel« fand sich nur eine kleine Notiz; sie lautete: »Der Bundestag verabschiedet das neue Prostitutionsgesetz, wonach Huren und Callboys von Bordellbetreibern sozialversichert werden müssen. Außerdem können Prostituierte ihren Lohn künftig einklagen, da ihre Dienstleistung nicht mehr als sittenwidrig gilt.« Die Notiz bezog sich auf den 19. Oktober 2001; das war einen Monat nach den verheerenden Terroranschlägen in den USA, denen denn auch das eigentliche Augenmerk des »Spiegel«, der dazu eine neuerliche Titelgeschichte brachte, galt. Verständlich, daß eine solche vermeintliche Nebensächlichkeit wie die Sanktionierung eines Tatbestandes, der ohnehin quasi als selbstverständlich angesehen wurde, kaum Beachtung fand. Und dennoch bedeutete das neue Gesetz eine Zäsur, denn es galt auf einmal nicht mehr als *sittenwidrig,* was bislang stets als ein Verstoß gegen Anstand und Moral betrachtet worden war. Zumindest von offizieller Seite. Ein Tabu war gebrochen, letzte Hemmungen konnten fallen: wer bislang gezögert hatte, dem stand nun wirklich nichts mehr im Wege. Sogar der Staat erteilte seinen Segen.

Nun ging es dem Gesetzgeber nicht um den Freier, sondern um die Hure. Ihr sollte das Gesetz helfen, ihre oft prekäre Existenz abzusichern. Und diese Absicht ist durchaus auch anerkennenswert. Nur – der Preis, den man akzeptierte, ist hoch: man gab ein Prinzip auf, das zwar häufig belächelt wurde, denn es war nicht nur weltfremd, sondern auch heuchlerisch (schließlich kassierte der Staat auch früher schon Steuern, die er auf das florierende Geschäft mit der Liebe erhob); doch indem man vom Prinzip der Wahrung eines moralischen Standards, soweit er sich auf sittliche Normen bezog, abrückte, wurden eben jene Normen weiter ausgehöhlt. Mit dem Ergebnis, daß es heute praktisch keine Grenzen mehr gibt, wenn es darum geht, sexuelle Befriedigung zu erlangen. Vom einschlägigen Umgang mit Kindern einmal abgesehen.

Man wird einwenden, daß das eher eine philosophische Frage ist, allenfalls ein Thema, das die Ethik beschäftigt; mit der es auch nicht mehr weit her ist. Die Realität geht darüber längst hinweg; was – wie im vorliegenden

Fall – nur allzu deutlich wird, wenn man sich vergegenwärtigt, daß die Zahl derer, die *täglich* den Gang zu einer Prostituierten tun, die Marke von *einer Million* längst überschritten hat. Die Auswirkungen, die das auf Ehe und Familie, Freundschaft und Liebe, die Anerkennung und Achtung des Menschen hat, werden geflissentlich übersehen. Die Ehe – und damit die Familie – ist ohnehin ein Auslaufmodell, und was Liebe oder gar Würde des Menschen betrifft, das sieht man auch gelassen: Liebe höchstens auf Zeit, und Würde reklamiert man allenfalls für sich. Aber es geht auch ohne: was zählt ist der Schein, nicht das Sein.

Vielleicht ist er dennoch glücklich, der Mensch der sogenannten Postmoderne, und wenn es so ist, so gönnen wir ihm sein Glück. Mit einer Ausnahme; wie im »Focus« vor geraumer Zeit zu lesen stand, wiewohl gleichfalls nur als kurze Notiz: »Trotz Sondereinsatzgruppen und internationaler Polizeikooperation floriert der Frauenhandel. Nach einem internen Bericht des Bundeskriminalamts (BKA) in Wiesbaden kamen auf diese Weise im vergangenen Jahr durchschnittlich 16 Ausländerinnen pro Woche nach Deutschland, meist im Alter zwischen 18 und 25 Jahren.«

Die meisten kamen nicht freiwillig: »Durch Tricks angelockt oder auch mit Gewalt gezwungen, landeten sie als Prostituierte im Rotlichtmilieu. 87,5 Prozent der Opfer stammen aus Osteuropa, 17 Prozent davon sind Polinnen. Es folgen Frauen aus der Ukraine mit 13,8 Prozent, Tschechien (12,4) und Rußland (8,8 Prozent).«

Der genannte Bericht bezog sich auf das Jahr 1998. Was nicht bedeutet, daß sich die Situation seitdem verbessert hat. Der »Economist«, das britische Nachrichtenmagazin, vermeldete (in einem ausführlicheren Bericht) im August 2000: »Nach konservativen Schätzungen beläuft sich die Zahl der Frauen, die jedes Jahr in die Europäische Union und die wohlhabenderen Länder Mitteleuropas geschmuggelt werden, auf 300 000, wobei jedoch nicht alle in der Sexindustrie landen. Doch die Zahl könnte durchaus auch doppelt so hoch sein. Etwa 20 000 Frauen arbeiten in rund 600 Bordellen allein in der Tschechischen Republik, die meisten von ihnen Ausländerinnen, die in das Land geschmuggelt wurden. Das Innenministerium der Ukraine geht davon aus, daß viele der 400 000 ukrainischen Frauen, die das Land seit der Unabhängigkeit verlassen haben, in die Sexindustrie hineingezogen worden sind.«

Selbst wenn sich Osteuropäerinnen freiwillig auf das Abenteuer im Westen einlassen und sich mit ihrem Los als Prostituierte abfinden, so ist das noch nicht das Ende ihrer Pein. Müssen sie doch nur zu oft mit dem Schlimmsten rechnen: »Die Leichen von mehreren hundert eingeschleusten Frauen – erwürgt, erschossen oder zu Brei geschlagen – tauchen jedes Jahr überall in Europa auf. Viele weitere Leichen, davon geht Europol aus, werden nie gefunden. Die organisierten Schleuserbanden, die junge Frauen, zumeist aus Ost- und Mitteleuropa, in die Prostitution verschleppen, kennen keine Skrupel.«

Wenn es sich hierbei um eine Randerscheinung handeln würde – im europäischen Maßstab wie auch auf Deutschland bezogen –, wäre das zwar immer noch ein erschreckender Vorgang, aber eben ein periphäres Problem. Doch – die Größenordnung, die angeführt wird, beweist es – es handelt sich *nicht* um eine Bagatelle, und deshalb ist – ungeachtet aller anderen Argumente – ein Gesetz, das die Prostitution gewissermaßen salonfähig macht, im höchsten Maße bedenklich. Denn es setzt ein Signal, das in die falsche Richtung weist. Wenn Prostitution nicht mehr als sittenwidrig gilt, dann sind die skrupellosen Machenschaften von Zuhältern und Menschenhändlern letztlich auch nur noch höchstens Kavaliersdelikte. Auch wenn der Gesetzgeber dies nicht so sehen mag: die Gesellschaft, die sozusagen einen Freischein in der Hand hält, muß den Eindruck gewinnen, daß nunmehr alles, was mit der Prostitution zusammenhängt, legal ist. Anything goes, solange man das Geld hat. Und für einen Gang ins Bordell reicht es allemal.

Es ist also zu unterscheiden zwischen Huren aus dem eigenen Land, die nur allzuoft *freiwillig* ihrem Beruf nachgehen, und Ausländerinnen, die zumeist in die Prostitution *gezwungen* werden: die einen profitieren von dem neuen Gesetz, die andern müssen darunter leiden! Denn die Prostitution ist ein ambivalentes Geschäft. Sie ist es immer gewesen: es gab Gewinner (auch unter den Prostituierten), und es gab Verlierer. Die meisten, die ihren Körper verkauften, gehörten zur letzteren Kategorie. Und es erhebt sich die Frage, was es denn mit dem angeblich »ältesten Gewerbe« tatsächlich auf sich hat. Vermeintlich hat es dieses »Gewerbe« zu allen Zeiten und in allen Gesellschaften gegeben. Und es war durchaus nicht immer so, daß es dabei um einen »gewerblichen« Vorgang ging. Auch die Einschätzung dessen, was man als Prostitution bezeichnet, unterlag im Laufe der Zeit Wandlungen. Die durchaus nicht nur auf die jüngste Zeit begrenzt sind. Schließlich war auch das Los einer Prostituierten nicht immer beklagenswert: als Kurtisanen standen sie oft in höherem Ansehen als eine gewöhnliche Frau, insbesondere eine ehelich angetraute. Was also ist das Wesen einer Prostituierten, der Hure oder Dirne, die aus der Entwicklung menschlicher Gesellschaften nicht wegzudenken ist und die von Dichtern besungen und von Predigern gescholten wurde und stets ein Leben im Zwielicht der Geschichte führte? Über das Phänomen »Prostitution«, das so eng mit der Entwicklung der Menschheit verbunden ist, ist oft geschrieben worden. Doch zumeist eben aus der Sicht der Allgemeinheit, der Gesellschaft: die Prostitution als gesellschaftliches Phänomen. Was sie *selbst* betrifft, die Prostituierte, darüber ist weit weniger bekannt. Was seinen Grund darin hat, daß es zumeist Männer waren, die sich berufen fühlten, zur Feder zu greifen. Und ihre Sicht war nun mal nicht die der Frau, der Prostituierten. Erst in letzter Zeit hat sich das geändert: Emanzipation und Feminismus haben dazu geführt, daß auch die Frau sich ihrer geistigen Möglichkeiten bewußt wird und sie nützt. In einem neuen Wissenschaftszweig, der sich Frauenforschung nennt. Darin spielt auch die Prostitution eine Rolle; derart, daß heute mehr Frauen als Männer über die »käufliche Liebe« schreiben. Wobei »Liebe« im eigentlichen Sinne natürlich nicht im Spiel ist. Nicht auf Seiten der Prostituierten. Zumindest nicht, soweit es den beziehungsweise die Freier betrifft. Bessere Karten hat da schon der Zuhälter, auch »Lude« genannt; eine der Ungereimtheiten der Prostitution. Aber da gibt es eben so manches, was auf den ersten Blick als Rätsel erscheint. Und der Umstand, daß die Prostitution, so weit sie auch verbreitet war, traditionell mit einem Tabu belegt wurde, hat nicht dazu beigetragen, das Geheimnis, das sie umgibt, zu lüften.

Nun, da – zumindest hierzulande – das Tabu aufgehoben ist, bietet es sich an, das Phänomen der käuflichen Liebe (oder was dafür gilt) einmal näher in Augenschein zu nehmen. Wobei als Einschränkung gilt: es ist die Prostituierte, die im Mittelpunkt steht. Nicht die Moral oder Ethik, die Perspektive der Gesellschaft. Das ist ein anderes Thema. Und lenkt – wie ich meine – vom eigentlichen Thema ab: es ist die Prostituierte, um die es geht. Ist sie Opfer? Ist sie Nutznießer? Was sind die Motive für ihr Handeln; soweit sie frei entscheiden kann? Was empfindet sie, was erwartet sie? Wie sieht *sie* ihre Rolle in der Gesellschaft? Und wenn sie Opfer ist: gibt oder gab es Gesellschaften, in denen die Prostitution unbekannt war?

Wir wollen im folgenden versuchen, diesen Fragen einmal nachzugehen. Mag sein, daß – wenn wir die mannigfaltigen Erscheinungsformen der Prostitution und ihr immer wiederkehrendes Auftreten Revue passieren lassen – die traditionelle Einschätzung, wie sie zumindest im vom Christentum geprägten Europa vorgeherrscht hat, daß nämlich die Prostitution etwas Verwerfliches und somit als sittenwidrig anzusehen sei, sich als Kuriosität des Abendlandes erweist, von der Abschied zu nehmen es längst an der Zeit war. Wahrscheinlich aber wird man differenzieren müssen; wobei schon hier die Vermutung geäußert sei, daß sich die Situation der Prostituierten im Laufe der Zeit nicht gebessert hat. Trotz Fortschritt, vermeintlich oder tatsächlich. Woraus sich ableiten ließe, daß die Frau eben immer noch nicht einen gleichberechtigten Status erlangt hat. Aber das ist einstweilen nur eine Hypothese. Immerhin: so schwungvoll mit Frauen gehandelt wie heute hat man in früheren Zeiten nicht. Sieht man von den Muslimen einmal ab, die scharenweise Frauen, die zu Sklavinnen erniedrigt wurden , für ihre Harems rekrutieren ließen. Darüber einmal eine genauere Untersuchung anzustellen, wäre auch eine lohnende, da überfällige Aufgabe. Aber sie berührt uns hier nicht, denn Haremsdamen waren nicht eigentlich Prostituierte. Obwohl sie von ihrem Herrn als willfährige Liebesdienerinnen behandelt wurden.

Der Begriff »Prostitution« leitet sich vom lateinischen *prostituere* her, mit der Bedeutung »zur Unzucht preisgeben«. Darin drückt sich eine Wertung aus, die wahrscheinlich – zumindest unterschwellig – immer bestanden hat, auch wenn Prostitution durchaus nicht immer nur als negative Erscheinung betrachtet wurde. Sie war ihrem Wesen nach auch nicht immer gewerblich, sondern konnte durchaus auch anderweitig bedingt sein; so daß eine Definition, die sich allein auf den gewerblichen Aspekt beschränkt, nicht ausreicht. Vielmehr handelt es sich bei der Prostitution in ihrer umfassenden Bedeutung um eine sexuelle Handlung, die im Rahmen einer religiösen Zeremonie, auf Grund traditionellen Brauchtums oder aus wirtschaftlichem Anreiz stattfindet; wobei sich zumeist eine erwachsene Person *weiblichen* Geschlechts prostituiert, während der Partner männlich ist. Daneben gibt es auch den umgekehrten Fall, der jedoch eine Ausnahmeerscheinung darstellt, sowie die Prostitution seitens Minderjähriger, die zwar – zumal in der heutigen Zeit – keineswegs selten ist, doch eine Erscheinungsform der Prostitution darstellt, die gesamtgesellschaftlich keine Anerkennung findet, da sie eindeutig auf Zwang und Ausbeutung beruht und somit als eine abartige Erscheinung zu bezeichnen ist. Sie ist von vornherein abzulehnen, und es erübrigt sich somit, sie in unsere Untersuchung, die der Frage der *Ambivalenz* der vorherrschenden Form der Prostitution nachgeht, mit einzubeziehen. Gleiches gilt für die männliche Prostitution, die nicht nur eine Randerscheinung darstellt, sondern auch anderen Gesetzen, die weniger auf Zwang beruhen, unterliegt wie die eigentliche weibliche Prostitution. Sie – und sie allein – bildet den Gegenstand unserer Betrachtung. Dabei kann es nicht darum gehen, eine vollständige Bestandsaufnahme, die alle Zeiten und Völker berücksichtigt, vorzunehmen. Vielmehr sollen nur die Epochen und Gesellschaften behandelt werden, die in besonderem Maße die genannte Form der Prostitution aufweisen – oder aber, um einen Vergleich mit alternativen Gesellschaftsformen zu ermöglichen, vermeintlich oder tatsächlich der Prostitution nicht bedürfen. Beabsichtigt ist also nicht eine umfassende Geschichte der Prostitution, sondern lediglich die Klärung der Frage: was ist Prostitution, wie ist sie zu werten, und was bedeutet sie für die Betroffenen? Ihnen gilt unsere primäre Aufmerksamkeit, und so seien die folgenden Ausführungen, die einen ersten Versuch ihrer Art neueren Datums darstellen, auch ihnen gewidmet. Schreiben bedeutet immer auch, sich mit dem, worüber man schreibt, zu identifizieren. Es sei denn, man begnügt sich damit, Märchen zu erzählen.

Erster Teil

Der wohlfeile Eros

Heilige Hochzeit

Das vermeintlich älteste Gewerbe war am Anfang durchaus nicht das, was man gemeinhin darunter versteht. Wie schon Herodot, ein Grieche, den man den »Vater der Geschichte« nennt, berichtet:

»Die häßlichste Sitte der Babylonier dagegen ist folgende. Jede Babylonierin muß sich einmal in ihrem Leben in den Tempel der Aphrodite begeben, dort niedersitzen und sich einem Manne aus der Fremde preisgeben. Viele Frauen, die sich nicht unter die Menge mischen wollen, weil sie reich und hochmütig sind, fahren in einem verdeckten Wagen zum Tempel; zahlreiche Dienerschaft begleitet sie. Die meisten Frauen dagegen machen es folgendermaßen. Sie sitzen in dem Heiligtum der Aphrodite und haben eine aus Stricken geflochtene Binde ums Haupt. Es sind viele zu gleicher Zeit da; die einen kommen, die anderen gehen. Geradlinige Gassen nach jeder Richtung ziehen sich durch die harrenden Frauen, und die fremden Männer schreiten hindurch und wählen sich eine aus. Hat sich eine Frau hier einmal niedergelassen, so darf sie nicht eher nach Hause zurückkehren, als bis einer der Fremden ihr Geld in den Schoß geworfen und sich draußen außerhalb des Heiligtums mit ihr vereinigt hat. Wenn er ihr das Geld zuwirft, braucht er nur die Worte zu sprechen: ›Ich rufe dich zum Dienste der Göttin Mylitta.‹ Aphrodite heißt nämlich bei den Assyriern Mylitta.«

Die Griechen hatten die Angewohnheit, fremde Götter, denen sie begegneten, mit ihren eigenen Gottheiten, die nur zu häufig vergleichbare Eigenschaften aufwiesen, zu identifizieren. Um wen es sich bei Aphrodite handelte, war jedem Griechen geläufig. Sie wurde als Göttin der Liebe verehrt und entsprach damit der römischen Venus. Ihren Ursprung aber hatte sie in jenem Babylon, von dem Herodot berichtet. Die Assyrer herrschten zwar auch über Babylon, aber sie waren nicht wirklich Babylonier, auf die sich Herodot eigentlich bezieht. Und die Babylonier nannten die Göttin, die bei den Griechen zur Aphrodite wurde, *Ischtar.* Sie war die bedeutendste unter den weiblichen

Gottheiten und wurde als Herrin der Fruchtbarkeit verehrt. Folglich wird verständlich, weshalb sich Frauen in ihrem Tempel einfanden und sich geschlechtlicher Vereinigung hingaben. Wobei jedoch bestimmte Regeln zu beachten waren; wie es bei Herodot weiter heißt:

»Die Größe des Geldstücks ist beliebig. Sie [die Frau] weist es nicht zurück, weil sie es nicht darf; denn es ist heiliges Geld. Dem ersten, der es ihr zuwirft, folgt sie; keinen verwirft sie. Ist es vorüber, so geht sie nach Hause und ist der Pflicht gegen die Göttin ledig. Wenn du ihr nachher noch so viel bietest, du kannst sie nicht noch einmal gewinnen. Die Schönen und Wohlgewachsenen sind sehr schnell befreit; die Häßlichen müssen lange Zeit warten und gelangen nicht dazu, dem Brauch zu genügen. Drei, vier Jahre müssen manche im Tempel weilen.«

Die Unglücklichen können in der Tat nicht sehr anziehend gewesen sein; aber auf diese Weise entgingen sie womöglich am Ende jener heiligen Pflicht, die jede Frau in Babylon der Göttin Ischtar schuldete. Und da es nicht in ihrem Belieben lag, unter den Fremden, die den Tempel besuchten und der Göttin einen Obolus entrichteten, wofür sie sich entschädigen ließen, zu wählen, wird die Gewährung der Liebesdienste, die sie der Göttin schuldete, für die Frau nicht immer ein Vergnügen gewesen sein. Aber es handelte sich eben um einen Dienst an der Gottheit, der einem doppelten Zweck diente: zum einen sicherte er dem Tempel ein regelmäßiges Einkommen, zum andern stellte er eine kultische Handlung dar, die magische Bedeutung hatte. Durch den Geschlechtsakt, im Namen der Göttin, sollte Fruchtbarkeit – und damit das Gedeihen des Landes und des Volkes – gewährleistet sein. Es handelte sich also um einen Brauch, der als »heilige Prostitution« bezeichnet wird. Wobei diese Form der Prostitution, für die man auch den Begriff »Tempelprostitution« verwendet, verschiedene Varianten aufweist.

Herodot verurteilt den Brauch der Tempelprostitution, wie er ihn hinsichtlich der Babylonier beschreibt. Darin erweist er sich als ein typischer Vertreter seines Volkes, der die Welt an den Maßstäben Griechenlands mißt, das gewissermaßen die Norm darstellt. Allerdings verschweigt er nicht, daß die Tempelprostitution auch in Griechenland nicht unbekannt ist. Wenngleich es sich auch eher um eine Ausnahme handelt.

Daß es den Brauch der heiligen Prostitution in Mesopotamien, zu dem das Reich der Babylonier gehörte, gegeben hat, ist unbestritten. Der Brauch hatte hier eine lange Tradition, und was Herodot schildert, bezieht sich auf eine Zeit, da die kulturelle Tradition, die Mesopotamien kennzeichnete, an ihrem Ende angelangt war. Insofern kann es sich bei dem, was Herodot über die Tempelprostitution in Babylonien überliefert, um eine Sonderform der heiligen Prostitution handeln, die eine Entartung darstellt. Denn eine Entwicklung der Prostitution, die ursprünglich gänzlich sakralen Charakter besaß, hin zu einer mehr weltlich ausgerichteten, ja gewöhnlichen Prostitution, die nicht mehr – oder nur noch andeutungsweise – mit kultischen Bräuchen in Verbindung steht, ist unverkennbar. Das trifft sowohl für Mesopotamien zu als auch für die Entwicklung der Prostitution schlechthin. Was anfangs im Zeichen der Religion stand, wurde seiner sakralen Bedeutung immer mehr entkleidet, bis Prostitution nur noch ein weltlicher Vorgang war; der schließlich sogar im Gegensatz zur Religion gesehen wurde. Ja, zum Teil noch immer gesehen wird.

Am Anfang stand die Göttin *Inanna*. Ihr Name bedeutet »Himmelsherrin«, und sie ist die Tochter des höchsten aller Götter, An. Verehrt wurde sie in Uruk, einem Ort im südlichen Mesopotamien, der das Zentrum einer Kultur bildete, die das Volk der Sumerer geschaffen hatte. Sie gelten als die eigentlichen Begründer der kulturellen Tradition Mesopotamiens, dessen historische Entwicklung durch eine Abfolge unterschiedlicher Kulturen und Völker gekennzeichnet ist. Hauptgott in Uruk war ursprünglich An, doch allmählich rückte Innana in den Mittelpunkt des Kultes, was insofern bedeutsam war, als damit das *weibliche* Prinzip in den Vordergrund trat. Allerdings war dies nicht eigentlich eine Neuerung, denn weibliche Gottheiten hatten in der voraufgegangenen Periode, die durch einen Übergang von nomadischem Hirtentum zur Seßhaftigkeit mit Pflanzenanbau gekennzeichnet war, bereits im Zentrum des Kultes gestanden. Denn während ursprünglich der Mann – als Jäger und Hirte – für den Lebensunterhalt gesorgt hatte, war es nun an der Frau, da sie – die sie zunächst Sammlerin gewesen war – sich nunmehr als Pflanzerin betätigte, für die Nahrungsbeschaffung zu sorgen. Da zudem die Analogie zwischen der Erde, die Pflanzen hervorbrachte, und der Bedeutung der Frau als Gebärerin offensichtlich war, wurde zwischen beidem eine mystische Verbindung gesehen, die sich in einer entsprechenden Gottheit manifestierte: der sogenannten großen Mutter, der alles Leben seinen Ursprung verdankte.

Durch die Bildung von Staaten, die zunächst aus lokal begrenzten Stadtstaaten bestanden, die wiederum aus dörflichen Siedlungen erwachsen waren, trat das männliche Prinzip in den Vordergrund, das aber in Uruk noch weitgehend in Schach gehalten wurde: durch die vorrangige Bedeutung jener Inanna, die als Göttin der Fruchtbarkeit und geschlechtlichen Liebe verehrt wurde. Zu diesem Attribut, das der eigentlichen Bedeutung dieser Gottheit entsprach, kam später – als fremde Eroberer die Vorherrschaft der Sumerer bedrohten – eine neue Komponente hinzu, die einen kriegerischen Aspekt betonte. Dadurch vereinigte Innana in sich zwei gegensätzliche Prinzipien, die eine allmähliche Verlagerung hin zu männlichen Gottheiten ankündigte. In einem Hymnus, mit dem die Göttin sich selbst preist, heißt es:

> *Mein Vater hat mir den Himmel gegeben, hat mir die Erde*
> *gegeben: Die Himmelsherrin bin ich.*
> *Mißt sich einer, ein Gott, mit mir?*
> *Mullil [göttlicher Zuteiler] hat mir den Himmel gegeben,*
> *hat mir die Erde gegeben: Die Himmelsherrin bin ich.*
>
> *Die Herrenschaft hat er mir gegeben, die Herrinnenschaft hat*
> *er mir gegeben,*
> *die Schlacht hat er mir gegeben, das Kampfgetümmel hat er*
> *mir gegeben,*
> *den Orkan hat er mir gegeben, den Wirbelwind hat er mir*
> *gegeben.*
>
> *Den Himmel hat er mir als Krone aufs Haupt gesetzt,*
> *die Erde als Sandale an meinen Fuß gelegt,*
> *den leuchtenden Göttermantel hat er mir umgetan,*
> *das strahlende Zepter in die Hand gegeben.*

Die fremden Eroberer, die – im Gegensatz zu den Sumerern – Semiten waren, tauften Inanna in Ischtar um, und unter diesem Namen wurde die einstige Muttergöttin weiter verehrt und stand noch zu Zeiten Herodots im Mittelpunkt des Kultes; auch wenn sie nicht mehr den ersten Platz unter den Göttern einnahm.

2

Die kriegerische Komponente im Erscheinungsbild der Inanna-Ischtar stand im Gegensatz zu ihrer eigentlichen Funktion: denn als weibliche Gottheit war ihr das Wesen des Krieges fremd. Ihre zentrale Bedeutung bezog sich auf ihre ursprüngliche Eigenschaft als Fruchtbarkeitsgöttin, und unter diesem Aspekt ist sie auch im Zusammenhang mit der Fragestellung zu sehen, um die es uns hier geht. Heißt es doch in einem berühmten Epos, das auf die Sumerer zurückgeht:

Da scharte um sich Ischtar ihre Mädchen,
Die Tempeldirnen und die Buhlerinnen,
Und klagte bei des Himmelsstieres Keule,
Dieweil Gilgamesch zusammenrief
Die Meister und die Waffenschmiede alle.

Gilgamesch ist der Held des Epos, und er ist es, der den genannten Stier, den die Göttin Ischtar zur Erde gesandt hat, um Vergeltung für eine Schmach zu üben, die ihr Gilgamesch zugefügt hat, zur Strecke bringt. Im Verein mit einem Gefährten, Enkidu, den Gilgamesch als einen Freund betrachtet. Er selbst ist Herrscher von Uruk, gebärdete sich zunächst aber wie ein Tyrann. Weshalb die Götter beschlossen, ihm jemanden zur Seite zu stellen, der ihn in seinem Handeln mäßigt. Allerdings ist dieser, Enkidu, zunächst auch mit einem gesitteten Leben nicht vertraut, denn er lebt in der Wildnis, und es bedarf erst einer List, um ihn seinem bisherigen Leben zu entreißen:

Da ging der Jäger mit der Tempeldirne
Fürbaß, sie wanderten den Weg [entlang]
Drei Tage [...], dann waren sie zur Stelle.
Dort warteten der Jäger und die Dirne.
Ein Tag verstrich, der zweite ging dahin – sie warteten
  der Tränke gegenüber.
Dann kam das Wild, am Wasserloch zu trinken,
Die Tiere, sich des Wassers zu erfreuen.
Ihn aber, Enkidu, den Berggebornen,
Der da von Gras sich nährt gleich den Gazellen,
Der mit dem Wilde trinkt am Wasserloch,
Mit dem Getier des Wassers sich erfreut -
Nun sah die Dirne ihn, den fremden Mann,
Den Wildgebornen aus der Steppen Ferne ...
»Das ist er, Dirne! Zeig ihm deine Brüste,
Den Schoß tu auf ihm, daß er sich dir nahe!
Sei ohne Scheu und laß ihn zu dir eingehn,
Erblickt er dich, so wird er sich dir nahn!
Wirf ab dein Kleid, daß er sich auf dich lege,
Errege seine Lust nach Frauenweise.
Dann wird das Waldgetier, das in der Steppe aufwuchs,
  vor ihm fliehn,
Wenn seine Fülle sich dir mitgeteilt!«

Da zeigt ihm die Dirne ihre Brüste,
tat auf den Schoß ihm, daß er sich ihr nahte,
War ohne Scheu und ließ ihn zu sich eingehn,
Warf ab ihr Kleid, daß er sich auf sie legte,
Erregte seine Lust nach Frauenweise,
Und seine Fülle teilte sich ihr mit.
Sechs Tage, sieben Nächte gingen hin, da Enkidu
die Tempeldirne liebte,
Bis er an ihren Reizen sich gesättigt.

Derart gebändigt, begibt sich Enkidu nach Uruk, zum König, wo er schließlich dessen Vertrauen gewinnt und zu einem treuen Gefährten wird. Doch es droht Unheil, als Ischtar, die Stadtgöttin von Uruk, Gilgamesch auffordert, mit ihr den heiligen Akt der göttlichen Hochzeit zu vollziehen:

»Komm her, o Gilgamesch, sei mein Gemahl
Und laß mich deine Manneskraft genießen,
Werd' du mein Gatte, und ich sei dein Weib!«

Und die Göttin verheißt ihm Reichtum und Macht; sein Reich wird gedeihen und seine Herrschaft gesegnet sein. Doch Gilgamesch widersteht der Verlockung und lehnt ab:

» Wie ging's mir wohl, wenn ich zur Frau dich nähme!
Ein Ofen bist du, der nicht wärmt bei Kälte,
Ein gegen Zug und Wind untauglich Tor
Bist ein Palast, der im Kampf nicht widersteht ...«

Schlimmer noch: Gilgamesch wirft der Göttin vor, daß sie in ihrer Liebe unersättlich ist, und Treue sei ihr fremd:

» Wo ist der Buhl, den du treu gehegt,
Die Mandelkrähe, die dir zugeflogen?
Wohlauf, ich zähl dir auf, die du geliebt ...«

Die Überlieferung spricht von hundertzwanzig Männern, denen die Göttin sich hingegeben habe, und sie sei am Ende noch immer nicht befriedigt gewesen. Gilgamesch hatte allen Grund, das Anerbieten der Unersättlichen abzulehnen. Was ihn jedoch teuer zu stehen kommen sollte; denn Ischtar, in ihrem Stolz gekränkt, rächte sich, auf die genannte Weise: sandte den Stier,

der die Erde verwüstete, und rächte sich schließlich ein zweites Mal, als es
Gilgamesch und Enkidu gelang, das Untier zu erlegen, indem sie Enkidu
mit Krankheit strafte, die zum Tode führte. Wodurch auch Gilgamesch getroffen wurde, denn er betrauerte seinen Freund und Gefährten und erkannte, was das Wesen des Todes ist: die Vergänglichkeit des Lebens. Um diesem
Schicksal selbst zu entgehen, machte er sich auf, um das Geheimnis der Un-
sterblichkeit zu finden. Doch vergeblich: er muß erkennen, einem Menschen,
selbst wenn er König ist, ist nur Ruhm beschieden, unsterblich sind allein die
Götter. Dies trennt sie von der Welt des Irdischen.

Das Gilgamesch-Epos gehört zu den großen Dichtungen der Menschheit.
Auch wenn eine seiner Kernaussagen fragwürdig ist: die Verunglimpfung der
Frau, die – sowohl am Beispiel der Dirne, die Enkidu versucht, als auch der
Ischtar, die in ihrem Liebesverlangen unersättlich ist – als Sinnbild der Ver-
führerin erscheint, die sich – indem sie sich dem Manne anbietet – prostituiert und somit ehrlos ist. Dies ist ein eindeutiges Indiz dafür , daß ein Wandel
in der Stellung der Frau und in der Position des Mannes, der nun seine Vormacht dazu nutzt, sie zu verunglimpfen, stattgefunden hat.

Immerhin: die Frau steht noch immer im Mittelpunkt des Kultes, und dies
wird sich auch bis zum Ende der mesopotamischen Tradition nur wenig ändern. Auch wenn schließlich nicht mehr eine Priesterin, als Inkarnation der
Muttergöttin, sondern der König, der an ihre Stelle getreten ist, die Herr-
schergewalt ausübt. Von zentraler Bedeutung ist dabei das Gedeihen des
Landes, das als die eigentliche Aufgabe eines Herrschers gesehen wird. Und
um dies zu gewährleisten, sind jene Kulthandlungen erforderlich, die im Zeichen der einstigen Muttergöttin stehen und – indem sie Fruchtbarkeit und
neues Leben beschwören – das Wohlergehen des Volkes garantieren. Handlungen dieser Art gipfelten in babylonischer Zeit in einem Fest, das eine
Synthese aus verschiedenen, ursprünglich getrennt voneinander begangenen
Kulthandlungen bildete. Es handelte sich dabei um das sogenannte »Neujahrsfest«, das jeweils am Beginn eines neuen Jahres gefeiert wurde. Darin
vereinen sich Festlichkeiten, die einst mit der rituellen Inthronisation eines
Herrschers in Verbindung standen, dem Ruhme des Stadtgottes von Babylon,
Marduk, dienten und aus der Tradition der eigentlichen Fruchtbarkeitsriten
bestanden.

Im Mittelpunkt des Festes stand das Tempelareal, das dem Gott Marduk geweiht war. Worum es sich dabei handelte, erläutert Herodot:

»In der Mitte jeder Stadthälfte [Babylons] steht ein gewaltiges Gebäude, in
der einen der Königspalast, von einer hohen, starken Mauer umgeben, in der
anderen der Tempel des Zeus Belos [Marduk] mit ehernen Toren, der sich bis

auf unsere Zeit erhalten hat. Der Tempelbezirk ist viereckig, jede Seite zwei Stadien lang. Mitten in diesem heiligen Bezirk ist ein fester Turm errichtet, ein Stadion [etwa 180 Meter] lang und breit, und auf diesem Turm steht wiederum ein Turm und dann noch einer, im ganzen acht Türme übereinander. Alle diese Türme kann man ersteigen auf einer außen herumführenden Treppe. Auf mittlerer Höhe sind Ruhebänke angebracht, auf die sich der Hinaufsteigende setzen kann, um sich zu erholen. In dem höchsten Turm steht erst das eigentliche große Tempelhaus, und in dem Tempelhaus steht ein großes Ruhebett, mit schönen Decken belegt, und daneben ein goldener Tisch.«

Die Rede ist hier von jenen Tempeltürmen, in der Art einer Pyramide, die man »Zikkurats« nennt. Jener von Babylon ist uns aus der Bibel geläufig, denn es handelt sich um keinen anderen als den vielgeschmähten »Turm zu Babel«. Er war es, der dem Gott Marduk geweiht war, und der Gedanke, der einem solchen Tempelberg zugrunde lag, war alles andere als ein Frevel, als den ihn die Bibel verunglimpft, die zudem ja auch bezeichnenderweise von der »Hure Babylon« spricht: eine Zikkurat war der Wohnsitz eines Gottes; er ragte deshalb zum Himmel, weil dieser ja die eigentlichen Gefilde der Götter darstellte. Und auf der obersten Plattform, auf der sich der Tempel erhob, fand jene Kulthandlung statt, die als der Höhepunkt einer jeden Fruchtbarkeitszeremonie galt: die sogenannte »Heilige Hochzeit«.

Herodot deutet nur an, was damit gemeint war: »Kein Götterbild findet man dort [im Tempel] aufgestellt, auch nächtigt kein Mensch in dem Tempel, bloß eine einzige aus Babylon stammende Frau, die sich der Gott unter allen Frauen des Landes erwählt, wie wenigstens die Chaldäer, die Priester dieses Gottes, behaupten.«

Diese Frau, die die Funktion einer Priesterin erfüllte, war zumeist eine Verwandte des Königs, entweder eine Tochter oder eine Schwester. Dadurch wurde die enge Verbindung zwischen Königtum und Gottesherrschaft kundgetan. Dieser Priesterin, der andere dem Gott geweihte Frauen zur Seite standen, oblag es, die Gunst des Gottes, dem sie geweiht war, zu erlangen. Und dazu wurde erwartet, daß sie dies auf jene Weise tat, die den Gott nicht nur befriedigte, sondern auch – in Form einer Analogiehandlung – den Akt der Erneuerung von Natur und Leben symbolisierte:

»Diese Priester erzählen auch – was mir jedoch nicht glaubhaft ist –, der Gott komme in Person in den Tempel und schlafe auf dem Ruhebett. Dasselbe erzählen die Ägypter in dem ägyptischen Theben. Auch dort schläft ein Weib im Tempel des Zeus von Theben[Amun].Es heißt, diese beiden Frauen hätten niemals mit einem sterblichen Manne Umgang. Ebenso wird übrigens auch in Patara in Lykien die Oberpriesterin des Gottes, wenn der Gott erscheint – das Orakel besteht dort nämlich nicht zu jeder Jahreszeit – aber wenn der Gott erscheint, wird sie während der Nacht im Tempel eingeschlossen.«

Natürlich erschien der Gott nicht wirklich: an seine Stelle trat der König, der auf diese Weise auch eine inzestiöse Verbindung einging. Entscheidend war, daß die Vereinigung sozusagen im Angesicht des Gottes stattfand, der dazu gewissermaßen seinen Segen erteilte und somit für das Wohl des Landes sorgte.

Im Kult des Marduk, der eine zentrale Rolle beim Neujahrsfest einnahm, wird die Umkehr deutlich erkennbar: jetzt ist es nicht mehr die Göttin, an deren Stelle eine Erwählte tritt und im Namen ihrer Herrin den heiligen Akt der rituellen Hochzeit vollzieht, wobei der, mit dem sie die Verbindung eingeht, mit göttlichem Nimbus versehen wird: erst dadurch erlangt er die Königswürde. Im Dienste Marduks ist die Priesterin, die nur noch die *Gefährtin* des Gottes darstellt, vom Subjekt zum Objekt degradiert: der König stellt den Gott dar, und sie hat ihm zu Willen zu sein. Und dies nicht nur einmal, sondern jedes Jahr von neuem. Sie *ist* zu einer Prostituierten, auch wenn sie nur mit dem König verkehrt, geworden.

Es gab jedoch auch noch andere Frauen, die im Dienste des Gottes und der Götter standen. Auch sie waren Prostituierte, die in der Tradition Mesopotamiens in verschiedenen Klassen auftraten. Die Skala reichte von der Oberpriesterin, die nur mit dem König verkehren durfte, über jene Priesterinnen, die gleichfalls eine kultische Handlung vollzogen, wenn sie ihre Gunst besonders Erwählten oder gar dem Volk gewährten, bis zu den einfachen Straßendirnen, die außerhalb des Kultes standen, aber auch von dem Nimbus der heiligen Handlungen in den Tempeln profitierten und folglich keiner Ausgrenzung unterlagen. Obwohl sie sehr wohl einen niederen Status einnahmen und allgemein wenig geschätzt wurden. Der Mann – jeder, der es sich leisten konnte – bediente sich ihrer, die sie nunmehr tatsächlich ein Gewerbe ausübten. Das es anfangs nicht gegeben hatte. Denn das hätte dem hohen Ansehen, das die Frau ursprünglich genoß, nicht entsprochen. Wenn sie auch da schon Verkehr mit wechselnden Partnern hatte und dies gewissermaßen ihr Handwerk war, dann geschah es im Namen der Göttin. Der sie damit einen Dienst erwies, indem sie ihren Körper zum Ruhm der Göttin darbrachte.

An der Sache mochte dies nichts ändern: nicht alle, die auf diese Weise die heiligen Dienste einer der Göttin Geweihten in Anspruch nahmen, werden ihren Vorstellungen entsprochen haben. Doch jeder Akt, den sie im Namen der Göttin vollzog, ehrte sie und mehrte ihr Ansehen. In ihr spiegelte sich der Glanz der Göttin.

Der Wechsel der Götter und die Vormacht des Mannes änderte das: und es waren nicht nur einfache Dirnen, die nun einem weltlichen Gewerbe nachgingen, die als Folge dieser Veränderungen in Erscheinung traten, sondern auch jene Liebesdienerinnen, die zwar nicht eigentlich Tempelprostituierte waren, doch sich zu einmaligem Liebesdienst zur Verfügung stellen mußten, um damit die Einnahmen der Tempel zu erhöhen. Von denen nunmehr männliche Priester profitierten, denn mit der Vormacht von Göttern – und nicht mehr Göttinnen – waren sie es, die aus dem Geschäft mit der Prostitution Nutzen zogen. *Heilig* war die Prostitution am Ende nur noch in Ausnahmefällen. Sie war gemeinhin auf das Niveau eines bloßen Gewerbes herabgesunken. Eine Entwicklung, wie sie sich auch andernorts zutrug. So daß man von einer Gesetzmäßigkeit sprechen kann: je mehr sich eine patriarchale Gesellschaftsordnung durchsetzt, um so weiter entfernt sich die Prostitution von ihrem kultischen Ursprung. Das heißt, sie nahm erst jetzt ihre eigentliche Bedeutung an: denn »Unzucht« war der Verkehr mit einer Liebesdienerin am Anfang nicht gewesen. Er hatte zum *Gottesdienst* gehört.

Kosmische Energie

»Die Hetäre Ambapali hörte erzählen, der Erhabene sei nach Vesali gekommen und halte sich in ihrem Mangowalde auf. Da ließ sie eine Anzahl Prunkwagen anspannen, bestieg einen davon und verließ, von den übrigen begleitet, Vesali in der Richtung auf ihren Lustpark. Soweit der Weg fahrbar war, fuhr sie, dann stieg sie ab und nahte sich zu Fuße dem Erhabenen, verneigte sich ehrerbietig und setzte sich etwas abseits nieder. Als sie Platz genommen hatte, belehrte, ermahnte, erhob und erfreute sie der Erhabene mit einer Predigt.«

Sie war nicht wirklich eine »Hetäre«. Dort, wo sie lebte, nannte man jene, die dem Gewerbe Ambapalis nachgingen, *ganika*s. *Ganika* bedeutet »Kurtisane«, und was das betrifft, so war Ambapali eine der erfolgreichsten. Und die berühmteste; was freilich auf den Umstand zurückzuführen war, daß ihr jene Begegnung beschieden war, von der hier die Rede ist. Dazu heißt es in der Überlieferung weiter:

»Darauf richtete Ambapali an den Erhabenen die Bitte: ›Wolle doch der Erhabene samt seiner Bikkhu-Schar mir für morgen zum Mahle zusagen!‹ Durch Schweigen gab der Erhabene seine Zustimmung zu erkennen. Da stand die Hetäre Ambapali von ihrem Sitze auf, verneigte sich ehrfuhrchtsvoll vor dem Erhabenen, ging, ihm ihre rechte Seite zukehrend, um ihn herum und entfernte sich.«

Daß der »Erhabene« die Einladung Ambapalis annahm, war eher ungewöhnlich. Denn er war nicht gerade bekannt dafür, daß er sich mit Frauen ihres Standes abgab. Frauen waren ihm überhaupt zuwider; wenigstens hegte er keine gute Meinung über sie. Und obwohl er einst verheiratet gewesen und sogar der Vater eines Sohnes war, hatte er es vorgezogen, seine Familie zu verlassen und den Weg des »Heils« zu gehen. Frauen standen einem solchen Unterfangen im Wege, und folglich hatte der »Erhabene« es auch nicht versäumt, diejenigen, die sich als seine Jünger um ihn geschart hatten und ihn auf seinen Wanderungen begleiteten, vor den Heimsuchungen zu warnen, denen sie sich aussetzen würden, sollten sie einer Erscheinung wie der »Hetäre« Ambapali ansichtig werden. Er selbst war über das Stadium längst hinaus, wo ihn derartiges noch anfechten konnte. War er doch nicht nur »erhaben«, sondern auch »erleuchtet«, handelte es sich doch um niemand anders als den *Buddha*. Verständlich, daß die Kurtisane Ambapali über alle Maßen stolz und freudig erregt war, als sie mit der Zusage des Erhabenen den Rückweg zu ihrem Stadthaus antrat:

»Da fuhr die Hetäre Ambapali (in fröhlichem Übermut) gegen die Wagen der Licchavi-Jünglinge, Achse gegen Achse, Rad gegen Rad, Joch gegen Joch. Daraufhin fragten die Licchavi die Ambapali: ›He, Ambapali, warum fährst du gegen die Wagen unserer jungen Männer, Achse gegen Achse, Rad gegen Rad, Joch gegen Joch?‹ ›Meine Herren, es ist wahrhaftig wahr, der Erhabene mit seiner Bikkhu-Schar hat eine Einladung von mir für morgen zum Mahle.‹ ›Ach, Ambapali, tritt uns doch deine Gäste ab, wir geben dir Hunderttausend dafür!‹ ›Meine Herren, gäbt ihr mir auch ganz Vesali samt dem zugehörigen Lande, ich würde euch so vornehme Gäste doch nicht abtreten.‹ Da knipsten die Licchavi mit den Fingern (und riefen): ›Die kleine Amba hat uns wahrhaftig den Rang abgelaufen, wahrlich sie hat uns zu Narren gemacht!‹ Dann fuhren sie weiter zu Ambapalis Walde.«

Die Jünglinge, denen Ambapali auf ihrem Rückweg in die Stadt begegnete, gehörten zum Herrscherhaus von Vesali: es waren Prinzen. Um so größer war ihre Demütigung, als auch der Buddha ihr Ansinnen ablehnte, statt der Einladung Ambapalis Folge zu leisten, zu ihnen in den Palast zu kommen. Unverrichteter Dinge kehrten die Prinzen in die Stadt zurück. Währenddessen traf Ambapali Vorbereitungen für das Festmahl, das sie in dem Hain, der ihr gehörte, abzuhalten gedachte. Im übrigen konnte sie gut auf die »Hunderttausend«, die die Prinzen ihr geboten hatten, verzichten: nicht nur sie hatte unermeßlichen Reichtum angehäuft, sie hatte auch der ganzen Stadt, die sozusagen von ihrem Gewerbe lebte, zu Wohlstand verhelfen. Über den Fortgang der Geschichte heißt es in der Überlieferung:

»Die Hetäre Ambapali aber ließ, als die Nacht vorüber war, in ihrem Parke erlesene feste und flüssige Speisen zurecht machen und dem Erhabenen dann melden, daß es Essenszeit sei, mit den Worten: ›Herr, es ist Zeit, das Mahl ist fertig.‹ Da nahm der Erhabene, der sich am Morgen angekleidet hatte, Almosen-Schale und Obergewand und machte sich mit seinen Bikkhus auf den

Weg nach ... [dem Landhaus] der Hetäre Ambapali. Dort angekommen, setzte er sich auf den Sitz, der für ihn hergerichtet war. Und die Hetäre Ambapali tat Buddha und den Bikkhus eigenhändig von der erlesenen festen und flüssigen Speise auf und regte zum Essen an, bis sie satt waren.«

Vielleicht langte der Buddha tatsächlich einmal herzhaft zu, denn gewöhnlich waren er und sein Gefolge auf Almosen angewiesen und folglich eher an kärgliche Mahlzeiten gewöhnt. Auch der Anblick der »Hetäre«, die ob ihrer Schönheit berühmt war, wird diesen und jenen der Jünger des »Erhabenen« zu gesundem Appetit angeregt haben. Doch Ambapali ließ es bei einer fürstlichen Bewirtung nicht bewenden. Sie erwies dem hohen Gast auch in anderer Weise eine besondere Ehre:

»Als der Erhabene gegessen und Almosen-Schale und Hände gereinigt hatte, nahm die Hetäre Ambapali einen niedrigen Sitz, setzte sich etwas abseits vom Erhabenen nieder und sprach zu ihm: ›Herr, ich schenke diesen Park dem Buddha und seinen Bikkhus.‹ Der Erhabene nahm den Park als Geschenk an. Dann belehrte, ermahnte, erhob und erfreute er die Hetäre Ambapali mit einer Predigt, und danach erhob er sich vom Sitze und ging von dannen.«

Damit endet die Epsode der Begegnung der Kurtisane Ambapali mit dem Buddha. Doch sie blieb nicht ohne Folgen: es heißt, daß Ambapali schließlich die Lehre, die der Buddha verkündet hatte, annahm, ihrem bisherigen Leben entsagte und sich dem *sangha,* der Gemeinschaft der Anhänger Buddhas, anschloß, indem sie fortan das Leben einer Nonne führte.

2

Über das Leben und Wirken derer, die sich dem Dienst an der Liebe (oder dem, was man dafür ausgibt) verschrieben, sind wir, soweit es Indien betrifft, weit besser unterrichtet, als das bei Mesopotamien der Fall ist. Zwar sind uns auch von dort Namen überliefert – schließlich waren die bedeutendsten Liebesdienerinnen in Mesopotamien Töchter aus den Familien der Herrscher, und man hat auch ihre Gräber entdeckt, ja, es gibt sogar das Bildnis einer hochstehenden Frau, die vermutlich eine Priesterin war –, doch läßt sich aus all dem nicht viel mehr als ein skizzenhaftes Bild jener Frauen und Mädchen ableiten, die den Göttern geweiht und in den Tempeln zum Liebesdienst angehalten waren. In Indien ist das Bild, das sich aus der Überlieferung ergibt, sehr viel genauer; was natürlich damit zusammenhängt, daß wir es hier mit einer Zeit zu tun haben, da schriftliche Aufzeichnungen nicht mehr nur spärlich, sondern ausführlich und in vielfältiger Weise angefertigt wurden. Denn während in Mesopotamien die Blüte der Kultur in die Zeit zwischen dem dritten und ersten Jahrtausend v. Chr. zu datieren ist, erlangt die eigentliche indische Tradition erst gegen Ende dieser Zeit einen ersten Höhepunkt und setzt sich bis zum Einfall der Muslime um die Wende vom ersten zum zweiten Jahrtausend n. Chr. fort. Zwar hat es auch in Indien beziehungsweise auf dem indischen Subkontinent schon in der sogenannten Induskultur Ansätze zu einem zivilisatorischen Höhenflug gegeben, wobei hier die Entwicklung ähnlich wie in Mesopotamien verlief, von dem Impulse nach Indien ausstrahlten. Doch bildet die Induskultur, die ihre Blüte in der Zeit zwischen 2300 und 1700 v. Chr. erlangte, nur ein Substrat in der kulturellen Entwicklung Indiens, die vornehmlich durch spätere Einwanderer, die sogenannten Arier, geprägt wurde. Sie bestimmten seit der Mitte des zweiten Jahrtausends v. Chr. den zivilisatorischen Weg Indiens, bis sie schließlich ihre Vormacht an die Muslime abtreten mußten. Ambapali stand bereits voll in der Tradition der Arier; was allerdings bedeutete, daß diese eine Symbiose mit der vorarischen Bevölkerung Indiens eingegangen waren. Die sehr wesentlich auch die besondere Stellung der Frau in Indien bestimmte. Insofern, als die herausragende Rolle der Frau im Kult, wie sie auch in Indien in der Induskultur anzutreffen war, auch die Tradition, die die Arier begründeten, beeinflußte. Was sich in einer Vielzahl von Erscheinungen zeigte; sei es nun das Auftreten weiblicher Gottheiten, die ausgeprägte Sexualität, die ein Bestandteil der indischen Kultur wurde, oder eben – als Ausdruck dessen, aber auch in enger Verflechtung mit dem Kult – die auffallende Bedeutung, die die Prostitution – in all ihren Erscheinungsformen – in Indien erlangte. Dabei waren die Kurtisanen nur ein Aspekt, der freilich besonders ausgeprägt war.

Neben der buddhistischen Literatur, die ein reiches Zeugnis über die gesellschaftlichen Verhältnisse im alten Indien ablegt, gibt es auch noch eine Vielzahl anderer Quellen, die über die traditionelle Kultur und Gesellschaft Indiens Auskunft geben. Was speziell die Prostitution betrifft, die einen breiten Raum in der indischen Gesellschaft einnahm, so sind vor allem die sogenannten Lehrbücher zu erwähnen. Sie beziehen sich einmal auf allgemeine gesellschaftliche Belange, können also als Handbücher zur Führung des Staates bezeichnet werden, zum andern aber auch auf den speziellen Bereich, den man mit dem Begriff *kama,* das heißt »Liebe«, umschrieb. Daraus wird deutlich, welchen Stellenwert man in der indischen Kultur diesem Lebensbereich beimaß.

Das bekannteste der indischen Handbücher über die Liebe – von denen es mehrere gibt – ist das sogenannte »Kamasutra«; wobei »sutra« sich auf einen quasi geheiligten Text bezieht. Das »Kamasutra« stammt aus einer Zeit – es wird in die ersten nachchristlichen Jahrhunderte datiert –, da der Buddhismus in Indien am Abklingen war und die frühere, hinduistische Tradition, die er verdrängt hatte, von neuem in den Vordergrund trat und zu ihrem eigentlichen Höhenflug ansetzte. Während der Buddhismus weltlichen Dingen, zumal der Liebe zwischen Mann und Frau, eher abgeneigt war – negierte er doch die Freuden des Diesseits zugunsten einer Erlösung im Jenseits –, bejahte der Hinduismus das Leben, auch und gerade, was Liebe, Leidenschaft und Sexualität betraf. Sie wurden als integraler Bestandteil der menschlichen Existenz gesehen, und das Leben des Menschen, das nach indischem Verständnis bestimmte Phasen durchlief, war in der Lebensmitte ausdrücklich durch das, was man »kama« nannte, gekennzeichnet. Erst daran schloß sich, in einer späteren, abschließenden Phase des Lebens, die Askese und Entsagung an, die auch in der nachbuddhistischen Zeit einen bedeutenden Stellenwert in der indischen Gesellschaft einnahm.

Im »Kamasutra« wird der Erscheinung der Prostitution besondere Aufmerksamkeit zuteil. Wobei vor allem die Kurtisanen ausführlich behandelt werden. Heißt es doch bereits im einführenden Teil des Werkes:

»Eine Hetäre [Kurtisane], die begabt und schön ist, noch andere gewinnende Eigenschaften besitzt und sich durch ihre Kenntnisse in den ... [klassischen] Künsten auszeichnet, erhält den Namen einer Ganika oder Hetäre von Rang, und in einer Versammlung von Männern gebührt ihr ein Ehrenplatz. Sie wird überdies vom König geehrt, von den Weisen gepriesen, man bemüht sich um ihre Gunst, sie genießt allgemeines Ansehen.«

Welch letzteres durchaus nicht selbstverständlich war: denn im Gegensatz zur Kurtisane, die derart geehrt und umworben wurde, hatte die Ehefrau, die einer Vielzahl von Restriktionen und Zurückstellungen ausgesetzt war, sich mit einem eher kargen Los zu bescheiden. Das war in Indien nicht anders als in Griechenland, wo die eigentliche Hetäre – auf Kosten der »ehrbaren« Angetrauten – Furore machte. Und hier wie dort (wie auch andernorts, wo das Phänomen einer »Hetäre« zur Blüte gelangte) war der Grund für diese paradox erscheinende Situation der gleiche: ehrbare Frauen – und nur die befand man für würdig, mit ihnen eine Familie zu gründen – mußten keusch, vertrauenswürdig, ergeben und unbedarft sein; sie selbst galten nichts, nicht wirklich, ihr Herr und Meister genoß uneingeschränkte Autorität und Würde, ihm zu dienen, selbstlos und ohne Ansprüche, war das Los einer tugendhaften Frau. Kein Wunder, daß der derart Umhegte zwar seine privilegierte Stellung genoß, aber auf die Dauer mit einer treu ergebenen, aber einfältigen, da von jeder Art Kunst, Unterhaltung und Erziehung ferngehaltenen Angetrauten nicht zufrieden war. Es dürstete ihn nach Anspruchsvollerem: und das war die Chance, die die Kurtisane nutzte.

Eine Hetäre beziehungsweise Ganika hatte die Freiheit, ihre Persönlichkeit voll zu entfalten. Wenn sie erfolgreich war, beherrschte sie angeblich 64 Künste, die dem Kanon einer höheren Kultur, die man von einer vollendeten Frau erwartete, entsprachen. Vatsyayana, der Verfasser des Kamasutra, rechnet zu einer solchen Frau auch die in einer Ehe Angetraute, doch das ist eher eine Verbeugung vor einem löblichen Ideal: auch er meint im Grunde die Kurtisane, wenn er sich des langen und breiten über die 64 klassischen Künste, die die ideale Weiblichkeit zieren, ausläßt. Er schreibt:

>»Zusammen mit dem Kama Sutra sind folgende Künste zu erlernen:
> Singen.
> Musikinstrumente spielen.
> Tanzen.
> Tanzen, Singen und Musizieren zugleich.
> Schreiben und Zeichnen.
> Tätowieren.
> Ein Götterbild aufstellen und mit Reis und Blumen schmücken.
> Ein Blumenbeet oder -lager herrichten und schmücken,
>   oder den Boden mit Blumen bestreuen.
> Das Färben der Zähne, der Kleider, der Haare, der Nägel und des
>   Körpers, d.h. Beizen, Färben, Anstreichen, Bemalen.
> Den Fußboden mit farbigem Glas auslegen.
> Die Kunst, ein Lager zu bereiten, Teppiche auszubreiten und
>   Ruhekissen zu verteilen.«

Letzteres ist natürlich besonders bedeutsam; aber damit erschöpft sich die Liste, die unendlich ist, keineswegs. Da ist auch die Rede von: »Theater spielen ... Magie und Hexerei ... Übung mit Pfeil und Bogen ... Kenntnis der Elemente der Logik ... Sprachkenntnis und die der Provinzdialekte ... Gedichte verfassen ... Kenntnis der gesellschaftlichen Umgangsformen ... Gymnastik ...« Kurzum: wer die 64 Künste – oder auch nur einen Bruchteil der von Vatsyayana aufgestellten umfänglichen Liste – beherrscht, der beziehungsweise die hat ihr Glück gemacht. Wobei natürlich nicht zu übersehen ist, was der Lehrmeister eingangs erwähnt, wo er auf die eigentlichen Künste des Kama Sutra verweist. Was diese betrifft, so heißt es an anderer Stelle:

»Wenn die Frau sich an den Mann schmiegt wie die Schlingpflanze an den Baum, seinen Kopf im Verlangen nach einem Kuß zu dem ihren herabziehend, und ihn dabei leise seufzend umarmt und liebevoll anblickt, nennt man dies eine Umarmung wie ›von einer Schlingpflanze umwunden‹.

Setzt die Frau einen Fuß auf den Fuß ihres Geliebten, den anderen auf seinen Schenkel und schlingt sie dabei, leise summend und gurrend, den einen Arm um seinen Rücken, den andern um seine Schultern, als wolle sie an ihm emporklettern, um sich einen Kuß zu holen, so ist dies eine Umarmung wie ›auf einen Baum kletternd‹.«

Das ist zwar erst der Anfang, die »Umarmung«, aber es mag genügen, um erkennen zu lassen, was eine Ganika beachten mußte, wenn sie auf dem Gebiet der eigentlichen Liebe etwas taugen wollte. Wobei gerade die beiden hier geschilderten Arten der Umarmung zu den klassischen Formen des Liebesspiels, wie sie die indische Tradition fordert, gehören. Man findet sie noch heute an den Fassaden vieler Tempel in Indien, eine bildliche Darstellung der Lehren des Kamasutra. Die sogenannte »Missionarsstellung«, bieder und verschämt, wie sie die Engländer mit nach Indien brachten, war gewiß nicht das, was der Inder von einer Ganika erwartete. Obgleich er sie wohl auch im trauten Heim gewohnt war, das er allein schon deshalb floh.

Man hat Vatsyayana einen »Machiavelli der Liebe« genannt, denn er schildert recht unbekümmert bis skrupellos, wie man der Liebe die höchsten Wonnen abgewinnt. Dabei ist die Perspektive die des Mannes. Auch wenn sich Vatsyayana dazu herbeiläßt, im Kapitel, das er speziell den Kurtisanen widmet, darüber Rat zu erteilen, wie eine Liebesdienerin aus ihrer Tätigkeit den größten Nutzen zieht. Was die Gründe betrifft, die dazu führen, daß eine Frau das Gewerbe einer Prostituierten beziehungsweise Kurtisane ausübt, darüber läßt er weniger verlauten. Er unterstellt: »Durch den Verkehr mit Männern gewinnen die Kurtisanen sowohl sexuelles Vergnügen als auch ihren Unterhalt.« Im übrigen zählt er am Ende des Kapitels über die Kurtisanen verschiedene Arten von Prostituierten auf: die Liste reicht von der einfachen »Straßenhure« über die »herumziehende Dirne«, die »Tänzerin oder Schauspielerin«, verschiedene andere Arten, die als Gelegenheitsdirnen zu betrachten sind, bis hin zur eigentlichen Kurtisane, die Ganika, »die dem Karma gemäß zu ihrem Beruf geboren ist«.

»Karma« bedeutet nach der traditionellen indischen Lebensphilosophie ein vorherbestimmtes Schicksal, das sich als Konsequenz aus einem früheren Leben ergibt. Für den Inder genügte eine solche Erklärung, wie sie Vatsyayana als Grund für das Ergreifen des Berufes einer Kurtisane nennt. Wobei er offenläßt, ob die Ausübung des Kurtisanengewerbes als Belohnung oder eher als eine Strafe für in früherem Leben begangene Handlungen anzusehen ist. Da eine Kurtisane jedoch – im Gegensatz zur gewöhnlichen Prostituierten – zu Wohlstand und Ansehen gelangt, zählt sie wohl zu den Glücklicheren. Sofern sie sich mit dem Preis, den sie zu zahlen hat, abgefunden hat. Was nach Ansicht Vatsyayanas, der – neben dem materiellen Gewinn, den der Kurtisane ihre Tätigkeit verschafft – ja auch »sexuelles Vergnügen« als Motiv anführt, offenbar keine Probleme schuf. Vielleicht, weil eine besondere, für Indien charakteristische Einstellung zur Sexualität vorherrschte. Sicher aber auch, weil eine Kurtisane – zumal, wenn ihr Erfolg beschieden war – die Freiheit besaß, sich diejenigen, die sie beglückte, selbst auswählen zu können. Ein Umstand, der sich dem Gros der Prostituierten zweifellos nicht bot.

3

Die Quellenlage ist auch in Indien nicht ganz eindeutig. Was die Erscheinung der Prostitution betrifft, so ist sie einigermaßen widersprüchlich. Denn einerseits wird von Kurtisanen berichtet, die frei über ihr Leben entscheiden konnten. Andererseits finden sich recht explizite Angaben über Liebesdienerinnen, die gleichfalls dem Stand der Kurtisanen zuzurechnen sind, die aber unter der Kontrolle des Staates stehen. Ja, der Staat ist es, der eigentlich nicht nur der Nutznießer, sondern auch *Förderer* der Prostitution ist. So zumindest war der Stand der Dinge unter den Mauryas, die das erste, zentral regierte Großreich in Indien gründeten. Und um dieses Reich, dessen Grundlagen erst geschaffen werden mußten, mit den nötigen finanziellen Einkünften zu versehen, wurde auch von der Praxis des bereits bestehenden Kurtisanentums Gebrauch gemacht, das nun in den Dienst des Staates gestellt wurde.

In einem Handbuch der Staatskunst – in seiner Art dem Kamasutra ähnlich, nur eben mit anderer Zielsetzung: der Konsolidierung eines Staates – wird genau festgelegt, wie das Kurtisanenwesen, das als die bedeutendste, zumindest einträglichste Säule der Prostitution erkannt wurde, zu organisieren sei: es wurde ein Aufseher und Organisator vom Staat bestellt, dem die Kontrolle und Förderung der Prostitution, speziell des Kurtisanenwesens, oblag. Er sorgte für die Rekrutierung und Ausbildung von Kurtisanen, wachte über ihre Tätigkeit und sammelte den Gewinn im Namen des Staates ein. Die Kurtisanen waren gewissermaßen vom Staat angestellt, standen in öffentlichem Dienst, wie man heute sagen würde, und bezogen ein festes Gehalt. Nur Geschenke , die sie – über die fälligen Gebühren für ihre Gunstbezeigungen hinaus – erhielten, durften sie behalten. Im übrigen wurde ihnen eine staatliche Pension ausgesetzt, wenn sie im Alter ihrem Beruf nicht mehr nachgehen konnten.

Gewöhnliche Prostituierte – sofern sie nicht zu der untersten Kategorie, wo sie kaum ihr Auskommen fanden, gehörten – wurden gleichfalls zur Kasse gebeten: sie mußten zwei Tageseinnahmen pro Monat an den Staat entrichten.

Dies war die Regelung, wie sie auf Grund des Arthashastra, das mehr noch als das Kamasutra mit dem Fürstenhandbuch Machiavellis vergleichbar ist, während der Maurya-Herrschaft gehandhabt wurde. Diese stellte in etwa die Verbindung zwischen der Zeit des Buddha und dem Niedergang der durch den Buddhismus geprägten Tradition in Indien dar. Das heißt, der Buddhismus, der die geistige Grundlage des Maurya-Reiches bildete, hatte sehr wesentlichen Anteil an der besonderen Form, wie man in Indien zu dieser Zeit mit der Prostitution umging. Was in gewisser Weise paradox ist, denn der Buddhismus war ja eigentlich eine Religion, die allem Begehren, zumal dem sexuellen, abhold war. Aber es trug offensichtlich die besondere Betonung des Geschlechtlichen in der überkommenen Kultur Indiens den Sieg davon; ein Umstand, den sich der aufstrebende Staat der Mauryas zunutze machte.

Allerdings blieb die strenge Regelung der Prostitution, wie sie unter den Mauryas eingeführt wurde, nicht bestehen. Als das Reich, das sie begründet hatten, zusammenbrach und es schließlich zu einer Renaissance des Hinduismus kam, die in einem neuen Großreich, dem der sogenannten Guptas, gipfelte, setzten sich ältere Formen der Prostitution beziehungsweise des Kurtisanenwesens durch, wie sie im Kamasutra geschildert werden. Jetzt triumphierte wieder die freie Kurtisane, wie jene Ambapali, die am Beginn der überlieferten Geschichte des Kurtisanentums in Indien steht. Obwohl es auch weiterhin staatlich kontrollierte Liebesdienerinnen gab. Gänzlich wollte der Staat auf diese lukrative Einnahmequelle nicht verzichten.

Die Prostitution bildete also eine der tragenden Säulen der indischen Gesellschaft. Sie war in vielerlei Ebenen, die den sozialen Schichten entsprachen, aufgefächert und trug nicht unerheblich – soweit es das gehobene Kurtisanentum betraf – zu einer Verfeinerung der Sitten und kulturellem Raffinement bei. Wie andererseits die Kurtisanen das Produkt einer verfeinerten Lebensart waren.

Übersehen wird zumeist – und dies nicht nur von seiten der klassischen indischen Autoren, sondern auch seitens derer, die sich mit der Kultur und Geschichte des alten Indien befassen –, was denn nun die *Betroffenen selbst* über ihre Tätigkeit dachten. Woher kamen sie, wie gelangten sie in die Prostitution, und welchen Nutzen zogen sie daraus? Sofern sie ihnen wirklich von Nutzen war.

Die Quellen, da sie zumeist von Männern verfaßt wurden, sind hinsichtlich dieser Fragen nicht sehr aufschlußreich. Was interessierte es schon Kautilya, den Verfasser des Arthashastra, wie diejenigen, über deren lukrativen Berufsstand er befand, dazu standen? Hauptsache, der Staatsschatz mehrte sich!

Immerhin, es gibt Indizien, die einige Schlußfolgerungen zulassen. Da findet sich in dem Legendenkranz, der die gefeierte Kurtisane Ambapali umgibt, der Hinweis, daß es ihr »Karma« war, das den Weg einer Kurtisane vorherbestimmte. Zum einen wird gesagt, daß sie während ihrer früheren Existenzen darauf bedacht war, gute Taten zu vollbringen, um als Schönheit wiedergeboren zu werden. Da sie dann aber einer – buddhistischen – Nonne nicht mit der gebotenen Achtung begegnete, wurde sie dazu verdammt, im folgenden Leben das Dasein einer Kurtisane zu führen. Dies war das Schicksal, das ihr vorherbestimmt war. Und es entsprach natürlich dem Wertekanon des Buddhismus, der die Prostitution, einschließlich des Kurtisanenwesens, ablehnte. Daß Ambapali Kurtisane wurde, verdankte sie – dieser Auslegung zufolge – einer verwerflichen Tat in einem früheren Leben, für die sie nun durch die Ausübung des Kurtisanengewerbes *bestraft* worden war. Für den Buddhismus war also auch das gehobene Kurtisanentum verdammungswürdig. Wie wir gesehen haben, bezeichnete auch Vatsyayana, im Kamasutra, das Gesetz des Karma als bestimmend dafür, daß eine Kurtisane ihren Beruf ausübte. Es kann diese Vorstellung also als allgemein verbreitet vorausgesetzt werden, und es ergibt sich daraus, daß das Los einer Kurtisane – wie auch der Prostituierten generell – als quasi naturgegeben, das heißt als göttliches Gesetz, anerkannt wurde. Die davon betroffen waren, nahmen es widerspruchslos hin, denn nur so schufen sie für sich die Voraussetzung, im nächsten Leben ein angenehmeres beziehungsweise angeseheneres Dasein zu erlangen. Das heißt, eine Kurtisane oder Prostituierte betrachtete die Tätigkeit, die sie ausübte, als Durchgangsstadium. Selbst wenn sie ihr nicht gefiel und sie ihr nur widerwillig nachkam, so tröstete sie doch die Erwartung auf ein besseres zukünftiges Los. Je bereitwilliger und umsichtiger sie sich ihrer Tätigkeit widmete, desto größer war der Lohn, der sie zukünftig erwartete. Was den Nutznießern der Prostitution, Staat wie Freiern, nur zugute kam.

Nun findet sich im Überlieferungsschatz, der sich auf Ambapali bezieht, auch der Hinweis, daß sie einer angesehen Familie, die der Kaste der Krieger angehörte, entstammte. Dies weist darauf hin, daß der Kurtisanenstand im weltlichen Leben durchaus anerkannt war und diejenigen, die ihm angehörten, einem durchaus ehrbaren Gewerbe nachgingen. Sie wurden also nicht wirklich stigmatisiert. Was sich freilich nur auf den gehobenen Stand der Kurtisanen bezieht. Eine gemeine Prostituierte, die einer niederen Kaste entstammte oder gar eine Kastenlose war, wurde entsprechend weniger geachtet; das heißt, man blickte auf sie hinab. Ihr Los war zugleich härter als das der Kurtisane. Und so verwundert es nicht, wenn wir dem Selbstzeugnis einer Prostituierten entnehmen, daß es sie eigentlich vor der Tätigkeit, zu der sie gezwungen war, ekelte. In einem Gedicht, das überliefert ist, heißt es:

Jung,
verzaubert von meiner eigenen lieblichen Haut,
meinem Körper,
meinem prächtigen Aussehen
wie auch meiner Berühmtheit,
verachte ich andere Frauen.

In lockender Aufmachung
an der Tür des Bordells
war ich eine Jägerin
und legte meine Schlinge für Narren aus.

Und wenn ich mich für sie entkleidete,
war ich die Frau ihrer Träume;
und ich lachte, während ich sie neckte.

Heute,
den Kopf geschoren,
in einfachem Gewand,
um Almosen bittend,
sitze ich, dasselbe Ich,
an des Baumes Fuße;
kein Gedanke quält mich.

Alle Bindungen
sind aufgehoben,
ich habe Männer und Götter
aus meinem Leben verbannt,

Ich habe die Feuer gelöscht.

Vimala, so der Name dieser Liebesdienerin, wandte sich – wie Ambapali – dem Buddhismus zu, wurde Nonne, was erklärt, daß sie die Dichtkunst beherrschte, und reflektierte schließlich über ihr Leben. Sie deutet es nur an: aber bei genauerem Hinsehen wird erkennbar, daß sie sich und ihre Tätigkeit im Grunde verachtet hatte; und dies nicht erst, seit sie sich der Gemeinschaft des Buddha angeschlossen hat. Sie kam aus der Gosse – ihre Mutter war Prostituierte –, und sie fühlte sich schmutzig. Deshalb verachtete sie andere, ehrbare Frauen, denn sie war *neidisch* auf sie. Soviel zur vermeintlichen Herrlichkeit der käuflichen Liebe in Indien, wie sie das Kamasutra beschwört. Die Wirklichkeit war zumeist elender, als es uns Dichter und Denker glauben machen. Das war auch bei einer anderen Spielart der käuflichen Liebe in Indien so: den Devadasis.

4

Als Marco Polo, der erste große Weltreisende, Ende des 13. Jahrhunderts von seiner langen Odyssee durch den asiatischen Kontinent in seine Heimat zurückkehrte, hatte er auch so manches über Indien zu berichten, mit dem er während seiner Rückreise in Berührung gekommen war. Dabei überging er auch nicht einen ihm seltsam anmutenden Brauch, den er ausführlich schilderte:

»In den indischen Klöstern sind eine Reihe männlicher und weiblicher Götterbilder aufgestellt. Manches junge Mädchen wird den Göttern nach folgender Art geweiht: Vater und Mutter weihen die Töchter ihrem liebsten Götterbild. Nach dem Weiheakt können die Mönche jederzeit die Mädchen rufen lassen, sie möchten zur Erheiterung der Götter ins Kloster kommen. Die jungen Töchter sind jeweils gleich zur Stelle und tanzen und singen und sind fröhlich. Viele sind den Göttern geweiht, denn sie tanzen in großem Reigen. Jeden Monat, oftmals während der Woche, bringen die Tänzerinnen ihrem Gott zu essen; sie behaupten, er nehme Speisen zu sich. Einige Mädchen bereiten leckere Mahlzeiten zu, Fleisch und andere feine Gerichte. Dann begeben sie sich ins Kloster, und vor dem Götterbilde decken sie den Tisch mit allem, was sie mitgebracht haben. Eine gute Weile lassen sie die Speisen liegen. Inzwischen singen sie und tanzen und treiben die fröhlichsten Spiele. Wenn sie sich etwa so lange vergnügt haben, wie ein Fürst braucht, um seine Mahlzeit einzunehmen, erklären sie, der Geist der Götter habe sich das Wesentliche der Speisen einverleibt. Heiter und lustig essen sie jetzt selbst, was sie hergerichtet haben. Danach kehrt jedes zu seiner Familie zurück. Sehr viele Mädchen im ganzen Reich tanzen und speisen für ihre Götter im Kloster, bevor sie heiraten.«

Es waren natürlich keine Klöster und auch keine Mönche, über die hier berichtet wird; denn der Buddhismus war in Indien längst durch den wiedererstarkenden Hinduismus verdrängt worden. Es waren Götter wie Shiva oder Krishna, die man inzwischen verehrte, und ihnen zuliebe weihte man junge Mädchen, die die göttlichen Herren gütlich stimmen sollten. Dabei mögen anfangs auch Speisen, die sie zubereiteten und den Göttern darboten, eine Rolle gespielt haben; doch wichtiger war, daß sie durch Musik und Tanz die Götter animierten, sich ihrer Verantwortung bewußt zu werden. Denn ihnen oblag es schließlich, die Welt im Gleichgewicht zu halten: Schöpfung und Vergehen, ein ewiger Kreislauf, wie im Wirken der Natur – darum ging es, und die geweihten Mädchen erfüllten dabei eine bedeutsame Rolle. Und dies in mehrfacher Hinsicht. Wie Marco Polo weiter berichtet:

»Ihr fragt euch: und warum bereiten sie den Göttern Vergnügen? Darum, weil die Priester öfters behaupten: ›Der Gott ist böse über die Göttin. Die beiden wollen nichts mehr miteinander zu tun haben, sie sprechen kein Wort zusammen. Sie sind erzürnt und zerstritten, und wenn sie nicht besänftigt und versöhnt werden, dann gehen auch unsere Angelegenheiten schief, und ein Übel folgt aufs andere, weil uns der Segen und das Wohlwollen der Götter fehlt.‹ Nun begeben sich die Mädchen, so wie ich oben geschildert habe, ins Kloster. Sie bedecken bloß ihre Scham, sonst sind sie überall nackt. Sie singen vor dem Gott und vor der Göttin. Der Gott steht für sich auf einem Altar, unter einem Baldachin; die Göttin auf einem andern und ebenfalls unter einem Baldachin. Es wird behauptet, der Gott schäkerte bisweilen mit ihr und die beiden pflegten sich oft zu vereinigen. Bei Zwist aber meiden sich der Gott und die Göttin, dann kommen die jungen Mädchen, um sie wieder versöhnlich zu stimmen. Sie singen, hüpfen, springen, haschen sich und spielen die vergnüglichsten Spiele, um das Götterpaar aufzuheitern und friedlich zu vereinen. Beim fröhlichen Reigen singen sie: ›O Herr, warum bist du deiner Herrin gram? Warum meidest du sie? Ist sie nicht anmutig? Sie ist es doch! Möge es dir gefallen, euch wieder zu einigen! Mögest du dich ihrer wieder erfreuen, denn die Herrin ist voller Lieblichkeit.‹ Das Mädchen, das diese Worte zur Freude des Götterpaares gesungen hat, hebt ein Beim hoch über seinen Nacken hinaus und dreht einen Kreis um sich selbst. Nach dem heiteren Spiel und Tanz gehen die Mädchen heim. Am folgenden Morgen verkündet der Priester jubelnd, er habe gesehen, wie der Gott und die Göttin sich zueinander gesellten, und es sei wieder Eintracht eingekehrt. Nun sind alle Menschen von Freude und Dankbarkeit erfüllt.«

Die Naivität, ja Unschuld, die aus dieser Schilderung spricht, ist weniger ein Spiegel der Zeit und geistigen Welt, der Marco Polo verhaftet war. Wiewohl auch das eine Rolle spielt. Was jedoch vor allem deutlich wird, das ist der geradezu kindlich anmutende Glaube, der die Inder erfüllte, zumal jene Mädchen, die im Dienst der Götter standen. Sie sahen in den göttlichen Herren, denen sie geweiht waren, übermächtige Menschen, mit den gleichen Bedürfnissen und Launen und Freuden, wie sie die menschliche Natur kennzeichnen. Die Geweihten besaßen ein inniges, geradezu persönliches Verhältnis zu ihrem Gott, und folglich empfanden sie es als eine Auszeichnung und Ehre, auf so vertrautem Fuß mit der Gottheit stehen zu dürfen. Was man von ihnen erwartete, wog dagegen gering. Es wäre nur wenigen in den Sinn gekommen, sich dagegen aufzulehnen. Denn Singen und Tanzen allein war es nicht, worin ihr Dienst an der Gottheit bestand. Auch wenn es Marco Polo nur andeutet, vermutlich aus Rücksicht vor den Empfindlichkeiten seines in abendländischer Prüderie befangenen Publikums:

»Die Mädchen haben, solange sie Jungfrauen sind, eine schöne, straffe Gestalt, keiner kann sie so ohne weiteres anpacken oder kneifen. Für eine kleine Münze erlauben sie vielleicht einem Manne, sie mit aller Kraft zu kneifen. Nach ihrer Verheiratung werden sie ein wenig molliger, aber nicht eigentlich weich. Ihre Brüste bleiben prall, sie hängen nie schlaff herab, sie sind stets gespannt und spitz.«

Trotz allem: ein aufmerksamer und nicht allzu schüchterner Beobachter, der Venezianer, der die Welt wie kein zweiter seiner Zeit kennenlernte! Doch das Wesentliche entging ihm: nur um eine anmutige Tempelgeweihte einmal »kneifen« zu dürfen, dafür hätte niemand einen Obolus entrichtet. Was man tatsächlich erwartete, die Priester ebenso wie die Besucher eines Tempels, sofern sie männlich waren, das war nicht mehr und nicht weniger, als daß die Mädchen sich im Angesicht der Gottheit dem Geschlechtsakt hingaben. Denn auch das gehörte zu ihren Aufgaben; nicht anders, als es vor Jahrtausenden im fernen Mesopotamien der Fall gewesen war, wo die Tempelprostitution, die hier einen ersten Höhepunkt erreicht hatte, gleichfalls praktiziert worden war.

In Indien konzentrierte sich die sogenannte »heilige Prostitution« auf den Süden des Subkontinents; wiewohl sie auch in anderen Teilen Indiens vorkam. Daß die Tempelprostitution vor allem im südlichen Indien verbreitet war, ist kein Zufall: denn der Süden war ein ethnisches wie kulturelles Rückzugsgebiet, wo die Tradition der Induskultur, die ihrerseits ja mit Mesopotamien in Verbindung gestanden hatte, ihre Spuren deutlicher hinterlassen hatte als im übrigen Indien. Aus der Zeit der Induskultur stammt eine zierliche Bronzefigur, die die Gestalt einer unbekleideten Tänzerin darstellt. Sie erinnert an ähnliche Plastiken, wie sie dann später gerade in Südindien auftauchen, wo sie gleichfalls mit dem Tanz, in seiner kultischen Form, in Verbindung standen.

Der Tanz stand zumindest ursprünglich im Mittelpunkt der Tätigkeit einer Devadasi. Wobei dieser Begriff ihre eigentliche Funktion verrät: denn *devadasi* heißt »Gottesdienerin«. Geläufiger, im Westen, ist der Begriff »Bajadere«, der dasselbe bedeutete und auf ein portugiesisches Wort zurückgeht, das als »Tänzerin« zu übersetzen ist. Bekanntlich waren die Portugiesen die ersten Europäer, die – nach dem Besuch Marco Polos – mit Indien in Berührung kamen. Durch Goethe, von dem die Ballade »Der Gott und die Bajadere« stammt, wurde die Erscheinung der indischen Tempeltänzerinnen auch hierzulande bekannt. Allerdings in recht eigenwilliger, verklärter Form, die nur andeutet, worum es sich bei einer Devadasi beziehungsweise Bajadere tatsächlich handelte.

Was immer der Ursprung der Tempelprostitution in Indien war: Tatsache ist, daß sie im Laufe der Zeit einem Wandel unterlag, durch den das sakrale Element immer mehr in den Hintergrund trat, während der weltliche Aspekt, der – nicht anders als im Mesopotamien der Spätzeit – wirtschaftlich bedingt war, immer mehr in den Vordergrund rückte. Das heißt, die Institution der Devadasis bestand schließlich vor allem deshalb, weil die Tempel, denen sie geweiht waren, dadurch über eine nicht unbedeutende Einnahmequelle verfügten. Der Tempel von Tanjore zum Beispiel, der wegen seines Reichtums weithin berühmt war, brachte es auf die stattliche Zahl von 400 Devadasis, die für ihn »anschaffen« mußten. Frommen Pilgern erschienen die südindischen Tempel zuweilen wie Bordelle, von denen sie sich angewidert abwandten, da sie alles andere als ein »heiliger Ort« waren. Andererseits waren es gerade die Brahmanen, Angehörige der obersten Kaste und die eigentlichen Sachverwalter der Tempel, die nicht nur an der Prostitution, die im Namen der Götter betrieben wurde, verdienten, sondern auch selbst nicht darüber erhaben waren, sich an dem munteren Treiben sanktionierter Lust zu beteiligen: sie waren es, die in einem heiligen Akt der »Vermählung« mit dem Gott an dessen Stelle traten und die dem Gott Geweihten entjungferten. Erst danach durften sich auch gewöhnliche Sterbliche mit einer Devadasi vergnügen. Es kam aber auch vor, daß die jungfräuliche Devadasi mittels eines *lingam* in die physische Liebe eingeführt wurde. Zum vermeintlichen Ruhme des Gottes, versteht sich, der in diesem Falle der allmächtige Shiva war, als dessen Symbol der *lingam,* zumeist ein steinerner Phallus, galt.

Diejenigen, die derart malträtiert wurden, fügten sich devot und duldsam in ihr Schicksal. Auch weil sie wußten, daß sie als Mädchen ohnehin schlechtere Karten hatten: einen Sohn wünschten sich die Eltern, vor allem der Vater, der darin eine Gunst der Götter sah, die ihm die kultische Fürsorge nach seinem Tode sicherte. Mädchen, für die man eine Mitgift entrichten mußte, empfand man als eine Last. Also lud man sie vor den Toren der Tempel ab und tat damit, vermeintlich, noch ein gutes Werk. Daran hat sich, zur Schande Indiens, bis heute wenig geändert. Denn noch immer werden Mädchen in Indien den Göttern geweiht und landen damit in der Prostitution: zunächst in den Tempeln und dann in den Slums der Städte, wohin sie verschachert werden. Die Institution der Devadasis ist zur Farce verkommen, und wer darunter zu leiden hat, sind die, die einst als Bajaderen gefeiert wurden.

5

Auch eine andere Tradition, die für Indien charakteristisch ist, hat sich bis in die unmittelbare Gegenwart erhalten. Sie steht in Zusammenhang mit dem, was man Tantrismus nennt, und auch hier spielen Frauen, Prostituierte, eine herausragende Rolle. Ein Kenner der Materie vermerkt dazu, zu einer Zeit, da Praktiken, die mit dem Tantrismus in Verbindung standen, noch weit verbreitet waren:

»[...] einige der Anhänger Shivas und Vishnus richten ihre Aufmerksamkeit auf *Shakti,* die weiblichen Tugenden und Vorzüge, und sind dazu angehalten, dies mit Hilfe von Bildwerken zu tun. *Shaktas* zerfallen jedoch in zwei Gruppen, die als rechts- und linkshändige *Shaktas* bekannt sind. Die rechtshändigen *Shaktas* verehren besonders die nackte weibliche Gestalt in Bildern und Statuen und die ehrbaren und gesitteten Seiten des Geschlechtslebens. In der Symbolik ihres Kultes ist unübersehbar, daß sie in recht ungeschminkter Weise alles verehren, was mit dem Weiblichen zusammenhängt, doch dies geschieht zumeist in einer vertretbaren Weise. Beim linkshändigen *Shaktismus* jedoch verhält es sich gänzlich anders, und es herrscht darüber große Geheimhaltung. Die Zahl seiner Anhänger ist beträchtlich, und viele, die diesem Kult angehören, vermeiden es, das an die große Glocke zu hängen. Bei dieser Form des *Shaktismus* ist die nackte weibliche Gestalt der Gegenstand der Verehrung für beide Geschlechter, wobei es sich gewöhnlich um die Frau des Priesters handelt, und das, was man *pithi* oder *yoni* nennt, und alles, was es tatsächlich darstellt oder versinnbildlicht, steht im Zentrum der Aufmerksamkeit. Die Zusammenkünfte werden von ekstatischen Orgien begleitet, in denen die Bildwerke der obszönen Tempel getreulich nachgeahmt werden. Vereinigungen in aller Freiheit finden statt, ohne Rücksicht auf

Kastenzugehörigkeit oder Verwandtschaft. In der Begierde von Mann und Frau manifestieren sich Shiva und seine Gemahlin Durga in der Vereinigung. Orgien dieser Art ermöglichen es den Teilnehmern, die Regionen der Dunkelheit zu verlassen und sich mit dem mächtigen Shiva zu verbinden. Während gesittetere Hindus mit einigem Mißfallen über den linkshändigen *Shaktismus* urteilen, so wäre es doch unmöglich zu sagen, ob nicht auch der achtbarste Hindu ein Anhänger dieses Kultes gewesen ist.«

Auch wenn sich der Beobachter, von dem diese Schilderung stammt, bemüht, den Gegenstand seiner Ausführungen objektiv darzustellen, so kann er doch seine Zugehörigkeit zu denen, die vermeintlich von der Vorhersehung dazu berufen waren, über Indien zu herrschen, nicht gänzlich leugnen. Und in der Tat gehörten die Engländer nicht gerade zu denen, die der ausgeprägten Sexualität und Erotik der indischen Tradition mit besonderem Interesse und Verständnis begegneten. So ist denn vieles, was sie darüber schrieben, verzerrt, aus einer Perspektive wahrgenommen, die oft die wahre Bedeutung indischen Brauchtums verkennt. Andererseits haben auch die Inder selbst, weil sie sich der besonderen Sicht der Engländer bewußt waren, nicht unbedingt dazu beigetragen, die weißen Herren über ihre Sitten und Gebräuche angemessen aufzuklären. In besonderem Maße trifft dieser Mangel an Verständnis und Kommunikation für die spezielle Form des Tantrismus zu, die man als die »Lehre von der linken Hand« bezeichnet. Denn dabei handelt es sich in der Tat um eine kultische Besonderheit, die in enger Beziehung zu sexuellen Praktiken steht.

Der Tantrismus ist eine Sonderform des Hinduismus, der in Reaktion auf die strengen Gebote des Buddhismus entstand. Mit seinen Wurzeln reicht er allerdings bis in die Zeit der frühen Fruchtbarkeitskulte, die im Zeichen einer alles überragenden Muttergottheit standen, zurück. Insofern stellt er ein Relikt einer matriarchalen Ordnung dar, die das Weibliche in den Mittelpunkt von Kult und Gesellschaft rückte. Shiva, der eine zentrale Rolle im Tantrismus einnimmt, verweist jedoch auf das arische Erbe, das den männlichen Aspekt in den Vordergrund kehrte. Da aber die Schöpfung, für die Shiva steht, einen geschlechtlichen Dualismus voraussetzt, stellte man ihm eine weibliche Komponente an die Seite, jene *Shakti* genannte Kraft, die sich allmählich verselbständigte. Derart, daß sie schließlich als eigentlicher Gegenstand der Verehrung gesehen wurde und ihr zu Ehren jene Kulthandlungen zelebriert wurden, über die nur geflüstert wurde. Und in der Tat fanden sie zumeist im Geheimen statt, denn sie feierten das Sexuelle in extremer Form und standen damit im Gegensatz nicht nur zu den allgemein verbindlichen Normen, sondern bildeten gewissermaßen das andere Extrem zu jener ausge-

43

prägten Tradition des Asketentums, wie sie zu den Grundpfeilern der indischen Religiosität gehört. Wie gegensätzlich dazu der Tantrismus steht, macht ein Lehrsatz deutlich, der der sexuellen Variante des Tantrismus verhaftet ist: »Erlösung läßt sich leicht durch die Erfüllung aller Begierden erlangen.« Dies steht der Lehre des Buddha diametral entgegen; aber auch der orthodoxe Hinduismus läßt sich mit diesem Leitspruch nicht in Einklang bringen.

Verkörpert wurde Shakti, die personalisierte Schöpfungskraft, durch eine sogenannte *yogini*. Sie war der weibliche Part, der in dem rituellen Akt der sexuellen Vereinigung, mit Hilfe dessen die kosmische Kraft der Schöpfung erneuerte werden sollte, im Mittelpunkt stand. Nicht jede Yogini war eine Prostituierte; es konnte sich dabei auch – wie oben angemerkt – um einen Ehepartner oder um ein anderes Mitglied der Sekte handeln, die dem jeweiligen Kult angehörte. Doch da es sich um Riten handelte, die zumeist in einer größeren Gruppe und an einem öffentlichen Ort, der allerdings sakraler Art und zudem oft geheim war, stattfanden, und darüber hinaus den weiblichen Partnern eine besondere Rolle zufiel, für die sie kultisch ausgebildet werden mußten, waren es in der Mehrzahl Frauen, die einer besonderen Form der heiligen Prostitution nachgingen. Von den Devadasis, den gewöhnlichen Tempelprostituierten, unterschieden sie sich gerade durch das Ekstatische und Ritualisierte, das den Geschlechtsakt im Zeichen der Shakti, der göttlichen Schöpfungskraft, kennzeichnete. Im Vergleich zur ursprünglichen Funktion der Devadasis ein gradueller Unterschied, der sich jedoch besonders bemerkbar machte, als die Tempelprostitution immer mehr zur einfachen, entritualisierten Prostitution verkam, während die tantrischen Riten der »linken Hand« beziehungsweise linken Seite zumeist ein strenges Ritual einhielten, so daß man nicht eigentlich von »Orgien« sprechen kann. Die Bedeutung »zur Linken«, wie es eigentlich heißt, bezieht sich auf den Umstand, daß die Shakti verkörpernde Göttin, in Form einer Statue, stets links von der Hauptgottheit, Shiva, plaziert war; im Angesicht dieser Götterbilder wurden die Riten zelebriert.

Was diese betrifft, so berichtet ein Beobachter, der selbst an einem solchen Ritus beteiligt war:

»Bei einem Chakrapuja, an dem ich teilnahm, fanden die meisten Aktivitäten in Dreiergruppen statt, aber zeitweise waren auch bis zu sechs Personen am sexuellen Akt beteiligt.

Das Beeindruckendste an diesem Abend war wohl die zeremonielle Atmosphäre, von der jegliche Aktivität durchdrungen war. In allem, was geschah, war die tantrische Kontrolle zu spüren.

In den Dreiergruppen war die Situation so, daß je zwei Personen einer dritten die Lust vermittelten, und dieser Vorgang ›kreiste‹ dann. Dieselbe Haltung der Kontrolle blieb auch aufrechterhalten, wenn sechs Personen beteiligt waren.«

Chakrapuja, das ist die traditionelle Form der tantrischen Rituale der »linken Hand«. *Chakra* bedeutet »Kreis«, und *puja* ist ein allgemeiner Begriff, der sich auf eine rituelle Handlung bezieht. Beim Chakrapuja bilden die Teilnehmer einen Kreis, nehmen bestimmte, gewöhnlich tabuisierte Speisen wie auch Alkohol zu sich und führen dann den Sexualakt durch. Dabei kommt es darauf an, daß man die sexuelle Begierde so steuert, daß gewisse Regeln wie das Rezitieren heiliger Formeln, sogenannter Mantras, oder die sukzessive sexuelle Vereinigung, die zu berücksichtigen ist, um so die kollektive Begierde zu steigern, eingehalten werden. Dies erhöht die kosmische Kraft, die sich schließlich in einem gemeinsamen Orgasmus entlädt.

Chakrapuja ist nicht die einzige Form tantrischer Sexualpraktiken: es kommt auch vor, daß die Teilnehmer einen Kreis bilden und in ihrer Mitte eine Yogini, die nackt ist, Platz nimmt und die eigentliche Shakti symbolisiert, der man Blumen und andere Weihegaben opfert. Diese Yogini enthält sich des Sexualaktes. Bei einer dritten Variante ist es ein Guru, der den Gott versinnbildlicht, mit dem eine bestimmte Anzahl von Yoginis, die sich im Kreis um ihn versammeln, nacheinander sexuell verkehrt. Der Guru muß seine Begierde so lange beherrschen, bis er sich mit der letzten Teilnehmerin vereinigt. Erst dann darf er die aufgestaute und von den Partnerinnen übertragene Energie entweichen lassen, indem er zum Höhepunkt gelangt.

Es liegt auf der Hand, daß derlei Praktiken, die heute nur noch selten vorkommen, den Tantrismus in Verruf gebracht haben. Und in der Tat sind unter dem Deckmantel dieser Abwandlung des orthodoxen Hinduismus so manche Riten zelebriert worden, die nur den Namen mit der tantrischen Überlieferung gemein hatten. Berüchtigt waren die ausschweifenden pseudoreligiösen Zusammenkünfte, die an geheimem Ort am Hofe des Maharadschas von Patiala, eines Fürstentums des Sikhs am Fuße des Himalaja, stattfanden. Er pflegte junge Mädchen, die ihm dann bei seinen orgiastischen Riten als Yoginis dienten, von Häschern entführen zu lassen.

Rühmenswerter ist das Beispiel Khajurahos, eines Ortes in Zentralindien, der einst, im 10. und 11. Jahrhundert n. Chr., den Sitz einer bedeutenden Dynastie, der Chandellas, bildete: hier war es, wo der Tantrismus eine bemerkenswerte Blüte erlangte, denn Khajuraho, heute ein weites Ruinenfeld, stand ganz im Zeichen ekstatischer Liebe. Wovon eine Vielzahl jener »obszönen« Bildwerke kündet, die eine beträchtliche Ansammlung von Tempeln schmückt. Hier finden sich die Liebesdienerinnen, die sich dem Kult der weiblichen Schöpferkraft verschrieben hatten, in Stein verewigt. Zum Teil in gewagten Posen, die an die Lehren des Kamasutra erinnern. Oft aber auch in koketter Anmut und unschuldigem Liebreiz, was erahnen läßt, welch ein Zauber von ihnen ausging. Sie waren in der Tat verlockende Reinkarnationen der einstigen Muttergöttin. Ob sie freilich selbst im ekstatischen Rausch Erfüllung fanden, sei dahingestellt. Wie üblich schweigen sich darüber die Quellen aus.

Goldene Paläste

»Als die Party in vollem Gange war, erhob sich der Minister unauffällig und verschwand. Danach nahm die Ausgelassenheit zu, und die Leute vom Eisenbahnministerium gerieten in Hochstimmung. Keiner schien bemerkt zu haben, daß der Minister sich zurückgezogen hatte.

Unsere Wirtschafterin Okatsu rief nach mir.

›Kiharu, kommst du mal ...‹ Dann ging sie mir voran, und ich folgte ihr.

Da ich fast jeden Abend an einer Gesellschaft im Tombo teilnahm, hatte ich geglaubt, alle Zimmer dort seien mir bekannt. Aber das Zimmer, in das mich Okatsu jetzt führte, lag an einer Hintertreppe, die man über einen Gang erreichte, von dem ich bisher nichts geahnt hatte.

›Ach, ich wußte gar nicht, daß es hier hinten auch eine Treppe gibt‹, dachte ich, während ich sie hinaufstieg. An ihrem Ende lag ein hübsches, kleines Zimmer.

›So, da sind wir.‹

Okatsu öffnete die Schiebetür eines für dieses Haus ungewöhnlichen, bloß sechs *Tatami* großen Zimmers. Ich hatte gedacht, das Haus verfüge nur über große Gesellschaftsräume. Hier ein so kleines Zimmer vorzufinden, verblüffte mich.

Mein Blick fiel auf eine Bildrolle, wie sie bei Teezeremonien üblich ist. Darunter stand friedlich ein kleiner Korb mit weißen Kamelien. Der gleiche Duft, den ich am Abend zuvor im Zimmer der Chefin wahrgenommen hatte, erfüllte auch diesen Raum, und an einem kleinen Tisch saß in einem wattierten Hauskimono der kurz zuvor entschwundene Minister.

Während sie mich ins Zimmer schob, sagte Okatsu:›Also dann, viel Vergnügen‹, schloß die Schiebetür und entfernte sich.«

Man wird es erraten: dies ist eine andere Welt, als das sinnenfrohe, ekstatische Fluidum, das das tropisch wuchernde Indien umgibt. Japan liegt am Rande des asiatischen Kontinents in gemäßigten Breiten, und beides, die Randlage und das rauhere Klima, hat nicht unwesentlich zur Entfaltung einer Kultur beigetragen, die in ihrer insularen Abgeschiedenheit eigene Wege ging und durch nichts so sehr gekennzeichnet ist wie durch ein starres Zeremoniell, das wie ein Spiegel der gestrengen Gesetzmäßigkeiten einer unnachgiebigen Natur erscheint. In Japan geschieht nichts aus dem Impuls heraus und niemals ohne ein ausgefeiltes Dekorum. Das zumindest entspricht der Tradition Japans, auch wenn sich in neuerer Zeit vieles gewandelt hat.

»Ich hatte eigentlich keine Schwierigkeiten, auch mit mir unbekannten Gästen vertraulich zu plaudern, aber an diesem Abend verweigerte meine Zunge den Dienst, und ich brachte keinen Ton heraus.

›Du trinkst doch nicht?‹ Der Minister schenkte sich selbst ein. Ich zitterte und konnte meine Erregung kaum im Zaume halten.

Die Stimme der Chefin, die sagte ›um eine berühmte Geisha zu werden, muß man von einer hochgestellten Persönlichkeit entjungfert werden‹, klang mir in den Ohren.

›Also gut, dann muß ich ihn eben beschwatzen‹, beschloß ich.

Während ich schweigend dasaß, kehrte wieder völlige Ruhe in meinem Kopf ein.

Der Minister stand auf und öffnete die Schiebetür zum Raum nebenan. Mein Blick fiel auf eine vom dämmrigen Schein einer Papierlampe beleuchtete rote Decke mit Wabenmuster.

›Komm nur her zu mir.‹

Der Minister hatte sich auf dem *Futon* niedergelassen.

›Ich muß Ihnen etwas sagen.‹ Meine Lippen zitterten so, daß ich gar nicht richtig sprechen konnte.

›Was denn? Was mußt du mir denn sagen?‹

Ich kniete mit ordentlich nebeneinander gelegten Händen vor dem Minister.

›Ich bin kein Kind mehr und weiß deshalb, worum es heute abend hier geht‹, begann ich ernst.

›Du mußt dir keine Gedanken machen. Sei ganz ruhig und zieh dich aus.‹ Ungerührt schickte er sich an, sich seines Hauskimonos zu entledigen.«

Kiharu Nakamura war zu der Zeit, da sich der Vorgang ereignete, von dem sie hier berichtet, kein Küken mehr. Sie hatte ihre Ausbildung als Geisha praktisch abgeschlossen und ging bereits seit längerem ihrer Arbeit nach, indem sie an festlichen Ereignissen teilnahm oder einen Gast, der die Gesellschaft einer Geisha suchte, mit Gesang und Tanz oder Konversation unterhielt. Nur eines fehlte noch: Kiharu war noch nicht in die Geheimnisse der

Liebe eingeführt, und was dies betraf, so stand am Anfang der Verlust der Unschuld, worauf dann eine genauere Unterweisung in den Liebeskünsten folgte. Erst dann würde Kiharu mit allen Fähigkeiten ausgestattet sein, die man von einer Geisha erwartete. Dabei war es nicht unerheblich, wer den Akt der ersten Liebe an einer Geisha vollzog. Wie sich Kiharu erinnert, wobei sie sich auf eine Unterredung mit der Leiterin des Hauses, in dem sie arbeitete, bezieht:

»Als ich das Zimmer der *Okami-San* betrat, strömte mir ein köstlicher Duft von Räucherwerk entgegen.

›Jetzt wollen wir uns mal über deine Zukunft unterhalten, also sperr die Ohren auf‹, empfing sie mich.

Auch für eine ausgebildete Geisha sei es von größter Bedeutung, welcher Mann sie zur Frau mache, erklärte sie vielsagend.

Wolle man eine berühmte Geisha werden, käme dafür nur ein Minister oder Großindustrieller in Frage, der dann mit etwas Glück mein Gönner würde. Somit hätte ich für alle Zukunft ausgesorgt. Und wenn nicht, so könne ich mich wenigstens damit brüsten, von Minister Soundso entjungfert worden zu sein.«

Nicht alle Geishas waren zugleich Prostituierte, und schon gar nicht ist eine Geisha mit einer Prostituierten gleichzusetzen. Aber die Grenzen waren fließend, und wenn eine Geisha Ausschau nach einem Gönner hielt, der dann tatsächlich – indem er sie loskaufte und zu seiner Geliebten machte – für sie sorgte, dann war es unabdingbar, daß sie auch die letzte Hürde nahm: sie mußte sich der sexuellen Liebe hingeben. Das Risiko, daß der, dem sie ihre Jungfernschaft opferte, nur ein bloßes Vergnügen suchte, war nie auszuschließen, und wenn einmal die Grenze überschritten war, dann gehörte zumeist auch die physische Liebe zum Repertoire einer gesuchten Geisha. Die Aura, die sie umgab, hing nicht zuletzt von der Art derer ab, die ihre Unterhaltung suchten; und war es in der Tat eine hochgestellte Persönlichkeit, der sie ihre Jungfernschaft geopfert hatte, dann trug das nicht unwesentlich zu ihrem Nimbus bei. Es war die Aufgabe einer Geisha, andern zu gefallen, was sie selbst dachte, zählte wenig. Kiharu war da eher eine Ausnahme:

»›Du verstehst, was ich dir sagen will, nicht wahr?‹ fragte die Chefin nachdrücklich, und obwohl ich an dem Abend zustimmend nickte und ihr Zimmer mit folgsamer Miene verließ, war ich in Wahrheit gar nicht so überzeugt von der besonderen Bedeutung oder Notwendigkeit, die eine Entjungferung durch einen Minister oder so etwas Ähnliches für eine Karriere als berühmte Geisha haben sollte.«

Kiharu hatte das Glück, nicht verschuldet zu sein; was durchaus nicht selbstverständlich war. Sie hatte sich zum andern freiwillig für den Beruf einer Geisha entschieden; auch das war keineswegs die Regel. Sie entstammte zwar nicht den höheren Kreisen, aber einer durchaus geachteten Familie. Folglich fiel es ihr nicht schwer, in ihrem Beruf Karriere zu machen. Sie war eine gefragte Unterhaltungskünstlerin; wobei, was diese Bezeichnung anbelangt, die Bedeutung, die sie impliziert, durchaus zutrifft, denn eine Geisha war vor allem eine Art Gesellschaftsdame: sie *unterhielt* ihre Gäste. Daß sie mit ihnen zuweilen auch ins Bett ging beziehungsweise sich ihnen auf dem *Futon*, der Schlafmatte, hingab, war eher eine Zugabe, die nicht eigentlich das Wesen einer Geisha ausmachte. Wenigstens nicht grundsätzlich.

Kiharu war nicht prinzipiell der Darbietung ihrer Jungfernschaft abgeneigt. Moral spielte dabei keine Rolle: es gehörte eben zum Handwerk einer Geisha – wenn auch nicht unumstößlich –, sexuelle Dienstleistungen zu erbringen. Aber Kiharu war wählerisch: der Minister war in fortgeschrittenem Alter, und mochte er auch über Ansehen und Macht verfügen, so entsprach er doch nicht ihren Erwartungen:

»Er war [...] nicht ganz unbedarft. Äußerst behutsam nahm er meine Hand, und ich entzog sie ihm nicht.

›Wenn ich Sie länger kenne und überzeugt bin, daß Sie ein guter Mensch sind, werde ich Sie von ganz allein bitten, mich zur Frau zu machen. Aber im Moment geht das auf keinen Fall, nein ...« Dabei weinte ich bitterlich.

›Und wenn ich Sie mein ganzes Leben lang hasse, ist das auch für Sie nicht schön ... Ich denke anders als andere Geishas. Ich halte es nicht für eine besondere Ehre, von einem Minister entjungfert zu werden. Mein ganzes Leben lang werde ich Sie verabscheuen und diesen Abscheu nie vergessen‹, erklärte ich schluchzend.

›So schlimm ist das also für dich?‹

›Ja, wirklich. Für Sie wäre es doch auch schrecklich zu wissen, daß Sie lebenslang gehaßt werden. Stellen Sie sich vor: Sie werden Ihr ganzes Leben von einem Mädchen gehaßt! Das ist entsetzlich‹, redete ich eifrig auf ihn ein.«

Es zeigte sich, daß Kiharu mit ihrer Überredungskunst Erfolg hatte: der Minister gab sich geschlagen und verzichtete darauf, ihr die Entjungferung abzuverlangen. Sie hatte an seine Würde appelliert: sich vor einem Mädchen so weit zu entäußern, daß man das Gesicht verliert, entspricht nicht dem traditionellen Ehrenkodex des Japaners. Nicht, wenn er von einer Geisha, die immerhin kein einfaches Mädchen und schon gar nicht eine gewöhnliche Prostituierte war, daran erinnert wird. Kiharu schenkte ihre Gunst schließlich einem anderen, zu dem sie in Liebe entbrannt war.

2

Das Ereignis, von dem Kiharu Nakamura berichtet, liegt ein Menschenalter zurück: Damals war Japan noch ein zwar nicht verschlossenes, doch seinen überkommenen Traditionen noch immer verhaftetes Land. Dabei hatte das »Land der aufgehenden Sonne« bereits mehr als ein halbes Jahrhundert eine Phase der Modernisierung durchlaufen, während der westliche Einflüsse nach Japan gelangten. Diese wirkten sich jedoch nur auf die politische und wirtschaftliche Entwicklung des Landes aus: gesellschaftlich gab es kaum Veränderungen, was sich vor allem nachteilig für die Frau auswirkte, die auch zu Beginn des 20. Jahrhunderts noch in eine starre soziale Struktur eingebunden war, aus der sie sich schließlich erst langsam zu befreien begann. Kiharu genoß bereits Privilegien, die ihrer Elterngeneration verwehrt gewesen waren.

Nicht anders als in Indien, so wurde auch in Japan der Frau traditionell eine untergeordnete Stellung zugewiesen. Und dies, obwohl auch hier – ähnlich wie in Indien – der Frau am Anfang der Geschichte eine durchaus geachtete, ja zentrale Rolle zukam. Denn auch in Japan waren es weibliche Gottheiten, denen die Gewährung von Fruchtbarkeit und Leben zugeschrieben wurde und die den Frauen somit Achtung und Ansehen verschafften. Im Schintoismus, der traditionellen, eigenständigen Religion Japans, ist es die Sonnengöttin Amaterasu, die an der Spitze des Pantheons steht: auf sie gründet sich das japanische Kaisertum.

Doch der Schintoismus, eine Naturreligion, auf die die besondere Verbundenheit der Japaner mit ihrer natürlichen Umwelt zurückgeht, wurde durch den Buddhismus, der von seinem Ursprungsland Indien bis nach China ausstrahlte und von dort – über Korea – bis nach Japan gelangte, überlagert. Ein Prozeß, der im 6. Jahrhundert n. Chr. einsetzte und nicht unwesentlich dazu beitrug, daß die bislang eher privilegierte Stellung der Frau allmählich eingeschränkt wurde. Doch war der Buddhismus, der in Japan eine besondere Ausformung erlangte, die unter dem Namen »Zen« bekannt geworden ist, nur einer der Gründe, die zu einer Veränderung im Verhältnis der Geschlechter in Japan beitrugen. Bedeutsamer noch war eine historische Entwicklung, die nicht nur zu einer städtischen und schließlich staatlichen Zivilisation führte, die die gesellschaftliche Stellung des Mannes festigte, sondern auch in ein ausgeprägtes Feudalsystem mündete, das einen Kriegeradel hervorbrachte, der in ständige Kämpfe verwickelt war. Die Zentralmacht, des Kaisers, hatte nur symbolische Bedeutung: die tatsächliche Gewalt lag in den Händen von Lokalfürsten, die um die Macht stritten, so daß Krieg zu einer Konstante der japanischen Geschichte wurde und das Ideal des Kriegers, »bushido« genannt, im Mittelpunkt der Gesellschaft stand. Die Frau, die in dieser Welt physischer Gewalt keinen Platz hatte, wurde zu einem Anhängsel des Mannes degradiert, das nur noch seinen sexuellen Bedürfnissen zu genügen hatte; abgesehen davon, daß sie die Funktion einer Gebärerin erfüllte. Welch letzteres man recht drastisch mit dem Begriff *hara-wa karimono* zum Ausdruck brachte, was »geborgter Bauch« heißt. Dessen man sich bemächtigte, um für Nachwuchs zu sorgen.

Das Zeitalter der Kriege und des Feudalwesens machte im 17. Jahrhundert einer neuen Ära Platz, die man nach einer besonderen Form zentralistischer Herrschaft »Toguwara-Shogunat« nennt. Diese Ära hatte bis Mitte des 19. Jahrhunderts Bestand und zeichnete sich durch einen Wandel in der Gesellschaftsordnung aus: an die Stelle des traditionellen Kriegeradels traten nun Kaufleute und Beamte, die einer bürgerlichen Tradition zum Durchbruch verhalfen. Das Zentrum des Lebens verlagerte sich vom Lande auf die Städte, wobei vor allem Edo, das nachmalige Tokio, das in den Rang einer Hauptstadt erhoben wurde, eine zunehmende Bedeutung erlangte. Einstweilen aber blieb die Bauernschaft die tragende wirtschaftliche Säule, was ihr jedoch nicht zum Vorteil gereichte: sie wurde mit hohen Steuern belegt, die – im Verein mit regelmäßig wiederkehrenden Naturkatastrophen – zu akuten Hungersnöten führte. Derart verheerend waren die Auswirkungen dieser Widrigkeiten, daß sich immer mehr Bauern gezwungen sahen, ihre Töchter, ja selbst ihre Frauen an Bordelle zu verkaufen, die in den Städten entstanden. Da zugleich in den Städten der Reichtum sich mehrte, und damit die Ansprüche derer stiegen, die darüber verfügten, gab man sich hier mit einfachen Prostituierten nicht zufrieden: eine neue Klasse von »Gesellschafterinnen« entstand, die einen mittleren Rang zwischen der traditionellen Konkubine (die den höchsten Schichten vorbehalten war) und der gewöhnlichen Prostituierten einnahmen. Es waren dies die Geishas, wobei ihr Name schon verrät, was sie eigentlich darstellten, denn er bedeutet so viel wie »Künstlerin«. So mancher, die vom Lande kam – von den Eltern oder gar vom Ehemann praktisch in die Sklaverei verkauft –, eröffnete sich hier eine ungeahnte Chance, wenngleich auch die meisten der Unglücklichen in der billigen und anspruchslosen Prostitution landeten, die von der Gesellschaft zwar toleriert, im Grunde aber verachtet wurde.

Das Toguwara-Shogunat, das diese Entwicklung förderte, mußte 1868 restaurativen Kräften weichen, die dem Kaisertum (das die Shogune in den Hintergrund gedrängt hatten) zu neuer Macht verhalfen. Doch anders, als man hätte erwarten können, läutete der politische Wandel eine Wende hin zu einer Modernisierung des Landes ein, die Japan, das bislang ein rückständiges, von der Außenwelt abgeschottetes Land gewesen war, den Anschluß an den Entwicklungsstand im Westen, das heißt Europa und Nordamerika, die den Ton angaben, ermöglichte. So daß Japan schließlich in der Lage war, dem Beispiel der imperialen Mächte zu folgen und selbst den Ehrgeiz einer Kolonialmacht zu entwickeln. Dies führte zu einem Wiedererstarken der kriegerischen Tradition, so daß militärische Kreise schließlich die Oberhand gewannen; was – wie man weiß – verhängnisvolle Folgen hatte. Für Japan begann der Zweite Weltkrieg mit Pearl Harbour und endete mit Nagasaki. Was folgte, war der Beginn einer neuerlichen Verwestlichung des Landes, die diesmal auch einen bislang tabuisierten Bereich betraf: die Lebenswelt der Frau.

3

Im Westen war das Bild der Japanerin stets durch die Vorstellung geprägt, die den Inbegriff vermeintlich japanischer Weiblichkeit, die Geisha, suggerierte: ein puppenartiges Geschöpf, mit Kimono, trippelnden Schritten und devoter Selbstentäußerung, das eine Mischung aus Bewunderung, Sehnsucht und Mitleid erweckte. In der Figur der »Madame Butterfly« fand dieses Bild seinen unauslöschlichen Niederschlag. Die Oper von Puccini, die zu den beliebtesten Bühnenwerken zählt, wurde 1904 in Mailand uraufgeführt. Sie basiert auf einer Geschichte, die aus der Feder eines Franzosen, Pierre Loti, stammt, der ein romantischer Träumer war, immer auf der Suche nach dem bezaubernden Geheimnis, das die Exotin umgab. In der Fassung, wie sie schließlich der Oper zugrunde lag, erzählt die Geschichte der »Madame Butterfly« die tragischen Verwicklungen, die sich durch die Begegnung einer Geisha, »Cho-Cho-San« genannt, mit einem amerikanischen Marineoffizier ergeben; er verspricht ihr die Ehe und willigt in eine traditionelle, japanische Hochzeit ein. Doch in Wahrheit bedeutet ihm Cho-Cho-San nicht mehr als ein Abenteuer, er verläßt sie. Doch sie glaubt weiter an ihn, und als er schließlich zurückkehrt, sieht sie sich schon in ihrem Glauben bestätigt. Aber der Amerikaner ist nur gekommen, um sein Kind, das sie ihm während seiner Abwesenheit geboren hat, zu holen. Von Freunden und Familie verlassen, in Schimpf und Schande gestoßen, weiß Cho-Cho-San schließlich keinen anderen Ausweg, als sich das Leben zu nehmen. Entspricht dies doch alter japanischer Tradition, derzufolge nicht nur Männer Harakiri begehen, sondern auch Frauen vor rituellem Selbstmord nicht zurückschrecken.

»Madame Butterfly«, die in ihrer traditionellen Tracht, dem weitärmeligen Kimono und dem *Obi,* der breiten Schärpe, die auf dem Rücken zur charakteristischen Schleife gebunden wird, in der Tat einem »Schmetterling« gleicht, rührte das erlauchte Publikum, das sich in die ferne Welt der Geishas entführen ließ, so manches Mal zu Tränen. Aber es war natürlich nur eine Randerscheinung, was Dichter und Musiker zu einem Bühnenwerk verklärt hatten: selbst wenn es zu einer Begegnung zwischen einer Geisha und einem Ausländer kam, so blieb ihm doch das wahre Gesicht Japans, das nicht unwesentlich durch die besondere Form der Unterhaltung gekennzeichnet war, in deren Mittelpunkt die Geisha stand, verborgen. Denn es handelte sich dabei eben um mehr als ein bloßes sexuelles Vergnügen. Der Begriff »Geisha« beinhaltet in Wahrheit ein Kernstück japanischer Kultur. Ähnlich wie im Falle der Kurtisane im alten Indien oder der Hetäre im antiken Griechenland. Doch da die Geisha nicht eigentlich eine Kurtisane war, stellt sie eine Sonderform weiblicher Unterhaltungskunst dar. Es begann schon damit, daß der Auftritt einer Geisha in erster Linie ein Fest fürs Auge war. Wie eine Amerikanerin, die sich Ende des 19. Jahrhunderts, als die Tradition der Geishas ihren Höhepunkt erlangt hatte, längere Zeit in Japan aufhielt und dabei ihr Augenmerk besonders auf die Situation der Frau richtete, schreibt:

»Die japanischen Tänze sind bezaubernd, voller Grazie und Anmut; das Wiegen des Körpers und der Glieder, die kunstvolle Handhabung der fließenden Gewänder, die Vielfalt der Themen und Kostüme der unterschiedlichen Tänze: das alles macht die Unterhaltung durch Geishas zu einer der schönsten Vergnügungen in Japan. Manchmal, in scharlachroten oder gelben Roben, ahmen die zierlichen Mädchen, mit ihren geschmeidigen Körpern, den Tanz von Ahornblättern nach, wenn sie im Herbstwind hin- und hergeweht werden; manchmal, mit hochgesteckten *Kimonos* und kecken roten Unterröcken, mimen sie die Rolle kleiner Mädchen auf dem Lande, die ihre Eier zum Markt im Nachbardorf tragen. Dann wieder, in Rüstungen gekleidet, täuschen sie die kriegerischen Gesten und das martialische Gestampfe dieses oder jenes altehrwürdigen Helden vor; oder, mit weißbemalten Gesichtern und grauen Haarlocken, führen sie mit Harke und Besen den Tanz des guten alten Mannes und der guten alten Frau auf, die eine so herausragende Rolle auf japanischen Bildern spielen. Und dann, wenn der Tanz vorüber ist und alle von ihrer Anmut und Schönheit verzaubert sind, kommen sie von der Bühne herab in den Raum, wo das Essen gereicht wird, und setzen ihren Gästen mit der *Sake*-Flasche zu, während sie dabei lachen und Scherze machen, so daß man sich kaum wundern kann, wenn die jüngeren Männer unter den Gästen mehr trinken, als gut für sie ist, und das Teehaus schließlich ziemlich angeheitert verlassen, gefangen von den leuchtenden Augen und dem fröhlichen Witz einiger dieser Heben, die sie den Abend über bezaubert haben.«

Der Besuch in einem Teehaus, wo die Geishas traditionell ihrem Beruf nachgingen, war ein gesellschaftliches Ereignis: man ging dorthin mit Freunden, in der Absicht unterhalten zu werden. Gewöhnlich beschränkte sich die Tätigkeit einer Geisha nicht nur auf die eigentliche Vorführung, wobei Tanz, Musik und Gesang, aber auch Mimik und Gestik zu den Fertigkeiten gehörten, die man von ihr erwartete: sie leistete den Gästen auch nach der Vorführung, indem sie ihnen *Sake,* Reiswein, kredenzte und sie mit geistreichen Bemerkungen unterhielt, Gesellschaft. Dabei wahrte sie stets eine gewisse, zeremonielle Distanz, wurde nie aufdringlich und war darauf bedacht, den Gästen ihren Aufenthalt so angenehm wie möglich zu machen. Kurzum, eine Geisha war eine perfekte Gesellschafterin und zugleich eine Künstlerin. Und ehe sie in den Rang einer vollwertigen Geisha aufrückte, mußte sie eine sorgfältige Schulung durchlaufen. Neben den Künsten, die sie dabei erlernte, wurde erwartet, daß sie sich mit nicht weniger als 150 Anstandsregeln vertraut machte: alles, was eine Geisha während ihres Auftritts tat, war von einem minutiösen Zeremoniell umgeben. Der ästhetische Eindruck, den sie vermittelte, stand im Mittelpunkt des gesellschaftlichen Ereignisses, das sie darstellte. Das traf auch für den Bereich zu, der zwar keine zentrale Rolle in ihrem Beruf spielte, dennoch aber dazu gehörte. Wie es in der Skizzierung der Welt der Geishas, die die oben genannte Amerikanerin entwirft, weiter heißt:

»Unglücklicherweise sind die Geishas, obwohl sie im Grunde anständig sind, in ihrem moralischen Verhalten schwach. In ihrer Ausbildung zählen Umgangsformen mehr als gute Sitten, und so manche Geisha ist nur zu bereit, das Tanzen in den Teehäusern aufzugeben, um die Konkubine eines wohlhabenden Japaners oder Ausländers zu werden, wobei sie in einem solchen geschäftlichen Arrangement nichts Unrechtes sieht, und fröhlich wieder zu ihrer eigentlichen Arbeit zurückzukehren, sollte ihr Vertrag unerwarteterweise beendet werden. Die Geisha ist nicht eigentlich schlecht, doch es gibt in ihrem Leben so manche Versuchung zum Bösen und wenig Anreiz, das Richtige zu tun, so daß, während die eine ohne Tadel lebt, viele andere den falschen Weg einschlagen und gänzlich auf die schiefe Bahn geraten.«

Das Werturteil, das die amerikanische Beobachterin fällt, ist aus den moralischen Vorstellungen ihrer Zeit zu verstehen. Dennoch kann nicht geleugnet werden, daß so manche Geisha den Schritt hin zur Prostitution nicht scheute. Doch es handelte sich dabei nicht um eine Prostitution im üblichen Sinne: weder war sie bereit – und niemand, soweit er Japaner war, erwartete das –, ihre Gunst allein in einem flüchtigen Geschlechtsakt jemandem zu gewähren, noch auch gab sie sich dafür her, einfach die Geliebte dieses oder jenes zu werden. Sie überlegte sich sehr genau, mit wem sie sich einließ, und ehe sie sich ihm hingab, verging gewöhnlich einige Zeit, und sie tat es auch nicht ohne eine förmliche Übereinkunft, die den Charakter einer festen Vereinbarung hatte. Auch dies ein Ausdruck des Zeremoniellen, das im Verhalten der Japaner eine so zentrale Rolle spielt. Im übrigen konnte eine Geisha nur zu Recht darauf hoffen, von dem, der sie als Konkubine beziehungsweise Mätresse aushielt, am Ende geheiratet zu werden. Die Chancen standen eher gut, da ihr Geist, ihre Anmut, ihre gesellschaftlichen Umgangsformen und künstlerischen Fertigkeiten sie zu einer geschätzten Partnerin machten. Wozu noch der Umstand kam, daß eine Geisha oft eine stattliche Mitgift, die sie sich verdient hatte, aufweisen konnte, sowie noch über einen weiteren bedeutsamen Vorzug verfügte: sie war auch in den Künsten der Liebe bewandert. Oft gab gerade dies den Ausschlag, denn die traditionelle, gewöhnliche Japanerin achtete zwar auf ihren Ruf, aber sie war in der Liebe unerfahren und befriedigte, wenn sie heiratete, ihren Mann nicht. Weshalb er die Gesellschaft einer Geisha vorzog.

Allerdings war es mit der Liebeskunst der Japaner nicht so weit her wie bei den Indern. Zwar kannten auch sie Handbücher der Liebe, sogenannte *Shunga*, aber was sie tatsächlich bei der körperlichen Liebe schätzten, waren weniger abenteuerliche Stellungen oder gar ekstatische Verzückung, wie man sie in Indien feierte, als vielmehr wiederum eine Bevorzugung des Zeremoniellen und Ästhetischen. Dabei gab es feste Regeln: man entkleidete sich nicht vollständig, die Frau wandte dem Mann nie den Rücken zu, der Mann mußte darauf achten, daß er die kunstvolle Haartracht der Geisha, der man erotische Wirkung beimaß, nicht beeinträchtigte, und wenn es doch einmal zu einer etwas gewagteren Liebesszene kam, dann ging die Initiative zwar von der Geisha aus, aber immer derart, daß es den Anschein hatte, als sei es der Mann, der dazu den Anstoß gegeben hatte. Auch in der Liebe herrschte eine strenge Hierarchie: die Dominanz des Mannes war eine Selbstverständlichkeit.

Nun gab es in Japan nicht nur Geishas; denn ihre Dienste konnten sich nur Wohlhabende leisten. Weit größer war die Zahl der gewöhnlichen Prostituierten. Über sie berichtet Alice Mabel Bacon, die Amerikanerin:

»Unterhalb der Geisha auf der Ehrbarkeitsskala steht die Joro oder lizensierte Prostituierte. Jede Stadt in Japan verfügt über ein verrufenes Viertel, wo sich die verschiedenen *joroya,* die lizensierten Bordelle, befinden. Die Aufsicht, die die Regierung über diese Viertel übt, ist sehr streng; man versucht, indem man Lizenzen vergibt und Vorschriften erläßt, die üblen Auswirkungen, die von ihnen ausgehen, zu minimieren. Die Betreiber der *joroya* unternehmen alles in ihrer Macht, ihre Häuser, Grundstücke und Angestellten anziehend zu machen, und dem nichtsahnenden Ausländer erscheint dieser Teil der Stadt oft als der schönste und respektierlichste. Eine Joro kann man nie mit einer respektablen Frau verwechseln, denn ihre Kleidung ist besonders gekennzeichnet, und auch ein kurzer Aufenthalt in Japan ist lang genug, daß selbst der Einfältigste erkennt, daß der *obi,* die Schärpe, wenn sie vorn und nicht auf dem Rücken geknotet ist, ein Zeichen von Makel darstellt. Doch obgleich der Beruf der Joro allgemein als unehrenhaft gilt [...], schaut die Öffentlichkeit in Japan, obgleich man die Tragweite des Übels erkennt, auf die berufsmäßige Prostituierte nicht mit der Verachtung herab, die sie in christlichen Ländern hervorruft.«

Diese unterschiedliche Sicht, wie sie ja auch im traditionellen Indien zu beobachten ist, zeigt eine gänzlich andere Einstellung zur Sexualität, als das in den Ländern, die durch das Christentum geprägt wurden, der Fall ist. Es geht in Japan weniger um eine moralische Bewertung, obwohl das letztlich auch eine Rolle spielt, als vielmehr um einen Standesdünkel: eine Prostituierte gehört der unteren Gesellschaftsschicht an, daraus rekrutiert sie sich, und folglich erkennt man sie *gesellschaftlich* nicht an. Sittliche Erwägungen spielen dabei eine untergeordnete Rolle; dies grenzt eine Prostituierte nicht gänzlich aus, und es gilt auch nicht als »Sünde«, sowohl dem Beruf einer Prostituieten (oder Geisha) nachzugehen wie auch ihre Dienste in Anspruch zu nehmen.

Im Gegensatz zu den Geishas, die nicht nur in hohem Ansehen standen, sondern zumeist auch freiwillig ihren Beruf ausübten, sich zumindest darin arrangierten, war das Los der gewöhnlichen Prostituierten erbärmlich. Wie Bacon schreibt: »Viele von ihnen sind praktisch Sklaven, die man in ihrer Kindheit an die Betreiber der Häuser, in denen sie arbeiten, verkauft hat und die, in der Umgebung der *joroya,* zu einem Leben geschult werden, das das einzige ist, das sie je kennengelernt haben. Einige mögen sich freiwillig, doch widerwillig geopfert haben, für jene, die sie lieben, und durch ihre abstoßende Sklaverei mögen sie die Mittel verdienen, um ihre Lieben vor Hunger oder Schande zu bewahren.« Die Not auf dem Lande war auch im 19. Jahrhundert noch so groß, daß viele Bauern dazu Zuflucht nahmen, die weiblichen Mitglieder der Familie, soweit sie jung und ansehnlich waren, im wahrsten Sinne des Wortes an Bordelle zu verkaufen. Darüber wurden regelrechte Verträge geschlossen, und die derart Verdingte war gezwungen, den Kaufpreis und die Kosten für ihren Unterhalt abzuzahlen. Eine Schuldknechtschaft, aus der es zumeist kein Entrinnen gab.

Berüchtigt, doch eigentlich eher als eine Attraktion und liebgewonnene Gewohnheit gefeiert, war das Rotlichtviertel von Tokio, das unter dem Namen *Yoshiwara*, »Schilfmoor«, bekannt wurde. Der Name rührte von dem Umstand her, daß sich dort, wo Yoshiwara, die »Stadt der Liebe«, gegründet wurde, einst eine Sumpfwildnis aus Schilf und Moor erstreckte. Das war zu Beginn des 17. Jahrhunderts gewesen, als das damalige Edo zur neuen Hauptstadt des Landes erhoben wurde. Mit der eigentlichen Stadt wuchs auch Yoshiwara, das schon bald als ein Wahrzeichen Tokios galt. Wie ein Magnet zog Yoshiwara die Männerwelt an, und dazu gehörte auch so mancher Ausländer, der sich dann zu den höchsten Lobpreisungen verstieg:

»Kasernierte Dirnen! Auch der, der intellektuell über den Dingen steht, sträubt sich mit seinem ästhetischen Empfinden gegen die verletzende Häßlichkeit derartiger Einrichtungen, wie er sie von Deutschland und anderen europäischen Staaten gewohnt ist. Kasernierte Dirnen! So weit Japan von unserem Kontinent, so fern diese Nation unserem Volkscharakter, so verschieden die Formen der Sinnenlust hier und dort. Keine Verletzung, eine Bereicherung der ästhetischen Werte hat uns Yoshiwara gebracht, Tokios Vorstadt mit den goldenen Palästen der 30 000 kasernierten Hetären.«

Derartige Lobeshymnen konnte man zu Zeiten des Kaisers auch hierzulande, selbst in der Presse, lesen. Aber Wilhelm – und der Geist, den er prägte – war nicht bekannt dafür, daß er besonders zimperlich war. Was Geishas und Joros betraf – den Unterschied erkannte man natürlich nicht –, so entsprach es auch nach deutschem Empfinden einer natürlichen Ordnung, wenn sie – wie bunte Vögel – in vermeintlich goldenen Palästen, die in Wahrheit oft nicht mehr als eine Art Käfig waren, »kaserniert« wurden.

Dennoch: Japan, das sich immer mehr dem Westen öffnete und Anerkennung suchte, konnte sich auf die Dauer der Herausforderung, die eine durch christliche Ethik geprägte Weltanschauung bedeutete, die auch in Japan Eingang fand, nicht widersetzen. Man raffte sich schließlich, 1956, dazu auf, der käuflichen Sünde den Kampf anzusagen: nicht nur wurden Yoshiwara (und andere Rotlichtviertel) geschlossen, man verbot auch gleich die Prostitution generell. Was nicht bedeutete, daß sie nunmehr in Japan ausgerottet war. Die Prostitution blüht im Land der Kirschblüte wie eh und je. Sie hat nur andere Formen angenommen und ist eigentlich illegal. Aber das kümmert niemanden; auch in den USA, dem großen Vorbild, ist das Geschäft mit dem käuflichen Sex eigentlich untersagt. Und trotzdem boomt es. Was aber die Geishas betrifft, deren Zahl in den zwanziger Jahren des vorigen Jahrhunderts auf 80 000 geschätzt wurde, so sind auch sie nicht gänzlich von der Bühne der Geschichte verschwunden. Es gibt noch einige wenige tausend, in Tokio wie auch in Kyoto, der alten Kaiserstadt. Aber nur die wirklich Betuchten können sie sich leisten: für einen Abend in ihrer Gesellschaft muß man schon mal den Gegenwert von sieben-, achthundert Euro hinblättern. Und dafür gibt es auch wirklich nur noch Kunst. Alles weitere hat die moderne Geisha aus ihrem Repertoire gestrichen.

Solon und Sokrates

»Obwohl sie von ihm selbst und von seinen Freunden viele Briefe bekam, die sie herbeiriefen, so achtete sie das gering und machte sich so über den Mann lustig, daß sie den Kydnosfluß in einem Schiff mit vergoldetem Heck hinauffuhr mit ausgespannten Purpursegeln, während die versilberten Ruder sich zum Schall von Flöten bewegten, die mit Schalmeien und Kitharen harmonisch zusammenklangen. Sie selbst lag unter einem reich mit Gold verzierten Sonnendach, gekleidet und geschmückt, wie man Aphrodite gemalt sieht, und Knaben wie gemalte Liebesgötter standen zu beiden Seiten und fächelten ihr Kühlung. Ebenso standen die schönsten Dienerinnen, gekleidet wie Nereiden und Chariten, teils an den Steuerrädern, teils bei den Tauen. Herrliche Düfte von reichlichem Räucherwerk verbreiteten sich über die Ufer. Die Menschen liefen teils gleich von der Mündung des Flusses an auf beiden Seiten mit, teils kamen sie aus der Stadt herunter, um zu schauen. Da so die Volksmenge vom Markte fortströmte, blieb Antonius selbst, der dort auf seinem Tribunal saß, schließlich allein, und es verbreitete sich in der Masse ein Gerücht, Aphrodite komme in feierlichem Zuge den Dionysos besuchen zum Heile für Asien.«

Ob sie das Heil Asiens im Auge hatte, sei dahingestellt: ihre Heimat, Ägypten, lag ihr näher, und daß sie sich nach Tarsos, in Kleinasien, aufmachte, diente vor allem dem Zweck, für ein gutes Einvernehmen zu sorgen, auch wenn sie sich nicht ganz freiwillig auf den Weg machte. Antonius zitierte sie herbei, weil sie sich geziert hatte, ihm bei seinem Feldzug gegen die Parther die erbetene Hilfe zu leisten. Doch sie wäre nicht Kleopatra gewesen, wenn sie nicht aus der Not eine Tugend gemacht hätte; soweit man es Tugend nennen konnte: Marcus Antonius, der immerhin Teilregent des Römischen Reiches war, eilte der Ruf voraus, sich nicht nur auf das Kriegshandwerk, sondern mehr noch auf die angenehmeren Dinge des Lebens zu verstehens, und was das betraf, so kannte sie sich aus; schließlich war ihr schon einmal ein Römer, kein Geringerer als Cäsar, ins Garn gegangen. Also traf sie die nötigen Vorbereitungen, putzte sich und ihr Gefolge ordentlich heraus und setzte

Kalksteinmaske der Göttin Inanna
(Uruk, Irak: 3000 v. Chr.)

Möbelzierat:
Relief mit der Darstellung einer Tempelprostituierten
(Nimrud, Irak: 8. Jh. v. Chr.)

Marmorstatuette
(Hatra, Irak: 2. Jh. n. Chr.)

Tantrisches Ritual:
Tempelschmuck in Khajuraho, Indien
(11. Jh. n. Chr.)

Beliebtes Motiv einheimischer Künstler:
Geishas um 1800

Flötenspielende Hetäre
(5. Jh. v. Chr.)

Reklametafel für
ein römisches Bordell
(unten)

Kaiserinnen von
zweifelhaftem Ruf:

Messalina I. (oben),
Theodora (Mosaik in
Ravenna, 547; unten)

Von der Hure zur Heiligen:
büßende Maria Magdalena (17. Jh.)

darauf, daß der biedere Antonius, der die Raffinessen des Orients nicht kannte, gehörig beeindruckt sein würde. Was dann, wie man weiß, auch der Fall war: der Römer wurde der Ägypterin hörig, und zusammen träumten sie von der Errichtung eines Weltreiches.

Was den Römern in Rom gar nicht gefiel; weshalb sie alles daransetzten, die Pläne der Ägypterin und ihres Liebhabers zu durchkreuzen. Und das gelang ihnen schließlich auch. Obwohl Kleopatra nicht versäumte, auch Octavian, den gefürchteten Gegenspieler, als er schließlich die Oberhand gewann, seinerseits zu becircen. Doch Octavian, der aus anderem Holz geschnitzt war als Antonius, ließ die Ägypterin abblitzen. Worauf sie ihm ihrerseits eins auswischte, indem sie – dadurch daß sie den tödlichen Biß einer Schlange wählte – ihn der Genugtuung beraubte, sie im Triumphzug durch Rom zu führen. Kleopatra starb, wie sie gelebt hatte: in kühnem Selbstbewußtsein und ohne Furcht vor den Folgen. Was sie freilich bei den Römern nicht beliebter machte: sie hatten sie nicht nur gefürchtet, sondern auch verabscheut. Weil sie, angeblich oder tatsächlich, Männer wie Cäsar und Antonius, die immerhin zu den Großen ihres Volkes gehört hatten, verhext hatte. Oder, um es genauer zu benennen: mit weiblicher List der verderblichen Sinnenfreude des Orients unterworfen. In den Augen der Römer war Kleopatra nicht mehr als eine Dirne gewesen, ein verrufenes Weib, das mit seinen niedrigen Instinkten den Mannesruhm der Römer besudelt hatte. Wie einst Babylon als Große Hure beschimpft wurde, so haftete auch Kleopatra fortan das Etikett einer verruchten Buhlerin an. Und als solche wird sie auch heute noch oft gesehen.

Die Wahrheit sieht freilich etwas anders aus: zunächst einmal war Kleopatra nicht eigentlich Ägypterin, sondern Griechin – oder um präziser zu sein – Makedonin. Sodann mag sie zwar – als Kind ihrer Zeit und der Welt, in der sie lebte und die die anfängliche Prüderie der Römer nicht kannte – nicht gerade schüchtern und unbedarft gewesen sein; aber sie setzte die Waffen der Frau, wie sie es zumindest im Falle ihres gefeierten Auftrittes in Tarsos tat, durchaus nicht aus frivolen, selbstsüchtigen Beweggründen ein: schließlich ging es ihr um den Erhalt ihrer Macht, das sei immerhin zugegeben, doch auch – und das wird zumeist nicht anerkannt – um die Bewahrung Ägyptens vor dem Eroberungsdrang der Römer, die sich bereits ein Weltreich zusammengeraubt hatten. Dafür lohnte es sich allemal, einen Mann wie Antonius – oder auch Cäsar – zu verführen; welchen sinnlichen Reiz ein solches Unterfangen – über die Befriedigung politischer Ambitionen hinaus – auch gehabt haben mag.

Daß Kleopatra schließlich mit Aphrodite gleichgesetzt wurde, mit der sie nach ihrem Tode als vergöttlichte Herrscherin verschmolz, ist eher eine Ironie: denn die Liebe hatte in ihrem Leben nur eine untergeordnete Rolle gespielt. Kleopatra hatte – wie gesagt – höhere Ziele verfolgt und das, was man Liebe nennt, wohl nur als Preis eingesetzt. Nur in dem Sinne mag es zutreffend sein, ihr zu unterstellen, daß sie sich beziehungsweise ihren Körper verkaufte. Doch kann man sie allein deshalb der Prostitution zeihen? Eines ist zumindest gewiß: Kleopatra war nicht die erste , und sie sollte nicht die letzte bleiben, die auf ihre körperlichen Vorzüge – und in ihrem Falle nicht einmal in erster Linie auf diese – setzte, um ihren Ehrgeiz zu befriedigen. Darin liegt nichts Verwerfliches, solange die Gesellschaft solchen Frauen keine anderen Möglichkeiten läßt.

2

Die römische Venus, mit der der griechische Geschichtsschreiber Plutarch die ägyptische Königin in ihrem sirenenhaften Auftreten in Tarsos vergleicht, mit dem sie Antonius den Kopf verdreht, entspricht im griechischem Pantheon der Aphrodite. Sie galt als Göttin der Liebe, der Schönheit, aber auch der Fruchtbarkeit, welch letzteres auf ihren Ursprung verweist. Denn hinter der Gestalt der Aphrodite, der vermeintlich »Schaumgeborenen«, verbirgt sich niemand anders als die Göttin Ischtar, die in Babylon besondere Verehrung genoß. Zugleich aber auch die urzeitliche Muttergottheit, wie sie überall am Anfang religiöser Kultur gestanden hat. In Griechenland wurde Aphrodite vor allem in Korinth verehrt und dies in einer Weise, die wiederum nach Mesopotamien verweist. Strabon, ein griechischer Geograph der Zeitenwende, der auf seinen ausgedehnten Reisen auch Korinth besuchte, bemerkt dazu: »Und der Tempel der Aphrodite war so reich, daß ihm über tausend Tempelsklaven, Kurtisanen, gehörten, die sowohl Männer als auch Frauen der Göttin geweiht hatten. Und folglich geschah es auch wegen dieser Frauen, daß die Stadt dicht gedrängt mit Menschen war und reich wurde; zum Beispiel gaben die Schiffskapitäne freizügig ihr Geld aus, und daher das Sprichwort: ›Eine Reise nach Korinth ist nicht für jedermann.‹« Denn es könnte ihn ein Vermögen kosten. Was aber die Kurtisanen betraf, so fügte Strabon hinzu: »Mehr noch: es heißt, daß eine gewisse Kurtisane einer Frau, die ihr Vorhaltungen machte, daß sie sich vor Arbeit drücke oder auch nur ein Wollknäuel berühre, antwortete: ›Und dennoch, auch wenn ich so bin, so habe ich doch in dieser kurzen Zeit drei Tücher gesponnen.‹« Was eine höfliche Umschreibung für die Kunst ihres Gewerbes war, im Handumdrehen soviel wie andere in einer Ewigkeit zu verdienen.

Die Kurtisanen, von denen hier die Rede ist, waren sogenannte *Hierodu-len,* Tempelsklaven, die dem Dienst an einem Gott geweiht waren. In diesem Falle der Aphrodite, woraus sich die besondere Form ihres Dienstes ergab. Strabon, der sich mehr auf eine allgemeine Beschreibung der Stadt konzentriert, geht auf den Kult der Aphrodite nicht näher ein. Ausführlicher berichtet darüber Athenaios, gleichfalls ein Grieche, der um 200 n. Chr. lebte und sich als »Sophist« bezeichnet, was erklärt, weshalb er an Mitteilsamkeit geradezu überschäumt. Er erinnert ein wenig an das, was man heute als einen »Klatschreporter« bezeichnet. Doch er hatte nicht nur eine scharfe Zunge und fand Gefallen an Skandalen, die er genüßlich ausbreitet, er war auch ein scharfsinniger Beobachter und stützte sich auf eine Vielzahl wertvoller Quellen, die zum Teil heute nicht mehr zugänglich sind. Über Korinth und den besonderen Kult, den man dort pflegte, schreibt er:

»Es besteht ein alter Brauch in Korinth [...], daß, wann immer die Stadt zur Aphrodite in Dingen von großer Wichtigkeit betet, so viele Prostituierte wie möglich eingeladen werden, sich den Bittgesuchen anzuschließen, und diese Frauen fügen ihre Gebete an die Göttin denen der anderen hinzu und sind später bei den Opferhandlungen zugegen. Als beispielsweise die Perser in Griechenland einfielen [...], gingen die korinthischen Prostituierten in den Tempel der Aphrodite und beteten für die Errettung der Griechen. Und das war auch der Grund, weshalb Simonides, als die Korinther zu Ehren der Göttin die Tafel weihten, die bis auf den heutigen Tag erhalten ist und auf der die einzelnen Namen der Prostituierten verzeichnet sind, die bei dieser Gelegenheit gebetet haben und später bei den Opferungen zugegen gewesen sind, das folgende Epigramm verfaßte: ›Diese Frauen wurden der Kypris geweiht, um, mit dem Segen des Himmels, für die Griechen und ihre tapferen Mitbürger zu beten. Denn der göttlichen Aphrodite gefiel es nicht, daß die Festung Griechenland in die Hände der persischen Bogenschützen fallen sollte.‹«

Auch wenn Athenaios hier nicht klar unterscheidet, so wird doch deutlich, daß Frauen, die Strabon »Kurtisanen« nennt und die bei Athenaios als »Prostituierte« erscheinen, eine kultische Funktion im Dienste der Aphrodite ausübten; die auch »Kypris« genannt wurde, denn über Zypern, wo es gleichfalls ein Heiligtum für die Göttin gab, war Aphrodite nach Griechenland gelangt. Athenaios erweckt den Anschein, als ob es sich um gewöhnliche Prostituierte handelte, die bei besonderen Anlässen aufgefordert wurden, sich den Bittgesuchen der Korinther anzuschließen, während sie im Falle der Perserkriege dann dem Tempel der Aphrodite geweiht wurden. In Wahrheit verhielt es sich so, wie es ursprünglich im Kult der Ischtar Brauch war: Prostituierte standen im Dienst der Göttin, und es gehörte zu ihren Aufgaben, die Tätigkeit sakraler Prostitution auszuüben. Was nicht nur den Reichtum des Tempels mehrte, sondern auch den Wohlstand der Bürger von Korinth, die – wie Strabon anmerkt – es nicht zuletzt der besonderen Attraktion des Kultes der Aphrodite verdankten, daß sich ihre Taschen füllten. Denn nach Korinth kam man nicht nur wegen des Handels, sondern auch weil der Tempel auf der Höhe über der Stadt eine besondere Verlockung darstellte. Immerhin – so Strabon – war die Zahl der heiligen Liebesdienerinnen schier unermeßlich: der Tempel der Aphrodite in Korinth war wahrhaftig so etwas wie ein Touristenmagnet. Im Sinne der heutigen Zeit, wo man ja auch – aus einschlägigen Gründen – nach Bangkok pilgert. Nur daß dort – wie wir noch sehen werden – der Nimbus einer Kulthandlung völlig abhanden gekommen ist.

Athenaios weist auf einen Aspekt hin, der Erwähnung verdient. Wie er ergänzend schreibt: »Sogar einzelne Bürger geloben der Göttin, daß sie ihr, wenn Bitten, die sie an sie richten, erfüllt werden, Kurtisanen darbieten.« Und er führt ein berühmtes Beispiel an, über das sich der Dichter Pindar im einzelnen ausläßt. Denn dieser schrieb, in einem Kranz von Oden, eine Hymne auf Xenophon, einen Bürger Korinths, der im Jahre 464 v. Chr. bei den Wettkämpfen in Olympia antrat und gelobt hatte, im Falle seines Sieges, der Aphrodite eine Anzahl von Kurtisanen zu stiften. Und da er tatsächlich einen Sieg errang, und dies in doppelter Weise, erfüllte er sein Gelübde und schenkte dem Tempel der Aphrodite 25 Liebesdienerinnen. Wenigstens waren sie fortan als solche tätig. Pindar, der ein Zeitgenosse Xenophons war, schrieb nicht nur die besagte Ode, mit der er den Triumph des Korinthers rühmte, sondern auch ein Lied, das bei den Weihehandlungen im Tempel gesungen werden sollte und mit dem er gleichfalls den Sieg Xenophons feiert. Darin heißt es:

Kypros' Herrin, hierher in dein Heiligtum den
Trupp, den hundertgliedrigen, weidender Mädchen –
Xenophon führte ihn her,
was er gelobt, freudig erfüllend.

Und was diese Schar »weidender Mädchen« betrifft, so ruft ihnen der Dichter im Überschwang der Begeisterung zu:

Euch hat sie ohne Vorwurfs Beschämung gewährt,
Ihr Mädchen, auf gefälligem Lager
Eurer zarten Jugendzeit Frucht euch zu pflücken.
Unter Zwang ist alles ja schön ...

64

Im Namen der Göttin brauchte sich niemand zu schämen, weder die Mädchen noch ihre Freier. Man überließ es ihr, für die nötige Einsicht zu sorgen.

3

Allzuschwer war die Aufgabe der Aphrodite nicht: auch in Griechenland war man nicht prüde; zumindest, was die käufliche Liebe betraf. Sie wurde als selbstverständlich angesehen und war allgemein verbreitet. Dabei handelte es sich bei der sakralen Prostitution eher um eine Ausnahme: sie war – abgesehen von Zypern – auf Korinth beschränkt, während die gewöhnliche Prostitution überall anzutreffen war. Und auch in Griechenland unterschied man zwischen einfachen Dirnen und gehobener Prostitution. Wobei wiederum letztere, die sogenannten Hetären, dem Gros der Prostituierten, die niederen Standes waren, den Rang abliefen. Sie waren geachtet und standen nicht selten im Mittelpunkt des gesellschaftlichen Lebens. Was von den Frauen, die nicht zu den Prostituierten, zumal den Hetären, zählten, nicht gesagt werden kann. Sie galten zwar als ehrbar, sofern sie sich an die Regeln hielten, aber diese waren äußerst restriktiv und verbannten die Frauen in ihre Häuser, die sie am besten gar nicht erst verließen. Ehrbare Frauen traten bei den Griechen, zumindest in der klassischen Zeit, da Athen den Ton angab, in der Öffentlichkeit nicht in Erscheinung. Sie waren gewissermaßen unsichtbar. Männer konnten es sich leisten, ihre Frauen unter Verschluß zu halten, denn sie debattierten zwar über Demokratie und stellten diverse philosophische Betrachtungen an, aber all das geschah aus dem Blickwinkel des Mannes, denn auch die Griechen lebten in einer patriarchalen Gesellschaft. Folglich waren Frauen nur das, was die Männer ihnen zugestanden: die einen hatten für das häusliche Wohl und den Nachwuchs zu sorgen, weshalb es ihnen am besten anstand, wenn sie bieder und hausbacken waren, die anderen, die sich mit Heim und Herd nicht herumschlagen mußten, waren für das Vergnügen da. Wie es Demosthenes, einer der Redegewaltigen in Athen, unumwunden formulierte: »Wir halten uns Konkubinen zum Vergnügen, Kurtisanen für den täglichen Gebrauch, aber Frauen haben wir, damit wir mit ihnen legitime Kinder zeugen und jemanden haben, der vertrauenswürdig über unser häusliches Gut wacht.« So einfach war das, aus der Sicht des Mannes, selbst, wenn er als gescheit galt.

Da hatte Homer, vierhundert Jahre früher, noch einen anderen Ton angeschlagen. Von ihm stammt immerhin der Ausspruch: »Es gibt nichts Schöneres, als wenn ein Mann und seine Frau in wirklicher Harmonie miteinander leben.« Eine Einsicht, die dennoch niemand beherzigte; nicht, als die Griechen sich anschickten, das Fundament der abendländischen Kultur zu legen. Wozu auch ihre Vorstellungen von der Stellung der Frau zählten, die freilich – als sich das Christentum dazugesellte – noch einen weiteren Dämpfer erhielt. Doch davon später.

Die ehrbaren Gattinnen (und Töchter), die notgedrungen nicht sehr anstellig waren (außer eben, was Haus und Heim betraf), befriedigten die Männer, die ohnehin ständig außer Hause (am liebsten auf der Agora, dem Marktplatz, den sie zum Debattierclub umfunktionierten) waren, auf die Dauer nicht. Ergo mußten die Professionellen, niederen und höheren Grades, je nach Anspruch und Geldbeutel, für die unbefriedigten Bedürfnisse, intellektueller und anderer Art, herhalten. Und damit das alles seine Ordnung hatte – schließlich liebten die Griechen ein geregeltes Staatswesen –, ging man die Sache systematisch an: kein geringerer als Solon, einer der gefeiertsten Staatsmänner Athens, ließ es sich angelegen sein, staatlich lizensierte Bordelle einzurichten. Das heißt, die Freudenhäuser, die in Athen eröffnet wurden, standen unter staatlicher Kontrolle (drei verschiedene Beamte waren dafür zuständig) und mußten Gebühren, Steuern, an den Staat abführen. Mit denen, so wird berichtet, ein Tempel zu Ehren der Aphrodite errichtet wurde. Wie es dazu bei Athenaios, der den Komödiendichter Philemon zitiert, heißt: »Nun berichtet Philemon des weiteren [...] beiläufig, daß Solon, den die Unruhe, die sich im Leben junger Männer einstellt, dazu bewog, Frauen niederen Standes erwarb und in Häusern unterbrachte, wo sie dem Abhilfe schaffen konnten.« Und, unter Berufung auf einen anderen Gewährsmann, fügt Athenaios hinzu, »daß Solon der erste war, der einen Tempel zu Ehren der Aphrodite Pandemos aus dem Erlös, den die Leiterinnen der Häuser abführten, errichtete.«

Aphrodite galt – wen wundert's? – als die Schutzherrin der leichten Mädchen, so daß der gewiefte Solon gewissermaßen den staatlichen Anteil am Geschäft mit der Liebe sinnbringend anlegte: hielt man Aphrodite bei Laune, auch wenn die Dirnen von Athen nicht ihr zuliebe (sondern dem Staat) ihrem Gewerbe nachgingen, dann würde auch das Bordellwesen blühen, und es würden sich dementsprechend die Einnahmen des Staates mehren.

Und wer waren die Damen, die Solon (zur Förderung der öffentlichen Ordnung) engagierte? Darüber lassen sich die Quellen – wie üblich – nicht im einzelnen aus. Aber immerhin ist so viel bekannt, um feststellen zu können, daß es an geeigneten Kandidatinnen nicht mangelte. Es gab Sklavinnen, die man erwerben konnte, Frauen aus anderen Gegenden, die nicht das Bürgerrecht besaßen und folglich nicht auf ihren Ruf achten mußten, und schließlich waren da jene Fälle, die sich ergaben, wenn eine unter den ehrbaren Frauen des Ehebruchs überführt und verstoßen wurde oder wenn eine unverheiratete Frau ihre Unschuld verloren hatte, was ihrem Vormund (ohne den ging es nicht) das Recht gab, sie zu verkaufen. Auf die Ehre, was immer man darunter verstand, ließen die Griechen nichts kommen. Alles, was diesem recht einseitig ausgelegten Begriff nicht entsprach, war – wenn es sich um Frauen handelte – gut fürs Bordell.

In einem solchen nun hatten die Herren der Schöpfung freie Wahl. Um wiederum Athenaios, der sich mit dem Thema »Prostitution« sehr ausführlich befaßt, zu zitieren, wobei er sich diesmal auf Xenarchos , einen weiteren Vertreter aus der Gilde der Dichter (die sich mit der käuflichen Liebe gleichfalls bevorzugt beschäftigten), stützt:

»Abscheulich, abscheulich und ganz unausstehlich sind die Gewohnheiten der jungen Leute in unserer Stadt. Denn es gibt da doch die hübschesten Mädchen in den Bordellen, die die Jünglinge sehen können, wenn sie in der Sonne stehen, mit entblößter Brust, zur Tat bereit und der Reihe nach aufgestellt. Unter diesen kann man sich die auswählen, die einem gefällt, dünn oder dick, klein oder groß oder untersetzt, jung, alt, in mittleren Jahren, üppig und reif, und man ist nicht gezwungen, die Leiter anzusetzen und heimlich hinaufzuklettern noch durch den Rauchabzug unter dem Dach hineinzukriechen oder versteckt in einem Haufen Stroh hereingetragen zu werden. Nichts davon! Denn die Mädchen selbst versuchen alles, um sie herbeizulocken und sie hineinzuziehen, und nennen die, die alt sind, Väterchen und die Jüngeren kräftige Burschen. Und jede von ihnen kann man ohne Furcht, mit wenig Geld, bei Tag, am Abend, in jeder erwünschten Weise besuchen; doch die verheirateten Frauen kann man entweder nicht sehen, oder wenn man sie sieht, dann kann man sie nicht richtig anschauen, sondern immer in einem Zustand der Angst und Furcht ...«

Die Mühe und der Aufwand, mit einer ehrbaren Frau anzubändeln, von der Gefahr, dabei entdeckt zu werden, einmal abgesehen, waren einfach zu groß: es war bequemer, unter den willigen Mädchen zu wählen. Wobei natürlich fraglich ist, ob sie wirklich so willig waren. Aber darüber schweigen die Quellen. Die Dirnen in den Bordellen (und auch die auf der Straße, denn auch die gab es) waren nicht wirklich näherer Erörterung wert: man schätzte ihre Dienste, aber im Grunde verachtete man sie. Das war – und ist – überall so. Anders verhält es sich mit den Hetären, die am anderen Ende der Skala standen. Darüber konnten sich die Dichter (und Klatschbasen, auch wenn sie männlich waren) nicht genügend die Mäuler zerreißen. Auch daran hat sich nichts geändert. Wenngleich auch Hetären – oder Kurtisanen – heutzutage selten geworden sind.

4

»Die einen behaupten, Perikles habe Aspasia nur wegen ihrer Weisheit und politischen Einsicht umworben. Denn auch Sokrates besuchte sie zuweilen mit seinen Schülern, und ihre Freunde brachten oft die eigenen Gattinnen zu ihr, damit sie ihr zuhören könnten. Sie taten dies, obwohl Aspasia ein keineswegs ehrbares und anständiges Gewerbe betrieb: sie hielt nämlich Hetären in ihrem Hause.«

Plutarch, den wir hier zitieren, lebte bereits in einer Zeit, als das klassische Griechenland längst der Vergangenheit angehörte und durch die Herrschaft der Römer ersetzt worden war, die eine prüdere Moral an den Tag legten als die freizügigeren Griechen. Aber selbst Plutarch hielt Aspasia einer besonderen Erwähnung für wert, und nicht zu Unrecht: war sie doch nicht nur eine berühmte Hetäre, sondern auch die bemerkenswerteste Frau im Athen ihrer Zeit. Sie stammte aus Milet, in Kleinasien, fing sozusagen ganz klein an, als sie nach Athen kam, doch da sie nicht nur schön, sondern auch klug war, brachte sie es bald zu einem ungewöhnlichen Renommee: sie bezauberte die bedeutendsten Männer Athens, Philosophen ebenso wie Politiker. So wird überliefert, daß sie selbst Sokrates in der Kunst der Rede überlegen war, so daß er sich bemüßigt fühlte, bei ihr das Handwerk der Rhetorik zu erlernen. Und Perikles, der Staatsmann, der das Werk Solons fortsetzte, war ihr so ergeben, daß er sich um ihretwillen sogar scheiden ließ. Wie Plutarch weiter berichtet:

»Und doch war es offensichtlich nicht nur dies [ihre Weisheit], sondern vielmehr echte Liebe, was Perikles zu Aspasia hinzog. Er war nämlich mit einer Verwandten verheiratet, welche früher die Gattin des Hipponikos gewesen war und diesem den reichen Kallias geboren hatte; ihm selber schenkte sie die Söhne Xanthippos und Paralos. Da sie aber nicht glücklich miteinander lebten, gab er sie mit ihrer Einwilligung einem andern zur Frau. Er selber nahm Aspasia, an der er in inniger Liebe hing; denn man erzählt, er habe sie jeden Tag, wenn er das Haus verließ und wenn er vom Markt heimkehrte, zärtlich geküßt.«

Das war auch fünfhundert Jahre nach dem Ereignis noch bekannt, was immerhin beweist, daß die Zuneigung, die Perikles für Aspasia hegte, nicht alltäglich gewesen war. So darf man wohl annehmen, daß Aspasia in der Tat eine außergewöhnliche Persönlichkeit war. Wie es heißt, versetzte sie jedoch Perikles nicht nur in den siebten Himmel, sondern schuf ihm auch so manche

Probleme: nur mit Mühe konnte er sie von der Anklage wegen Kuppelei und Gottlosigkeit, die man gegen sie erhob, befreien, und am Bruderzwist, dem Peleponnesischen Krieg, soll Aspasia auch nicht ganz unschuldig gewesen sein. Dazu weiß Athenaios, der Skandalchronist, zu berichten:

»Sogar Aspasia, die dem Kreis um Sokrates angehörte, importierte eine große Zahl schöner Frauen, und Griechenland war bald angefüllt mit ihren Prostituierten, wie der vorlaute Aristophanes beiläufig erwähnt, wenn er sagt, daß Perikles die schrecklichen Flammen des Peleponnesischen Krieges wegen seiner Liebe zu Aspasia schürte, der die Megarer einige ihrer Mädchen entführten.«

Angeblich hatte Aspasia den Megarern eine berühmte Hetäre abspenstig gemacht, worauf diese sich revanchierten und sich an zwei ihrer Damen schadlos hielten. »Und so«, schreibt der Dichter, »begann der Krieg, der ganz Griechenland in Mitleidenschaft zog, wegen dreier Dirnen.«

Aristophanes war Komödiant, und so darf man nicht alles für bare Münze nehmen, was er schrieb: immerhin wird deutlich, daß der gefeierte Stand der Hetären so manchen erlauchten Geist im antiken Griechenland bewegte. Wobei im Falle Aspasias noch anzumerken ist, daß sie, die sie selbst emanzipiert war, Sokrates, der ihr so manches Mal schmachtend zu Füßen lag, dazu animierte, als erster unter den Griechen die Gleichheit der Geschlechter zu verkünden. Was, eingedenk der patriarchalischen Tradition, nachgerade eine Sensation war. Die aber, wie zu erwarten, nichts bewirkte. Erst im Zeitalter des Hellenismus, das freilich nicht mehr so weit entfernt war, ging es mit den Frauen allmählich aufwärts.

Was die traditionelle, als ehrbar geltende Frau im antiken Griechenland nicht war und nicht sein konnte, weil nicht durfte, das stellte die Hetäre dar, die »Gefährtin« der Männer, wie die griechische Bezeichnung zu deuten ist. Hetären bildeten nicht nur einen Gegenpol zur gewöhnlichen Frau, sie standen auch im Gegensatz zur *Porne,* der einfachen Prostituierten. Wobei Porne und Pornographie ursprünglich durchaus zusammengehörten, denn es geht um den gleichen Begriffsinhalt: Prostituierte, allerdings nicht nur Dirnen, sondern auch Hetären, waren es, die im antiken Griechenland als Gegenstand frivoler Darstellung dienten. Dabei standen die Griechen den Indern an Freizügigkeit keineswegs nach: sie erlaubten sich sogar noch gewagtere Szenen, wie sie vor allem auf Vasenmalereien zu begutachten sind. Allerdings feierten die Griechen zwar die Anmut einer Hetäre, aber sie konzentrierten sich dabei weniger auf die Darstellung der Frau, wie das für die erotische Kunst in Indien kennzeichnend ist, als vielmehr auf ein oft recht ausgelassenes Liebesspiel, das den weltlichen Charakter solcher Szenen unterstreicht. Selbst Götter und Göttinnen werden in eher verspielter Pose dargestellt.

Wie sehr die Liebesdienerinnen, zumal die Hetären, die griechischen Künstler inspirierten, macht die Statue der sogenannten »knidischen Aphrodite« deutlich. Sie ist das Werk des Praxiteles, der als ein Meister der griechischen Kunst gilt. Ihm stand die Hetäre Phryne Modell, deren Schönheit auch den Maler Apelles, ebenfalls ein Meister seines Faches, inspirierte. Von Phryne, die – wie ihre Kollegin Aspasia – auf Grund ihres Gewerbes ein recht leichtfertiges Leben führte und deshalb den Unwillen des Staates erregte, wird berichtet, daß sie selbst ihre Richter mit ihren weiblichen Reizen beeindruckte. Wie Athenaios zu berichten weiß:

»Als Hypereides, der Phryne verteidigte, mit seiner Rede keinen Eindruck erweckte, und es abzusehen war, daß die Richter beabsichtigten, sie zu verurteilen, ließ er sie dorthin bringen, wo alle sie sehen konnten; dann zog er ihr das Unterkleid herab, so daß er ihren Busen entblößte, und hob zu einer so ergreifenden Rede im Zauber ihres Anblicks an, daß die Richter von abergläubischer Furcht vor dieser Dienerin und Ministrantin Aphrodites ergriffen wurden, und so gaben sie ihrem Mitgefühl nach und sahen davon ab, sie zum Tode zu verurteilen.«

Athenaios kann nicht umhin, die außergewöhnliche Schönheit Phrynes mit einem Zusatz zu rühmen. Berichtet er doch, nicht ohne genüßlich jene Vorstellung zu beschwören, die einem beim Anblick der Aphrodite von Knido überkommt:

»Tatsächlich war Phryne weit schöner an den Stellen, die man nicht sehen konnte. Aber es war nicht leicht, einen Blick auf sie zu erhaschen, wenn sie nackt war; denn sie trug stets ein Untergewand, das ihren Körper eng umschloß, und sie besuchte nicht die öffentlichen Bäder. Bei den großen Festen in Eleusis und zu Ehren Poseidons, wo ganz Griechenland auf sie blickte, nahm sie nur ihren Mantel ab und ließ ihr langes Haar herabfallen, bevor sie zum Wasser hinausschritt.«

Kam sie dann zurück, so erinnerte sie dennoch an Aphrodite, die Göttin, der sie diente, der aus dem Meer Geborenen. Und so verwundert es nicht, daß es genau dieses Bild war, das Apelles von ihr malte, obwohl es doch der Göttin gewidmet war.

5

Das Bild der käuflichen Liebe im antiken Griechenland wäre nicht vollständig, wenn man nicht auch noch einen Blick auf den Hof der Ptolemäer werfen würde, wo weniger Hetären als vielmehr Mätressen reüssierten. Kleopatra haben wir bereits erwähnt; aber sie war ja nicht wirklich eine Mätresse, obwohl es gelegentlich den Anschein hat. Sie war regierende Königin, von der Römer Gnaden, zugegeben, doch stets die Interessen ihres eigenen Landes im Auge. Was man nicht unbedingt von denen sagen kann, mit denen sich ihre Vorgänger auf dem Thron der Ptolemäer vergnügten. Die im übrigen selbst alles andere als tugendhafte Herrscher waren. Die Ptolemäer sind berüchtigt für das ausschweifende Leben an ihrem Hof, und für die Intrigen, die sich nur zu oft daraus ergaben. Am ausgelassensten trieb es Ptolemaios II., auch »Philadelphos«, das heißt »Liebhaber der Schwester«, genannt. Was man allerdings nicht so wörtlich nehmen sollte: denn die Ptolemäer führten den Brauch der Geschwisterehe ein, nicht, weil sie besonders dekadent gewesen wären, was freilich auch zutrifft, sondern weil sie als fremde Eroberer über ein Land regierten, wo die Sitte der Geschwisterehe angeblich zur Tradition des Landes gehörte und es im übrigen angebracht schien, die Exklusivität des neuen Herrscherhauses dadurch zu sichern, daß man sozusagen untereinander heiratete. Dadurch beugte man Unterwanderung und Einflußnahme seitens der einheimischen Bevölkerung vor.

Nun galt die Geschwisterehe zwar als Gebot politischer Vernunft, aber sie war keine Herzensangelegenheit. Weshalb man sich anderweitig schadlos hielt und einer Spezies zum Durchbruch verhalf, die es zwar zuvor auch schon gegeben hatte, der die Ptolemäer aber zu besonderer Bedeutung verhalfen: der Mätresse. Mätressen werden uns auch im folgenden immer wieder begegnen, und es mag deshalb angezeigt sein, kurz zu erläutern, worum es sich dabei handelt. Mätressen sind ja nicht unbedingt käufliche Frauen, obwohl sie andererseits nicht dafür bekannt sind, daß sie sich sonderlich zieren. Mätressen lassen sich aushalten und zahlen dafür mit dem, was sie zu bieten haben. Das kann Geist sein, Charme und Anmut; zumeist aber kann eine Mätresse auf den Einsatz körperliche Reize, die gemeinhin unabdingbar sind, nicht verzichten. Kurzum, man könnte sie mit einer Hetäre vergleichen, wobei jedoch ein Unterschied entscheidend ist: eine Mätresse spezialisiert sich auf einen Liebhaber, nicht immer denselben, zugegeben, aber nicht gleichzeitig auf mehrere. Eine Mätresse, wenn sie ihrem Namen Ehre macht und nicht nur eine bloße Geliebte ist, zielt außerdem auf Höheres: sie hat es auf ein lohnendes Opfer abgesehen, in den obersten Rängen der Gesellschaft. Vorzugsweise ganz oben, denn nur hier kann sich ihr Wesen voll entfalten.

Eine Mätresse an der Seite eines Herrschers besitzt die Macht einer Königin. Und oft ist sie es, die tatsächlich herrscht. Kleopatra verstand diese Kunst meisterhaft, und wenn sie schon Cäsar für ihre Ziele einzuspannen vermochte, so wickelte sie Antonius vollends um den Finger. Daß sie ihn beziehungsweise er sie heiratete, war nur eine Formalität.

Kleopatra aber stand, trotz ihres hohen Einsatzes, am Ende der Ptolemäerherrschaft. Doch schon der erste aus der Reihe der Ptolemäer, Ptolemaios Soter, ging sozusagen mit gutem Beispiel voran. Er legte sich die Hetäre Thais zu, die er sich zwar mit Alexander, dem Großen, teilen mußte, doch als diesen sein vorzeitiges Ende ereilte, ging Ptolemaios sogar noch einen Schritt weiter und heiratete sie. Nun war Thais nicht irgendeine Hetäre; sie hatte sich ihren Liebhaber sorgsam ausgewählt, und die Ereignisse bewiesen, daß sie das richtige Gespür gehabt hatte: Ptolemaios avancierte zu einem der Nachfolger Alexanders und gründete obendrein eine neue Dynastie. Auch wenn dies in Afrika geschah: Ägypten galt immerhin als ein kultiviertes Land.

Thais stammte aus Athen und hatte dort, wie alle erfolgreichen Hetären, Umgang auch mit Künstlern gepflegt. Darunter auch dem Dichter Menander, der zwar mit einer anderen Hetäre zusammenlebte, doch auch die Gesellschaft der Thais schätzte. Derart, daß er ihr schließlich eine Komödie widmete, die ihren Namen trägt. So geschah es, daß sie zu jenen Hetären gehörte, die auch spätere Literaten der Beachtung für würdig befanden. Und zu diesen zählte auch Alkiphron, ein griechischer Schriftsteller des zweiten Jahrhunderts n. Chr., der sich auf das Genre fiktiver Briefe spezialisierte, in denen er die Blütezeit Athens wiederauferstehen ließ. Dabei galt sein besonderes Interesse einst berühmten Hetären, zu denen auch Thais gehört. In einem ihrer vermeintlichen Briefe, der an einen abspenstigen Liebhaber gerichtet ist, übt sie Kritik am überheblichen Treiben der Philosophen, als deren charakteristische Vertreter die Sophisten gelten. Der Brief bietet, auch wenn er nicht wirklich aus der Feder der Thais stammt, einen nicht nur vergnüglichen, sondern auch recht aufschlußreichen Einblick in das Leben einer Hetäre. Hören wir, was sie ihrem treulosen Liebhaber, Euthydemos mit Namen, zu sagen hat:

»Seitdem Du es Dir in den Kopf gesetzt hast, Philosophie zu studieren, bist Du würdevoll geworden und ziehst die Brauen über die Schläfen. Mit Pose, eine kleine Rolle in der Hand, stolzierst Du zur Akademie, an meinem Haus aber gehst Du vorbei, als ob Du es nie zuvor gesehen hättest.

Du bist wohl übergeschnappt, Euthydemos, weißt nicht, wie so ein Sophist eigentlich ist, der eine würdige Miene aufsetzt und Reden hält, die von

Euch bewundert werden? Aber wie lange, glaubst Du, ist es her, daß er mich mit seinen Zudringlichkeiten belästigte? Augenblicklich ist er allerdings in die Herpyllis, die Zofe der Megara, vernarrt. Ich habe ihm damals einen Korb gegeben, denn lieber als das Gold aller Sophisten zusammen war es mir, in Deinen Armen zu liegen. Da er Dich nun anscheinend von mir abhält, werde ich ihn erhören und Dir, wenn Du willst, Deinen Herrn Lehrer, den Weiberfeind, einmal bei Nacht zeigen, ihn, der sich nicht mit den normalen Vergnügungen zufrieden gibt. Seine Lehren sind nur Phrasen und Unsinn, bloß darauf angelegt, junge, unerfahrene Leute hereinzulegen. O du dummer Junge!«

Den ganzen Brief zu zitieren, würde zu weit führen. Aber schon dieser Auszug zeigt, was eine Hetäre wie Thais umtrieb: auch sie hatte ihre Schwächen und war in allerlei Liebeshändel verstrickt. Da mag es Thais als willkommene Chance angesehen haben, als sich ihr die Möglichkeit bot, im Troß des Alexander in fremde Länder zu ziehen und dabei womöglich Karriere zu machen. Also becircte sie Ptolemaios und bändelte auch mit Alexander an, obwohl der mehr auf Männer stand, und war angeblich sogar maßgeblich daran beteiligt, daß der Palast des Perserkönigs, in Persepolis, in Flammen aufging, weil das ihr als angemessene Vergeltung für die Kriegszüge der Perser gegen Griechenland erschien. Kurzum, Thais zeichnete sich durch Beherztheit und Zielstrebigkeit aus und brachte es schließlich bis zur Königin von Ägypten. Wiewohl sie nicht die einzige blieb, die an der Seite Ptolemaios' I. im Rampenlicht stand. Vier weitere gingen mit ihm den nicht allzu heiligen Bund der Ehe ein.

Sein Sohn, Ptolemaios II., jener Philadelphos, der angeblich seine Schwester liebte (dabei war sie es, die sich ihm aufdrängte), hielt von der Ehe weniger und verlegte sich statt dessen auf Mätressen, von denen er es auf eine stattliche Anzahl brachte. Athenaios, in Liebesdingen stets auskunftsfreudig, weiß zu berichten: »Der zweite König von Ägypten wiederum, der den Zunamen Philadelphos trug [...] hatte eine außergewöhnlich große Zahl von Mätressen: Didyme, eine Ägypterin, von außerordentlicher Schönheit, und Belistiche, dann Agathokleia und Stratonicke, deren gewaltiges Grabmal an der Küste in der Nähe des [ägyptischen] Eleusis stand; außerdem Myrthion und eine Vielzahl anderer, da Ptolemaios einen mehr als gewöhnlichen Hang zu Liebesaffären hatte.«

Da ist auch noch die Rede von einer gewissen Kleino, die als weiblicher Mundschenk anfing und es immerhin so weit brachte, daß schließlich überall in Alexandria Statuen von ihr aufgestellt wurden, die sie – spärlich bekleidet und mit einem Füllhorn im Arm – als Sinnbild der Fruchtbarkeit zeigten.

Auch Mnesis und Potheine werden erwähnt, zwei Flötenspielerinnen, während Myrthion als »eine stadtbekannte Varietékünstlerin« beschrieben wird. Alle drei von eher zweifelhaftem Ruf, denn Flöten- und Schauspielerinnen gehörten zu jenen, die auch als Gelegenheitsprostituierte arbeiteten. Von eher fragwürdiger Herkunft war auch Agathokleia, wobei es sich hierbei ausnahmsweise einmal nicht um eine Mätresse Prolemaios' II., sondern eines seiner Nachfolger, Ptolemaios' IV., handelte. Sie war die Tochter einer gewissen Oinanthe, die ihrerseits die Mätresse Ptolemaios' III. war. Oinanthe stammte von der Insel Samos, hatte vier Kinder, deren Vaterschaft nicht geklärt ist und sie vermutlich selbst nicht hätte angeben können, denn als Hetäre oder gar Prostituierte verlor man leicht den Überblick, und ließ sich an den Hof der Ptolemäer verschlagen. Dort teilte sie die Gunst des Pharao, Ptolemaios' III., mit ihrem Sohn, Agathokles, während eine ihrer Töchter, jene Agathokleia, den Prinzen, den späteren Ptolemaios IV., umgarnte. Als Ptolemaios III. starb, nahm Agathokles die Zügel in die Hand, während der Nachfolger auf dem Thron (und gleich auch noch dessen Frau, die Schwestergemahlin Arsinoe III.) beseitigt wurden; was zu einem Aufstand der Alexandriner führte. Im Verlauf dessen Oinanthe und ihre Brut grausam gerichtet wurden. Damit war die Mätressenwirtschaft am Hofe der Ptolemäer zwar noch nicht vorbei, doch sie hatte ihren Höhepunkt überschritten. Am Horizont, auch wenn es noch einige Zeit dauern sollte, zeichneten sich neue Möglichkeiten für unternehmungslustige Frauen ab.

Messalina

»Du aber geh auf die Jagd vor allem im Rund des Theaters:
  Größren Ertrag bringt der Ort, als du dir selber erhoffst.
Dort wirst etwas zum Lieben und etwas zum Spielen du finden,
  Und was du einmal berührn und was du festhalten willst.
So wie in langem Zug hin und her die Ameisen wimmeln,
  Wenn sie die Körner im Mund tragen, ihr übliches Mahl,
Oder die Biene, wenn sie ihre Wälder und duftenden Weiden
  Fand, um die Blumen und hoch über dem Thymian fliegt,
Ebenso eilen zum volkreichen Spiel die gepflegtesten Frauen.
  Oft hat die riesige Schar mir die Entscheidung erschwert.
Sie, die zum Sehen kommen, sie kommen, gesehen zu werden.
  Sittsamer Anstand gerät an diesem Ort in Gefahr.«

Auch wenn Ovid, in seiner vielgerühmten (und nicht minder oft geschmähten) »Ars amatoria« sich hier an den Herrn der Schöpfung, der auch in Rom den Ton angab, richtet, so sind es doch die Frauen, um die es eigentlich geht. Sie aufzuspüren, ist zunächst einmal die Herausforderung, der sich der Jäger ausgesetzt sieht. Und das Theater, in Rom ebenso wie in Athen, war ein bevorzugter Ort, wo sich das schöne Geschlecht, ob sittsam oder weniger tugendhaft, bevorzugt ein Stelldichein gab. Dabei könne es nicht schaden, sich daran zu erinnern, wie sich in einem solchen Fall Romulus verhielt, der legendäre Begründer Roms:

»Romulus, du hast zuerst Bewegung gebracht in die Spiele,
  Als der Sabinerinnen Raub ledigen Männern gefiel!
Damals hing noch kein Zeltdach quer über dem Marmortheater,
  Krokusessenz hatte nicht rötlich die Bühne gefärbt.
Laubwerk stellte man einfach dort auf, das Palatiums Bergwald
  Trug; der Szene des Spiels fehlte noch jegliche Kunst.

Stufen, aus Rasen gemacht, die dienten dem Volke zum Sitzen;
   Kränze aus erstbestem Laub deckten das struppige Haar.
Rückwärts schaun sie; es heftet ein jeder den Blick auf das Mädchen,
   Das er gern möchte, und still denkt er sich vieles dabei.
Während zur rohen Musik des etruskischen Bläsers der Tänzer
   Dreimal im Takt mit dem Fuß stampft den geebneten Grund,
Mitten im Beifall – und damals fehlte die Kunst auch dem Beifall –
   Gab der König dem Volk plötzlich das Zeichen zum Raub.
Jählings springen sie auf, bekunden durch Schrein ihre Absicht,
   Und an die Jungfrauen legt jeder die gierige Hand.
So wie die Tauben, die ängstliche Schar, vor den Adlern entfliehen,
   Und wie das zarte Lamm flüchtet beim Anblick des Wolfs,
So waren jene in Angst vor den wild anstürmenden Männern,
   Und ihre Farbe behielt keine in ihrem Gesicht.
Denn die Furcht war zwar gleich, doch sie hatte verschiedene Gesichter:
   Ein Teil zerrauft sich das Haar, ein Teil sitzt ohnmächtig da;
Die ist traurig und still, die ruft vergeblich die Mutter;
   Diese dort klagt, die ist starr, diese bleibt stehn, jene flieht.
Fortgeführt werden die Mädchen als hochzeitlich-festliche Beute;
   Vielen vermochte die Furcht Anmut sogar zu verleihn.
Hatte sich eine zu sehr gesträubt und verschmäht den Begleiter,
   Dann hob der Mann sie auf, trug sie an gieriger Brust,
Und ›Was entstellst du durch Tränen die zarten Augen? Was deiner
   Mutter dein Vater ist, das werde ich‹, sprach er, ›dir sein.‹
Romulus, du allein konntest Soldaten Vorteile bieten.
   Bietest du diese auch mir, werde auch ich ein Soldat.«

Kurzum:

»Seit dieser Brauch geheiligt ist, birgt das Theater natürlich
   Für die Schönen bis heut viele Gefahren in sich.«

Doch nicht nur für die Schönen, die sich zu Spiel und Festlichkeit einfanden,
war die Versuchung groß: auch sie, und besonders sie, warfen hier ihre Netze
aus. Denn anders als in Athen, waren die Frauen in Rom, auch die sogenannten »ehrbaren«, nicht schüchtern, wenn es darum ging, Vergnügen am
Leben zu haben. Schon die Sabinerinnen, deren Raub Ovid besingt, waren –
trotz anfänglichen Zierens – nicht zaghaft, als es galt, sich gegen ihre Väter
und Brüder, die auf Vergeltung aus waren, zur Wehr zu setzen: wie es heißt,
warfen sie sich zwischen die Kontrahenten und schlichteten nicht nur den

Kampf, sondern sorgten auch für eine Verbrüderung. Die den eigentlichen Beginn der römischen Geschichte darstellt.

Frauen im antiken Rom waren aus anderem Holz geschnitzt als die Athenerin. Sie hatten zwar auch offiziell, das heißt, was ihre gesetzlich verankerte Stellung anbelangte, nicht viel zu melden; und soweit es die Gesetzgebung betraf, waren die Römer wesentlich rigoroser als die Griechen. Doch zwischen Theorie und Praxis klaffte in Rom ein weiter Unterschied: mochten die Männer auch Gesetze erlassen, die Frauen hielten sich einfach nicht daran. Was nicht zuletzt darin seine Erklärung findet, daß bei den Römern – anders als in Griechenland – in der Ehe das Gleichheitsprinzip galt: die Frau wurde nicht schamvoll und herzlos in die hinterste Ecke des Hauses verbannt, sondern im Gegenteil: das Atrium, Herdplatz und Hausaltar in einem, wo sich das familiäre Leben, aber auch gesellige Zusammenkünfte konzentrierten, war der eigentliche Wirkungsbereich der Frau. Doch sie trat auch im öffentlichen Leben in Erscheinung: sei es aus festlichem Anlaß oder bei politischen Ereignissen. Die Römerin, als achtbare Frau, war überall präsent; auch wenn sie nicht immer von dem Freiraum, den sie sich erkämpft hatte, Gebrauch machte. Bezeichnend ist ein Ausspruch Catos des Älteren, der sich ebenso als Staatsmann wie als Literat hervortat und der scherzhaft bemerkte: »Überall regieren Männer über Männer, und wir, die über alle anderen gebieten, werden von unseren Frauen beherrscht.« Nicht, daß die Männer zu kurz kamen im alten Rom: sie hielten die Fäden der Macht in den Händen, und der »pater familias« war Ausdruck eines patriarchalischen Prinzips, das ihnen im Zweifelsfall alle Rechte und Privilegien einräumte. Doch sie waren klug oder einsichtig genug, ihre Frauen nicht als Mündel zu behandeln; was ihnen die Gelegenheit bot, Umgang mit einer Partnerin und nicht mit einer Untergebenen zu pflegen. Deshalb hatten Hetären auch keine Chance in Rom. Nicht daß es nicht auch Kurtisanen bei den Römern gab; doch sie erlangten nie die Bedeutung, die die Hetären in Griechenland berühmt machte. Aufsehen erregten da schon eher die Gespielinnen der Mächtigen: der Kaiser Konkubinen und Mätressen schlugen zeitweilig ganz Rom in ihren Bann.

2

Wenngleich auch das Hetärentum in Rom (wie auch insgesamt im Römischen Reich) eher unbedeutend war, so trifft das für die Prostitution im gewöhnlichen Sinne um so weniger zu: Sie blühte in all ihren Erscheinungsformen und erfaßte sogar die höhere Gesellschaft. Denn selbst Matronen, die

doch – nicht anders, als es in Griechenland der Fall gewesen war – als ehrbar
galten, waren sich nicht zu schade, Bordelle aufzusuchen, und dies nicht
etwa, um als Kundin aufzutreten, sondern um sich unter die Dirnen einzurei-
hen. Woraus man ersehen mag, daß die Römerin in der Tat weit unterneh-
mungslustiger (und eigenständiger) war, als das ihre Schwester in Hellas gewesen war.

Die Prostitution bei den Römern war in erster Linie ein Geschäft, ein Gewerbe wie jedes andere, das kaum mit einem Makel behaftet war. Eine sakrale Prostitution, wie in Griechenland und im Orient, gab es im eigentlichen
Kernland des Reiches, in Italien, nicht; wiewohl auch hier das Geschäft mit
der Lust noch im Zeichen der Aphrodite beziehungsweise ihres römischen
Pendants, der Venus, stand. Der Kult, der ursprünglich im Namen der baby-
lonischen Ischtar gefeiert wurde, hatte sich über Phönizien auch bis nach
Nordafrika und das gegenüberliegende Sizilien ausgebreitet, wo auf dem
Berg Eryx ein Tempel zu Ehren der allseits verehrten Liebes- und Fruchtbarkeitsgöttin errichtet worden war. Als Sizilien im Zuge der Ausweitung des
Römischen Reiches unter die Herrschaft Roms gelangte, sahen sich die Römer bemüßigt, das Heiligtum nicht nur anzuerkennen, sondern es auch zu
beschützen. »Die Römer«, schreibt Diodor, ein Historiker, der selbst aus Sizilien stammte, »in ihrer klugen Politik nahmen, nachdem Sizilien römische
Provinz geworden war, das Heiligtum samt den Hierodulen in ihren besonderen Schutz, stifteten, allerdings auf Kosten von siebzehn sizilianischen
Städten, reiche Geldsummen der Tempelkasse und gaben dem heiligen Bezirk
zweihundert Soldaten zum ständigen Schutze der Tempeldienerinnen, und
wohl auch noch zu manchen anderen Zwecken.« Die nur zu offensichtlich
waren, denn die Soldaten der römischen Heere gehörten zu den vorrangig-
sten Kunden von Prostituierten. Und dies, wo immer sie stationiert waren.
Und als die Prostitution schließlich mit Steuern belegt wurde, oblag es der
Armee, diese einzutreiben. Was, nebenbei bemerkt, zu allerhand Mißbrauch
führte.

Von Sizilien fand der Kult der Aphrodite alias Venus auch Eingang in Italien, wo er auch weiterhin mit der Prostitution in besonderer Beziehung
stand. Jedoch nicht in der Art, daß man die ursprüngliche Tempelprostitution übernahm, sondern lediglich in der Funktion, daß die eryxinische Venus
beziehungsweise *Venus Erucina* gewissermaßen als Schutzpatronin der Prostituierten galt. Sie betrieben ihr Gewerbe unter ausschließlich materiellen
Aspekten. Wobei dies in den wenigsten Fällen *freiwillig* geschah. Mehr noch
als in Griechenland war die Prostitution im Römischen Reich an die Ausbeutung von Frauen gebunden, die aus Not und unter Zwang die Dienste einer
Dirne versahen. Nicht nur weil der Zweig des Hetärentums hier weniger be-

deutsam war, sondern vor allem auch weil die Römer aus einem großen Reservoir von Frauen schöpfen konnten, die auf die eine oder andere Weise – sei es durch Krieg und Eroberung, sei es durch Piraterie oder Raub – in die Abhängigkeit von Sklavenhaltern gelangten, die in der Prostitution seitens der ihnen Unterstehenden eine willkommene und quasi natürliche Einkommensquelle sahen. So waren denn Prostituierte bei den Römern zumeist Sklavinnen, die ebenso von biederen Bürgern wie auch Zuhältern oder Bordellbesitzern zur Prostitution gezwungen wurden. Bordelle gab es zur Genüge: allein für das Rom der späten Kaiserzeit wurde die stattliche Zahl von 45 nachgewiesen, während Pompeji, wo man noch Reste dieser Etablissements, die eher bescheidene Einrichtungen waren, unter der Asche fand, immerhin 22 aufwies.

Neben Sklavinnen, die das Gros der Prostituierten stellten, trieb auch die Not so manchen Römer beziehungsweise manche Römerin zu der Notwendigkeit, die als einziger Ausweg gesehen wurde, sich oder vielmehr die Tochter, die Schwester oder gar die Ehefrau der Prostitution auszusetzen. Diese Fälle waren weitaus häufiger als jene, wo sich eine der verwöhnten (und, das muß man ihnen zugute halten, unbefriedigten) Frauen aus der Oberschicht der Prostitution hingab. Sie suchten Zerstreuung und handelten nicht aus einem Notstand heraus, es sei denn sexueller Art; denn die Männer hielten sich zwanglos an Sklavinnen, Geliebten oder Prostituierten schadlos. Und während ihre außerehelichen Eskapaden nicht nur geduldet, sondern auch völlig legitim waren, galt der Seitensprung, den eine Verheiratete unternahm, als Ehebruch, der geahndet werden mußte. *Wenn* eine Römerin also fremdgehen wollte, in welcher Form auch immer, mußte sie entsprechende Vorsicht walten lassen. Wobei das größere Problem die Gesetzgebung aufwarf, die – was die Frau und die Verheirateten im besonderen betraf – äußerst restriktiv war, während die Ehemänner, die selbst alle Hände voll zu tun hatten, immerhin so einsichtig und verständnisvoll waren, daß sie nicht allzuviel Aufhebens von der Untreue ihrer Angetrauten machten. Mit der Moral stand es, wie gesagt, im alten Rom nicht zum besten. Und selbst kaiserliche Erlässe und umfangreiche Gesetzesänderungen vermochten daran nichts zu ändern.

Biographische Daten über einzelne Prostituierte gibt es nicht. Es kann deshalb nur annähernd bestimmt werden, was sie selbst über ihre Tätigkeit dachten, welche Ambitionen sie hegten und wie ihr Leben tatsächlich aussah. Nach allem, was sich in Erfahrung bringen läßt, war es ein erbärmliches Leben, das sie führten. Was dadurch noch akzentuiert wurde, daß die meisten Prostituierten nicht nur Sklavinnen, sondern auch Fremde, das heißt Angehörige von Völkern waren, die die Römer unterworfen hatten und die natür-

lich mit entsprechendem Dünkel betrachtet wurden. Dort, wo die Prostituierten nicht als Straßendirnen arbeiteten, versahen sie ihren Dienst vor allem
in Bordellen, durchweg schäbigen Einrichtungen, die im wahrsten Sinne als
Lasterhöhlen zu bezeichnen sind. Wobei der Begriff »Laster« auch im alten
Rom, und hier ganz gewiß, nicht mit besonderem Makel behaftet war. Von
dem älteren Cato, der für seine Sittenstrenge bekannt war, wird folgende bezeichnende Anekdote überliefert: als er eines Tages einen Jüngling aus einem
Bordell kommen sah, nickte er ihm anerkennend zu; als er ihn aber öfter an
der gleichen Stelle traf, bemerkte er, daß er mit seiner Zustimmung bei der
ersten Begegnung nicht die Meinung vertreten habe, man solle quasi seine
Wohnung im Bordell aufschlagen.

Nun waren Bordelle, wie gesagt, keine Luxuspaläste: die Räume waren
klein, dunkel und nur mit einer Steinbank ausgestattet; an den Wänden zuweilen erotische Darstellungen und über der Tür, die zumeist nur mit einem
Vorhang versehen war, der Name der Liebesdienerin und der Preis, den sie
verlangte. Freuden spendeten Bordelldirnen schon für den Gegenwert eines
Bechers Wein. Die meisten ihrer Kunden gehörten den unteren Schichten an;
weil diejenigen, die es sich leisten konnten, anderweitig, durch Sklavinnen,
die sie besaßen, oder Konkubinen, die sie sich hielten, auf ihre Kosten
kamen.

Das wenige, was eine Prostituierte gemeinhin verdiente, mußte sie mit
dem Bordellwirt oder Zuhälter und dem Staat teilen. Seit Caligula, einer der
weniger rühmlichen Gestalten auf dem Thron der Cäsaren, die Prostitution mit einer Steuer belegte, war der Staat am Geschäft mit der käuflichen
Liebe beteiligt. Caligula ließ es sich zudem nicht nehmen, um die Einnahmen zu mehren, sogar neben dem kaiserlichen Palast auf dem Palatin ein
Bordell zu errichten. Wie Sueton, ein römischer Schriftsteller, der sich mit
einer Biographie über die ersten römischen Kaiser hervortat, zu berichten
weiß:

»Um keine Art von Einnahmequelle unversucht zu lassen, richtete er [Cali-
gula] auf dem Palatin ein Bordell ein, wo in mehreren abgetrennten und der
Würde des Ortes entsprechend eingerichteten Kammern vornehme verheiratete Frauen und freigeborene Knaben sich prostituieren mußten. Dann
schickte er einen Nomenklator auf alle Märkte und in alle Basiliken, um
junge und alte Männer zur Befriedigung ihrer Lust aufzufordern. Den Besuchern wurde auf Zins Geld geborgt, und es waren Leute angestellt, die ihre
Namen öffentlich aufschrieben, weil sie halfen, die Einkünfte des Kaisers zu
mehren.«

Hier handelte es sich offensichtlich um ein Etablissement der gehobenen Art, wo die Preise entsprechend angepaßt (und der Anteil des Staates lohnender als üblich) war. Generell galt, um noch einmal Sueton zu zitieren: »Die Lastträger hatten ein Achtel ihres täglichen Verdienstes abzugeben und die Dirnen pro Tag den Gewinn aus einem Beischlaf, wobei zu diesem Gesetz ein Artikel hinzugefügt wurde, der auch frühere Dirnen und Kuppler, ja sogar jetzt verheiratete Personen dieser Vorschrift unterwarf.« Mit anderen Worten: eine Liebesdienerin mußte acht Freiern am Tag ihre Gunst erweisen, wenn sie mit einem Lastträger gleichziehen wollte. Und was die , die aus dem Geschäft ausgestiegen waren, betraf, so mußten sie sich etwas anderes einfallen lassen, um nicht wieder in ihr früheres Gewerbe zurückkehren zu müssen.

Ein Ausstieg aus der Prostitution war zwar möglich – zumeist, indem man sich freikaufte oder jemanden fand, der einen auslöste –, doch nur die wenigsten schafften den Sprung. Und wenn sie älter wurden und die Kundschaft ausblieb, winkte nur ein Leben in Elend und Spott. Von Erbschaften wie auch einer Heirat waren Prostituierte weitgehend ausgeschlossen; der Staat verdiente zwar an ihnen und legitimierte somit die Prostitution, doch er diskriminierte sie zugleich und grenzte Prostituierte aus.

Obwohl man die Prostitution in der Gesellschaft allgemein akzeptierte und man in ihr ein Mittel sah, die Gesellschaft vor sittlichem Verfall zu schützen, und obgleich die Befriedigung sexueller Triebe als ein natürliches Bedürfnis galt, dem kein Makel anhaftete, wurden Prostituierte nicht als gleichwertig angesehen und schon gar nicht menschenwürdig behandelt. Ein wesentlicher Grund dafür lag in dem Umstand begründet, daß die Römer – anders als die Griechen – ein Volk waren, das weniger Wert auf das geistige Leben als vielmehr auf praktische Tätigkeit legte, was sich nicht zuletzt in ihrem Eroberungswillen äußerte: Was die Griechen nicht vermochten, gelang den Römern – ein Imperium zu gründen, das nicht nur den gesamten Mittelmeerraum umfaßte, sondern auch noch weit in die angrenzenden Kontinente hineinragte. Ein so ausgedehntes Reich zu schaffen und zusammenzuhalten, setzte eine besondere Mentalität voraus, die auf Härte und unbeugsamem Willen gegründet war. Diese Persönlichkeitsmerkmale wirkten sich auch auf das zwischenmenschliche Verhältnis aus und schufen einen Menschentypus, dessen hervorstechendste Merkmale Gefühlskälte und Graumsamkeit waren. Erinnert sei an die Zirkusspiele, die zur Volksbelustigung stattfanden und sprichwörtlich für ihre Menschenverachtung wurden. Ähnlich verhielt es sich bei der Behandlung von Untergebenen oder sozial Niedriggestellten: Sklaven wurden routinemäßig gezüchtigt; es konnte auch passieren, daß man sie Fischen zum Fraß vorwarf. Wobei nicht immer zu unterscheiden ist, ob derartige Ausschreitungen nur als Strafe oder nicht auch zum Vergnügen erfolgten. Eine solche Gesellschaft, der Mitgefühl fremd war und die immer mehr in den Hedonismus abglitt, betrachtete Prostituierte letztlich als Ware. Nicht umsonst verwendeten selbst diejenigen, die sich um das Wesen der Prostitution Gedanken machten, den Begriff »Benutzung«, wenn es den Vorgang der sexuellen Befriedigung mit einer Prostituierten zu umschreiben galt.

In einem solchen Klima, das durch Gefühllosigkeit und Vergnügungssucht gekennzeichnet war, verhallte die Stimme eines einzelnen, der eine rühmliche Ausnahme war, ungehört. Bezeichnenderweise war er nicht Römer, sondern Grieche. Sein Name: Dion Chrysostomos. Er gehörte einem Kreis von Philosophen an, die die Ideen der Stoiker mit dem Gedankengut der Kyniker in Verbindung brachten, welch letztere zu Unrecht an den Begriff »zynisch« erinnern; denn das Ideal, das sie vertraten, bezog sich auf das Streben nach Tugend, und die wiederum wurde als Vermeidung des Bösen und allen Übels angesehen. Folglich galten auch Ausschweifung und Vergnügungssucht, zumal auf Kosten anderer, als verabscheuungswürdig. Im Hinblick auf die Prostitution, die eine alltägliche Erscheinung war, verkündete Chrysostomos:

»Vor einer Stellungnahme zu den Bordellwirten und ihrem Geschäft dürfen wir uns nicht drücken, als handle es sich um eine Frage, die man so oder so beantworten könne, sondern mit aller Festigkeit müssen wir verbieten, daß jemand einem solchen Gewerbe nachgeht, sei er nun arm oder reich; daß jemand aus der zügellosen Sinnlichkeit der Menschen Geld macht, das bei allen gleich verachtet ist; daß jemand nur um des Gewinns willen Menschen zur Vereinigung ohne echte Liebe und Zuneigung zusammenbringt und im Krieg erbeutete Frauen, Kinder oder sonstwie mit Geld Erkaufte zur Schande in schmutzigen Häusern ausstellt, die allenthalben in der Stadt zu sehen sind, wo Beamte vorbeikommen, auf den Marktplätzen, in der Nähe der Regierungsgebäude und der Tempel, mitten im Heiligsten.«

Chrysostomos vertritt hier einen ethischen Standpunkt, der vor allem gegen die Profiteure der Prostitution gerichtet ist. Das Angebot bedingt die Nachfrage, und folglich müsse man ersteres unterbinden. Aber das war natürlich kein Argument, das die Betroffenen überzeugte: Bordellwirte (und Zuhälter) ebenso wenig wie den Staat, der schließlich an dem schäbigen Geschäft mit der Prostitution mit verdiente. Das war schon im alten Rom so (und, wie wir gesehen haben, auch anderswo) und ist zu einer geschätzten Tradition geworden. Chrysostomos predigte gegen Windmühlen: die Einsichten von Stoikern und Kynikern waren nicht gefragt, und so verbannte man ihn.

3

»Messalina fühlte sich durch ihre Buhlschaften schon gelangweilt, weil sie nirgends auf Widerstand stieß. Sie begann, sich Lastern zu ergeben, die man bis dahin nicht gekannt hatte. Da drängte Silius darauf, den Heimlichkeiten ein Ende zu machen. Entweder hatte ihm das Schicksal den Verstand geraubt, oder er dachte, gegen mögliche Gefahren helfe am besten wirkliche Gefahr. Es stehe ja nicht so, meinte er, daß sie auf Claudius' Alter und Tod warten könnten. Ein Unschuldiger dürfe mit bedächtiger Klugheit zu Werke gehen, aber für ein offenbares Verbrechen müsse man die Verwegenheit zu Hilfe rufen. Sie dürften auf die Mitschuldigen rechnen, die Gleiches zu fürchten hätten wie sie. Er sei ehelos und kinderlos und erkläre sich bereit, Messalina zu heiraten und Britannicus zu adoptieren. Messalina werde ihren vollen Einfluß behalten und überdies außer Gefahr sein, wenn man Claudius rechtzeitig abtue. Denn so arglos dieser sei, so jähzornig sei er auch.«

Claudius war nicht irgendein gehörnter Ehemann, von denen es in Rom wahrlich nicht wenige gab: Claudius, der die Nachfolge Caligulas angetreten hatte, war seit dem Jahre 41 römischer Kaiser. Messalina hatte er zwei Jahre vor seiner Thronbesteigung geheiratet; da war sie vierzehn gewesen, während er 48 Lenze zählte. Claudius, obwohl er das höchste Amt im Staat bekleidete, interessierte sich mehr für die Wissenschaften, Geschichte und Altertumskunde, als für die Politik; das Regieren überließ er anderen, darunter nicht zuletzt auch Messalina, die nicht nur lasterhaft, sondern auch ehrgeizig war. Was die Römer Kleopatra anhängten, das hat die Geschichte auch Messalina beschert: den Ruf, die sittenloseste Frau ihrer Zeit gewesen zu sein. Denn mehr noch als ihr Ehrgeiz trieb Messalina eine unersättliche Lasterhaftigkeit. Worüber sich schon die Römer ereiferten, wiewohl sie – gerade zu ihrer, Messalinas Zeit – allerhand gewöhnt waren. So fühlte sich der Dichter Juvenal, der in satirischen Versen das sittenlose Treiben der frühen Kaiserzeit anprangerte, bemüßigt, folgende Besonderheit aus dem Leben der Messalina zu berichten, die vielleicht satirisch überzogen ist, aber dennoch eines wahren Kerns nicht entbehrt:

»Was ein Privathaus, was eine Eppia tat, beschäftigt dich?
Blick auf die Konkurrenten der Götter, hör, was ein Claudius
Erduldete. Wenn die Gattin gemerkt hatte, daß ihr Mann schlief,
Wagte sie, die kaiserliche Hure, nachts den Kapuzenmantel
Anzulegen und die Matte dem Ehebett im Palast vorzuziehen,
Und verließ ihn, nur von einer einzigen Sklavin begleitet.

Ihr Schwarzes Haar aber verbarg eine blonde Perücke, und so
Betrat sie das von einem alten Flickenvorhang warm gehaltene Bordell
Und die leere und ihr gehörende Kammer. Da bot sie sich an,
Nackt, mit vergoldeten Brustwarzen, den Namen Lycisca vortäuschend,
Und zeigte den Leib, der dich, edler Britannicus, getragen hatte:
Schmeichelnd empfing sie die Besucher und verlangte Bezahlung,
Und daliegend verschlang sie unablässig die Stöße aller.
Wenn dann der Bordellwirt schon seine Mädchen entließ,
Ging sie betrübt weg und, was sie doch noch konnte, schloß als letzte
Die Kammer, noch immer glühend von der Brunst der steifen Scheide,
und, erschöpft von den Männern, jedoch nicht befriedigt, zog sie
Davon, durch geschwärzte Wangen häßlich und von dem Qualm der
Lampen schmutzig trug sie den Gestank des Bordells zum kaiserlichen
Lager.«

Selbst eine Senatorengattin, womit jene Eppia gemeint ist, die auch nicht
schüchtern war, übertraf Messalina: nicht nur war sie kaiserliche Gemahlin,
sie erniedrigte sich auch so sehr, daß sie regelmäßig ein Bordell aufsuchte, wo
sie sich wahllos Freiern hingab, um dadurch Befriedigung zu erlangen. Wie es
heißt, brachte sie es auf 35 Kunden pro Nacht, womit sie alle ihre Konkurrentinnen ausstach, und dennoch war sie noch immer von Begierde erfüllt.
Daß sie für ihre Dienste, die doch eher der eigenen Befriedigung dienten,
Geld nahm, wie es freilich im Bordell üblich war, erhöhte eher noch den
Kick. Es sei denn, sie förderte – ähnlich wie es Caligula mit der Errichtung
eines palasteigenen Bordells getan hatte – mit ihrem Erlös den Profit des
Staates, den er aus der käuflichen Liebe zog.

Die Willfährigkeit im Bordell, die Messalina nachgesagt wurde, war sicher
der Höhepunkt ihres ausschweifenden Treibens; doch begnügte sie sich damit keineswegs: auch sie richtete im kaiserlichen Palast ein Bordell ein, hielt
sich zahllose Liebhaber, die dann von Glück sagen konnten, wenn sie den
Gunstbeweis Messalinas heil überstanden (gewöhnlich hielt sie es wie das
Spinnenweibchen: nachdem sie sich mit einem Liebhaber vergnügt hatte und
seiner überdrüssig geworden war, beförderte sie ihn ins Jenseits), und ging
schließlich so weit, daß sie auf den Vorschlag jenes Silius einging, der der
letzte in der Reihe ihrer Günstlinge war. Was sie zwar nicht wußte, aber
immerhin hätte bedenken müssen. Doch Messalina war jung, Claudius ödete
sie an, und es war dennoch keineswegs ausgeschlossen, daß er – da er ein
schwächlicher Herrscher war – den Einschmeichelungen anderer erlag und
sich ihrer am Ende entledigen würde. Andererseits war auch Silius, der im
Augenblick in ihrer, Messalinas Gunst stand, denn er war nicht nur eine

stattliche Erscheinung, sondern auch von der gleichen Ambition beflügelt wie sie, eines uneingeschränkten Vertrauens nicht wert. Wie Tacitus, der
Historiker, der von dieser Begebenheit berichtet, weiter bemerkt:

»Nur zögernd schenkte sie [Messalina] diesen Einflüsterungen Gehör; nicht
weil sie ihren Gatten geliebt hätte, aber sie fürchtete, daß Silius, wenn er auf
den Thron gelangt sei, die Buhlerin abschütteln und das in der Not gutgehei-
ßene Verbrechen nachher im richtigen Lichte sehen würde. Dagegen kitzelte
es sie, Silius' Ehefrau zu heißen, wegen der Größe der Schande. Für Menschen, die sich ganz weggeworfen haben, liegt ja darin gerade noch ein Reiz.
Sie wartete nur ab, bis Claudius einer Opferhandlung wegen nach Ostia
reiste, dann feierte sie in aller Form Hochzeit mit Silius.«

Was natürlich ein Affront erster Güte war: schließlich war Messalina noch
verheiratet, und dazu mit dem Kaiser! Dennoch hätte er sich womöglich mit
der Schande, die Messalina ihm bereitete, abgefunden, wenn nicht seine Rat-
geber, die ihre eigenen Felle schwimmen sahen, darauf gedrängt hätten, diesen schändlichen Treuebruch, der das ruhelose Treiben Messalinas auf die
Spitze trieb, gebührend zu ahnden. Und so war denn der Augenblick gekommen, da die »Hure Roms«, als die Messalina fraglos nicht nur ihren Gegnern
galt, ihr Schicksal ereilte:

»... [man] fand Messalina auf der Erde hingelagert, neben ihr sitzend ihre
Mutter Lepida, die mit ihrer Tochter, solange sie im Glück war, durchaus
nicht einträchtig gelebt hatte, ihr jetzt aber in der äußersten Not ihr Mitleid
nicht versagen konnte. Sie riet ihr, nicht auf den Henker zu warten; ihr Leben
sei nun doch dahin, ein edler Tod sei alles, was ihr noch übrigblieb. Aber die
Ausschweifungen hatten sie gebrochen; in ihrer Seele lebte kein Ehrgefühl
mehr. Sie erging sich in Tränen. Jetzt endlich begriff sie ihre Lage. Sie nahm
das Schwert und drückte es zitternd und erfolglos an die Kehle und die Brust.
Da erstach sie der Tribun. Die Leiche überließ man der Mutter.«

Ein nicht unverdientes Ende, das Messalina ereilte. Obwohl sie keineswegs
aus der Gosse stammte; war sie doch – sowohl väterlicher- als auch mütterli-
cherseits – mit Livia verwandt, der Gemahlin des ersten Kaisers, Augustus.
Allerdings war Augustus, der sich so sittenstreng gab (von ihm stammten die
ersten Gesetze, die die Prostitution einschränkten), anfangs durchaus kein
Tugendbold gewesen: als er Livia kennen lernte, war sie (ebenso wie er) verheiratet gewesen, sie zudem auch noch schwanger. Trotzdem hatte er kurzerhand beide Ehen aufkündigen lassen, um dann mit Livia eine neue eingehen

zu können. Das Beispiel, das Augustus mit diesem Willkürakt gab, auch wenn er zu dem Zeitpunkt noch nicht Kaiser gewesen war, sollte im Palast Schule machen; wobei sich freilich, was das zügellose Treiben im kaiserlichen Palast betrifft, eine erhebliche Steigerung feststellen läßt, die gerade die frühe Kaiserzeit überschattet. Ein erster Höhepunkt wurde mit Caligula erreicht, über den Sueton bemerkt: »Schamgefühl besaß er nicht, noch achtete er das der andern.« Und ergänzend fügt er hinzu: »Ganz abgesehen von der Unzucht mit seinen Schwestern und seiner allbekannten Leidenschaft zu der Prostituierten Pyrallis, verschonte er auch sonst kaum eine unter den vornehmen Damen.« Er war es, der die Neuerung einführte, ein palasteigenes Bordell einzurichten.

Auch Claudius, der Caligula auf den Thron folgte, war kein Unschuldslamm: immerhin brachte er es auf vier Ehen, wobei nicht nur die dritte, mit Messalina, ein Skandal war. Sondern auch die vierte, mit seiner Nichte Agrippina, in einer unangenehmen Überraschung endete: denn um zu verhindern, daß jener Britannicus, der der Sohn aus der Ehe mit Messalina war, die Nachfolge antreten würde, beförderte Agrippina, die einen eigenen Sohn, Nero, in die Ehe brachte, ihren kaiserlichen Gemahl ins Jenseits, was nicht Britannicus, sondern Nero den Weg zur Macht eröffnete. Zumal er mit Octavia, der Tochter aus der Ehe Messalinas mit Claudius, vermählt worden war.

Nero wiederum gilt von allen römischen Kaisern als der berüchtigste: nicht nur weil ihm der barbarische Akt, Rom in Brand zu setzen, angelastet wird, sondern auch weil er gewissermaßen das männliche Gegenstück zu Messalina war. Um noch einmal Sueton zu zitieren:

»Allmählich steigerten sich aber seine Laster; er [Nero] ließ Scherz und Heimlichkeit beiseite, gab sich keine Mühe mehr, etwas zu verbergen, und stürzte sich in aller Öffentlichkeit in größere Exzesse. Seine Bankette, während denen er sich öfters durch warme und im Sommer durch eisgekühlte Bäder erfrischte, dehnte er von Mittag bis Mitternacht aus. Manchmal speiste er auch vor vielen Leuten auf der mit Schranken umgebenen Naumachie [ein künstlicher See], auf dem Marsfeld oder im Circus Maximus, und die Freudenmädchen und Flötenspielerinnen der ganzen Stadt warteten ihm auf. Wenn er auf dem Tiber nach Ostia fuhr oder den Golf von Baiae entlangsegelte, waren an den Küsten und Ufern in gewissen Abständen Schenkbuden mit Bordellbetrieb aufgestellt, wo vornehme Damen die Wirtin machten und ihn bald da, bald dort zum Landen einluden.«

Agrippina, Neros Mutter, übte nicht gerade einen mäßigenden Einfluß auf ihren Sohn aus: nach dem Mord an ihrem Ehemann schreckte sie auch vor

Inzest nicht zurück. Was Nero, der seine Mutter abwies und sich statt dessen mit einer Prostituierten vergnügte, die ihr ähnlich sah, zum Anlaß nahm, sie ihrerseits aus dem Leben zu befördern. Auch dies kein unverdientes Los. Obwohl die Schreckensherrschaft Neros damit noch nicht zu Ende war. Erst neun Jahre später, 68 n. Chr., kam mit Galba ein Herrscher auf den Thron, der ein neues Kapitel in der Geschichte der römischen Kaiser einläutete.

Anders als in Griechenland, wo die Hetäre einen nicht unbedeutenden Beitrag zum Erscheinungsbild eines kultivierten Lebens geleistet hatte, hatten Kurtisanen in Rom nicht wirklich eine Chance. Gewöhnliche Prostituierte waren wohlfeil, und diejenigen, die sich »hocharbeiteten«, erlangten Glanz und Einfluß nur im Bannkreis des kaiserlichen Palastes. Und dort war es weniger Ruhm, als vielmehr Verruf, was sie erwartete. Sie gerieten in den Sog der Skandale, die – zumal am Anfang – die kaiserliche Herrschaft überschatteten, sofern sie sie nicht mitverursachten, und fanden kaum Gelegenheit, künstlerische oder gar geistige Talente zu entfalten. Mehr noch als bei den Griechen blieben Kunst und verfeinerte Kultur eine Domäne des Mannes. Eben weil das Kurtisanentum im alten Rom nie die Bedeutung erlangte wie im antiken Griechenland. Nicht Kurtisanen, sondern Mätressen gaben den Ton an. Wobei es in der Natur der Sache liegt, daß die Grenzen zwischen Mätressen und tatsächlichen Prostituierten eher fließend sind. So eindeutig wie die Zuordnung Messalinas gestaltet sich eine Unterscheidung gewöhnlich nicht. Immerhin kann schon hier konstatiert werden, daß die Gewährung sexueller Gunst ein Preis ist, den Frauen durchaus nicht immer für zu hoch erachten, wenn es darum geht, dadurch einen persönlichen Vorteil, soziales Prestige oder gar politische Macht zu erlangen. Was die Männer nicht des Vorwurfes enthebt, ihnen keine andere Chance zu lassen. Das war im alten Rom nicht anders als in Zeiten, die dem vorausgingen oder folgen sollten.

Zweiter Teil

Das keusche Verlangen

Höchste Weihe

Das Römische Reich, obwohl es in der Antike verwurzelt war, stellt dennoch eine Brücke, die in ein neues Zeitalter führte, dar. Aber es war nicht nur eine bloße Abfolge von Perioden, die sich unter der Herrschaft der Römer abzeichnete: der Wandel, der sich vollzog, war von tiefgreifender Wirkung; weit mehr, als das bei der Ablösung der Griechen durch die Römer, die die griechische Tradition nicht verschmähten, der Fall gewesen war. Denn was sich änderte, waren weniger die politischen Strukturen, obwohl sich auch da Veränderungen ergaben, als vielmehr die kulturelle Ausrichtung. Sie stand im Zeichen eines neuen Glaubens, der so neu zwar nicht war, denn er hatte – im Judaismus – einen Vorläufer, der dennoch aber seinem Erbe bald entwachsen war und einen eigenen Weg ging. Nach seinem Begründer wurde dieser neue Glaube als *Christentum* bekannt. Wie man weiß, hat diese Religion den Gang der Welt nachhaltiger verändert als jede andere.

Es ist hier nicht der Ort, auf die Gründe für den im wahrsten Sinne des Wortes durchschlagenden Erfolg des Christentums näher einzugehen. Für den es verschiedenerlei Erklärungen gibt. Nicht die geringste betrifft den ethischen Kern der neuen Religion, was zwar nicht überrascht, dennoch aber nicht so offensichtlich ist, wie es scheint. Jede Religion stützt sich auf ethische Prinzipien, diejenigen jedoch, die dem Christentum zugrunde liegen, unterscheiden sich sehr wesentlich von denen, die in den Religionen, die bislang den Ton angaben, vorherrschten. Das trifft zumindest für den Mittelmeerraum und darüber hinaus auch für das Gebiet des einstigen Mesopotamien zu. Hier hatten *polytheistische* Glaubenssysteme im Vordergrund gestanden, die sehr wesentlich durch einen ausgeprägten *Fruchtbarkeitskult* gekennzeichnet waren. Der letztlich erklärt, weshalb in all den Gesellschaften und Kulturen, die diesen Glaubenssystemen anhingen, eine Einstellung zur Sexualität vorherrschte, deren Grundtendenz durch Freizügigkeit bestimmt war. Dies hatte sehr wesentlich auch zur besonderen Bedeutung der Prostitution, die in unterschiedlichen Varianten auftrat, beigetragen.

Das Christentum vollzog hier eine radikale Kehrtwendung, denn es war nicht mehr primär diesseits gerichtet, sondern – im Sinne einer Erlösungsreligion – auf das Jenseits fixiert. In das einzugehen nur dem verheißen war, der im diesseitigen Leben entsprechende Bedingungen erfüllte, zu denen auch – und dies sehr wesentlich – die Zügelung sexueller Begierden gehörte. Darüber hinaus galt fortan das *männliche* Prinzip, das zwar auch schon zuvor vorgeherrscht hatte, nun aber – da der eine und ausschließliche Gott männlich gesehen wurde – ins Absolute überhöht wurde. Der Mann, ein Ebenbild des Göttlichen, sonnte sich im Glanz des Allerhöchsten. Während die Frau, nur ein Nebenprodukt, im Schatten verharren mußte, was ihre Rolle in der Gesellschaft von Grund auf änderte. Nicht, daß sie nicht auch schon vorher diskriminierenden Zwängen ausgesetzt gewesen wäre, was – soweit es die Welt der klassischen Antike betrifft – besonders bei den Griechen zu beobachten war. Doch, wie wir gesehen haben, galten Einschränkungen, die die Frau betrafen, nicht generell: während die, die auf ihre Ehrbarkeit bedacht sein mußte, praktisch unsichtbar blieb, gestand man derjenigen, deren moralisches Ansehen nicht sonderlich hoch war, die diesen Mangel aber durch andere Vorzüge ausglich, alle Freiheiten zu. Damit war nun Schluß: die christliche Ethik, die sich am Maßstab eines zwar männlichen, doch nicht wirklich mit menschlichen Bedürfnissen, zumal sexueller Art, behafteten Gottes orientierte, bezog sich nicht mehr auf Vergnügungen und Freuden, in deren Mittelpunkt die Frau gestanden hatte, selbst jene, die quasi auf eine Statistenrolle relegiert worden war. Was fortan im Mittelpunkt der Aufmerksamkeit stand, das war gerade die Eindämmung derartiger Freuden, denn sie stellten ein Hindernis auf dem Weg zum Heil dar.

Frauen, deren Lebenszweck gerade darin bestanden hatte, Vergnügungen der Art, wie sie nun nicht mehr geschätzt waren, zumindest nicht nach dem neuen Standard, zu bereiten, hatten es nun schwer. Denn wenngleich auch ihre ehrbaren Schwestern, die ihre Gunst immerhin nicht gewerblich gewährten, von der neuen Ordnung nicht weniger berührt waren, so konzentrierte sich doch der Blick auf diejenigen, die als die eigentlichen Verführerinnen betrachtet wurden. So heißt es bei Paulus, in seinem ersten Brief an die Korinther:

»Wisset ihr nicht, daß eure Leiber Christi Glieder sind? Sollte ich nun die Glieder Christi nehmen und Hurenglieder daraus machen? Das sei ferne!

Oder wisset ihr nicht, daß wer an der Hure hangt, der ist *ein* Leib mit ihr? Denn ›es werden (spricht er) die zwei *ein* Fleisch sein.‹

Wer aber dem Herrn anhangt, der ist *ein* Geist mit ihm.

Fliehet die Hurerei. Alle Sünden, die der Mensch tut, sind außer seinem Leibe; wer aber hurt, der sündigt an seinem eigenen Leibe.

Oder wisset ihr nicht, daß euer Leib ein Tempel des heiligen Geistes ist, der in euch ist, welchen ihr habt von Gott, und seid nicht euer selbst?«

Nicht umsonst wendet sich Paulus mit seiner Mahnung gerade an die Korinther, denn waren sie es nicht, die auch zu seiner Zeit noch den Kult der Aphrodite, der im Zeichen der heiligen Prostitution stand, huldigten! Hier zeigt sich ganz deutlich, worin das Wesen der neuen Lehre, soweit es sich auf die Sexualität bezog, bestand: nicht nur die Seele, auch der Körper wird zu einem Teil des Göttlichen erklärt. Doch anders als in heidnischen Kulten, geht der Körper keine leibliche, sondern eine *geistige* Verbindung mit der Gottheit ein. Was bedeutet, daß das Leibliche letztlich negiert wird : der Leib ist nur ein »Tempel«, der sich im »heiligen Geist« manifestiert. Nicht Glaube und »Hure«, wobei die Hure ein Mittel zur Erlangung des Göttlichen ist, sondern Glaube *oder* Hure. Das eine schließt das andere aus.

Um aber der Verlockung zur »Hurerei« nicht anheimzufallen, ist es statthaft, ein Weib zu nehmen und mit ihm in den Stand der Ehe einzutreten. Auch wenn dies sozusagen die zweite Wahl ist: »Es ist dem Menschen gut«, erklärt Paulus, »daß er kein Weib berühre.« Und er fährt fort: »Aber um der Hurerei willen habe ein jeglicher sein eigen Weib, und eine jegliche habe ihren eigenen Mann.« Und damit man nicht doch den Pfad der »Unkeuschheit« beschreitet, indem man der Versuchung »Satans« erliegt, verweigere man sich nicht seinem Partner beziehungsweise der Partnerin, die freilich nicht jene Beliebigkeit implizieren, die heute gemeinhin darunter verstanden wird.

Sexualität, wenn sie denn überhaupt stattfinden muß, auf die Ehe reduziert, das ist die Moral, die die neue Lehre verkündet. Wer sie gefährdet, ist des »Teufels«, und dazu gehören in erster Linie die »Huren«, die nun zum ersten Mal in Bausch und Bogen stigmatisiert werden. Allerdings mit zwei Einschränkungen: sie sind vom Wege des Heils nicht ausgeschlossen, und sie sind zudem ein notwendiges Übel, trotz der Gefahr, die sie für das Seelenheil der Gottesfürchtigen darstellen. Jesus selbst gibt ein Beispiel, wie mit einer Prostituierten zu verfahren ist, die sich reumütig zeigt. Die Geschichte, um die es dabei geht, liefert das Grundmuster für eine Reihe von Legenden, die aus der Frühzeit des Christentums stammen und die sich alle um das Motiv der reuigen Sünderin ranken. Im vorliegenden Fall handelt es sich um keine geringere als Maria Magdalena, die zu einer getreuen Anhängerin Jesu wurde und schließlich nicht nur seinen Tod bezeugte, sondern auch seine Auferstehung. Der Evangelist Lukas berichtet:

»Es bat ihn aber der Pharisäer einer, daß er mit ihm äße. Und er ging hinein in des Pharisäers Haus und setzte sich zu Tisch.

93

Und siehe, ein Weib war in der Stadt, die war eine Sünderin. Da die vernahm, daß er zu Tische saß in des Pharisäers Hause, brachte sie ein Glas mit Salbe.

Und trat hinten zu seinen Füßen und weinte und fing an seine Füße zu netzen mit Tränen und mit den Haaren ihres Hauptes zu trocknen und küßte seine Füße und salbte sie mit Salbe.

Da aber das der Pharisäer sah, der ihn geladen hatte, sprach er bei sich selbst und sagte: Wenn dieser ein Prophet wäre, so wüßte er, wer und welch ein Weib das ist, die ihn anrührt; denn sie ist eine Sünderin.

Jesus antwortete und sprach zu ihm: Simon, ich habe dir etwas zu sagen. Er aber sprach: Meister, sage an.

Es hatte ein Gläubiger zwei Schuldner. Einer war schuldig fünfhundert Groschen, der andere fünfzig.

Da sie aber nicht hatten, zu bezahlen, schenkte er's beiden. Sage an, welcher unter denen wird ihn am meisten lieben?

Simon antwortete und sprach: Ich achte, dem er am meisten geschenkt hat. Er aber sprach zu ihm: Du hast recht gerichtet.

Und er wandte sich zu dem Weibe und sprach zu Simon: Siehest du dieses Weib? Ich bin gekommen in dein Haus, du hast mir nicht Wasser gegeben zu meinen Füßen; diese aber hat meine Füße mit Tränen genetzt und mit den Haaren ihres Hauptes getrocknet.

Du hast mir keinen Kuß gegeben; diese aber, nachdem sie hereingekommen ist, hat sie nicht abgelassen meine Füße zu küssen.

Du hast mein Haupt nicht mit Öl gesalbt; sie aber hat mein Füße mit Salbe gesalbt.

Derhalben sage ich dir: Ihr sind viele Sünden vergeben, denn sie hat viel geliebt; welchem aber wenig gegeben wird, der liebt wenig.

Und er sprach zu ihr: Dir sind deine Sünden vergeben.

Da fingen an, die mit zu Tische saßen, und sprachen bei sich selbst: Wer ist dieser, der auch die Sünden vergibt?

Er aber sprach zu dem Weibe: Dein Glaube hat dir geholfen; gehe hin mit Frieden.«

Jesus geht mit gutem Beispiel voran: er bricht eine Lanze für die, die außerhalb der Gesellschaft stehen, doch nur zu oft das Schicksal ihrer Ausgrenzung nicht verdienen; wenn man ihnen nur eine Chance gibt. Jesus erkennt den inneren Wert eines Menschen, und obgleich er sein bisheriges Tun ablehnt, so weist er ihn doch nicht von sich: er ist bereit, ihn in seine Gemeinschaft aufzunehmen, denn er weiß, daß der äußere Schein nur allzuoft trügt. Mit diesem Vorbild, das er gibt, zeichnet er den Weg so mancher »Gefallenen« vor, die in dem neuen Glauben, den er begründet, Halt und Zuversicht findet.

Die Geschichte der Maria Magdalena erinnert an die Überlieferung, die von der Inderin Ambapali berichtet, die den Buddha bewirtete. Sie war freilich eine Kurtisane und gehörte nicht zu den wirklich Erniedrigten. Aber auch dazu gibt es eine Parallele aus der Zeit des frühen Christentums, die Berühmtheit erlangt hat. Es handelt sich diesmal um eine Frau namens Afra. Ihr Name steht womöglich mit Afrika in Verbindung, woher sie vermutlich stammte. Es verschlug sie, auf den Spuren der Römer, bis nach Augsburg, das – in der Provinz Raetia – am Rande des Römischen Reiches lag. Hier unterhielt sie mit ihrer Mutter, der sie in dem Gewerbe, das diese ausgeübt hatte, gefolgt war, ein gastliches Haus, das freilich von einer besonderen Kundschaft geschätzt wurde. Mit anderen Worten, es handelte sich um ein Bordell, wenngleich auch der gehobenen Art. Denn es begab sich, daß ein Bischof, der sich auf der Flucht vor den Verfolgern befand, die der römische Staat auf die Anhänger der neuen, als häretisch bekämpften Religion hetzte, ihr Haus, als er nach Augsburg gelangte, als Unterkunft wählte. Was dazu führte, daß Afra nicht ihn, sondern er sie verführte, freilich zum neuen Glauben, den sie – wie auch ihre Mutter und ihre Dienerinnen beziehungsweise die Mädchen, die sich in ihrem Haus verdingt hatten – bereitwillig annahmen. Was ein nicht geringes Risiko und ein wirkliches Bekenntnis darstellte, denn – wie das Beispiel des Bischofs zeigte – waren Christen, die als aufrührerische Sekte galten, Verfolgungen ausgesetzt, die nur zu oft in Gewalttätigkeit ausarteten. So auch im Falle Afras, die vor die zuständigen Behörden zitiert wurde, wo man von ihr verlangte, daß sie sich zu den traditionellen, heidnischen Göttern bekenne. Was sie ablehnte; auch dann, als der zuständige Richter sie darauf aufmerksam machte, daß sie als ehemalige Kurtisane niemals das Heil, das dieser neue Glaube verkündete, erlangen würde. Afra blieb standhaft – und wurde verurteilt zum Tod auf dem Scheiterhaufen. Das Urteil wurde vollstreckt, auch wenn es ihrer Mutter und den Dienerinnen gelang, ihren entblößten Körper vor den Flammen zu bewahren. Wofür auch sie mit dem Märtyrertod büßen mußten. Afra aber erlangte den Nimbus einer Heiligen, die noch heute in Augsburg, als dessen Patronin sie gilt, Verehrung genießt.

Wahrheit und Legende lassen sich auch in diesem Fall nicht deutlich voneinander trennen; doch ist die Historizität der Afra – wie auch der Zeitpunkt ihres Todes, um 304 – belegt. Im übrigen entsprach es durchaus römischem Brauch, die neue Religion zu verunglimpfen und nicht selten mit äußerster Härte gegen Christen vorzugehen. So fiel der Tod Afras in die Zeit, da – unter dem Kaiser Diokletian – eine der berüchtigten Christenverfolgungen stattfand. Gerade Frauen, die in den Verheißungen der neuen Religion einen besonderen Anreiz sahen, sich ihrer Gemeinde anzuschließen, wurden nur allzuoft das Opfer staatlicher Repression. Sei es, daß sie auf dem Scheiterhaufen endeten oder man sie wilden Tieren in den Arenen vorgeworfen, sei es, daß sie dazu verurteilt wurden, sich als Prostituierte in Bordellen zu verdingen. Womit sich zur Schande, der sie fortan ausgeliefert waren, auch noch der Hohn gesellte, denn galt nicht gerade die Ausübung der Prostitution den Christen als größte Sünde?

»Was ist schmutziger«, erklärte Augustinus, einer der sogenannten Kirchenväter, die die neue Lehre festschrieben, »was aberwitziger, was mehr mit Schimpf und Schande voll als Dirnen, Kuppler und diese ganze Pest.« Er mußte es wissen, wenigstens meinte er das. Denn er war selbst sozusagen durch Schaden klug geworden. Doch es war eine seltsame Einsicht, die er gewann. Die zudem nicht ohne Ungerechtigkeit und Undank gegenüber denen war, die er nur zu bereitwillig ausgenutzt hatte.

Augustinus entstammte einer heidnisch-christlichen Familie – der Vater war Beamter im Dienste Roms, die Mutter Christin – und wuchs in Nordafrika, wo die Familie lebte und das einen Teil des Römischen Reiches bildete, auf. Er entschied sich für die Laufbahn eines Rhetorikers – die Rhetorik war damals eine Kunst, die man regelrecht erlernen konnte, denn sie erfüllte eine zentrale Bedeutung in der Gesellschaft – und begann sein Studium in Karthago, dem einstigen Zentrum phönizischer Kultur. Zugleich tat er sich mit einer Frau zusammen, von der er sich die Befriedigung seiner aufkeimenden Sinnenlust erhoffte. Sie brachte einschlägige Erfahrungen mit, begnügte sich aber fortan mit dem Dasein einer Konkubine. An eine Heirat dachte Augustinus nicht, auch als seine Geliebte ihm einen Sohn gebar und ihm nach Italien folgte, wo er eine Lehrtätigkeit aufnahm. Seine Mutter, die um sein Seelenheil besorgt war, kam gleichfalls nach Italien und drängte ihren Sohn, eine Ehe mit einem ehrbaren Mädchen einzugehen. Womit sich Augustinus einverstanden erklärte, und so wurde eine geeignete Kandidatin ausfindig gemacht, während die Geliebte, die nunmehr ausgedient hatte, nach Karthago zurückkehrte. Unglücklicherweise mußte die Eheschließung noch einige Zeit hinausgeschoben werden, da die Zukünftige noch zu jung für eine Heirat war. Was den wackeren Augustinus, der beständig gegen sich selbst und seine Sinnenlust ankämpfte, wobei er ständig das Gebet »Laß mich keusch sein – aber noch nicht jetzt!« auf den Lippen führte, in arge Bedrängnis brachte. Die nur dadurch behoben werden konnte, daß er sich mit einer anderen Dirne zusammentat, um die Zeit bis zur Erlösung in der Ehe zu überbrücken Doch aus dieser wurde nichts: aus seinem inneren Ringen ging am Ende das Gelöbnis der Enthaltsamkeit als Sieger hervor. Augustinus ließ sich taufen und kehrte zurück nach Nordafrika, wo er schließlich die Würde eines Bischofs erlangte. Er starb hochbetagt im Jahre 430 im heutigen Algerien.

Der Werdegang des Augustinus, immerhin der bedeutendste unter den christlichen Kirchenvätern, war nicht untypisch; was in der Natur der Sache lag. Denn auch er lebte ja noch in einer Zeit, da das Christentum noch um seine Anerkennung rang. Wer sich zu ihm bekannte, kam aus einer heidnischen Tradition, der die asketischen Züge der Christentums fremd waren. Wer sich der neuen Religion würdig erweisen wollte, mußte mit dem sinnlichen Erbe des Heidentums ringen, und was dies betraf, so gab es so manche Versuchung, die den Kampf nicht leicht machte. Das traf für Frauen ebenso zu wie für Männer.

Wer am Ende siegte, mußte sich dennoch vor neuen Versuchungen schützen, und dies geschah nicht selten, indem man eine besonders radikale Position bezog gegenüber dem, was als verderblich galt. So erklärt es sich, daß Augustinus, obwohl er seine Sinnenlust weidlich ausgelebt hatte, zu einem erbitterten Gegner jeder Art von Geschlechtlichkeit wurde. Das fing bei Eva an und hörte bei den Dirnen und Kurtisanen auf. Was Eva betraf, so vertrat Augustinus den Standpunkt, der freilich nicht neu war, daß sie für alle Sünden, die den Menschen heimsuchten, verantwortlich war. Allerdings erkannte er die Heiligkeit ihres Gegenparts, der Mutter Gottes, an; er ging auch nicht so weit, die Ehe zu verdammen. Sie diene vielmehr der Fortpflanzung, dürfe aber nur zu diesem Zwecke geschlossen werden. Jede sexuelle Handlung in der Ehe, die *nicht* der Schaffung neuen Lebens diene, sei Sünde und mit jener Unzucht zu vergleichen, die die Prostitution darstelle. Dennoch, auch diese verdammte Augustinus nicht wirklich: »Verjage die Kurtisanen«, erklärte er, »und bald wird die Gewalt der Leidenschaften alles in Aufruhr versetzen.« Und er präzisierte: »Was ihre [der Kurtisanen] Sitten angeht, so führen sie ein ganz und gar unzüchtiges Leben, doch die Gesetze der gesellschaftlichen Ordnung weisen ihnen einen Platz zu, wenn auch den allerschändlichsten.«

Diese Einsicht, zu der sich Augustinus durchrang, wurde zum Grundprinzip der Gesellschaft, die im Zeichen des Christentums stand und um der Aufrechterhaltung der öffentlichen Ordnung willen der Prostitution eine zwar verabscheuungswürdige, doch nützliche, da unentbehrliche Bedeutung zuerkannte. Wer der Prostitution nachging, verrichtete ein zugleich verwerfliches und wünschenswertes Werk. Der Bezugspunkt war – und blieb – die Gesellschaft, diejenigen, die dieses der Widersprüchlichkeit preisgegebene Gewerbe ausübten, waren von der Gemeinschaft ausgeschlossen. Daran änderte sich nichts, bis in die unmittelbare Gegenwart.

2

»In Byzanz lebte ein gewisser Akakios, von Beruf Tierwärter – Bärenfütterer wird er genannt – bei der grünen Partei. Dieser Mann starb unter der Regierung des Anastasios an einer Krankheit und hinterließ drei Mädchen, Komito, Theodora und Anastasia, das älteste noch nicht sieben Jahre alt. Die Witwe heiratete wieder; nach ihrer Ansicht sollte der neue Ehegatte gemeinsam mit ihr das Hauswesen und die genannte Tätigkeit weiterführen. Doch Asterios, der Zirkusmeister der Grünen, ließ sich von einem Dritten bestechen, jagte die beiden kurzerhand aus ihrer Stellung und nahm dafür diesen in Dienst. Die Zirkusmeister konnten ja in derlei Dingen nach Gutdünken verfahren. Wie nun die Frau das ganze Volk im Zirkus versammelt sah, legte sie ihren Mädchen Binden ums Haupt und in die Hand und setzte sich hilfesuchend nieder. Die Grünen ließ das kalt; die Blauen hingegen übertrugen ihnen dieses Amt, da auch ihr Tierwärter jüngst gestorben war. Als nun die Mädchen heranwuchsen – es waren reizende Geschöpfe –, schickte sie die Mutter sofort auf die Bühne, nicht alle zugleich, sondern erst, wenn eine jede ihr für diese Beschäftigung alt genug erschien. Komito, die Älteste, hatte sich schon durch Schönheit unter ihren Genossinnen einen Namen gemacht; Theodora, die zweitgeborene, trug ein kurzes, langärmeliges Gewand, wie es Sklaven haben, mußte ihrer Schwester in allem als Dienerin folgen und auf ihren Schultern auch den Schemel tragen, auf dem Komito bei den Darbietungen zu sitzen pflegte. Damals konnte sich Theodora, für intimen Verkehr mit Männern noch nicht reif, zwar noch nicht als Frau betätigen; doch hielt sie dies nicht ab, mit üblen Burschen wie ein Lustknabe schmählichen Umgang zu pflegen, und dies mit Sklaven, die ihren Herrn ins Theater begleiteten und als Nebenbeschäftigung in diesem günstigen Augenblick solche Schandtat begingen. Mit dieser widernatürlichen Preisgabe ihres Körpers brachte sie ziemlich lange Zeit in einem Bordell zu. Sobald sie erwachsen und reif war, ging sie gleich unter die Schauspielerinnen und wurde eine gewöhnliche Hetäre, eine ›Hetäre zu Fuß‹, wie die Alten sagten. Sie konnte ja weder Flöte blasen noch Laute schlagen, nicht einmal als Tänzerin war sie ausgebildet, sie mußte vielmehr ihre Schönheit allein unter Einsatz aller körperlichen Reize dem Nächstbesten hingeben. Später nahm sie an mimischen Darbietungen teil, trat sogar als Schauspielerin auf und wirkte bei verschiedenen Possen mit. Sie war nämlich sehr nett und witzig und erregte dadurch in Kürze allgemeine Aufmerksamkeit. Nie kannte das Weib irgendwelche Scham und niemals sah sie irgendeiner verlegen; ohne jedes Bedenken fand sie sich zu unzüchtigen Dienstleistungen bereit und hatte solch minderen Charakter, daß sie trotz Prügel und Ohrfeigen noch vergnügt scherzte und hellauflachte. Sie entblößte Vorder- und Hinterteil und zeigte dem Nächstbesten unverhüllt, was Männern verborgen und unsichtbar sein sollte.«

Prokop, ein griechischer Chronist und Zeitgenosse der hier Beschriebenen, war kein Befürworter ihrer späteren Herrschaft, und nicht alles, was er über sie berichtet, ist für bare Münze zu nehmen. Aber es kann kein Zweifel daran bestehen, daß besagte Theodora, die es immerhin bis zur Kaiserin brachte, einem Milieu entstammte, das der Tugend einer Heranwachsenden nicht gerade zuträglich war. War doch die Schaustellerei – sei es im Zirkus, sei es im Theater – seit undenklichen Zeiten mit einem Lebenswandel verbunden, der gemeinhin nicht als schicklich galt. Wenngleich man sich diesen Umstand auch weidlich zunutze machte, wobei beiliebe nicht nur Sklaven sich dazu herbeiließen, mit den angeblich liebeseifrigen Schaustellerinnen Umgang zu pflegen. Soweit es Theodora betrifft, so hatte sie kaum eine andere Wahl, als gute Miene zu einem Spiel zu machen, in das sie, so als sei es die natürlichste Sache der Welt, einfach hineinwuchs. Auch als sie sich, der Schaustellerei und des niederen Hetärentums überdrüssig, als Konkubine verdingte, was sie in ferne Gegenden verschlug, tat sie dies, weil es die einzige Alternative war, die sich ihr bot. Eine Garantie für ein angenehmeres Leben war es nicht:

»Späterhin begleitete sie den Hekebolos aus Tyros, den Statthalter der Pentapolis, um ihm schimpflichste Dienste zu leisten, verdarb es jedoch mit dem Manne und mußte sich eiligst aus dem Staube machen. Dadurch geriet sie in bittere Not und war weiterhin wie bisher genötigt, ihren Lebensunterhalt als Prostituierte zu verdienen. Zuerst führte sie ihr Weg nach Alexandreia. Dann durchzog sie den ganzen Osten und kam am Ende wieder nach Byzanz, wobei sie ihr Gewerbe in jeder Stadt ausübte. Wer diese einzeln nennen wollte, würde sich wohl die Ungnade Gottes zuziehen; denn der Teufel konnte es nicht mitansehen, daß ein Ort von Theodoras Zügellosigkeit nichts wissen wollte.«

Man muß hier anfügen, daß Prokop ein Parteigänger Belisars war, eines fähigen Feldherrn, der im Dienste Justinians stand und den er auf seinen zahlreichen Feldzügen begleitete. Obwohl Justinian, der Kaiser, den Siegen, die Belisar errang, die Wiederherstellung der Einheit des Römischen Reiches verdankte, wurde der Feldherr schließlich der Verschwörung angeklagt, was auch Prokop zum Feinde Justinians werden ließ. Jedenfalls unterließ er nichts, den Kaiser und seine Gemahlin, die doch eigentlich aus der Gosse stammte, in seiner Chronik, die er über die Herrschaft des Kaiserpaares schrieb und die eher den Charakter einer Schmähschrift hat, zu verunglimpfen.

Nach ihrer Rückkehr nach Byzanz ergab es sich, daß Theodora Justinian kennenlernte, der damals Senator und noch nicht Kaiser war, sich in sie verliebte und bereit war, sie zu heiraten. Was allerdings ein Problem aufwarf: nach geltendem Recht, war es einem Bürger von Stand untersagt, eine Ehe mit einer Person, die aus dem Milieu der Schaustellerei oder des Kurtisanentums stammte, einzugehen. Doch Justinian, der das Glück hatte, daß sein Onkel der regierende Herrscher war, konnte diesen dazu bewegen, das Problem aus der Welt zu schaffen. »Da aber ein Senator«, berichtet Prokop, »keine Hetäre heiraten durfte – die ältesten Gesetze verboten dies –, veranlaßte er [Justinian] den Kaiser, ein neues Gesetz zu geben, und seitdem war er mit Theodora als seiner rechtmäßigen Gattin vermählt.«

527, zwei Jahre nach der Eheschließung, folgte Justinian seinem Onkel auf den Thron, und mit ihm erlangte auch seine Gemahlin, die gleichfalls gekrönt wurde, die kaiserliche Würde. Theodora hatte den Aufstieg bis in die höchsten Höhen der Gesellschaft geschafft: an der Seite ihres Mannes entpuppte sie sich als eine kluge und beherzte Frau, die dem Intrigenspiel am Hofe durchaus gewachsen war und es selbst mit dem Volk aufnahm, als es sich in einem Aufstand, den die genannten Zirkusparteien, um die sich das Volk scharte, anzettelten, gegen den Kaiser erhob. Bei diesem sogenannten Nika-Aufstand war es vor allem der tatkräftigen Intervention Theodoras zu verdanken, daß der Kaiser nicht gestürzt wurde.

Aber auch auf anderem Gebiet zeichnete sich Theodora aus, denn sie hatte sehr wesentlich Anteil an gesetzgeberischen Maßnahmen, die vor allem den Frauen, und hier insbesondere den Vertreterinnen jener Zunft, die sie nur zu genau kannte, zu gute kamen. »Auch gegen sittliche Vergehen«, schreibt Prokop, »war Theodora eifrig bemüht, Strafen auszusinnen. Sie sammelte mehr als fünfhundert Huren, die mitten auf dem Marktplatz für drei Obolen ihren Lebensunterhalt verdienten, schickte sie ans jenseitige Ufer und sperrte sie in das Kloster Metanoia (Reue), damit sie ihre Lebensweise änderten.« Zwar fügt Prokop, der sich selten eines bissigen Seitenhiebes enthält, hinzu: »Einige davon stürzten sich nachts von der Höhe herab und entzogen sich so der unfreiwilligen Besserung.« Aber man kann Theodora ihren guten Willen, der schließlich aus eigenen wohl eher leidvollen als freudigen Erfahrungen resultierte, nicht absprechen. Das Kloster »Metanoia«, das Theodora am jenseitigen Ufer des Bosporus gründete, hatte noch im 11. Jahrhundert Bestand. Im übrigen begnügte sich Theodora nicht damit, Straßendirnen einfach nur »einzusammeln«, sie kaufte Liebesdienerinnen von ihren Zuhältern frei, ließ Bordelle schließen und sorgte dafür, daß die Entführung von Mädchen unter Strafe gestellt wurde. Sie war eine unermüdliche Vorkämpferin für die Rechte derer, die – indem sie ihre Körper verkauften – auf der Schattenseite des Lebens standen. Als Theodora im Jahre 548 starb, verloren die, deren Los, da es einmal ihr eigenes gewesen war, ihr besonders nahe gestanden hatte, eine leidenschaftliche Fürsprecherin.

3

Die politischen Veränderungen, die sich infolge des Niederganges des Römischen Reiches ergaben, bedeuteten zugleich auch einen Wandel in der gesellschaftlichen Stellung der Frau. Denn – wie wir bereits gesehen haben – ging mit dem Auslaufen der Antike das Erstarken des Christentums einher, in dessen Zeichen sich neue Mächte etablierten. Das traf sowohl für Byzanz zu, das das Erbe der Antike in christlichem Gewande weiterführte, als auch für die Nachfolgestaaten im Westen des einstigen Römischen Reiches. Hier waren es germanische Stämme, die sich zu neuen Herren aufschwangen; wobei sich in ihrem Falle eine ungebrochene patriarchale Tradition mit dem nicht minder patriarchal ausgerichteten Christentum vermengte. Das Ergebnis war ein deutlicher gesellschaftlicher Rückschritt, der sich in dem nun folgenden Zeitalter, das als das »dunkle« oder frühe Mittelalter bekannt geworden ist, für die Frau ergab.

Höhepunkt dieser Entwicklung war das Reich Karls des Großen im 9. Jahrhundert, dessen Grenzen von den Pyrenäen bis zur Elbe und von der Nordsee bis Mittelitalien reichten. Dieses Großreich, aus dem schließlich die Kernländer dessen, was man – im Gegensatz zum Orient – das Abendland nannte, hervorgingen, wurde zur Keimzelle des christlichen Europa, das – anders als das in der römischen und griechischen Antike der Fall gewesen war – die Religion zur Grundlage staatlicher Ordnung erhob. Was nicht nur von Belang für die Frau schlechthin war, sondern auch für diejenigen, die dem Gewerbe der käuflichen Liebe nachgingen. Bedeuteten die ethischen Prinzipien des Christentums doch, daß man Prostitution mit Sünde gleichsetzte. Eine Einschätzung, die einen radikalen Bruch mit der bisherigen Sicht darstellte, die durch die sexuelle Freizügigkeit, wie sie in der Antike (und darüber hinaus in den orientalischen Traditionen) vorherrschte, gekennzeichnet war. Zwar war auch hier die Prostitution – zumindest in ihrer gewöhnlichen und verbreitetsten Form – stigmatisiert worden, aber sie galt nicht als ein Verstoß gegen religiös bedingte ethische Normen. Weshalb die Prostitution nicht nur geduldet, sondern letztlich auch als eine Institution anerkannt wurde, die weder verwerflich noch im eigentlichen Sinne unzüchtig war.

Diese tolerante und weltliche Sicht änderte sich mit der Durchsetzung des

Christentums, das der Prostitution den Stempel dessen aufdrückte, was fortan als »Sünde« galt. Ein Begriff, den es so zuvor nicht gegeben hatte, zumal, was die Sexualität betrifft. Um die derart bedingten Gefahren abzuwenden, mußten Anstrengungen unternommen werden, die Gesellschaft davor zu schützen. Wobei es – wohlgemerkt – nicht nur darum ging, obwohl auch das eine Rolle spielte, den gesellschaftlichen Zusammenhalt nicht zu gefährden, sondern auch um das sogenannte Seelenheil, sowohl derer, die gefährdet waren, als auch derer, von denen diese Gefahr ausging. Sie wurde nunmehr als in doppeltem Sinne bedrohlich empfunden – was die Stigmatisierung der vermeintlich Schuldigen potenzierte. Vorbei waren die Zeiten, wo sich die Erfolgreichen unter ihnen im Glanz gesellschaftlichen Ansehens sonnten (und sich um ihr Seelenheil nicht zu kümmern brauchten, schließlich gingen Venus und Aphrodite mit leuchtendem Beispiel voran): nun hieß es, ein Schuldgefühl zu entwickeln und Reue zu zeigen, von der offenen oder versteckten Feindschaft der Gesellschaft, die die Liebesdienerinnen verunglimpfte und ihr Treiben verdammte, gar nicht zu reden. Einher mit diesem Wandel der gesellschaftlichen Einschätzung der Prostitution ging eine Veränderung des *Selbstwertgefühls* der Betroffenen: zusätzlich zu ihrer materiellen Not, die sie nur zu oft in die Prostitution drängte, und der psychischen (wie auch physischen) Belastung, die die Prostitution für diejenigen bedeutete, die sie unfreiwillig ausübten (und das werden – nicht nur zu dieser Zeit des Umbruchs – die meisten gewesen sein), kam nun auch noch die Sorge um das Seelenheil. Was man nicht gering erachten sollte, denn dem Glauben kam – zumal im Mittelalter – eine alles überragende Bedeutung zu. Prostituierte, die zu dieser Zeit ihrem verachteten Gewerbe nachgingen, hatten auch noch die Bürde ewiger Verdammnis zu tragen.

Mit dem Ende des Römischen Reiches (auch wenn sein östliches Teilgebiet, unter dem Namen Byzanz, noch bis zum 15. Jahrhundert Bestand hatte) verlagerte sich der Schwerpunkt politischer und gesellschaftlicher Entwicklung in die nördlicheren Regionen Europas. Hier waren es die Germanen, aber auch die Kelten, die das ethnische Substrat bildeten, auf dem sich die neue politische Ordnung und kulturelle Entfaltung gründeten. Die Prostitution war zwar auch in diesem Teil Europas nicht unbekannt gewesen, doch – im Vergleich zu den Zentren der Antike im Mittelmeerraum – hatte sie keine besondere Bedeutung erlangt. Vorherrschend war ein bäuerliches Leben, das einer städtischen Zivilisation, wie sie sehr wesentlich für die Herausbildung der Prostitution verantwortlich ist, entbehrte. Das änderte sich, als es schließlich seit dem 11. Jahrhundert auch in jenen Gebieten, wo einst Germanen und Kelten geherrscht hatten und sich nun – in der Nachfolge des Reiches Karls des Großen – die ersten Nationalstaaten herausbildeten, zur

Entstehung von Städten kam. Städte sind Ansammlungen größerer Bevölkerung, Zentren von Verwaltung, Wirtschaft und Handel und kulturelle wie gesellschaftliche Anziehungspunkte. Die Nachfrage nach sexuellen Vergnügungen ist entsprechend groß, und wo eine Nachfrage besteht, da dauert es nicht lange, bis sich auch ein Angebot findet. Und wo es sich nicht von selbst einstellt, weil dem beispielsweise sittliches Empfinden oder natürliche Scham im Wege steht, da wird mit entsprechenden Mitteln nachgeholfen. Das war im frühen Mittelalter ebenso wie heute, gerade auch was die Prostitution anbelangt. Da ist man zu allen Zeiten nicht zimperlich gewesen.

Kurzum, mit Händler, Handwerker und Tagelöhner hielt auch das Dirnenwesen Einzug in die neu erblühenden Städte, und die Stadtväter waren alsbald gezwungen, Regeln zu erlassen, wie mit der käuflichen Liebe umzugehen sei. Eingedenk der frommen Weisheit des seligen Augustinus wagte man den Balanceakt zwischen christlicher Entrüstung und pragmatischer Toleranz und gestattete die Etablierung des unzüchtigen Gewerbes. Erteilte ihm aber bestimmte Auflagen: um die Sittlichkeit der Bürger nicht zu gefährden, zumindest derer, die sich dazu bekannten, wurde dem Dirnenwesen ein bestimmtes Stadtviertel zugewiesen und des weiteren die Vorschrift erlassen, daß sich Dirnen durch besondere Kleidung oder durch eine Armbinde und dergleichen kenntlich machten, damit sie sich von den ehrbaren Bürgerinnen abhoben. Die Einrichtung von Bordellen wurde in einem Fall erlaubt, im andern untersagt; so daß man auf Wirtshäuser und Badestuben auswich, wobei vor allem letztere, die sich alsbald großer Beliebtheit erfreuten, allmählich den Charakter von öffentlichen Häusern annahmen, die sich nur dem Namen nach von tatsächlichen Bordellen unterschieden.

Vereinzelte Versuche, das Ausbreiten der Prostitution einzudämmen oder sie gar gänzlich zu verbieten, erwiesen sich als fruchtlos. Was schon Karl der Große hatte erkennen müssen, der zwar – was seinen persönlichen Lebenswandel betraf – nicht gerade ein Ausbund an Tugend war, denn er deckte sich sowohl mit mehreren Frauen als auch Mätressen ein, der dennoch aber für die gewöhnliche Prostitution nichts übrig hatte. Weshalb er diejenigen, die sie ausübten, durch Strafen, die er ihnen auferlegte, abzuschrecken versuchte. Doch von einem durchschlagenden Erfolg waren seine Bemühungen nicht gekrönt.

Ähnlich erging es Ludwig dem Heiligen, der immerhin der bedeutendste Herrscher Frankreichs während des Mittelalters war. Ihm ist es zu verdanken, daß Frankreich schon früh ein zentralisierter Staat wurde, was bekanntlich in Deutschland noch einige Zeit auf sich warten lassen sollte, denn erst Bismarck schuf ein einheitliches *deutsches* Reich. Im Zuge der Straffung seiner Herrschaft und der Ordnung des Reiches nahm sich Ludwig auch des

Problems der Prostitution an, die in Paris, dem Sitz des Königs, bereits in hoher Blüte stand. So wird berichtet, daß die Pariser Dirnen – ähnlich wie die Handwerker – eine eigene, gildenartige Vereinigung gebildet hatten, als deren Schutzpatron keine geringere als Maria Magdalena galt. Auch über eine eigene Kapelle verfügten die Pariser Dirnen; sie war einer der ihren, die heiliggesprochen worden war, geweiht. Auf einem der bunten Kirchenfenster prangte die Heilige in all ihrer sündhaften Pracht, denn sie hatte ihre Beine bis zu den Schenkeln entblößt, da sie im Begriff stand, ein Boot zu besteigen. Darunter der Hinweis: »Wie die Heilige einem Bootsmann ihren Körper anbot, um damit ihre Überfahrt zu bezahlen.«

Verständlich, daß Ludwig der Heilige, der von Frömmigkeit eine andere Vorstellung hatte, den Huren in seiner Stadt den Kampf ansagte, indem er sie und alle, die von ihrem schändlichem Gewerbe profitierten, für gesetzlos erklärte und all ihren Besitz konfiszieren ließ. Doch schon bald erhoben sich Einwände gegen diese restriktiven Verfügungen des Königs, denn man fürchtete um die Ehre der unbescholtenen Frauen und Mädchen, die nun, da die Dirnen geächtet waren, der erhöhten Gefahr, Opfer von Übergriffen zu werden, ausgesetzt seien. Worauf dem frommen Ludwig nichts weiter übrigblieb, als seine Verfügungen rückgängig zu machen. Es sollte nicht das letzte Mal sein, daß moralische Prinzipien, die in der Prostitution einen Schandfleck der Gesellschaft sahen, vor der Wirklichkeit kapitulierten.

Nun wäre Ludwig nicht »der Heilige« genannt worden, wenn er nicht aus einem ganz anderen Grunde Berühmtheit erlangt hätte. Er gehörte nämlich zu jenen christlichen Herrschern, die sich bemüßigt fühlten, das Heilige Land, in Palästina, von den Ungläubigen zu befreien. Als solche galten, seit dem 7. Jahrhundert, die Anhänger eines Glaubens, der als die letzte der großen Religionen entstanden war: des Islam. Die Söhne Mohammeds hatten ein mächtiges Reich geschaffen, das im Westen bis nach Spanien reichte. Im Osten aber war es vor allem das Heilige Land, die Wirkungsstätte Jesu, das die Muslime den Christen streitig machten. Weshalb die christlichen Könige, dem Aufruf des Papstes folgend, der zum Oberhirten des christlichen Glaubens geworden war, sich aufmachten, um die heiligen Stätten für das Christentum zu sichern. Ludwig der Heilige brachte es sogar auf zwei Kreuzzüge und erlitt obendrein den Märtyrertod, denn bei einem Vorstoß nach Tunis, das eine Hochburg der Ungläubigen war, erlag er einem Fieber.

Obwohl die Kreuzzüge ein Unternehmen waren, das der christlichen Ritterschaft zum Aufschwung verhalf, lag es in der Natur der Sache, daß sich den Ritterheeren auch ein weiblicher Troß anschloß. Das sollte auch in der Folgezeit so bleiben: wo gekämpft wurde, waren auch die Damen, die schließlich unter der Aufsicht eines »Hurenwaibel« standen, nicht fern.

Schon zu Zeiten der Kreuzzüge hefteten sich die Unternehmungslustigeren aus den Reihen der Käuflichen, nicht zuletzt deshalb, weil ihnen die Kundschaft im wahrsten Sinne des Wortes davonlief, auf die Fersen der Ritter, um für ihr leibliches Wohl zu sorgen. Denn so hehr die Ziele der Kreuzritter auch waren, dem Irdischen waren sie keineswegs abhold; zumal diejenigen, die ihnen angetraut waren, in der Heimat blieben, wo sie gewissermaßen unter Verschluß gehalten wurden, denn es schmückte sie fortan jene seltsame Vorrichtung, die als Keuschheitsgürtel bekannt geworden ist.

Während also die Daheimgebliebenen auf Mittel und Wege sannen, wie sie dennoch auf ihre Kosten kamen (die Gewitzteren unter ihnen hatten sich rechtzeitig einen Zweitschlüssel anfertigen lassen), vergnügten sich die Herren der Schöpfung, ihre Damen in christlicher Unschuld wähnend, mit jenen fahrenden Liebesdienerinnen, die es auf diese Weise an die Gestade des östlichen Mittelmeeres verschlug. Im wahrsten Sinne des Wortes, denn es trafen hier, vor allem in Akkon, das das Eingangstor zum Heiligen Land bildete und in dem Ruf eines wahren Sündenbabels stand, ganze Schiffsladungen hoffnungsvoller Dirnen ein. Was die Einheimischen, die Ungläubigen, die Zeuge dieses ungewohnten Schauspiels wurden, in nicht geringes Staunen versetzte. Sie waren zwar auch einiges gewohnt, was die Freuden der Liebe betraf, denn immerhin konnten sie mit einer Einrichtung, die sich Harem nannte, aufwarten, aber was ihnen in einer Stadt wie Akkon geboten wurde, das überstieg ihre kühnsten Träume. So findet sich bei dem zeitgenössischen Geschichtsschreiber Imad ad-Din, einem Perser, der aus Isfahan stammte und im Dienste Saladins, des großen Gegenspielers der Kreuzfahrer, stand, die folgende Beschreibung, die geradezu hymnische Töne anschlägt:

»Mit einem Schiff kamen dreihundert schöne fränkische Frauen im Schmucke ihrer Jugend und Schönheit, die sich jenseits des Meeres gesammelt und der Sünde verschrieben hatten. Sie hatten ihr Vaterland verlassen, um den in der Fremde Weilenden zu helfen; sie hatten sich gerüstet, die Unglücklichen glücklich zu machen, und sich gegenseitig gestützt, um zu helfen und zu unterstützen. Sie brannten vor Lust auf das Zusammensein und die fleischliche Vereinigung. Alle waren zügellose Dirnen, hochfahrend und spöttisch, die nahmen und gaben, fest im Fleisch und sündig, Sängerinnen und kokett, öffentlich auftretend und anmaßend, feurig und entbrannt, gefärbt und bemalt, reizend und begehrenswert, erlesen und anmutig, die zerrissen und flickten, durchrissen und nähten, auf Abwege führten und Augen warfen, entkräfteten und raubten, trösteten und hurten; verführend und schmachtend, begehrt und begehrend, Freude gebend und nehmend, vielseitig und erfahren, trunkene junge Mädchen, die nach Liebe verlangten und sich verkauften, unternehmend und glühend, leidenschaftlich und voller Liebe, rot im Gesicht und schamlos, schwarz- und großäugig, mit vollen und schlanken Körpern, mit näselnder Stimme und festen Schenkeln, mit blauen und grauen Augen, außergewöhnlich und dümmlich. Eine jede zog die Schleppe ihres Kleides nach und bezauberte mit ihrer Jugendblüte jeden, der sie sah [...]«

Der Chronist schwankt zwischen Bewunderung und Abscheu und legt damit ein beredtes Zeugnis ab für die Ambivalenz, mit der Liebesdienerinnen seit eh und je gesehen wurden. Über die Neuankömmlinge berichtet er weiter:

»Sie verteilten sich auf die Zelte, die sie errichtet hatten, andere schöne junge Mädchen kamen dazu, und sie öffneten die Pforten der Genüsse, weihten als Opfer, was sie zwischen den Schenkeln hatten, ließen der Zügellosigkeit freien Lauf, wandten sich zur Ruhe, entfernten alles, was sie hinderte, sich zu verschenken: sie betrieben lebhaften Handel mit ihren Ausschweifungen, vernähten die sich spaltenden Schlitze, tauchten in die Quelle der Zügellosigkeit, schlossen sich ein im Gemach unter dem erregten Zudrang der Männer, boten den Genuß ihrer Ware an, luden die Unzüchtigen zur Umarmung ein, ritten Brust an Kruppe, schenkten ihre Ware dem Bedürftigen, brachten die Spangen um ihre Fesseln nahe an die Ohrringe, wollten hingestreckt sein auf den Teppich des Liebesspiels. Sie waren Ziel der Pfeile, erlaubten alles, was verboten ist, boten sich den Stößen der Lanze dar, erniedrigten sich ihren Freuden.«

Trotz der blumigen Lobpreisungen, mit denen Imad ad-Din, der seiner poetischen Phantasie freien Lauf läßt, die fremden Liebesdienerinnen feiert, ist doch einiger Zweifel angebracht, ob denn die derart Gerühmten tatsächlich so vergnügungssüchtig waren, wie es den Anschein hat. Es ist wohl eher das Wunschdenken des Chronisten als wirkliche Begeisterung der Betroffenen, was hier zum Ausdruck kommt. Denn *freiwillig* werden die wenigsten sich auf die große Reise begeben haben, die immerhin in eine unbekannte und gefährliche Welt führte. Da wird sich Abenteuerlust in Grenzen gehalten und eher die Not Pate für eine Fahrt ins Ungewisse gestanden haben. Und den Beschwernissen, die sie nicht nur auf der Reise heimsuchten, sondern auch an ihrem Ziel erwarteten, wird so manche erlegen sein. Noch bevor sie Gelegenheit hatte, ihre Reize in die Waagschale zu werfen, in der Hoffnung, an den Schätzen, die die Märchenwelt des Orients verhieß, teilzuhaben. Doch darüber schweigen die Quellen.

4

Selbstzeugnisse von Dirnen, zumal aus früherer Zeit, gehören nicht zu den vorrangigen Informationsträgern, auf die sich ein Historiker, der ihren Spuren nachgeht, stützen kann. Dies ist um so bedauerlicher, wenn es darum geht – wie in unserem Fall –, die Liebesdienerinnern selbst in den Mittelpunkt der Betrachtung zu stellen. Zu den seltenen Quellen, die eine Ausnahme von der Regel bilden, gehört die Aussage einer Prostituierten vor dem Rat der schwäbischen Reichsstadt Nördlingen. Sie und acht weitere Frauen, die in einem Bordell der Stadt arbeiteten, erhoben Anklage wegen Ausbeutung und Willkür, die in dem Bordell, das eine städtische Einrichtung war und von einem Pächter geleitet wurde, herrschten. Die Aussage der Prostituierten, die die Wortführerin war, wurde protokolliert und im Archiv der Stadt aufbewahrt. Die Verhandlung liegt über fünfhundert Jahre zurück, und dennoch könnte sie auch in unseren Tagen stattgefunden haben. Denn am Bordellwesen, das stets durch die Übergriffe der Wirte und die Ohnmacht der Mädchen gekennzeichnet gewesen ist, hat sich nichts geändert. Um so aufschlußreicher ist ein Blick in die Vergangenheit, der bestätigt, daß es auch früher schon so war. Wie es in dem Protokoll über die Verhandlung in Nördlingen heißt:

»Anna von Ulm sagt, sie sey hergelöst worden, und sie sey dem frowenwirt (Bordellpächter) schuldig 23 Gulden und sagt deß ersten: der wirt, auch die wirtin, die halten sie und die andern frawen vast hart, sie tringen und zwingen sie, daß sie ihnen müssen geld zu unziemlichen zeytten verdienen. Nemlich an den hailigen Samstagen nächten, so sie die wirdigen mutter Gottes Marter ehren und solche werck vermeyden solten, so tring und zwing sie der wirtt, auch die wirttin, das sie die mann zu ihnen lassen müssen, auch wenn sie das nit tun wollen, so werden sie übel gehandelt. Desgleichen, so sie ire frawlichen krankhait (Menstruation) haben, werden sie aber gedrungen und gezwungen von ihm und ihr, daß sie müssen ihnen geld gewinnen und die mann zu ihnen lassen, daz sei aber in andern Husern nit. Zu den selben zeytten werden sie auch mit speys und tranck nit gehalten, als inen zugehöre, sondern man gebe ihnen zu essen gleych wie sust. So geb man inen ellendlich und übel zu essen, man geb inen des bratens und auch des backens in der wochen nit als man tun solt.«

Die Liste der Klagen gipfelt schließlich in dem Vorwurf: »So seyen sie arme diernen und können nitz erbringen und wächst also schuld uff ir yede, daß sie selbst nit wissen wie und können nitz abbezalen.« Denn obwohl der Bordellwirt sie selbst an kirchlichen Feiertagen, die eigentlich für den Kirchgang vorgesehen sind, zur Arbeit zwingt, wobei er sie mit dem Ochsenziemer schlägt, wenn sie seiner Aufforderung nicht nachkommen, so gibt es für sie keine Möglichkeit, der Schuldenfalle zu entrinnen. Denn zu allem Überfluß berechnet er ihnen auch noch für alles, was er ihnen an Kleidung und dergleichen zur Verfügung stellt, überhöhte Preise. Es ist ein Sklavendasein, das die Frauen in mittelalterlichen Bordellen führten, und selbst wenn es einmal zum Einschreiten der städtischen Behörden gekommen sein sollte, so zeigte das kaum Wirkung: zwar wurde als Folge der Anklage, die Anna und ihre Gefährtinnen gegen den Pächter des städtischen Bordells von Nördlingen erhoben, dieser in Haft genommen und schließlich der Stadt verwiesen, doch am System der Ausbeutung der Dirnen änderte sich nichts – vierzig Jahre später stand erneut ein Bordellpächter vor dem Rat der Stadt und mußte sich wegen Übergriffen, die man ihm vorwarf, verantworten.

Im 15. Jahrhundert war die Prostitution zu einem festen Bestandteil der städtischen Kultur auch im christlichen Abendland geworden. Sie wurde von den Behörden nicht nur anerkannt, sondern auch mit Steuern belegt. Abgesehen von den Bordellen, die die Gemeinden selbst unterhielten.

Die Kirche gab dazu ihren Segen – und verdiente selbst kräftig mit. Angefangen beim Papst, Sixtus IV., der den Thron Petri von 1471 bis 1484 innehatte und aus einem Bordell in Rom 20 000 Dukaten bezog, bis zum niederen Klerus, der seinerseits nicht selten Gewinn aus einem Etablissement bezog, das sich der käuflichen Liebe widmete und dessen Eigentümer er war, auch wenn er nicht selbst als Bordellier auftrat. Dafür um so mehr als Kunde, denn auch für die Herren der Schöpfung hatte es eine einschneidende Änderung gegeben: es galt für sie, sofern sie die kirchliche Laufbahn ergriffen, die immerhin mit Ansehen und Privilegien verbunden war, eine wesentliche Einschränkung – sie durften keine Ehe eingehen. Diese Neuerung, die das Christentum einführte und bereits im 4. Jahrhundert propagiert worden war, wurde schließlich im 11. Jahrhundert als verpflichtend erklärt, so daß fortan ein erhöhter Bedarf seitens der Geistlichkeit bestand, sich anderweitig schadlos zu halten. Und was dies betraf, so war man nicht schüchtern. Das wurde besonders deutlich, als die Kirche im Jahre 1414 in Konstanz am Bodensee ein Konzil eröffnete, zu dem nicht nur 50 000 Kleriker anreisten, sondern auch 1500 Liebesdienerinnen. Das Konzil, auf dem es um die Wiederherstellung der Einheit der Kirche ging, die durch die Einrichtung eines Gegenpapsttums in Avignon gefährdet gewesen war, dauerte vier Jahre, und was ein kirchlicher Würdenträger anläßlich eines früheren Konzils, das 1254 in Lyon abgehalten wurde, hatte verlauten lassen, das traf nicht minder für das Konzil von Konstanz zu. Der Kirchenfürst, ein Kardinal in Begleitung des

Papstes Innozenz IV., hatte beim Abschied vor der versammelten Bürgerschaft erklärt: »Liebe Freunde, ihr seid uns zu großem Dank verpflichtet, denn wir sind euch nützlich gewesen. Als wir hierher kamen, fanden wir nur drei oder vier Bordelle vor. Jetzt aber, da wir abreisen, lassen wir ein einziges Bordell zurück, das allerdings vom östlichen Tor der Stadt bis zum westlichen reicht.« Man verband das Angenehme mit dem Nützlichen, und es kann davon ausgegangen werden, daß das Konzil von Konstanz auch deshalb so lange währte, weil jene Heerschar von angereisten Liebesdienerinnen für ein angemessenes Rahmenprogramm sorgte. Und was die Damen betraf, die man »Jungfern« nannte, obwohl sie das schon lange nicht mehr waren, doch es klang weniger verfänglich, so bedeutete ein Konzil nicht nur eine besonders lukrative Einnahmequelle, sondern auch eine Art Segnung des sündigen Gewerbes. Wo sonst konnten Dirnen gewissermaßen die höchste Weihe empfangen?

Sacco di Roma

In den Jahren 1580/81 unternahm der Franzose Michel de Montaigne eine ausgedehnte Reise, die ihn über die Schweiz und Deutschland nach Italien führte. Ziel der Reise war Rom, das als der Mittelpunkt des Abendlandes galt. Aber auch Venedig, die Lagunenstadt, stand auf dem Programm. Venedig rühmte sich, ein bedeutendes Handelszentrum zu sein, wiewohl sich der Schwerpunkt des Handels allmählich nach Westen verlagerte, denn seit dem Zeitalter der Entdeckungen hatten sich für die Anrainerstaaten des Atlantiks neue Möglichkeiten ergeben, die zu einem Aufschwung Westeuropas führten. Noch aber gab Italien den Ton an: denn hier war es, wo eine neue kulturelle Tradition, die als »Renaissance« bekannt geworden ist, ihren Ausgang nahm. Sie feierte noch immer Triumphe, obwohl sie sich bereits ihrem Ende näherte.

Montaigne, der philosophische Neigungen hegte und ein kritischer Beobachter seiner Zeit war, nahm mit wachem Interesse all das Neue und Unbekannte auf, das sich ihm bot, und hielt seine Eindrücke in Form eines Reisetagebuches fest. Zu den Besonderheiten, die ihm in Venedig auffielen, gehörte eine Erscheinung, für die gerade Venedig berühmt war. Wie es dazu im Tagebuch, das Montaigne einem seiner Begleiter, der als Diener fungierte, in die Feder diktierte, heißt:

»Die Merkwürdigkeiten dieser Stadt [Venedig] sind hinreichend bekannt. Er [Montaigne] sagte, er habe sie anders gefunden, als er sie sich vorgestellt habe, und etwas weniger bewundernswert. Die Regierung, die Lage, das Arsenal, der Markusplatz, das Fremdengewimmel schien ihm das Bemerkenswerteste. An den venezianischen Damen fand er nicht die gefeierte Schönheit, die man ihnen nachrühmt, und doch sah er die vornehmsten von denen, die daraus ein Gewerbe machen. Das aber schien ihm das Merkwürdigste, daß eine so große Zahl von ihnen, wohl etwa hundertfünfzig, in Möbeln und Kleidung einen fürstlichen Aufwand treiben, da sie doch zu ihrem Unterhalt nichts anderes hatten als eben diesen Handel, und da doch viele vom Adel solche Kurtisanen auf eigene Kosten halten, stadtbekannt und vor aller Augen.«

Die Anmut und wohl auch das südländische Temperament der Venezianerinnen erschienen Montaigne, der durch den heimatlichen Reiz der Französinnen verwöhnt war, weniger bemerkenswert als der extravagante Lebensstil, den jene entfalteten, die doch eigentlich nicht zu den gehobeneren Kreisen gehörten. Obwohl sie von Angehörigen dieser Kreise ausgehalten wurden, und dies in aller Öffentlichkeit. In Frankreich war man noch nicht soweit; aber das sollte sich ändern.

Von Venedig führte die Reise über Ferrara weiter nach Florenz. Hier war der Höhepunkt des Besuches ein Empfang bei Francesco de' Medici, dem Großherzog der Toskana:

»Die Herren von Estissac [ein Begleiter von gleichfalls vornehmem Stand] und von Montaigne waren zum Diner des Großherzogs eingeladen. Die Großherzogin hatte den Ehrenplatz. Sie ist nach italienischer Auffassung schön. Sie hat ein angenehmes, majestätisches Gesicht, starken Oberkörper und einen so vollen Busen, wie sie ihn mögen. Sie schien ihm schon alle die Künste zu haben, um den Fürsten zu ködern und ihn noch lange an sich zu fesseln.«

Bekannt geworden ist die Großherzogin unter dem Namen Bianca Cappello. Sie entstammte einer angesehenen venezianischen Familie, beging aber die Unbedachtheit, im Alter von 15 Jahren mit einem Kaufmann aus Florenz durchzubrennen, was zu ärgerlichen Verwicklungen führte. Aus denen sie sich aber befreien konnte, als sie in Francesco, dem Sohn des regierenden Fürsten, einen Gönner fand, der sie – obwohl sie inzwischen verheiratet war – zu seiner Geliebten machte. Im Stile der Zeit richtete er ihr ein luxuriöses Domizil ein, wo sie fortan als gefeierte Kurtisane hofhielt. Francesco blieb sie auch weiterhin besonders verbunden, obwohl er seinerseits eine Ehe, die standesgemäß war, einging, während Biancas Mann einem Mordkomplott zum Opfer gefallen war. Schließlich, als Francescos Frau starb, rückte die Geliebte doch noch zur Großherzogin auf. Das war 1578, vor zwei Jahren, gewesen. Ein Triumph für Bianca, der jedoch nicht ungewöhnlich war. Denn im Italien der Renaissance hatte man das Kurtisanentum neu entdeckt, das in der Antike eine so große Bedeutung gehabt hatte und nun an den Höfen der Fürsten – wie auch im Umkreis des Vatikan – zu neuem Glanz gelangte. Allerdings ging die oft steile Karriere einer Kurtisane, die es ihren antiken

Vorbildern nachtat, nicht immer glücklich aus: die Großherzogin Bianca und ihr Mann wurden das Opfer eines Giftanschlags, einer bevorzugten Methode im Italien der Renaisannce, um unliebsame Zeitgenossen aus dem Wege zu räumen. In diesem Falle handelte es sich um einen Mord, den der Bruder des Herzogs, immerhin ein Kardinal, inszenierte, um selbst an die Macht zu gelangen ; was er auf diesem bewährten Wege auch bewerkstelligte.

Als Montaigne im herzoglichen Palais seine Aufwartung machte und zu einem Festmahl geladen wurde, an dem auch der Kardinal teilnahm, war von der Rivalität der Brüder noch nichts zu spüren: der Anschlag ereignete sich erst sieben Jahre später. Montaigne reiste weiter und erreichte schließlich Ende November 1580 sein eigentliches Ziel, Rom. Rom war nicht nur der Sitz des Papstes, sondern auch die Kapitale eines eigenständigen Staates, der aus dem Nachlaß des Römischen Reiches hervorgegangen war und den übrigen Staatsgebilden in Italien an Macht und Glanz nicht nachstand, ja sie an Prunk und Pracht noch übertraf. Was sich nicht zuletzt auch in einer besonderen Blüte des Kurtisanentums spiegelte, das im Rom der Päpste seinen Höhepunkt erlangte. Montaigne, der dieser Erscheinung wieder besondere Aufmerksamkeit widmete, bemerkt dazu:

»Die gewöhnliche Beschäftigung der Römer ist, in den Straßen spazieren zu gehen, bloß eben um herumzuschlendern. Auf einige Straßen ist es dabei besonders abgesehen. Man hat weiter nichts davon, als die Damen an den Fenstern zu sehen, besonders die Kurtisanen, die sich an ihren Jalousien zeigen, und zwar mit einer so raffinierten Kunst, daß ich mich oft wunderte, wie sie unsere Blicke zu fesseln wissen. Oft wenn ich vom Pferde sprang und Einlaß erhielt, staunte ich, wie viel hübscher sie am Fenster schienen, als sie in Wirklichkeit waren. Jede verstand gerade *ihren* Reiz zur Geltung zu bringen. Sie zeigen entweder nur den oberen oder den unteren oder den seitlichen Teil des Gesichts. Sie verhüllen sich oder auch nicht, so daß man am Fenster keine einzige häßliche sieht. Die Herren suchen mit Hutabnehmen und tiefen Bücklingen einladende Blicke von den Damen zu erhaschen. Hat man dann um einen Taler oder auch um vier die Nacht bei ihnen zugebracht, so darf man ihnen am andern Tag wieder in dieser Weise die öffentliche Kur machen. Man sieht da auch einige Damen von Stand, die sich aber anders halten und benehmen, so daß man sie leicht unterscheiden kann. Zu Pferde sieht man besser. Aber reiten sieht man nur die weniger Vermögenden, wie ich einer bin, oder junge Männer, die Dienstpferde zureiten. Leute von Rang kommen in Equipagen gefahren. Die Lebemänner, die den Blick nach oben mehr frei haben wollen, haben sich im Kutschendach Aussichtslücken anbringen lassen.«

Während eines mehrmonatigen Aufenthaltes in Rom hatte Montaigne ausgiebig Gelegenheit, sich mit dem Kurtisanentum, für das die Stadt berühmt war, vertraut zu machen. Und er war durchaus nicht darüber erhaben, dieser oder jener der Liebesdienerinnen seine Aufwartung höchst persönlich zu machen. Und sei es auch nur aus lauteren Motiven, wie er betont. Was allerdings keinen Unterschied machte, soweit es die dafür erforderlichen Aufwendungen betraf. Wie er, mittlerweile selbst, schreibt:

»Ich besuchte die Altertümer, die Gärten und Vergnügungsstätten, oder hörte mir Predigten an oder theologische Disputationen, oder ging auch – manchmal – zu einer der öffentlichen Damen. Dabei war das Mißliche nur, daß sie die bloße Unterhaltung – und das war's, was ich bei ihnen suchte; ich wollte sie plaudern hören und ihre feinen geselligen Künste genießen – gerade so teuer verkaufen und damit gerade so sparsam sind wie mit dem ganzen Handel.«

Der freilich das Wesentliche in ihrem Gewerbe war; denn das übrige diente nur der Steigerung des Vergnügens, das die Damen boten. Wobei selbst Montaigne bekennt, daß diejenigen, die zur Elite ihrer Zunft gehörten, durchaus auch nicht ohne körperlichen Reiz waren. »An Frauenschönheit bemerkte er [Montaigne] nichts Besonderes, was den hohen Ruf der Stadt [Rom] in dieser Hinsicht rechtfertigen könnte. Besondere Schönheit befand sich hier wie in Paris eben bei denen, die daraus ein Gewerbe machen.« Nur daß es sich in Rom nicht um ein bloßes Gewerbe handelte: das Kurtisanentum hatte hier durchaus das Stadium einer gesellschaftlichen Zierde erreicht.

2

Die Renaissance, die in Italien ihren Anfang nahm und hier auch ihren Höhepunkt erreichte, bedeutete eine Abkehr von der Tradition des Mittelalters, die ganz im Zeichen der Kirche gestanden hatte. Indem man das Erbe der Antike wiederentdeckte, entstand ein neues Weltbild, in dessen Mittelpunkt der Mensch rückte. Sein Geist bewegte sich nicht mehr nur in den engen Grenzen, die das Christentum vorgegeben hatte: er schwang sich zu neuen Höhen auf und befreite damit auch die Seele. Was dazu führte, daß die Bindungen zur Kirche sich lockerten und an ihre Stelle eine weltliche Sicht der Dinge trat, die freilich nur zu oft in ein neues Extrem verfiel: jenen Hedonismus, dem man gerade im Italien der Renaissance frönte und der nirgends so offensichtlich war wie in Rom. Was einer weiteren Erklärung bedarf.

Rom war zwar der Sitz des Papstes. Doch das bedeutete, daß hier auch eine große Zahl von Würdenträgern residierte, die die vielfältigen Amtsgeschäfte des Vatikans wahrnahmen. Der ja nicht nur kirchliche Autorität besaß, sondern darüber hinaus auch weltliche Macht ausübte, da der Kirchenstaat, der darin den übrigen Staatswesen in Italien ähnelte, über ein beträchtliches Territorium verfügte. Da sich das Papsttum – im Zuge der allgemeinen Verweltlichung – zudem mit einem ähnlichen Prunk umgab wie die übrigen fürstlichen Machthaber, wies auch die Hofhaltung im Vatikan das übliche Zeremoniell und die gleiche Prachtentfaltung auf, wie man sie gemeinhin von den Höfen der Fürsten kannte. Doch es gab einen wesentlichen Unterschied: der fürstliche Glanz, zumal im Zeitalter der Renaissance, schloß immer auch die Anwesenheit hochgestellter Damen mit ein, die dem festlichen Gepränge und der verfeinerten Kultur, die an den Höfen gepflegt wurden, eine besondere Note gaben. Im Umkreis des Vatikans aber fehlte diese weibliche Komponente; was zwar dem Selbstverständnis der Kirche entsprach, die das Zölibat für kirchliche Amtsträger forderte, dennoch aber als ein Mangel und Makel empfunden wurde, weshalb man auf Abhilfe sann. Man brauchte nicht lange zu suchen: die Antike, die allenthalben neu entdeckt wurde und die Geister beflügelte, bot das naheliegenste Beispiel – jene Hetären, die einst die Philosophen im klassischen Athen gefeiert hatten. Auch sie, die antiken Philosophen, hatten sich mit den grundsätzlichen Fragen des Lebens befaßt und waren dennoch durch ihren Umgang mit den Hetären, die ja keine bloßen Liebesdienerinnen waren, in ihren geistigen Höhenflügen nicht beeinträchtigt worden. Was lag also näher, als es den ehrwürdigen Alten, die zwar Heiden, aber dennoch Männer geistiger Größe gewesen waren, nachzutun? Und so geschah es, daß das Hetärentum eine neue Blüte erlangte. Als *cortigiane,* das heißt »Hofdamen«, die sie freilich nicht wirklich waren, weshalb der ursprüngliche Begriff allmählich die Bedeutung von »Kurtisanen« erlangte, bildeten die neuen Hetären schon bald die Zierde des Vatikans. Auch wenn sie nicht eigentlich zum Vatikan gehörten, denn sie residierten in eigenen Unterkünften in der Stadt, die oft mit allem Luxus und Komfort ausgestattet waren.

Ähnlich wie in Rom entwickelte sich auch in anderen Zentren der Renaissance in Italien, namentlich in Venedig, das neuerliche Kurtisanenwesen. Wobei im Falle Venedigs die Gründe dafür ähnlich waren, denn auch hier – am Sitz des Dogen – konzentrierte sich Handel und Verwaltung, und die Nachfrage nach kultivierten Liebesdienerinnen war kaum minder groß als in Rom. Das jedoch, was das Kurtisanentum zur Zeit der Renaissance betraf, den Vogel abschoß. Gegen Ende des 16. Jahrhunderts wurde die Zahl der Kurtisanen in Rom auf 13 000 beziffert, bei einer Gesamtbevölkerung von wenig mehr als 100 000. Das bedeutete, daß über ein Zehntel der Einwohner Roms dem Kurtisanentum zuzurechnen war. Da scheint es eher eine Untertreibung, wenn es in einer nüchternen Feststellung aus der Mitte des Jahrhunderts heißt: »Im heiligen Rom leben sehr viele Huren, die so hoch geachtet werden und zu solchem Reichtum gelangen, daß sie Königinnen zu sein scheinen.« Und was letzteres betrifft, so bemerkt ein Landsmann und Zeitgenosse Montaignes, der Seigneur de Villamont, der 1588 in Rom weilte: »Was ich am meisten bewundere, ist, daß die Herren von höchstem Stande in Rom, wenn sie am Fenster von Madame der Kurtisane vorbeikommen, sie mit solcher Unterwürfigkeit grüßen, ihr die Hände küssen und ihr die Aufwartung machen, als wäre sie eine Prinzessin oder irgendeine große Dame.«

Es war das Wesen dieser Kurtisanen, daß sie nicht nur, als wären sie tatsächlich eine edle Dame, mit allem nötigen Zeremoniell und Aufwand hofhielten, sondern in der Tat auch einen kultivierten Lebensstil führten. Sie waren gebildet, verstanden sich auf Konversation und Dichtkunst, waren geübt in Tanz und Musik und umgaben sich mit kostbaren Möbeln, während sie selbst sich mit erlesenen Juwelen und Kleidern schmückten. So manche erlangte großen Reichtum, besaß ein eigenes Haus und war berühmt über die Grenzen ihrer Stadt hinaus.

Was aber trieb diese Frauen? Woher stammten sie? Sie waren natürlich zumeist Italienerinnen; doch nicht nur. Eine Stadt wie Rom, die sich ebenso im Ruhm der Kirche wie dem Glanz sonnte, den ihr die Kurtisanen verliehen, zog Frauen und Mädchen aus allen Himmelsrichtungen an, mit der Verheißung, in der ewigen Stadt – wenn auch auf sehr vergängliche Weise – ihr Glück zu machen. Denn, das sollte nicht übersehen werden: die »Lebensdauer« einer Kurtisane, also der Zeitabschnitt ihres Lebens, in dem sie für ihre Kunden und Gönner attraktiv war, währte kaum mehr als 15 Jahre. Wer es in dieser Zeit nicht schaffte, sah einer eher elenden Zukunft entgegen, die von Armut und Not gekennzeichnet war. Allenfalls, daß man Aufnahme in einem Heim für reuige Sünderinnen, das die Kirche unterhielt, oder in einer Zufluchtstätte, die eine erfolgreiche und mitfühlende Liebesdienerin stiftete, fand. Bemerkenswert in dem Zusammenhang ist eine der bekannteren Kurtisanen: Veronica Franco. Sie galt als eine der gefeiertsten Kurtisanen der Renaissance, und dies bezeichnenderweise vor allem deshalb, weil sie eine anerkannte Dichterin war. 1546 geboren, folgte sie ihrer Mutter, die gleichfalls eine Kurtisane war, nach und übertraf sie bald an Ruhm und Erfolg. Bis sie sich schließlich, unter dem Einfluß der Kirche, die inzwischen begonnen hatte, sich auf ihren eigentlichen, christlichen Auftrag zu besinnen, aus ihrem glamourösen Leben zurückzog und ein Asyl für jene gründete, die vom Schicksal nicht so begünstigt gewesen waren wie sie.

Daß die Tochter den Fußspuren ihrer Mutter folgte, war durchaus nicht untypisch. Wie es auch die Regel war, daß in einem solchen Fall die Tochter die Mutter unterhielt, wenn diese aus ihrem Erwerbsleben ausgeschieden war und sich nicht selbst unterhalten konnte. Verlockend am Beruf der Kurtisane war natürlich der Glanz, der damit verbunden war. Und dazu gehörte nicht nur der materielle Gewinn, der winkte, sondern auch die Aussicht auf ein Leben in Freiheit und Ungebundenheit. Denn so sehr der Geist der Renaissance sich auch am antiken Vorbild inspirierte und dies zu einer neuen Sinnlichkeit, die das Leben durchdrang, und zur Wahrnehmung der Frau als einem Wesen, das nicht mehr als Inbegriff der Sünde galt, führte, so bedeutete dies doch nicht, daß die Frau gemeinhin größere Freiheiten erlangte. Da hielten es die Italiener der Renaissance nicht viel anders als die Griechen im klassischen Athen: die Frau, in der eigenen Familie, hatte ehrbar zu sein; kaum, daß man ihr gestattete, in die Kirche zu gehen. Und wer eine solche Aussicht auf einen gesitteten und wie eh und je bevormundeten Ehestand nicht für ersprießlich erachtete, dem beziehungsweise der blieb nur – das Nonnendasein oder eben das andere Extrem, das Kurtisanentum. Letzteres versprach nicht zuletzt auch jene Freuden der Liebe, die die antiken Autoren, die man neu entdeckt hatte, so unbekümmert priesen. Denn damit war es in der keuschen, christlichen Ehe nicht weit her. Was sicher nicht der geringste der Gründe war, die Veronica Franco dazu bewogen, obwohl sie zunächst eine Ehe eingegangen war, das Leben einer Kurtisane vorzuziehen. Rodiconda, eine Kurtisane aus deutschen Landen, brachte es auf den Punkt, als sie nach einer besonders stürmischen Begegnung mit ihrem Liebhaber erklärte: »Non si po resistere a far' quattro volte in un hora.« Womit sie meinte: »Man kann einfach nicht umhin, es gleich viermal zu machen.«

Allerdings hatte die käufliche Liebe, die letztlich das Wesentliche der Dienste ausmachte, die eine Kurtisane feilbot, auch ihre Schattenseiten. Nicht alle, die diesen besonderen und doch als selbstverständlich empfundenen Dienst erwarteten, entsprachen den Vorstellungen der Kurtisane. Und nicht alles, was man in dieser Beziehung einer Kurtisane zumutete, vertrug sich mit ihrem Selbstwertgefühl. So bescheinigte eine Kurtisane, deren Name mit Magdalena Veneta überliefert ist, einem Kunden, der – wie es eine Besonderheit im damaligen Rom war – den Analverkehr vorzog, »daß ich keine solchen Sachen mache, und wenn er mich von vorn vögeln wolle, wie es sich gehört, möge er es tun, ansonsten solle er verschwinden«. Eine Kurtisane konnte es sich leisten, derartige Einschränkungen zu machen. Diejenigen, die in einer weniger glücklichen Lage waren und die es natürlich auch gab – man nannte sie, im Unterschied zur »cortigiana«, »puttana«, was einfach Hure bedeutet –, konnten nicht wählerisch sein. Denn unter ihnen, die sie weit zahlreicher waren, war der Konkurrenzkampf natürlich härter als unter den eigentlichen Kurtisanen. Und diese wiederum hatten durchaus auch ihren Standesdünkel. So konnte es passieren, daß eine Cortigiana einer Puttana auch schon mal eine Ohrfeige verpaßte, wenn sie sich von der Rangniedrigeren nicht mit dem gebührenden Respekt bedacht sah. »Oh du Hure«, wurde eine solche Unwürdige von der Schwester einer Kurtisane, die sie begleitete, zurechtgewiesen, »hast du so wenig Respekt, daß du nicht aufstehst, wenn du eine solche Kurtisane wie diese, die berühmteste von Rom, vorbeigehen siehst?« Der Name der Dame, deren Ehre angeblich verletzt war, lautete Laura Ferrarese; woraus sich die Herkunft der beiden Schwestern – Ferrara – entnehmen läßt. Rom war tatsächlich zu einem Mekka der Kurtisanen geworden.

3

Es gibt keine authentische Beschreibung von ihr, und auch kein Gemälde oder Porträt. Lediglich auf einen Akt wird verweisen, der von keinem Geringeren als Raffael stammte, der sie als Venus darstellte. Doch das Bild ist verschollen; vielleicht auch schmückte es nur die Fassade ihres Hauses, wie es bei Kurtisanen, die dadurch auf sich aufmerksam machen wollten, nicht selten der Fall war. Und dennoch, obwohl kein Bildnis von ihr überliefert ist, hat sich die »göttliche Imperia«, wie man sie nannte, unauslöschlich in der Vorstellung all derer eingeprägt, die auf den Spuren der Renaissance in Italien wandeln. Denn in Imperia verkörperte sich das Kurtisanentum der Renaissance in seiner höchsten Vollendung.

Imperia hieß eigentlich Lucrezia und erblickte am 3. August 1481 in Rom das Licht der Welt. Ihre Mutter war eine nicht allzu erfolgreiche Kurtisane, über die Identität des Vaters gibt es nur Vermutungen. Im Alter von 17 Jahren gebar Lucrezia ihr erstes Kind, eine Tochter, die sie gleichfalls Lucrezia nannte. Auch dieses Kind war unehelich und verweist auf den Umstand, daß Lucrezia alias Imperia zu dieser Zeit bereits selbst als Kurtisane tätig war. Doch anders als ihre Mutter war ihr eine glänzende Karriere beschieden, so daß der Name, der sie später schmückte – »Imperia«, die »Kaiserin« – durchaus angemessen war. Zwar rühmte man sie auch wegen ihrer außergewöhnlichen Schönheit, doch das allein hätte nicht ausgereicht, Anerkennung in den höchsten Kreisen zu finden. Dafür war es unabdingbar, auch über Charme und Geist zu verfügen, womit Imperia offenbar reichlich gesegnet war. Nicht

umsonst wird berichtet, daß sie – neben dem Luxus, mit dem sie sich umgab – besonderen Wert auch auf geistige Dinge legte. So berichtet Matteo
Bandello, der sie kannte und später Berühmtheit als Verfasser von Novellen
erlangte, zu denen auch die Urfassung von »Romeo und Julia« gehörte:

»Im Boudoir, in das sie [Imperia] sich zurückzog, wenn sie eine hochgestellte
Persönlichkeit empfing, waren die Wände mit Goldstoff behängt, überreich
bestückt und in üppigen Falten fallend. Über den Behängen war ein Gesims
mit Gold und Ultramarien verziert. Auf dem Gesims standen herrliche Vasen
aus verschiedenen edlen Mineralien – Alabaster, Porphyr, Serpentin und tausend anderen. An den Wänden angeordnet waren viele Kommoden und Tru-
hen, reich geschnitzt und eingelegt, und alle von großem Wert. In der Mitte
des Raums stand ein kleiner Tisch, der schönste der Welt, mit einer Decke
aus grünem Samt. Und darauf lagen immer eine Laute oder *viola da braccio*
und Bücher über Musik und andere Musikinstrumente. Und ebenfalls viele
Bücher in Lateinisch und Italienisch in prächtigen Einbänden. Sie hatte wirklich große Freude an italienischer Poesie, und nachdem sie von unserem
höchst gefälligen Messer Niccolo Campana – genannt Strascino – ermutigt
und unterrichtet worden war, hatte sie bereits solche Fortschritte gemacht,
daß sie selbst einige recht erfreuliche Sonette und Madrigale verfaßte.«

Imperia war zweifellos keine bloße Liebesdienerin, und als es im Wettstreit
um ihre Gunst, der zwischen zwei Rivalen entbrannte, zu einem gedungenen
Mord kam, den immerhin ein Sekretär aus dem Vatikan zu verantworten
hatte, ein Verdacht aber auch auf Imperia fiel, waren es Persönlichkeiten von
allerhöchstem Rang und Ansehen, die sich für sie verwendeten. »Ich glaube
nicht«, berichtet einer der Gesandten, die in Rom ihre fürstlichen Herren vertraten, »daß unser Herr [gemeint ist der Papst] allzu aufgebracht darüber
sein wird, und wahrscheinlich wird die Kurtisane glimpflich davonkommen,
hauptsächlich weil sie sehr bekannt ist dank der Gunst, deren sie sich bei gewissen Kardinälen erfreut, die nicht erwähnt werden können.«
    Es war zwar stadtbekannt, daß die Geistlichkeit, bis hin zum Papst, zu
den bevorzugten Gönnern der Kurtisanen gehörten, aber man tat dennoch
gut daran, keine Namen zu nennen. Im Kollektiv war Anonymität gewährleistet, und um den Ruf, den die Geistlichkeit insgesamt umgab, scherte man
sich nicht. Darüber sah man geflissentlich hinweg.
    Imperia stand auf der Höhe ihres Ruhmes; sie hatte alles erreicht, was eine
Kurtisane erhoffen konnte, sie war nicht reich, aber wohlhabend, und sie erfreute sich der Gunst und des Ansehens der bedeutendsten Männer der Stadt.
Und dennoch: sie war nicht wirklich glücklich. Und so wie ihr wird es so

mancher ihrer Zunft ergangen sein. Und dies nicht nur zu ihrer Zeit, sondern auch vorher und nachher. Zu allen Zeiten. Imperia hatte sich verliebt, aber der, dem sie ihre Liebe schenkte, achtete sie nicht. Nicht in der Weise, daß er ihre Zuneigung in gleichem Maße erwiderte. Wie sich Bandello erinnerte, der später darüber im Kreis von Bekannten berichtete:

»Ich glaube, da viele von uns damals in Rom waren, daß ihr alle Imperia, die römische Kurtisane, persönlich kanntet oder von ihr gehört habt; wie schön sie war zu ihrer Zeit, und wie viele große und reiche Männer sie liebten. Aber der Mann, den sie unter allen am meisten geliebt hat, war Signor Angelo del Bufalo, ein wirklich sehr verdienstvoller Mann, menschlich, edel und sehr reich. Er hielt sie viele Jahre aus, und sie liebte ihn leidenschaftlich, wie ihr Ende gezeigt hat.«

Es geschah dennoch nicht oft, und Imperia ist die einzige unter den Kurtisanen der Renaissance, von der es bekannt geworden ist, aber sie verwandt den Verlust ihrer Liebe nicht und beging Selbstmord. Am 13. August 1512; sie war gerade 31 Jahre alt geworden. Wie damals üblich, wählte Imperia als Mittel, das den Tod herbeiführen sollte, Gift. Ein qualvoller Tod, der sich zwei Tage lang hinzog. Bis sie schließlich am 15. August verschied. In einem poetischen Nachruf heißt es:

> Der Stadt Rom machten die Götter zwei große Geschenke:
> Mars gab ihr das Imperium und Venus Imperia.
> Das Schicksal raubte ihr das Imperium und der Tod Imperia.
> Das Imperium war das Herzstück unserer Väter,
> Doch an Imperia verloren wir unser Herz.

Das Original war sicher dem tragischen Anlaß angemessener; doch auch in der Übersetzung wird noch deutlich, wie groß die Betroffenheit war, als die Gefeiertste aller Kurtisanen freiwillig aus dem Leben schied.

4

Bandello, der einer der bedeutenderen Dichter der Renaissance war, widmete Lucrezia Cognati, wie Imperia eigentlich hieß, eine seiner Novellen. Er, der ursprünglich Dominikanermönch gewesen war, rückte später zum Bischof auf. Was einmal mehr beweist, wie eng das Kurtisanentum mit der Kirche verknüpft war. Es wurde als eine Selbstverständlichkeit angesehen, und niemand brauchte um seinen Ruf zu fürchten, wenn er eine Bekanntschaft mit einer Kurtisane (oder deren mehrere) unterhielt. Auch und gerade nicht ein Angehöriger der Kirche. Denn die Geistlichen waren die eigentlichen Förderer des Kurtisanentums. Was selbst für den Papst zutraf; und was das betrifft, so ist vor allem einer auf dem Stuhl Petri zu erwähnen, der es besonders bunt trieb: Alexander VI. Er gehörte zu der Familie Borgia, die aus Spanien stammte und ihren zweifelhaften Ruhm eigentlich eher Cesare und Lucrezia verdankte, die Kinder des nachmaligen Papstes waren, der mit bürgerlichem Namen Rodrigo Borgia hieß. Cesare verdiente seinen berüchtigten Ruf zu Recht, der er in der Tat der Inbegriff eines skrupellosen, intriganten Machtmenschen war, wie ihn die Renaissance, die dem Tatendrang des einzelnen huldigte, nur zu häufig hervorbrachte. Lucrezia hingegen, obwohl gerade sie in Verruf geriet, war eher das Opfer der ehrgeizigen Machtpolitik ihres Bruders wie auch ihres Vaters. Die Sittenlosigkeit, die man ihr nachsagte – und darin ähnelte sie Kleopatra, die gleichfalls Verleumdungen ausgesetzt wurde –, hatte eigentlich Cesare zu verantworten; wobei freilich sein Vater, der selbst noch in vorgerücktem Alter Ausschweifungen nicht abgeneigt war, ihm kaum nachstand. Das wird deutlich aus einem Tagebucheintrag, der von einem Deutschen, Johannes Burchard, stammt, den es nach Rom verschlug und der es bis zum Zeremonienmeister im Vatikan brachte. Burchard, der ein nüchterner, distanzierter Beobachter war, notierte unter dem 31. Oktober 1501:

»Am Abend ... [dieses Tages] veranstaltete Cesare Borja in seinem Gemach im Vatikan ein Gelage mit 50 ehrbaren Dirnen, Kurtisanen genannt, die nach dem Mahl mit den Dienern und den andern Anwesenden tanzten, zuerst in ihren Kleidern, dann nackt. Nach dem Mahl wurden die Tischleuchter mit den brennenden Kerzen auf den Boden gestellt und rings herum Kastanien gestreut, die die nackten Dirnen auf Händen und Füßen zwischen den Leuchtern durchkriechend aufsammelten, wobei der Papst [Alexander], Cesare und seine Schwester Lucretia zuschauten. Schließlich wurden Preise ausgesetzt, seidene Überröcke, Schuhe, Barette u.a. für die, welche mit den Dirnen am öftesten den Akt vollziehen könnten. Das Schauspiel fand hier im Saal öffentlich statt, und nach dem Urteil der Anwesenden wurden an die Sieger die Preise verteilt.«

Nicht umsonst wählte Burchard den Ausdruck ehrbare Dirnen; was nicht etwa ironisch gemeint ist. Einer Kurtisane gestand man durchaus die Bezeichnung »honesta mulier« zu, also einer »ehrbaren Frau«, im Gegensatz zur gewöhnlichen Hure, der »puttana«. Damit ging man in der Renaissance einen Schritt weiter als die Griechen, die zwar ihre Hetären schätzten, den Begriff »ehrbar« aber auf ihre eigentlichen Frauen, die für Heim und Herd sorgten, beschränkten. Es ist dies ein Indiz, wie hoch im Ansehen die Kurtisanen der Renaissance tatsächlich standen. Daß sie sich, wenn sie beim Papst geladen waren, so weit erniedrigen mußten, daß sie auf allen Vieren krochen, um Kastanien einzusammeln, zählte sicher zu den ausgefalleneren Freuden, zu denen sie sich herbeilassen mußten. Aber das Honorar war sicherlich fürstlich; um nicht zu sagen, päpstlich.

Das muntere Treiben im Hause Gottes beziehungsweise seines Stellvertreters auf Erden war nicht von Dauer. Nur fünfzig Jahre, ein halbes Jahrhundert, währte der Spuk, dann war das Fest vorüber. Im Vatikan ebenso wie in Rom. Denn bereits im Jahre 1527 brach ein Unglück über die ewige Stadt herein, das diejenigen, die davon betroffen waren, wohl als ein göttliches Strafgericht ansehen mußten. Und wahrlich, an erbosten Stimmen hatte es nicht gefehlt. Burchard, der Zeremonienmeister Alexanders, zitiert einen Brief, in dem Klage gegen das skandalöse Verhalten des Papstes geführt wird. Darin heißt es:

»Wer möchte nicht davor schaudern, die entsetzlichen Ungeheuerlichkeiten an Ausschweifungen aufzuzählen, die bereits offenkundig in seinem Haus, mit Verachtung der Scham vor Gott und den Menschen, begangen werden? All die Schändungen, die Inzeste, die Gemeinheiten an Knaben und Mädchen, all die Huren im Palast Petri, die Kuppelscharen und -wettbewerbe, die Bordelle und Hurenhäuser – all das wolle gar nicht erst über die Lippen.«

Gerichtet war der Brief an einen Würdenträger, der Zugang zum Kaiser in Deutschland hatte. Dieser, Karl V., war es denn auch, der letztlich für jenes Unheil verantwortlich war, das 1527 über Rom hereinbrach. Bekannt wurde es als »Sacco di Roma«, die »Plünderung Roms«. Doch es war mehr als das: acht Tage lang wütete eine unkontrollierte Soldateska in der Stadt, raubte, vergewaltigte und mordete in einem Ausmaß, wie es bisher noch nicht dagewesen war. Und Rom hatte schon so einiges, seit den Zeiten der Völkerwanderung, erlebt.

Der Grund, daß das Söldnerheer des Kaisers, der seine Macht über Italien ausdehnen wollte, außer Kontrolle geriet, war der unglückliche Umstand, daß es durch den Tod seiner Anführer herrenlos geworden war. Für die Römer bedeutete die Heimsuchung durch die entfesselten Horden ein Alptraum, der nicht spurlos an ihnen vorüberging: reumütig hielt man Einkehr und gelobte Besserung. Mit dem Ergebnis, daß das »goldene Zeitalter« der

Renaissance und des Kurtisanentums, das in Rom seine höchste Blüte erlangt hatte, mit einem Schlag zu Ende ging. Was folgte, war die Reaktion, ein Wiedererstarken der traditionellen kirchlichen Ordnung; eine Entwicklung, die freilich auch dadurch gefördert wurde, daß im Zuge der protestantischen Revolte die katholische Kirche sich herausgefordert fühlte und einen neuen, konservativen Kurs einschlug, der als Gegenreformation bekannt geworden ist.

Ziel der Reform war nicht zuletzt auch der Versuch, das ausufernde Kurtisanentum in Rom, das zum Schandfleck der Kirche geworden war, einzudämmen. Es war ein heroischer Kampf; den eine ganze Reihe von Päpsten aufnahm und der dennoch nicht zu einem endgültigen Sieg führte.

Es begann damit, daß man bereits 1520 ein Kloster, mit dem bezeichnenden Namen »Maria Maddalena«, gründete, das bekehrungswilligen Kurtisanen als Zufluchtsort dienen sollte. Eine andere Maßnahme bestand in der Gründung eines weiteren Klosters, das dem Zweck diente, Mädchen aus mittellosen Familien aufzunehmen, sie auf die Ehe vorzubereiten und sie mit einer Mitgift auszustatten. Armut war auch im Rom der Renaissance der Hauptgrund gewesen, weshalb Frauen und Mädchen in die Prostitution abglitten. Denn ohne Mitgift keine Ehe; aber auch die Alternative, Nonne zu werden, war Mittellosen verwehrt, denn der Eintritt in ein Kloster war mit Forderungen verbunden. Auch die Kirche tat gewöhnlich nichts umsonst; was nicht zu Unrecht von den Protestanten kritisiert wurde. Der Ausweg, der sich weiblichen Angehörigen der ärmeren Schichten oft allein bot: die Prostitution. Wobei man auf die Karriere einer Kurtisane hoffen konnte; für die meisten blieb es ein vergeblicher Traum.

Nach dem sogenannten Tridentiner Konzil, das die Reformen der katholischen Kirche im Sinne einer Rückkehr zur traditionellen Ordnung festschrieb, wurde das Vorgehen gegen das Kurtisanentum in Rom von seiten der Kirche verschärft. Papst Pius V. verordnete die Ausweisung der Kurtisanen; zumindest derer, die stadtbekannt waren und somit dem Ruf der Kirche besonders schadeten, die übrigen sollten aus dem Umkreis des Vatikans, wo die Kurtisanen bevorzugt ihren Wohnsitz gehabt hatten, vertrieben und auf ein entlegeneres Viertel konzentriert werden. An Protesten und Einwänden, die vor allem auf die wirtschaftlichen Einbußen all derer hinwiesen, die von dem luxuriösen Aufwand profitiert hatten, den die Kurtisanen trieben, fehlte es nicht. Doch alles Mahnen und Wehklagen fruchtete nichts: gut dreihundert der einst berühmtesten Kurtisanen mußten fluchtartig die Stadt verlassen; nicht wenige von ihnen wurden Opfer von Raubmorden, denn da sie ihren Besitz hatten aufgeben und verkaufen müssen, trugen sie große Geldbeträge mit sich, die – zusammen mit ihrem Schmuck – lohnende Beute verhießen. Für so manche Kurtisane ein nicht minder tragisches Ende wie jenes, das der göttlichen Imperia beschieden gewesen war.

Die überstürzte Flucht der römischen Kurtisanen war der dramatische Höhepunkt ihres Niedergangs. Mögen die, die diesen Schicksalsschlag überstanden, auch Zuflucht andernorts, namentlich in Venedig, das gewissermaßen die Nachfolge von Rom antrat, gefunden haben, so war doch die große Zeit der Kurtisanen vorüber. An ihre Stelle traten die »puttane«, die gewöhnlichen Huren. Sie erregten, unter der neuen strengen Zucht der Kirche, weniger Aufsehen, und so konnte sich auch mancher Geistliche weiterhin sinnlichen Vergnügungen hingeben. Freilich um den Preis, daß er fortan auf die hohe Kunst der Liebe und Verführung verzichten mußte. Die Prostitution war auf das Niveau der bloßen Lustbefriedigung gesunken.

Maîtresse en titre

Man schrieb das Jahr 1752 – die Renaissance war längst in Vergessenheit geraten, und auch das Barock war einem neuen Zeitalter, dem Rokoko, gewichen –, da trug sich eine bezeichnende Begebenheit zu. Der daran nicht ganz unschuldig war, hat sie selbst überliefert:

»Meinen Freund Patu überkam auf dem Jahrmarkt von St.-Laurent die Lust, mit einer flämischen Schauspielerin namens Morphy zu soupieren, und lud mich ein, mich an dem Abenteuer zu beteiligen; ich willigte ein. Die Morphy reizte mich nicht; aber das war gleichgültig, das Vergnügen des Freundes war wichtig genug. Er bot also zwei Louis, die sofort angenommen wurden, und wir gingen nach der Oper zum Hause der Schönen in der Rue des Deux-Portes-St.-Sauveur. Nach dem Souper hatte Patu Lust, mit ihr zu schlafen; ich bat für mich um ein Sofa in irgendeinem Winkel des Hauses. Die kleine Schwester der Morphy, ein hübscher Dreckspatz, sagte, sie gebe mir ihr Bett, aber sie wolle einen kleinen Taler dafür; den bewilligte ich ihr.«

Man wird es erraten: die Geschichte trug sich nicht in Rom, sondern in Paris zu, das inzwischen die Stadt am Tiber als Zentrum abendländischer Kultur abgelöst hatte. So ist es verständlich, daß es auch den Berichterstatter der hier wiedergegebenen Begebenheit nach Paris verschlug, denn er war sozusagen prädestiniert für eine Stadt, die einmal für das Vergnügen, das man Liebe nennt, berühmt werden sollte. Handelt es sich doch bei ihm um keinen anderen als Giacomo Casanova, der zwar aus Venedig stammte, sein Zuhause aber überall dort fand, wo die Aussicht auf galante Abenteuer lockte. Und Paris war auf dem besten Wege, allen Mitstreitern unter den Zentren des Vergnügens den Rang abzulaufen. Wofür die Begebenheit, von der hier berichtet wird, ein charakteristisches Beispiel bietet.

Jene Morphy, die Casanova erwähnt, war eigentlich irischer Abstammung, hatte sich aber in Flandern als Theaterschauspielerin betätigt, ehe ihr der Sprung an die Komische Oper in Paris gelang. Dennoch war sie, wie

Schauspielerinnen seit eh und je, auf Nebeneinkünfte angewiesen, die sie sich auf altbewährte Weise verschaffte. Zwei Louis kamen da nicht ungelegen, ein Souper bot dafür einen geziemenden Rahmen. Daß Casanova bei der Sache leer auszugehen schien, war eher ungewöhnlich. Denn immerhin war er seinem Namen einiges schuldig, auch wenn er erst am Anfang seiner Karriere stand. Immerhin, er verstand es, auch diesmal der Sache einen besonderen Reiz abzugewinnen. Denn wie er weiter berichtet:

»Sie [die Schwester] führte mich in einen Raum, in dem ich nur einen Strohsack auf drei oder vier Brettern entdeckte.
›Und das nennst du ein Bett?‹
›Das ist mein Bett.‹
›Das gefällt mir gar nicht; dafür gebe ich keinen Taler.‹
›Wollten Sie sich denn ausziehen, um hier zu schlafen?‹
›Natürlich.‹
›So eine Idee! Wir haben keine Leintücher.‹
›Schläfst du denn in den Kleidern?‹
›Mit gar nichts.‹
›Nun! Dann leg du dich ins Bett, und du bekommst den kleinen Taler. Ich will dich sehen.‹
›Gut. Aber Sie werden mir nichts tun.‹
›Nicht das geringste.‹«

Sie hieß Marie-Louise und war zu diesem Zeitpunkt keine fünfzehn Jahre alt. Von ihrer Schwester, die drei Jahre älter war, wußte sie, was das Leben so mit sich bringt; aber sie war nicht bereit, etwas zu verschenken:

»Sie zieht sich aus, legt sich hin und deckt sich mit einem alten Vorhang zu. Sie ist dreizehn Jahre alt. Ich schaue das Mädchen an und schüttle jedes Vorurteil ab; die Lumpendirne ist verschwunden, und ich entdecke eine vollkommene Schönheit. Ich will alles in Augenschein nehmen. Sie widerstrebt, sie lacht, sie will nicht; aber ein Taler zu sechs Francs macht sie fromm wie ein Lamm. Da sie keinen anderen Fehler hat, als schmutzig zu sein, wasche ich sie von oben bis unten mit eigener Hand. Mein Leser weiß, daß die Bewunderung unfehlbar eine weitere Beweisführung verlangt, und ich finde die kleine Morphy gewillt, mich alles tun zu lassen, was ich möchte, außer das, wozu ich keine Lust hatte. Sie sagt mir von vornherein, daß sie mir das nicht erlauben werde, denn das sei nach der Meinung ihrer älteren Schwester fünfundzwanzig Louisdors wert. Ich sage ihr, darüber könnten wir uns ein anderes Mal einig werden; und nun gibt sie mir alle Beweise für ihre zukünftige

Willfährigkeit und zeigt sich in allem, was ich nur wünschen mochte, äußerst großzügig.«

Es spricht für Casanova, den sprichwörtlichen Herzensbrecher, daß er die verfängliche Situation nicht ausnutzt. Was freilich der Begebenheit, von der er hier berichtet, sehr schnell ein Ende bereitet hätte. Wie man noch sehen wird.

Casanovas Memoiren sind ein voluminöses Werk und die Begegnungen, die er hatte, namentlich mit Vertreterinnen des schönen Geschlechts, so zahlreich, daß nicht alle Einzelheiten, die er anführt, einer näheren Prüfung standhalten. Was dem Gesamtwerk, das ein unschätzbares Zeugnis seiner Zeit darstellt, keinen Abbruch tut. Ergänzen wir: Marie-Louise wurde 1737 oder auch 1738 geboren; stand also an der Schwelle dessen, was ein junges Mädchen begehrenswert macht. Casanova, aus welchen Gründen auch immer, packte die Gelegenheit dennoch nicht beim Schopfe: ihm hatte es die Anmut – und wohl auch die Unschuld, die sich darin spiegelte – angetan, und ihm kam der Gedanke, das bezaubernde Geschöpf, das ihn an die besungene Schönheit der Helena erinnerte, malen zu lassen. »Helena, weiß wie eine Lilie, besaß alles, was Natur und Malerkunst an Schönstem zusammenbringen konnten. Überdies schenkte die Anmut ihrer Gesichtszüge dem Herzen dessen, der sie bewunderte, den köstlichen Frieden. Sie war blond.«

Casanova ließ sie also porträtieren, angeblich von einem deutschen Maler, der aber wohl eher ein Schwede war: »[...] das Bild war sprechend ähnlich. Sie lag seitlich, stützte Arme und Busen auf ein Kissen und hielt ihren Kopf, als ob sie auf dem Rücken liege. Der gar geschickte Künstler hatte ihre Beine und Schenkel so dargestellt, daß dem Auge nichts zu wünschen übrig blieb.«

Es war dies eine Pose, die Marie-Louise weit über ihre Zeit hinaus berühmt machen sollte, denn auch François Boucher, der gefeierte Hofmaler, hat die Morphy vorzugsweise in dieser Weise dargestellt. Wie aber konnte es dazu kommen? Schließlich war Marie-Louise nicht viel mehr als ein kleiner Dreckspatz, um das Urteil Casanovas aufzugreifen, zwar nicht ohne Reiz, in ihrer kindlichen Unschuld, aber eben ein Kind des Volkes, auf dem besten Wege, es ihrer Schwester, die es mit der Tugend nicht so genau nahm, gleichzutun. Nun, es war eine Fügung des Schicksals, an der Casanova nicht ganz unbeteiligt war. Wie es dazu in seinen Memoiren weiter heißt:

»Aber das allmächtige Schicksal wirkt auf verborgenen Wegen. Mein Freund Patu wollte gern eine Kopie dieses Porträts haben. Verweigert man das einem Freund? Der gleiche Maler fertigte sie an, ging nach Versailles und zeigte sie mit mehreren anderen Porträts Monsieur de St.-Quentin, der sie dem König vorführte; dieser wünschte zu sehen, ob das Porträt der Griechin naturgetreu sei. Wenn das der Fall war, forderte der Monarch sein Recht zu dem Urteilsspruch, das Original solle das Feuer löschen, das es in seinem Herzen entfacht habe.«

St.-Quentin war der Kammerdiener des Königs und dieser Ludwig XV., der zwar nicht die Berühmtheit seines Vorgängers erlangte, diesen aber in einem übertraf: er wurde zum Inbegriff eines vergnügungssüchtigen Herrschers, dessen ausschweifende Hofhaltung Legende wurde. Es ergab sich also, daß Seine Majestät von dem gewagten Bild der ebenso schönen wie koketten Marie-Louise nicht nur angetan war, sondern sie in Natur zu begutachten wünschte. Was vor allem ihre Schwester entzückte, die sogleich die finanziellen Möglichkeiten, die sich daraus ergeben konnten, erfaßte. »Die Morphy«, vermerkt Casanova, »bekam einen freudigen Schreck, als ich ihr sagte, sie solle mit ihrer Schwester in Begleitung des Malers an den Hof gehen und sich dort den Ratschlüssen der Vorsehung fügen.« Diese meinte es in der Tat gut mit den Schwestern Morphy, denn sie zogen gewissermaßen das große Los: Seine Majestät ließ sich dazu herbei, Marie-Louise in Augenschein zu nehmen, und war offensichtlich über alle Maßen angetan von ihr. »Er [der König] setzte sich, nahm sie zwischen die Knie, streichelte sie und gab ihr, nachdem er sich mit seiner königlichen Hand vergewissert hatte, daß sie ganz unberührt war, einen Kuß.«

Womit die Sache besiegelt war und letztlich nur deshalb einen glücklichen Ausgang nahm, weil Casanova einmal darauf verzichtet hatte, ohne zu ahnen, was sich daraus ergeben würde, seinem Ruf, den er im Begriff war sich zu schaffen, gerecht zu werden. Er selbst ging leer aus, Victoire, die Schwester, kassierte tausend Louidors, und Marie-Louise avancierte zur Geliebten des Königs, der er besonders zugetan war:

»O Morphi, denn nie nannte der König sie anders, gefiel ihm mehr noch durch ihre dem Monarchen ganz ungewohnte Naivität als durch ihre Schönheit, obwohl diese von größten Ebenmaß war. Er brachte sie in einer Wohnung des ›Parc aux Cerfs‹ unter, wo Seine Majestät sozusagen seinen Harem hielt und wo nur die bei Hof vorgestellten Damen zugelassen wurden.«

Marie-Louise war nun nicht mehr auf Stroh gebettet, und mit einem alten Vorhang brauchte sie auch nicht mehr vorliebnehmen. Im übrigen hatte sie die fünfundzwanzig Louisdors längst vergessen.

2

»Lust! Das ist das Wort für das 18. Jahrhundert; sein Geheimnis, sein Zauber, seine Seele. Es atmet die Wollust, es macht sie frei. Die Lust ist die Stimmung, von der sie sich nährt und die sie beseligt. Sie ist ihre Atmosphäre und ihr Atem. Sie ist ihr Element, ihre Inspiration, ihr Leben und ihr Genie. Sie kreist in ihrem Herzen, in ihren Adern und in ihrem Kopf. Sie legt einen Zauber über ihren Geschmack und ihre Gewohnheiten, über ihre Sitten und Werke. Sie kommt aus dem Mund der Zeit, schlüpft unter ihrer Hand vor, strahlt, entwischt ihrer Seele und ihrem Äußern. Sie schwebt über dieser Gesellschaft, besitzt sie, sie ist ihre Fee, ihre Muse, der Charakter aller ihrer Moden und der Stil aller ihrer Künste; nichts bleibt von dieser Zeit, nichts überlebt dieses Jahrhundert des Weibes, was die Wollust nicht geschaffen, nicht berührt und im Duft des Vergnügens wie eine Reliquie unsterblicher Anmut bewahrt hat.«

Das »Jahrhundert des Weibes«, der Frau: die Gebrüder Goncourt, die in einer Zeit lebten, da man für derlei noch empfänglich war, beschworen mit ihren Werken, die sie dem 18. Jahrhundert widmeten, den Zauber einer Epoche, die wie keine andere den Triumph der Frau, der sich in Kunst und Gesellschaft spiegelte, feierte. Nicht von ungefähr bezeichnet man diese Epoche, die dem entspricht, was man gemeinhin »Rokoko« nennt, auch als »galantes Zeitalter«. Denn die Galanterie war das Lebensgefühl dieser Zeit, und in ihrem Mittelpunkt steht jenes Wesen, das als der Inbegriff von Sinnenfreude und Vergnügungssucht galt:

»Das Weib dieser Zeit besteht nur aus Wollust. Die Wollust kleidet sie. Sie steckt ihr jene Pantöffelchen an die Füße, die den Gang ins Gleichgewicht setzen. Sie wirft ihr jenen Puder über die Haare, der wie aus einem Gewölk die Physiognomie eines Antlitzes, den Blitz zweier Augen, den Glanz eines Lachens hervorspringen läßt. Sie badet ihre Arme in einer Flut von Spitzen. Oben am Kleid zeigt sie eine Art Versprechen des ganzen Körpers des Weibes; sie enthüllt ihren Busen, und man sieht nicht allein des Abends im Salon, sondern sogar den ganzen Tag auf der Straße zu jeder Stunde die Frau dekolltiert und aufreizend umhergehen und jene Verführungen des nackten Fleisches und der weißen Haut spazieren führen, die in einer Stadt für die Augen Liebkosungen sind wie ein Licht und wie eine Blume.«

Was Wunder, daß dieser koketten Versuchung, deren Herzstück das Dekollete ist, das nunmehr seinen Einzug hält, die Männerwelt zu Füßen liegt und das Weib, die Frau, leichtes Spiel hat. Allerdings geschieht es nicht ganz freiwillig, daß sie sozusagen alle Hemmungen fallen läßt. Es ist der Zwang der Zeit, eine Art Gesetzmäßigkeit, demzufolge auf eine Periode der Sittsamkeit eine Phase der Befreiung folgt, was die Frau dazu verleitet, überkommene Tabus zu brechen. Das Rokoko sprengte die Fesseln der vorangegangenen Epoche, die noch ganz im Zeichen der Gegenreformation, aber auch der puritanischen Exzesse des Protestantismus gestanden hatte, und was zuvor als weibliche Tugend gefeiert wurde, wich nun jener Koketterie, die dem neuen Zeitalter seinen charakteristischen Anstrich verlieh. »Die Leichtigkeit des Zusammenkommens, die Verführungen, Sitten, Gewohnheiten und Moden, alles ist also gegen die Frau verschworen«, resümierten die Gebrüder Goncourt, die diese Neuerung aus der Warte des 19. Jahrhunderts betrachteten, als das Pendel wieder in die andere Richtung ausgeschlagen war. »Alles, was sie [die Frau] berührt, alles, was ihr begegnet, und alles, was sie sieht, macht ihren Willen schwach, setzt ihre Phantasie in Verwirrung und erschlafft sie. Auf allen Seiten steigt um sie die Versuchung empor, nicht allein die grobe und materielle Versuchung, die an den Frieden ihrer Sinne rührt, die die Lüste ihrer Phantasie anstachelt und die Neugierde ihrer Laune, sondern die Versuchung, die sogar für die Tugendstolzesten und Feinsten fruchtbar ist, jene Versuchung, die sich an die adlige Gesinnung, an die Gefühlsseiten der Seele richtet, die rührt, die langsam das Herz mit tränenden Augen erweicht.«

Die Frau ist also zugleich Opfer, nicht nur Täter, wenn sie dem 18. Jahrhundert ihren Stempel aufdrückt. *Daß* sie dieses Jahrhundert prägte, sogar im politischen Sinne – erinnert sei an Katharina die Große und Maria Theresia, die beide zu den bedeutenderen Herrschern des 18. Jahrhunderts gehörten –, ist unbestritten. Es war jedoch mehr im Gesellschaftlichen als im Politischen, wo sich das neue Wesen der Frau offenbarte. Und dies nirgendwo sonst so auffällig wie in Frankreich; das darin den Ton angab, während der Rest Europas nur zu bereitwillig das französische Beispiel nachahmte. Am deutlichsten zeigte sich das an einem Phänomen, das zwar keine Neuheit darstellte, doch im Zeitalter des Rokoko seinen Höhepunkt erlangte. Gemeint sind jene Damen bei Hofe, die als *Mätressen* bekannt wurden. Sie feierten im Frankreich des Rokoko ihre größten Triumphe.

Das Mätressenwesen ist zwar nicht so alt wie die Prostitution, mit der es freilich eng verbunden ist, stellt es doch eine Sonderform der Prostitution dar, aber seit es zivilisatorische Zusammenschlüsse menschlicher Gesellschaften gibt, die sich in zentralisierten Herrschaftsstrukturen äußern, ist die Mätresse gewissermaßen eine Konstante der Geschichte. Wie wir gesehen haben, gab es sie bereits in der Antike, wo sie zum Alltag des Geschäfts des Herrschens gehörte. Aber auch davor wird die Mätresse keine Seltenheit gewesen sein, wiewohl die Zeugnisse spärlicher sind.

Einen wesentlichen Aufschwung nahm das Mätressenwesen im christlichen Abendland; wobei – so paradox es klingt – gerade das Christentum ein entscheidender Grund dafür war. Schrieb es doch die monogame Ehe vor, während beispielsweise der Islam die Polygamie sanktionierte und obendrein auch nichts gegen einen Harem einzuwenden hatte. Auf all das mußte ein christlicher Herrscher verzichten; also nahm er Zuflucht, da er nun mal majestätische Vorrechte genoß, zur altehrwürdigen Tradition des Mätressenwesens, und was das betraf, so tat er sich keinen Zwang an. Karl der Große, immerhin im päpstlichen Rom gekrönt, ging mit wegweisendem Beispiel voran. Und Heinrich IV., König von Frankreich, der die Dynastie der Bourbonen begründete, brachte es immerhin auf die stattliche Zahl von 56 Mätressen; unter denen sich auch drei Nonnen befanden.

Auch Ludwig XIV., als »Sonnenkönig« bekannt, ließ sich, was das Mätressenwesen anbelangt, nicht lumpen: er begründete sozusagen ihre klassische Form, indem sich ihr unter seiner Ägide das Symbol seiner Herrschaft, Versailles, beigesellte. Aber es war erst sein Urenkel, Ludwig XV., der ihm auf dem Thron folgte, dem der – wenn auch eher zweifelhafte – Ruhm gebührt, das Mätressenwesen so weit getrieben zu haben, daß es in eine regelrechte Mätressen*wirtschaft* ausartete. Denn er war es, der der Mätresse aller Mätressen, der Marquise de Pompadour, zu ihrem beispiellosen Aufstieg verhalf. Nicht er, sondern sie hielt am Ende die Zügel der Politik in der Hand.

Nun war Ludwig XV. – anders als sein gefeierter Vorgänger – kein Herrscher, dem sein Amt sonderlich viel bedeutete. Seine Leidenschaft galt vor allem der Jagd, und dies in doppeltem Sinne. Weshalb es auch schwerlich ein Zufall war, daß eine gewisse Jeanne Antoinette Le Normant d'Étioles anläßlich eines Maskenballs, den der König in Versailles zur Feier der Hochzeit seines ältesten Sohnes gab, als Diana, Göttin der Jagd, verkleidet erschien und damit die Aufmerksamkeit Seiner Majestät erregte. Jedenfalls war das die Absicht von Madame d'Étioles gewesen; die immerhin verheiratet war. Doch sie hatte es so eingerichtet, daß sie allein auf dem Ball erschien. Sie war von der Art, wie sie die Gebrüder Goncourt bei ihrer Charakterisierung der Frau des Rokoko nur zu treffend beschreiben sollten.

Dabei war Madame d'Étioles, obwohl sie gerade mal 24 Jahre alt war, alles andere als frivol; Leidenschaft und Sinnlichkeit, Versuchungen, denen die Frau des Rokoko nur allzu leicht erlag, waren Jeanne Antoinette fremd. Was die Frage aufwirft: was bezweckte sie? Welches waren ihre wirklichen Motive? Da es doch eben nicht der bloße Reiz des Körperlichen oder die

Aussicht auf ein galantes Abenteuer war. Daran war ihr nicht gelegen; auch wenn sie wußte, daß sie ihren Preis zahlen mußte. Und der Preis, das war ihr Körper: den mußte sie einsetzen, um das zu erreichen, was sie wirklich wollte. Sie prostituierte sich also, willentlich und ohne Skrupel. Das war zwar auch eine Form von Frivolität; doch es stand kühle Berechnung dahinter: der Zweck heiligte die Mittel.

Es ist dies im Zusammenhang mit der Thematik unserer Untersuchung nicht unbedeutend; denn es zeigt, daß Frauen ihren Körper durchaus auch als bloßes Werkzeug betrachten können: Scham, Schicklichkeit und Tugend stehen ihnen dabei nicht im Wege; sie verfolgen andere Ziele, denen sie einen höheren Wert beimessen. Und dies auch dann, wenn es dafür keine zwingende Notwendigkeit gibt.

Nun sind Mätressen im allgemeinen nicht dafür bekannt, daß sie sonderlich zimperlich sind: sie spielen um einen hohen Einsatz – schließlich geht es nicht nur um das Bett des Königs, sondern, nach Möglichkeit, auch um seine Macht –, und dafür sind sie nur zu bereit, das in die Waagschale zu werfen, worum es dem, den sie für sich einnehmen wollen, in erster Linie geht. Doch es gibt auch andere, Ausnahmen vielleicht, doch nichtsdestotrotz erwähnenswert. So wird von einer Mätresse Ludwigs XIV. berichtet, die sich sehr wohl davor sträubte, die Geliebte des Königs zu werden. Wie sich der Herzog von Saint-Simon, der in seinen Memoiren über den Hof Ludwigs XIV. berichtet, erinnerte:

»Der Tod einer anderen Frau erregte damals mehr Aufsehen, obwohl diese seit langem schon in völliger Zurückgezogenheit lebte und nicht die leiseste Spur des großen Einflusses bewahrt hatte, den sie einst so lange ausübte: es war dies der Tod der Marquise von Montespan, welche in Bourbon, wo sie Heilung suchte, plötzlich und unerwartet [...] im Alter von siebenundsechzig Jahren starb. Ich will nicht weiter zurückgehen, als ich mich aus eigenem Erlebnis erinnern kann, um von der Zeit zu sprechen, da sie herrschte. Ich möchte nur bemerken – weil das eine verhältnismäßig wenig bekannte Sache ist –, daß eigentlich mehr ihr Gemahl als sie selbst daran schuld war, daß alles so gekommen ist. Sie sagte diesem nämlich, sie habe Grund zu vermuten, daß der König sie liebe, sie sagte ihm dann auch, sie könne nun nicht mehr daran zweifeln, und sie versicherte ihm, daß ein Fest, das stattfinden sollte, vom König eigens für sie gegeben werde; sie bestürmte ihren Mann, sie beschwor ihn und bedrängte ihn mit Bitten, sich mit ihr auf sein Landgut in der Guyenne zurückzuziehen und sie dort zu lassen, bis der König sie vergessen und sich anderweitig gebunden hätte.«

Ihr Flehen wurde nicht erhört, die Dinge nahmen ihren Lauf und endeten, wie es vorherzusehen gewesen war: schließlich rückte eine Rivalin zur obersten Mätresse auf, und die, die ausgedient hatte, wurde vom Hof verjagt.

Der Marquise de Montespan ging es nicht um Ehre oder Macht, und um so größer wird die Erniedrigung gewesen sein, die sie dennoch erleiden mußte. Oft waren es gar nicht die Interessen der Mätressen selbst, die sie zu königlichen Huren werden ließen: ihre Ehemänner, ihre Eltern oder ihre Geschwister erhofften sich einen Vorteil, und ihnen blieb nur, um andern von Nutzen zu sein, sich selbst zu opfern.

Jeanne Antoinette d'Étioles mußte nicht überredet oder gar gezwungen werden: sie entschied sich aus freien Stücken für die Laufbahn einer königlichen Mätresse. Ihre Herkunft war nicht ganz zweifelsfrei, obwohl ein gewisser François Poisson, der ihre nicht allzu tugendsame Mutter geehelicht hatte, als Jeannes Vater fungierte. Da Poisson sich in einen undurchsichtigen Finanzskandal verwickelte und das Weite suchen mußte, nahm sich ein wohlhabender Gönner der mittellosen Mutter und ihrer zwei Kinder an. Was für Jeanne immerhin den Vorteil hatte, daß sie in die Lage versetzt wurde, eine anspruchsvolle Erziehung zu erlangen. Ihr Interesse an Kunst und Theater erwachte, und obwohl sie schließlich mit einem Neffen des Gönners der Familie (und Geliebten der Mutter) verheiratet wurde und sie sich nun mit dem Namen einer angesehenen Familie schmücken konnte, genügte ihr das nicht: Jeanne wollte höher hinaus. Ihr imponierte der Glanz der Hofgesellschaft, in dem sich die Kunst und der Geist der Zeit spiegelten. Welche Verlockung, im Zentrum dieses Glanzes zu stehen!

Madame Le Normant d'Étioles, wie sich Jeanne nunmehr nannte, wußte, daß die Hoffnungen, die sie sich machte, nicht unerfüllbar waren. Denn der König, Ludwig XV., stand in dem Ruf, den Frauen besonders zugetan zu sein. Er war zwar verheiratet, mit einer polnischen Prinzessin, die ihm auch, treu und gehorsam, eine stattliche Zahl von Kindern geboren hatte, aber irgendwann war der Punkt erreicht, wo sie all ihren Mut zusammennahm und ihrem königlichen Gemahl erklärte, daß es nun genug sei. Kurzum: sie verweigerte sich ihm, worüber Seine Majestät so aufgebracht war, daß er sich unverzüglich mit der nächstbesten Zofe vergnügte. Das war der Anfang einer bemerkenswerten Karriere als königlicher Liebhaber.

Das Augenmerk Ludwigs, der immerhin eine ansehnliche Erscheinung war, richtete sich zunächst auf die Töchter des Marquis de Nesle, die der Reihe nach in den Bannkreis des Königs gerieten. Das heißt, drei von ihnen machte er zu seinen regelrechten Mätressen, die vierte erlag gelegentlich seinen Avancen, und nur die fünfte, deren Ehemann eifersüchtig damit drohte, »königliches Blut« zu vergießen, entging einer weiteren Verfolgung. Für den

Vater der fünf lohnte es sich dennoch: der König beglich all seine Schulden und zahlte ihm obendrein noch eine hübsche Summe.

Jeanne Antoinette tauchte just in dem Moment auf der Bildfläche auf, als der Stern der Nesles am Sinken war. Und im Gegensatz zu den Nesle-Töchtern, so sehr sie dem König auch den Kopf verdreht hatten, wurde aus der Begegnung zwischen Ludwig und Jeanne Antoinette, die sich bei jenem Maskenball in Versailles, wo der König residierte, ergab, keine bloße weitere Affäre, sondern eine schicksalhafte Verbindung, die fast zwanzig Jahre währte.

Jeanne und der König hatten so manches gemein: sie waren an Kunst interessiert, begeisterten sich für Architektur und zeigten auch für die Wissenschaften, die einen bedeutenden Aufschwung nahmen, Verständnis. Doch es zeigte sich bald, daß der König der neuen Frau an seiner Seite, die offiziell als »maîtresse en titre«, als erste unter den Mätressen, galt, nicht gewachsen war. *Sie* war es, die schließlich alle Zügel in die Hand nahm. Auch wenn dies hinter den Kulissen geschah. Das hatte sowohl positive als auch negative Auswirkungen. So nutzte die Marquise, wie ihr eigentlicher Titel, den der König ihr verliehen hatte, lautete, ihre bevorzugte Stellung zur Förderung der Kunst wie auch der Wissenschaft, indem sie namhafte Vertreter sowohl des einen als auch des andern protegierte. Besonders verdienstvoll war ihre Parteinahme für die sogenannten Enzyklopädisten, die im Sinne der Aufklärung für eine freie Entfaltung des Wissens eintraten, die auch vor kritischen Äußerungen nicht haltmachte. Kirche und Obrigkeit waren die Enzyklopädisten ein Dorn im Auge, der König aber widersetzte sich einem Verbot ihrer Arbeit, und daß er das tat, war nicht zuletzt der Intervention der Marquise de Pompadour zu verdanken.

Unrühmlicher war das Wirken der Marquise in der Politik. Auch hier hatte sie leichtes Spiel, denn der König, der selbst dem Geschäft der Politik abgeneigt war und folglich über wenig Erfahrung und Einsicht verfügte, überließ seiner Mätresse wichtige Entscheidungen. Diese wiederum, die sich durch Günstlinge blenden ließ, setzte nur allzuoft auf das falsche Pferd, so daß sich die Rückschläge an der politischen Front häuften. Es war unter der Herrschaft Ludwig XV., daß Frankreich – im sogenannten Siebenjährigen Krieg – eine schmähliche Niederlage erlitt und so manche territoriale Einbuße hinnehmen mußte.

Die Liebesbeziehung zwischen der Marquise und dem König – im Gegensatz zur eigentlichen gesellschaftlichen Stellung der Pompadour bei Hofe – war nur von kurzer Dauer. Die Marquise hatte darin ohnehin nur ein notwendiges Übel gesehen; zumindest was den Kern der Sache, an der sie keinen Gefallen fand, anlangte. Es wird sie deshalb nicht sonderlich verletzt

133

haben, als der König schließlich, am Rande von Versailles, jenes »Parc aux Cerfs« genannte Etablissement einrichtete, das eine Art Privatbordell war. Es stand unter der Aufsicht einer respektablen Dame, die von den Mädchen des Etablissements scherzhaft »Mutter Oberin« genannt wurde. Denn es ging hier alles andere als klösterlich zu. Der König trat inkognito auf, und die, mit denen er sich vergnügte, waren nur allzuoft einfache Dirnen, die für ein flüchtiges Abenteuer engagiert wurden, ehe man sie – fürstlich entlohnt – wieder entließ. Es konnte aber auch passieren, daß eine, die allzu vorlaut oder naseweiß gewesen war, indem sie durchblicken ließ, daß sie die Maskerade des Königs durchschaut hatte, in ein Asyl für Geistesgestörte eingeliefert wurde. Es galt, den Ruf Seiner Majestät zu wahren.

Nicht ganz so drastisch verfuhr man mit Marie-Louise Morphy, die es – wie wir gehört haben – gleichfalls in den »Hirschpark« verschlug. Casanova, der sie gewissermaßen entdeckt hatte, berichtet über ihr weiteres Schicksal: »O-Morphi fiel nach drei Jahren in Ungnade. Der König schenkte ihr vierhunderttausend Francs, die sie einem Stabsoffizier aus der Bretagne als Mitgift brachte.« Dieser, ein Graf von Ayat, offensichtlich schon ein betagter Herr, starb bereits zwei Jahre später, während Louise noch ein langes Leben vor sich hatte: sie ereilte der Tod erst 1815, als die Zeit des Rokoko, die ihr – in den Bildern Bouchers – ein bleibendes Denkmal setzte, längst vorüber war.

Die Morphy hatte den Fehler begangen, wie Casanova berichtet, die Königin, indem sie Ludwig fragte, wie er »seine alte Frau behandle«, zu beleidigen; worüber Seine Majestät, der seiner Frau wenigstens die gebührende Ehre zollte, so erbost war, daß er seine Geliebte keines Blickes mehr würdigte und sie ihre Sachen packen mußte.

Einer anderen Version zufolge war es nicht die Königin, die die vorwitzige Louise gemeint hatte, sondern die Pompadour, von der man allgemein wußte, daß sie als Geliebte längst ausgedient hatte, aber noch immer am Hof eine geachtete Stellung einnahm. Wie auch immer: es ist eine Ironie, daß die Pompadour gerade auch jenen Maler, Boucher, förderte, ja zu ihrem Lieblingsmaler erkor, der die Geliebte des Königs unsterblich machte. Freilich hat der Maler auch die Pompadour auf der Leinwand verewigt: und anders als die kokette Louise, die Boucher im Evaskostüm festhielt, erstrahlt die Pompadour auf den Gemälden des Künstlers in all ihrem Glanz als herrschaftliche Dame.

Obwohl die Pompadour so manche ihrer Rivalinnen überdauerte, so war ihr doch kein langes Leben beschieden: ein Lungenleiden machte ihr zu schaffen, und am Ende war sie nur noch ein Schatten ihrer selbst. Sie starb 1764, im Alter von nur 43 Jahren. Und obwohl sie schon zu Lebzeiten geschmäht und verleumdet wurde, denn man neidete ihr ihre bevorzugte Stellung und man haßte sie wegen ihrer Verschwendungssucht, so war es doch kein Geringerer als Voltaire, der ihr Dahinscheiden mit folgenden Worten betrauerte: »Im Grunde ihres Wesens war sie ehrlich: sie liebte den König um seiner selbst willen; sie hatte Rechtschaffenheit in ihrer Seele und Gerechtigkeit in ihrem Herzen; all dem begegnet man nicht alle Tage.« Ein Lob, das ihrem Wesen sicher näherkommt als der Ruf, den ihr die Nachwelt bescherte.

3

»Es war die Zeit, in der Mut keinen Unterschied der Geschlechter kannte. Wie Männer verurteilt, wußten die Frauen auch wie Männer zu sterben. Man hätte glauben können, daß sie auf das Recht, zu sterben, eifersüchtig wären. Die einen bestiegen das Blutgerüst wie zu einem Opfer, die andern betrachteten das Schafott als eine Schaubühne. Die einen schienen die Bewunderung der Nachwelt, die andern ein besseres Vaterland zu suchen. Jede einzelne zeigte sich aller ihrer Schicksalsgenossinnen würdig. Bürgersfrauen starben wie alte Römer, vornehme Damen wie Standesherren, Königinnen starben wie Könige ...«

Und doch: es gab eine bemerkenswerte Ausnahme. Wie die Gebrüder Goncourt weiter berichten: »[...] alle fühlten die Kraft einer Idee, eines Prinzips, des Glaubens, der Pflicht oder einer Leidenschaft, einer Illusion, kurz eines inneren Dranges, der die Seele stärkt und sie über die Todesangst hinwegträgt. Madame du Barry hatte nichts von dem allen, das ihr beim Sterben hätte helfen können; und wenn es in ihrer Lebensgeschichte ein Ärgernis gibt, das man ihr verzeihen muß, so ist es das Ärgernis eines Todes, der sogar die Schreckensherrschaft fast mitleidig stimmte.«

Madame du Barry trat die Nachfolge der Pompadour an. Sie entstammte einfachen Verhältnissen, war in der Provinz geboren und kam nach Paris, als ihre Mutter die Stelle einer Haushälterin bei einer der erfolgreicheren Kurtisanen der Stadt annahm. Später heiratete ihre Mutter – Jeanne, die spätere Comtesse du Barry, war unehelich zur Welt gekommen –, und der Stiefvater, der dafür die nötigen Mittel besaß, ermöglichte dem Mädchen die Erziehung in einem Kloster. Doch anders als die Pompadour, die gleichfalls eine sorgsame Erziehung genossen hatte, hatte die junge Jeanne nicht das Glück, in eine angesehene Familie einzuheiraten. Sie mußte sich als Putzmacherin in einem Modegeschäft durchschlagen und sich nebenbei als Prostituierte verdingen, ehe ein gewisser Comte du Barry, der zwar nicht wirklich ein Graf war,

135

sich aber so nannte, auf sie aufmerksam wurde. Der »Comte« hatte sich darauf spezialisiert, jungen Mädchen, die er für vielversprechend hielt, den nötigen Schliff zu geben, um sie als Damen von Welt ausgeben zu können und derart an den Meistbietenden weiterzuleiten. Jeanne, die nicht nur eine große Schönheit war, sondern auch besonderen Charme besaß, weckte in dem Comte den Gedanken, diesmal – beinahe so, wie es mit der kleinen Louise Morphy geschah – einen ganz großen Coup zu landen: er präsentierte seinen Schützling bei Hofe, wo der Augenblick günstig war, denn – nach dem Tod der Pompadour – hatte man bislang vergeblich nach einem geeigneten Ersatz Ausschau gehalten.

Die Rechnung des erfahrenen Kupplers ging auf, der König verguckte sich in die charmante Jeanne, und – nachdem man die Bemühungen des Comte noch ein wenig ergänzt hatte, um die neue Eroberung, auch wenn es eher der König war, der erobert wurde, auf die höfischen Sitten einzustellen – rückte Jeanne ihrerseits zur Maîtresse en titre auf. Den Titel »Gräfin« und den Namen »du Barry« erlangte sie, weil man es für opportun hielt, da es außer Frage stand, daß der König sie heiraten würde, Jeanne mit einem jüngeren Bruder des sogenannten Comte du Barry zu vermählen. Das verschaffte ihr die nötige Legitimität, da ihre eigentliche Herkunft als kompromittierend betrachtet werden mußte.

Die du Barry war 26, der König 59 Jahre alt, als er sie zur neuen offiziellen Mätresse erhob. Das war 1769, fünf Jahre nach dem Tod der Pompadour. Fünf weitere Jahre vergingen, dann war der König tot. Und sein Nachfolger, Ludwig XVI., war nur noch ein Nachlaßverwalter. Denn die Saat, die Ludwig XV., nicht zuletzt durch das oft unglückliche Wirken der Pompadour, gesät hatte, ging schließlich 1789 auf, als es zum großen Aufstand des Volkes kam, der als Französische Revolution ein neues Zeitalter einläuten sollte. Der König wurde Opfer der Revolution, Marie Antoinette und die du Barry. Letzterer warf man vor, mit Feinden der Revolution konspiriert zu haben. Man beschimpfte sie – in Anspielung auf eine ihrer berühmteren Vorgängerinnen in der Antike – als »Aspasia des französischen Sardanapals« wie auch als »Kurtisane des vormaligen Tyrannen« und machte nicht lange Federlesens: das Revolutionstribunal erklärte sie für schuldig und verfügte, daß das Urteil innerhalb vierundzwanzig Stunden zu vollstrecken sei. »Bestürzt«, schrieben die Gebrüder Goncourt, »von Angst und Schrecken gelähmt, verlor Madame du Barry den letzten Rest von Selbstbeherrschung und Würde, die sie in ihren Antworten noch gezeigt hatte. Als sie sah, daß alles zu Ende war, daß man sich anschickte, sie fortzuführen, und daß sich die Zeugen verständnisinnig die Hände rieben und schamlos an ihrer Todesangst weideten, wurde sie von so großer Schwäche ergriffen, daß die Gendarmen sie stützen mußten. Man fürchtete, sie könnte nicht imstande sein, lebend das Schafott zu besteigen.«

Und das wäre nur ein halbes Vergnügen gewesen, denn die öffentlichen Hinrichtungen, die im Namen der Revolution verfügt wurden, waren vor allem auch ein großes Schauspiel:

»Eine große Menschenmenge, eine Sonntagsmenge, erwartete die unglückliche Frau. Und vorne, in der ersten Reihe, konnte die Verurteilte Greive [einen der Zeugen] bemerken, der dann abends sagte: ›Noch nie habe ich so viel gelacht wie heute, als ich die Grimassen sah, die diese schöne ... vor dem Sterben schnitt.‹«

Es war der 8. Dezember 1793:

»Der Karren kam auf dem Revolutionsplatze um vier Uhr dreißig Minuten nachmittags an.

Madame du Barry stieg zuerst ab. Man hörte, wie sie auf den Stufen des Schafotts, wahnsinnig vor Angst und Entsetzen sich sträubte, flehte und den Scharfrichter um Gnade bat: ›Noch eine Minute, Herr Henker!‹ Noch unter dem Messer schrie sie wie ein von Mördern überfallenes Weib: ›Zu Hilfe, zu Hilfe!‹«

Marie Antoinette war stolz und erhabenen Hauptes in den Tod gegangen, Madame du Barry konnte eine derart königliche Haltung nicht wahren. Aber sie war auch keine Königin gewesen, nur ein einfaches Mädchen aus dem Volk, das zum Spielball des Schicksals geworden war, über das sie keine Macht hatte. Insofern trifft sie keine Schuld, was immer das Revolutionstribunal ihr auch vorwarf.

Auf der Seite der Verlierer, im Geschäft mit der käuflichen Liebe, stand natürlich auch die große Masse derer, die nie irgendwelche Aufmerksamkeit erregten und kaum je in den Annalen der Geschichte erscheinen.

Von ihnen gab es, am Vorabend der Revolution, allein 30 000 in Paris, das inzwischen zur Welthauptstadt der Prostitution aufgerückt war. Hinzu kamen 10 000 sogenannte ausgehaltene Frauen, die eine Stufe höher standen. Sie besaßen einen Gönner (oder auch mehrere) und führten ein Leben, das mit dem der Kurtisanen im Rom zur Zeit der Renaissance vergleichbar ist. Auch wenn der Glanz, den der Vatikan und die Geistlichkeit dem römischen Kurtisanentum verliehen, im Paris des Rokoko nicht erreicht wurde. Aber das machte natürlich Versailles wett.

Es gehörte zum guten Ton, daß jeder, der es sich leisten konnte, eine der liebeswilligen Frauen aushielt. Dabei wurden, wenngleich es auch nicht immer so lukrativ war, beachtliche Einkünfte erzielt: der Comte d'Artois, so wird berichtet, ließ es sich die beachtliche Summe von 100 000 Livres kosten, daß Mademoiselle Dutlé, eine gefeierte Schauspielerin an der Opéra, ihm ihre Gunst schenkte. Dazu muß man wissen, daß eine einfache Hure, die keinen Gönner hatte und sich am unteren Ende der Skala der käuflichen Liebe durchschlagen mußte, mit einem Preis von zwei bis 40 Livres rechnen konnte, wenn sie einen Freier gewinnen wollte. Die meisten der Prostituierten kamen aus dem Elend, in Stadt und Land, und sie blieben im Elend. Namenlos und vergessen, wie eh und je. Die Gebrüder Goncourt beziehen sich auf sie, wenn sie schreiben:

»Wenige Mädchen, das muß gerechtehrmaßen anerkannt werden, gerieten von selbst in die Tiefen des Lasters. Sehr häufig trieb Elend sie allmählich hinein oder stieß sie wohl auch mit einem Schlag hinunter; Verzweiflung ist wohl der erste Antrieb zu dieser ganzen Verderbtheit. Der Tagelohn für die Frau betrug damals zehn bis zwölf Sous, und davon mußte sie leben. Überdies war dieser Lohn unsicher und gegen Ende des Jahrhunderts, durch eine fast allgemein gewordene Mode bedroht, eingeschränkt: die Männer begannen sich mit den ureigenen Arbeiten und Verrichtungen der Frauenhand zu befassen und wurden Damenschuhmacher, Damenschneider, Damenfriseure. Welcher Brotverdienst blieb denn noch der Frau [...]?«

Viele suchten Zuflucht in der Prostitution; ein Fluch der wachsenden Städte, die einerseits immer mehr Menschen anzogen, aber – anders als einst auf dem Lande – nicht ausreichend Arbeitsplätze boten, zumal für die Frau, die – als die Schwächere – wie stets ins Abseits gedrängt wurde. Ein ähnlicher Vorgang, wie er sich heute im ehemaligen Ostblock vollzieht, wo die Frauen – nach dem Zusammenbruch des Kommunismus – auch gezwungen sind, die Zeche zu bezahlen, und viele ihr einziges Auskommen in der Prostitution sehen.

Einigen gelang der Aufstieg in die Klasse der Schauspielerinnen, die immer auch – oder doch sehr häufig – Prostituierte waren. Andere gerieten in die Hände von Kupplerinnen, jenen »Madames«, die nunmehr sprichwörtlich wurden und sich dadurch auszeichneten, daß sie die Gunst der Stunde nutzten, um Bordelle im großen Stil aufzuziehen. Berühmtheit erlangte Madame de la Gourdan, bei der – so hat es den Anschein – auch die du Barry, damals noch Jeanne Vaubernier, ihre ersten Sporen verdiente. Madame Gourdan hatte den Einfall, ihr Etablissement so zu gestalten, daß gewissermaßen jeder auf seine Kosten kam. Soweit es die Kunden betraf, versteht sich. Es begann damit, daß ihre Mädchen in einem Salon sich vorteilhaft zur Schau stellen mußten, indem sie bereits diverse vielversprechende Posen einnahmen. So-dann gab es ein üppiges Souper, die Wände waren geschmückt mit porno-graphischen Bildern, und wer es wünschte, hatte die Möglichkeit, durch eine geheime Öffnung in der Wand andern beim eigentlichen Daseinszweck des Hauses zuzuschauen; während man darüber hinaus sich auch in einer »Schreckenskammer« bei sado-masochistischen Spielen vergnügen konnte. Madame dachte an alles und versäumte es nicht, ihre Mädchen in einem ri-gorosen Training auf ihre vielseitigen Aufgaben vorzubereiten. Und natürlich machte das Beispiel von Madame Gourdan Schule: am Ende gab es Bordelle in Paris, die sich auf die jeweiligen Wünsche ihrer Kundschaft spezialisierten; darunter solche, in denen nur Schwarze arbeiteten, andere, die (angeblich) von Jungfrauen bevölkert wurden, und sogar einige, die sich ausschließlich auf Geistliche einstellten. Wie man sieht, war für jeden gesorgt. Das Geschäft boomte, und Paris war auf dem besten Wege, sich den Ruf, der es dereinst als »Stadt der Liebe« berühmt machen sollte, zu erwerben. Zwar erhielt das muntere Treiben durch die Wirren der Revolution noch einmal einen Dämp-fer, doch als wieder Ruhe einkehrte und da sich ohnehin nicht viel gewandelt hatte, war alsbald wieder alles beim Alten. Und so blieb es, bis zur Zeit der »Belle Epoque« ein neuer Höhepunkt erreicht wurde.

4

Das Zeitalter des Rokoko ist nicht nur die Geburtsstunde des Luxusbordells, sondern auch einer Erscheinung, die dem diametral entgegensteht; obwohl es auch hier eher die Frauen waren, die die Initiative ergriffen. Gemeint ist der gesellschaftliche *Salon*. Zwar gab es bereits im 17. Jahrhundert erste Anfänge dieser Neuerung, doch ihre eigentliche Blüte erreichte die Salonkultur zur Zeit des Rokoko, im 18. Jahrhundert. Es handelte sich dabei um eine bemer-kenswerte Entwicklung, die zwar nur mittelbar mit dem Thema unserer Ar-beit zusammenhängt, dennoch aber eine kurze Betrachtung wert ist.

Der »Salon«, das ist eine Einrichtung, die ganz wesentlich im Zeichen der Frau steht. Und dies einmal *nicht* im Sinne einer sexuellen Anziehungskraft. Allenfalls ein erotisches Flair, und dies auch nur latent, haftete den Salons, die von *Frauen* geführt wurden, an. Denn es ging dabei nicht um die Befrie-digung sinnlicher Begierden, sondern um den Reiz der gesellschaftlichen Be-gegnung und des intellektuellen Austauschs. Das war durchaus keine Selbst-verständlichkeit, wenn man sich vergegenwärtigt, wie die vorherrschende Verteilung der Geschlechterrollen beschaffen war. Seit der Antike war es der

139

Mann, der das öffentliche Leben und damit auch Gesellschaft und Kultur beherrscht hatte. Die Frau hatte daran keinen Anteil; es sei denn vermittels jenes Hetärentums, das die Griechen kreierten, und später dann des Kurtisanenwesens, das in der Renaissance aufkam. Doch in beiden Fällen, sei es nun die Hetäre oder die Kurtisane, um die es ging, war das Sexuelle vom Geistigen nicht zu trennen, wobei ersteres zumeist im Vordergrund stand.

Einen Wandel erfuhr diese patriarchalisch geprägte Tradition durch die sogenannten »Cours d'amour«, jene »Liebeshöfe« an den Fürstensitzen des Mittelalters, die den Kult der Minne pflegten. Hier stand zum ersten Mal die Frau im Mittelpunkt der Verehrung, und zwar nicht als Objekt der Begierde, wie verbrämt es auch gewesen sein mag, sondern in einer »reinen, edlen Liebe«, die auf die Frau als Inbegriff von Ehrbarkeit und Keuschheit gerichtet war. Wenigstens war dies das Ideal. Es handelte sich also um eine Art platonischer Liebe, die den sexuellen Aspekt ausklammerte. Die Frau erschien somit in einem neuen Licht. Und sie wurde gesellschaftlich aufgewertet.

Wenngleich man auch nicht sagen kann, daß im Minnedienst des Mittelalters die Wurzel des Salons, wie er sich zur Zeit des Barocks herausbildete und schließlich im Rokoko zur Blüte gelangte, liegt, denn das eine ging nicht aus dem andern hervor, so kann man doch in den Cours d'amour einen Vorläufer der späteren Salons sehen. Auch wenn es hier nicht mehr um Liebe, sondern um Höhenflüge des Geistes ging. Wie sich die Comtesse d'Agoult, die eine der herausragenden Persönlichkeiten war, deren sich die Salonkultur rühmte, erinnerte: »Der Salon war das höchste Ziel der Pariserin, die Genugtuung ihrer reifen Jahre, der Ruhm ihres Alters. Sie verwandte darauf ihre ganze Intelligenz, opferte ihm jede andere Beschäftigung und gönnte sich von dem Augenblicke an, da sie sich dazu entschlossen hatte, keinen anderen Gedanken, keine Zerstreuung, keine Bindung, keine Krankheit, keine Traurigkeit mehr. Sie war nicht mehr Gattin noch Mutter, und auch Liebende war sie nunmehr in zweiter Linie.«

»Lebedamen des Geistes« hat man sie genannt, die Salonièren, und nirgends wurden sie so gefeiert wie in Frankreich. Wo sie denn auch besonders in Erscheinung traten. Keine Dame von Stand (und entsprechenden finanziellen Mitteln) ließ es sich nehmen, als Gastgeberin einer regelmäßigen gesellschaftlichen Zusammenkunft aufzutreten. Die Frage erhebt sich, warum es gerade Frauen waren, die doch bisher ein Schattendasein geführt hatten, denen es gelang, auf einmal aus ihrer Zurückstellung auszubrechen und einen zentralen Platz in der Gesellschaft einzunehmen. Der Gründe gibt es mehrere: zum einen hatte die Dame von Stand, die Aristokratin also, immer einen gewissen Freiraum besessen; vor allem, was ihre Bildungsmöglichkeiten betraf. Auch genoß sie gesellschaftliche Anerkennung. Im Zeitalter des Ro-

»Phryne vor den Richtern«
(Ausschnitt; Gérôme, 1861)

Römische Kurtisanen,
Wandmalereien in Pompeji

Aphrodite, von den Römern als Venus verehrt
(Pompeji)

Mätresse Ludwigs XV:
Madame de Pompadour

Mademoiselle Louise O'Murphy, Gespielin des Königs (Boucher, 1752)

Die Sitte greift ein: Pariser Dirnen werden abgeführt (18. Jh.)

Freizügig, aber nicht käuflich:
Tahitianerin (18. Jh.)

Verhängnisvolle Leidenschaft:
Lola Montez, des Bayernkönigs Nemesis

Sex-Dorado Schweiz:
Die Schönen aus dem Osten

koko, als die Salonkultur ihre eigentliche Blüte erlangte, traten zwei weitere Faktoren in Erscheinung. Der eine betraf das neue Lebensgefühl, das dem Rokoko seine besondere Eigenart verlieh und sich gerade auf die Rolle der Frau bezog, der man nunmehr größere Freiheiten einräumte. Hinzu kam der Geist der Aufklärung, der diese Entwicklung begünstigte, darüber hinaus aber auch ein allgemeines Klima des geistigen und gesellschaftlichen Aufbruchs schuf, an dem sich auch die Frauen beteiligten. Sie erlangten auf einmal den Status von Mäzeninnen, die Kunst, Kultur und Gesellschaftlichkeit förderten. Auch letzteres war durchaus von Belang, denn die Führung eines Salons setzte ein hohes Maß an Kultiviertheit voraus, das sich vor allem auch auf gesellschaftliche Formen und verfeinerte Etikette richtete. Der Salon war immer auch ein Kunstwerk, das bestimmten Regeln unterlag. So war er in erster Linie eine elitäre Einrichtung; Mittelständler oder gar Angehörige des Volkes hatten keinen Zugang. Es sei denn, sie hatten sich einen Namen gemacht, waren Künstler oder Schriftsteller, die ein besonderes Ansehen genossen. Auch Philosophen waren gern gesehen; Montesquieu, Voltaire, Diderot gehörten zu den bevorzugten Gästen. Aber auch so mancher Abbé und natürlich Vertreter des Adels, obgleich sowohl die Kirche als auch die Aristokratie – wie auch der Hof in Versailles – nicht selten das Ziel kritischer Angriffe und spöttischer Kommentare waren. Weshalb die Salons, vor allem, als sie sich zunehmend politischer Themen annahmen, mit einigem Mißtrauen oder sogar offener Feindschaft betrachtet wurden. Der Salon Madame Rolands ist dafür ein besonders auffälliges Beispiel.

Jeanne-Marie Roland entstammte einer bürgerlichen Familie, und obwohl dies eher eine Ausnahme war, hatte sie Gelegenheit, eine umfassende Ausbildung zu genießen, was in ihr schon früh ein ausgeprägtes Interesse am politischen Geschehen erweckte, das schließlich auf die Revolution zutrieb. Da es ihr selbst verwehrt war, politisch in Erscheinung zu treten, nutzte sie die Position ihres Mannes, der – im Zuge der Revolution – ein hohes Amt erlangt hatte, und folgte im übrigen dem Beispiel der anderen Damen der Gesellschaft und unterhielt einen Salon. Er wurde zum Zentrum gemäßigter Kreise, die im Widerspruch zu den Radikalen standen, was insofern von Bedeutung war, als sich daraus schließlich eine verhängnisvolle Konfrontation ergab. Denn die Radikalen, die sich um Robespierre scharten, gewannen die Oberhand, und als es zu einem Aufstand der Gemäßigten kam, zu deren Wortführern Madame Roland gehörte, wurde sie festgenommen und inhaftiert. Fünf Monate dauerte ihre Gefangenschaft, und sie endete, wie für so viele beherzte Frauen, die am Wettstreit um eine neue Ordnung teilnahmen, auf dem Schafott. Tapfer ging Madame Roland dem Tod entgegen und rief ihrem Henker zu: »O Freiheit, welche Verbrechen begeht man in deinem Namen!«

141

Dies also war der Geist, der in den Salons gepflegt wurde, und es gebührt der Frau, dem weiblichen Geschlecht, die Ehre, daß sie sehr wesentlich an seiner Entstehung und Verbreitung Anteil hatte. Auch sind im Salon die ersten Ansätze der Bestrebungen, die auf die Emanzipation abzielten, zu sehen. Entscheidend aber ist – im Zusammenhang mit unserem Thema – die Feststellung, daß es der Frau bereits im 18. Jahrhundert gelang, das Image der verführerischen Eva, die den tugendhaften Adam vom Pfad der Erleuchtung lockt, abzuschütteln und den Spieß gewissermaßen umzudrehen, indem sie es war, die den Mann zähmte und zu Höherem führte. Die Frau brauchte nicht mehr die Reize ihres Körpers auszuspielen, um Anerkennung zu finden. Es genügte, die Kräfte ihres Geistes, die solange brach gelegen hatten, zu mobilisieren, um einen Platz in der Gesellschaft zu erringen. Freilich um den Preis, daß sich nun die Kurtisanen alten Stils verabschiedeten. Die, die fortan das Gewerbe der käuflichen Liebe betrieben, mußten ausschließlich auf ihren Körper setzen. Prostitution hatte das Stadium der bloßen Geschlechtlichkeit erreicht. Daran hat sich seitdem nichts mehr geändert.

Neu-Kythera

»Je näher wir dem Lande kamen, desto zahlreicher umgaben die Einwohner unsere Schiffe. Ihre Anzahl war so groß, daß wir viele Mühen hatten, unsere Schiffe zu befestigen. Alle schrien Tayo, welches so viel heißt als Freund, und gaben uns auf alle Arten ihre Freundschaft zu erkennen. Alle verlangten Nägel und Ohrringe. In den Pyrogen fanden sich viele Weiber, die den Europäerinnen, in Ansehung des schönen Wuchses, den Vorzug streitig machen konnten und auch übrigens nicht heßlich waren. Die meisten dieser Nymphen waren nackend, weil die Männer und alten Weiber, die sich bey ihnen befanden, ihnen ihre Bedeckung, die sie gemeiniglich tragen, weggenommen hatten; sie machten allerlei freundliche Mienen gegen uns, beobachteten aber doch bey aller Naivetät eine gewisse Art von Schamhaftigkeit, welche die Natur dem andern Geschlechte allenthalben eingeprägt hat und vermöge deren sie das, was sie oft am meisten wünschen, auch in einem Lande, wo die Freyheit des ersten Weltalters herrschte, zu verheelen wußten. Die Männer handelten freier und unverstellter; sie suchten uns zu bewegen, eine Frau zu wählen, mit ihr an Land zu gehen, und gaben uns zu verstehen, auf was Art wir uns mit ihnen beschäfftigen sollten. Man kann sich vorstellen, wie schwer es hielt, vierhundert junge Französische Seeleute, die in sechs Monaten keine Frauensperson gesehen hatten, zu bändigen.«

Louis Antoine de Bougainville, der sich der hier genannten besonderen Herausforderung ausgesetzt sah, hatte alle Hände voll zu tun, um ihr gerecht zu werden. Dennoch gelang es ihm nicht, das Unheil gänzlich abzuwenden:

»Alle Vorsicht ungeachtet, kam ein Mädchen auf das Vordeck und stellte sich bey der Spille zum Ankertaue, wo sie ihre Bedeckung fallen ließ und wie Venus da stand, als sie sich dem Phrygischen Hirten zeigte. Matrosen und Soldaten, alles lief zur Spille, und vielleicht ist niemals so fleißig an einem Ankertaue gearbeitet worden.«

Und während derart an Bord die Arbeitsmoral der Matrosen einen unerwarteten Auftrieb erhielt, gelang es einem von ihnen, der freizügigen Einladung der Männer, die die Nymphen anspornten, Folge zu leisten und an Land zu schlüpfen. Wo ihn die Überraschung seines Lebens erwartete:

»... [der] Koch war entwischt, kam aber bald mehr tod als lebendig wieder. Kaum war er mit seiner Schönen ans Land getreten, umgaben ihn eine Menge Insulaner, zogen ihn ganz nackend aus, betrachteten ihn von oben bis unten und erhoben ein großes Geschrey. Er wußte nicht, was daraus werden sollte, und war für Furcht ganz außer sich. Nachdem sie ihn genug betrachtet hatten, gaben sie ihm seine Kleider wieder, ließen seine Schöne zu ihm und drungen sehr eifrig in ihn, seinen Begierden mit ihr nachzuhängen. Er war aber dergestalt außer sich, daß sie ihn wieder an Bord schleppen mußten [...]«

Mit anderen Worten: der Entwischte war zwar für einsatzfähig befunden worden, aber dann doch so verstört gewesen, daß er der Aufforderung, sich in aller Öffentlichkeit mit der Schönen zu vergnügen, nicht nachzukommen vermochte und schließlich schmählich den Rückzug antrat.

Die Begegnung des Europäers mit den Völkern der Südsee entbehrt nicht einer gewissen Komik. Die sich aus den unterschiedlichen Erwartungshaltungen ergab; woraus aber auch gravierende Mißverständnisse erwuchsen, die oft tragische Auswirkungen hatten.

Dennoch: dem Augenblick, da die Europäer zum ersten Mal den Bewohnern der Insel Tahiti gegenübertraten, haftet auch etwas Erhabenes an. Es war einer jener seltenen Momente in der Geschichte der Menschheit, da sich zwei Welten begegneten, die gänzlich unterschiedlichen Epochen anzugehören schienen. Bougainville, der sich der Bedeutung des Augenblicks wohlbewußt war, spricht von der »Freiheit des ersten Weltalters«, die die Bewohner der Insel, die man entdeckt hatte, kennzeichnete. Und der unbefangene, aufreizende Auftritt einer der Schönen an Bord eines der Schiffe, die zur Expedition gehören, die er leitet, erinnert ihn an die Geburt der Venus, die einst dem Meer entstieg. Nicht von ungefähr tauft der französische Seefahrer Tahiti auf den Namen »Nouvelle-Cythère«, was an die Insel Kythera erinnert, die dem Peloponnes vorgelagert ist und eine der Kultstätten der Göttin Aphrodite gewesen war, auf die ja das Bild der Venus zurückgeht. Kythera war eine der Zwischenstationen, über die die ursprünglich orientalische Göttin nach Griechenland gelangte, wo sie – wie wir gehört haben – in Korinth zum Mittelpunkt eines gefeierten Kultes wurde.

Daß man Tahiti mit Kythera verglich, hing mit jenem für die Europäer überraschenden Verhalten der Tahitianer zusammen, in Dingen der Liebe offenbar ebenso freizügig zu sein, wie es einst die Anhänger der Aphrodite gewesen waren. Dieses Verhalten der Tahitianer wird von allen frühen Entdeckern bekundet, wobei anzumerken ist, daß Bougainville, der auf einer Forschungsreise durch den Pazifik 1768 nach Tahiti gelangte, nicht der erste Europäer war, der der Insel ansichtig wurde und mit den Bewohnern in Kontakt trat. Sieht man von den frühen Fahrten der Spanier einmal ab, die mit den Gesellschaftinseln, zu denen Tahiti gehört, in Berührung kamen, ohne ihnen besondere Bedeutung beizumessen, so gebührt dem Engländer Wallis das Verdienst, Tahiti erstmals angelaufen zu haben. Was allerdings ein zweifelhaftes Verdienst war, wie sich noch zeigen sollte. Doch das ist Wallis nicht allein anzulasten.

Noch während Wallis sich auf der Rückfahrt nach England befand, erreichte Bougainville Tahiti, der es gewissermaßen zum zweiten Mal entdeckte und der eigentliche Begründer des Mythos war, der sich schon bald um die Insel rankte. Wofür er freilich besonders prädestiniert war, denn nicht nur waren die Franzosen die Pioniere der Aufklärung, was sich in einem wachen Geist und der Begeisterung für Neues niederschlug, es war auch ein Franzose, der – im Zuge der Aufklärung, die ja nicht zuletzt auch eine kritische Sicht der Gesellschaft propagierte – einen Vergleich zwischen verschiedenen Gesellschaftsformen anstellte und dabei zu einem bemerkenswerten Schluß gelangte: »Ich glaube [...], daß der Mensch von Natur aus gut ist. Was hat ihn demnach verderben können, wenn dies nicht die Fortschritte waren, die er machte, und die Kenntnisse, die er erwarb?« Mit anderen Worten: die Zivilisation ist das Übel! Zurück zur Natur, heißt die Devise. Der Mythos vom edlen Wilden war geboren.

Rousseau, der der Begründer dieser Legende war, übte einen machtvollen Einfluß gerade auf jene aus, die bei der Erforschung der Südsee auf Gesellschaften stießen, die von den verderblichen Auswirkungen der Zivilisation, wie sie Rousseau anprangerte, verschont geblieben waren. Eben weil sie praktisch noch in einem Urzustand lebten.

Diese Sicht schien besonders in Tahiti ihre Bestätigung zu finden. War nicht die Art, wie die Inselbewohner die Fremden empfingen, ein Beweis für ihre geradezu paradiesische Unschuld?

»Geboren unter dem schönsten Himmelsstrich, genährt von den Früchten eines Landes, das fruchtbar ist, ohne bebaut zu werden, regiert eher von Familienvätern als von Königen, kennen sie [die Tahitianer] keinen anderen Gott als die Liebe; jeder Tag ist ihr gewidmet, die ganze Insel ist ihr Tempel, alle Frauen sind ihre Priesterinnen, alle Männer ihre Anbeter. Und was für Frauen das sind! Die Rivalinnen der Georgierinnen im Hinblick auf die

Schönheit und ohne Hülle die Schwestern der Grazien. Weder die Schande noch die Scham üben ihre Tyrannei aus; der zarteste Schleier flattert stets nach dem Winde und den Begierden. Der Akt der Zeugung ist ein religiöser Akt; das Vorspiel dazu wird durch die Wünsche und die Lieder des zu diesem Zwecke vereinten Volkes angeregt, und das Ende wird mit allgemeinem Beifall gefeiert. Jeder Fremde wird zur Teilnahme an diesen glücklichen Mysterien zugelassen, ja es ist sogar eines der Gesetze der Gastfreundschaft, ihn dazu einzuladen, so daß der gute Tahitier unaufhörlich genießt – entweder das Gefühl seiner eigenen Wonnen oder das Schauspiel der Sinnenlust der anderen.«

Philibert Commerson, von dem diese hymnische Huldigung an die Unschuld der Tahitianer stammt, begleitete als Schiffsarzt Bougainville auf seiner Reise in die Südsee. Seine Lobeshymne findet keinen Fehl an den Inselbewohnern:

»Ein puritanischer Sittenrichter sieht darin [in ihrem Verhalten] vielleicht nur Zügellosigkeit der Sitten, grauenvolle Prostitution, den dreistesten Zynismus, aber ist es nicht der Zustand des natürlichen Menschen, der in seinem Ursprung wesentlich gut, von jedem Vorurteil frei ist und der ohne Argwohn und ohne Gewissensbisse den sanften Trieben eines stets sicheren Instinktes folgt, welcher noch nicht zur Vernunft degeneriert ist?«

Commerson hatte seinen Rousseau gelesen und fand offensichtlich in der Südsee, wonach er suchte. Seine Begeisterung kannte keine Grenzen – und schoß dabei über das Ziel hinaus. Denn gar so paradiesisch, wie er und andere es beschworen, ging es selbst auf Tahiti nicht zu. Aber um das herauszufinden, blieb ihnen zumeist nicht genügend Zeit – Bougainville hielt sich kaum zwei Wochen in Tahiti auf –, und der Mythos, den die ersten Entdecker schufen, hielt sich auch dann noch, als das Paradies, das man gefunden zu haben glaubte, längst entzaubert war. Allerdings war dies weniger die Schuld der Tahitianer, auch wenn man allmählich hinter die Kulissen blickte, als vielmehr derer, die vorgaben, das Paradies zu suchen, es dabei aber nicht beließen.

2

Den Europäern erschien die Südsee und speziell Tahiti vor allem deshalb als Inbegriff des Paradieses, weil es dort offensichtlich andere Vorstellungen von Sexualität gab, als man es gewohnt war. Auch wenn die Zeit, da die Erkundung der Südsee erfolgte, durch die Leichtlebigkeit des Rokoko geprägt war, so bedeutete dies doch nicht, daß die christliche Grundhaltung, die die Sexualität als etwas Sündhaftes und Abzulehnendes betrachtete, gänzlich aufgegeben wurde. Die Sitten hatten sich zwar gelockert, aber im Vergleich zu dem, was man in der Südsee antraf, bedeutete dies nicht viel mehr als ein zaghaftes Zugeständnis an ein neues Zeitgefühl, das sein christliches Erbe dennoch nicht verleugnete. Das fing schon mit der Kleidung an, die – gerade was die Frauen betraf und trotz Dekolleté – geradezu als übersteigerte Form der Verhüllung (und somit auch Verleugnung) des Körpers anzusehen ist, während man in der Südsee darauf bedacht war, den Körper nur mit dem Allernötigsten zu bedecken, und im übrigen nichts dabei fand, den Körper gänzlich zu entblößen.

Die Europäer, die mit den Südseeinsulanern in Berührung kamen, begrüßten natürlich die ungewohnte Freizügigkeit, und die meisten machten sich auch wenig Gedanken darüber, wie man sie nun einzuordnen hatte. Ob es nun Sünde war und sittlicher Verfall oder der Urzustand der Unschuld, wie er einst im Paradies geherrscht hatte: man nutzte die Gunst der Stunde und überließ andern, denen, die zu Hause geblieben waren und an dem Fest der Sinne nicht teilhaben konnten, darüber zu philosophieren. War es nun Prostitution, mit der die Südseeschönen die europäischen Seefahrer empfingen? Darüber ist eine heiße Debatte entstanden, die bis heute andauert. Um noch einmal zu verdeutlichen, worum es ging, sei ein Beispiel angeführt, das recht aufschlußreich ist. Es findet sich in den Tagebuchaufzeichnungen Cooks, der in einem dritten Anlauf Tahiti besuchte und – da er sich drei Monate auf der Insel aufhielt – genügend Gelegenheit hatte, das Leben der Tahitianer genauer zu beobachten. Unter dem 12. Mai 1769 findet sich der Eintrag:

»Heute morgen kamen ein Mann und zwei junge Frauen, in Begleitung einiger anderer, zum Lager, die wir zuvor noch nicht gesehen hatten, und da die Art, wie sie sich aufführten, einigermaßen ungewöhnlich war, will ich darüber berichten: Mr. Banks [einer der wissenschaftlichen Begleiter Cooks] befand sich, wie üblich, am Eingang des Lagers, wo er mit den Leuten Handel trieb, als man ihm sagte, daß sich einige Fremde näherten, und so bereitete er sich darauf vor, sie zu empfangen. Die Gruppe, die näherkam, trug etwa ein Dutzend junge Bananenstauden und einige andere Pflanzen; diese legten sie, etwa 20 Fuß von Mr. Banks entfernt, nieder, dann bildeten sie eine Gasse, worauf der Mann (der, so schien es, nur ein Diener der beiden Frauen war) die jungen Bananenstauden, zusammen mit einigen der anderen Pflanzen, einzeln herbeibrachte und sie Banks überreichte, und während er dies tat, sagte er jedesmal etwas, was wir nicht verstanden. Nachdem er so alle

Bananenstauden übergeben hatte, nahm er nacheinander mehrere Bahnen Stoff zur Hand und breitete sie auf dem Boden aus. Dann betrat eine der jungen Frauen die ausgelegten Stoffbahnen, und – in der größten Unschuld, die man sich denken kann – enthüllte sie sich gänzlich von der Hüfte abwärts und drehte sich so ein- oder zweimal, genau weiß ich es nicht, im Kreis und trat dann zur Seite und ließ ihre Kleider fallen. Weitere Stoffe wurden über die anderen gebreitet, und dann vollführten sie die gleiche Zeremonie noch einmal. Die Stoffe wurden anschließend zusammengerollt und Banks übergeben, und die beiden jungen Frauen gingen zu ihm und umarmten ihn, womit die Zeremonie endete.«

Cook war zwar auf der richtigen Fährte: es handelte sich tatsächlich um eine Zeremonie; doch was sie bedeutete, das entging ihm (wie auch Banks, wiewohl der sich am Ende dann doch mit einer der beiden Schönen einließ). Der Eindruck, der entstand, schien lediglich zu bestätigen, daß die Tahitianer – und insbesondere die Tahitiane*rinnen* – es mit der Moral nicht allzu ernst nahmen und nichts dabei fanden, die fremden Besucher – indem junge Mädchen sich ihnen geradezu aufdrängten – zu verführen. Das ist jedoch nur die halbe Wahrheit, die den Verdacht aufkommen ließ, daß es sich eben doch letztlich um eine – wenn auch ungewohnte – Form der Prostitution handelte. Zumal es sich mit der Zeit einbürgerte, daß die Mädchen um so freizügiger waren, je bereitwilliger die Fremden ihnen ihre Offenherzigkeit mit Geschenken, in Form von Gebrauchsgütern, die es auf der Insel nicht gab, vergalten.

Den Europäern war, wie gesagt, das freizügige Verhalten der Tahitianer – wie auch der übrigen Polynesier, zu denen die Tahitianer gehören – fremd und unverständlich. Sie zogen deshalb voreilige Schlüsse, was nicht selten zu Mißverständnissen führte. Die Sexualität war für den Insulaner eine völlig natürliche Erscheinung, wie etwa Hunger und Durst, Bedürfnisse, die man auch ohne großes Aufhebens befriedigte. Es gab nur wenige Tabus, soweit es die Sexualität betraf, und keines davon bezog sich auch nur im geringsten auf jene Empfindung, die im christlichen Europa um den Begriff »Sünde« kreiste. Verbote betrafen die gesellschaftliche Ordnung, die es zu gewährleisten galt. So war etwa der Ehebruch tabuisiert. Auch Frauen und Mädchen der höheren Schichten waren restriktiveren Normen ausgesetzt als ihre Geschlechtsgenossinnen in der Masse des Volkes. Nur aus der unteren Schicht stammten jene Mädchen und Frauen, die sich mit den fremden Besuchern einließen. Sie hatten in ihrer Jugend alle Freiheit; die Jungfräulichkeit war keine Voraussetzung für die Ehe.

Hinzu kamen besondere religiöse Zeremonien, die mit dem Fruchtbarkeitskult in Verbindung standen. Das Beispiel, das Cook anführt, bezieht sich auf eine solche Zeremonie: Bananen galten als phallisches Symbol, und die Stoffe, die man Banks übergab, der übrigens ein junger, stattlicher Mann war, dem die besondere Aufmerksamkeit so mancher Tahitianerin galt, hatten die Bedeutung einer Art Mitgift. Es sollte also angedeutet werden, daß man nicht nur bereit war, Banks alle Gunst zu gewähren, sondern daß es sich im Grunde um eine Heiratszeremonie handelte. Wobei hochgestellte Persönlichkeiten das Privileg genossen, eine polygame Ehe führen zu dürfen.

Prostitution war in Tahiti unbekannt. Und dies ist der Grund, weshalb wir dieses Beispiel anführen. Prostitution war deshalb unbekannt, weil die Freizügigkeit, mit der man die Sexualität behandelte, genügend Spielraum ließ, Befriedigung auf anderem Wege zu finden. Ehebruch war zwar tabuisiert; doch eine Ehe in Tahiti bedeutete etwas anderes, als man gemeinhin darunter versteht: die Heirat implizierte zwar die Fixierung auf einen Partner, doch schloß dies auch die Familie (und sogar die Freunde) des Partners mit ein. Mit anderen Worten: die Sexualität war auch in der Ehe nicht eigentlich und ausschließlich auf *eine* Person beschränkt. Man kannte weder die Sünde noch die Eifersucht. Und für eine Erscheinung wie die Prostitution gab es einfach kein Bedürfnis. Das schufen erst die fremden Besucher. Indem sie zunächst, auch wenn sie es unbeabsichtigt taten, die ursprünglich spontanen Gunstbezeigungen der Tahitianerinnen, da sie sich dafür erkenntlich zeigten und somit die Bereitwilligkeit erhöhten, in einen *käuflichen Liebesdienst* umwandelten. Auf die ersten Entdecker folgten die Missionare, die die restriktiven Normen des Christentums einführten, was gleichfalls die Entstehung der Prostitution förderte. Und nach den Missionaren kamen schließlich die Walfänger, und spätestens mit ihnen hielt das Laster in Form der käuflichen Liebe auch auf Tahiti in größerem Maße Einzug. Als dies geschah, war gerade mal ein halbes Jahrhundert vergangen, seit die ersten Europäer die Insel betreten hatten. Am Ende hatte sich die Prophezeiung Rousseaus bewahrheitet: wo immer die Zivilisation auf die Natur, den Urzustand, einwirkt, führt dies ins Verderben. Für die Südseeinsulaner zumindest wirkte sich der Kontakt mit der »zivilisierten« Welt verhängnisvoll aus. Und dies nicht erst, seit man im 20. Jahrhundert daran ging, den Garten Eden, der die Südsee einst gewesen war, radioaktiv zu verseuchen.

Mit schwarzen Federn

Zu den nachteiligen Auswirkungen, die die Entdeckung der Südsee durch die Europäer zeitigte, gehörte auch die Verschiffung von Insulanern aus dem Pazifik, um ihre Arbeitskraft zu nutzen. Dieses Umstandes bediente sich auch ein Deutscher namens Johann August Sutter, der im Jahre 1839 von der mexikanischen Regierung ein Stück Land in Kalifornien erwarb, das er »Nova Helvetia« nannte. Sutter wollte das Land, das in der Gegend von San Francisco lag, das damals noch eine bloße Missionsstation war, landwirtschaftlich nutzen und urbar machen. Wobei ihm Arbeiterkontingente aus der Südsee behilflich sein sollten.

Nun begab es sich aber, daß just auf dem Gebiet der Kolonie »Nova Helvetia« im Januar 1848 Gold entdeckt wurde; was bedeutete, daß Sutters Traum von einer amerikanischen Siedlerkolonie ausgeträumt war. Denn die Kunde von dem unerwarteten Goldfund in Kalifornien, dem bald weitere folgten, breitete sich in Windeseile über den ganzen Erdball aus. Die Folge war ein nicht abreißender Strom von Goldsuchern, die sich auf in das gelobte Land im amerikanischen Westen machten und den Traum Sutters endgültig hinwegfegten. Auch Spekulanten beteiligten sich an dem neuen Boom, und überall konnte man Anteile erwerben, mit denen man sich eine Rendite aus dem lukrativen Geschäft im fernen Kalifornien zu sichern gedachte. Zu denen, die auf diese Weise vom Gewinn, den der Goldrausch abwarf, profitierten, gehörte auch eine junge Dame, die seit geraumer Zeit Furore machte. Und nicht nur erwarb sie Anteile an einer Minengesellschaft, sie machte sich schließlich auch selbst auf, um auch auf andere Weise Vorteile aus dem großen Geschäft zu ziehen. Das war nichts Ungewöhnliches; denn der Goldrausch, der vieler Art Möglichkeiten bot, zog gerade auch Frauen an wie die Motten das Licht.

Die Dame, von der hier die Rede ist, schmückte der Titel einer Gräfin. Sie war außerdem eine renommierte Tänzerin und galt zudem als die schönste Frau ihrer Zeit. »Als ich die Brienner Straße hinunterging«, erinnerte sich eine Zeugin in späteren Jahren, die zu der Zeit der Begegnung, von der sie berichtet, noch ein kleines Mädchen war, »sah ich eine verschleierte Dame in schwarzem Mantel, die einen Fächer trug, auf mich zukommen. Es durchzuckte mich wie ein Blitz, und plötzlich blieb ich stehen, völlig verwirrt von den Augen, in die ich starrte. Sie strahlten aus einem blassen Gesicht, das in einem Lachen über meine Verwirrung aufleuchtete. Dann fegte sie an mir vorbei. Ich vergaß, was meine Gouvernante mir über das Herumschauen gesagt hatte, und starrte ihr nach, bis sie verschwand.«

Sie hatte veilchenblaue Augen, Haar so schwarz wie Ebenholz und eine Figur von der Eleganz, wie man sie von der Andalusierin kennt. Kein Wunder, daß sich die Schöne, um deren Herkunft gerätselt wurde, in einem Brief, den sie an die Londoner »Times« schrieb, als Spanierin ausgab. »Ich bin im Jahre 1823 in Sevilla geboren«, schrieb sie, »mein Vater war ein spanischer Offizier in den Diensten von Don Carlos, meine Mutter eine Dame irischer Abstammung, in Havanna geboren und mit einem irischen Adeligen verheiratet. Das dürfte die Ursache sein, warum ich manchmal Irin, manchmal Engländerin genannt werde, manchmal Betty Watson, Mrs. James usw.«

Ihr richtiger Name aber sei ein ganz anderer: »Ich erlaube mir mitzuteilen, daß mein Name Maria Dolores Porres Montez ist und daß ich diesen Namen nie geändert habe.« Es sei denn, daß sie ihn zu Lola Montez verkürzte, ein Name, unter dem sie recht eigentlich berühmt wurde.

An ihrem Bekenntnis, das sie der »Times« gegenüber äußerte, ist kaum etwas Wahres dran. Lediglich der Hinweis auf Irland trifft zu, denn Lola Montez war nicht Spanierin, sondern Irin. Ihre beiden Eltern waren Iren, doch Lola, die eigentlich auf den Namen Marie Dolores Eliza Rosanna Gilbert getauft worden war, wuchs in Indien auf, wohin ihr Vater, der in den Dienst der britischen Ostindienkompanie trat, versetzt wurde. So geschah es, daß Lola alias Eliza »Hindustanisch« erlernte, eine von angeblich neun Sprachen, die sie schließlich beherrschte. Als der Vater, von der Cholera heimgesucht, stirbt und die Mutter bald darauf wieder heiratet, wird Eliza, die inzwischen acht Jahre alt ist, nach England geschickt, wo sie bei Verwandten ihres Stiefvaters Aufnahme findet und schließlich schulischen Unterricht erhält. 1837 – Eliza ist inzwischen 19 Jahre alt – stellt sich ihre Mutter ein und eröffnet ihr, daß sie eine Ehe für ihre Tochter mit einem Mann, der zwar wohlhabend, aber bereits in den Sechzigern ist, arrangiert habe. Eliza ergreift die Flucht und heiratet einen jungen Offizier, Thomas James, der ihre Mutter nach England begleitet hatte. Eliza kehrt mit ihrem Mann zurück nach Indien, wo die Ehe jedoch alsbald scheitert. Wieder in London, läßt sich Eliza zur Tänzerin ausbilden. Ihr Talent ist gering, doch ihre Erscheinung erweckt Aufsehen, und das Image, das sie sich verleiht, indem sie sich als feurige Spanierin ausgibt, verschafft ihr den nötigen Ruhm, um auf eigenen Füßen stehen zu können.

Allerdings erweist sich England nicht als der richtige Ort, um ihre Karriere als Tänzerin voranzubringen, und so wechselt Lola Montez, wie sie sich nun nennt, auf den Kontinent über, wo es sie schließlich nach Paris verschlägt. Hier tritt sie am 30. März 1844 in der Oper auf. Künstler und Literaten liegen ihr zu Füßen, doch sie entdeckt – wie es scheint: zum ersten und einzigen Male – die Liebe in der Gestalt Alexandre Dujariers, eines Zeitungsredakteurs, der jedoch bei einem Duell getötet wird.

Lola verläßt Paris, begibt sich zunächst nach Baden-Baden und taucht dann in München auf, wo zur Zeit ein König regiert, Ludwig I., der zwar kein Adonis ist, zumal auch er das sechzigste Lebensjahr bereits erreicht hat, doch dafür um so mehr ein Auge für schöne Frauen hat. Von Lola ist er sogleich hingerissen. »Ich kann mich mit dem Vesuv vergleichen«, bekannte er, »der für erloschen galt, bis er plötzlich wieder ausbrach. Ich glaubte, ich könnte nicht mehr der Liebe Leidenschaften fühlen, hielt mein Herz für ausgebrannt. Aber nicht ein Mann mit 40 Jahren, wie ein Jüngling von zwanzig, ja, comme un amoureux des quinze faßte mich die Leidenschaft wie nie zuvor. Eßlust und Schlaf verlor ich zum Teil, fiebrig heiß wallte mein Blut. In des Himmels Höhen erhob es mich, meine Gedanken wurden reiner, ich wurde besser: Ich war glücklich, bin glücklich. Einen neuen Schwung hat mein Leben bekommen ...«

Lola erkannte ihre Chance, wickelte den König um ihren Finger – und brachte die Stadt an der Isar in Aufruhr. Nicht nur, daß sie sich vom liebestrunkenen König fürstlich aushalten und mit dem Titel einer »Gräfin von Landsfeld« beehren ließ, sie nahm auch Einfluß auf die Regierungsgeschäfte, so daß alsbald nur noch von einem »Lola-Ministerium« die Rede war, das über die Geschicke des Landes entschied. Lola, die in Paris mit den liberalen Ideen der Künstler und Dichter in Berührung gekommen war, versuchte, frischen Wind in das eher hinterwäldlerische München zu bringen, und erregte damit so viel Unmut, daß sie schließlich des Landes verwiesen wurde und der König seinen Thron einbüßte.

Das war im Jahre 1848. Es folgten fünf Jahre, die erneut angefüllt waren mit einem unsteten Leben, auf der Suche nach Erfolg, der sich jedoch nicht einstellen wollte. Schließlich faßte die Montez, der nunmehr der Ruf einer Gräfin vorauseilte, den Entschluß, in die Neue Welt, nach Amerika, in das Land der unbegrenzten Möglichkeiten, überzuwechseln. Gräfinnen waren dort rar und Tänzerinnen auch gefragt, selbst wenn es mit ihrer Kunst nicht allzu weit her war. Aber so recht wollte sich auch in New York und in New Orleans, wo die Irin in einem Stück, das sich »Lola Montez in Bavaria« nannte, auftrat, der Erfolg nicht einstellen, und so machte sie sich schließlich auf den Weg ins ferne Kalifornien. Wo sie am 21. Mai 1853 eintraf.

Schon eine Woche später, am 28. Mai, feierte Lola Montez ihr kalifornisches Debüt im »American Theatre« in San Francisco. Die Presse berichtete am nächsten Tag: »Da die ganze Welt und die restliche Menschheit diese außerordentliche Frau schon gesehen oder von ihr gehört haben, wollen wir über sie nur so viel ausführen, wie es angesichts ihres Rufes notwendig ist.« Keine Lobeshymne auch hier, wobei die Kritik in dem Satz gipfelte: »Wir können nicht sagen, daß wir Lolas Schauspielkunst bewundern, aber ihr Tanz ist himmlisch.«

Wie nicht anders zu erwarten – San Francisco war schließlich ein Ort in der Wildnis, der erst seit dem Beginn des Goldrausches das Antlitz einer städtischen Siedlung erlangt hatte –, gefiel dem rauhen Publikum besonders jene Tanzeinlage, die – in einem Vorgriff auf den späteren Can-Can – ein beträchtliches Maß an Bein sichtbar werden ließ, was – bei der damaligen vorherrschenden Mode, die den Damen bis zur Halskrause geschlossene Kleider vorschrieb – einer Sensation gleichkam. In einem Leserbrief, der im »Daily Evening Bulletin«, einer lokalen Zeitung, veröffentlicht wurde, hieß es: »Sie schlägt in alle Richtungen um sich, und dann war es erst dieses und dann das andere Bein. Und ihre Unterröcke waren ziemlich kurz, Mr. Editor. Dann bückte sie sich nieder, um sich auszuruhen, als sie eine Spinne direkt auf sich zufallen sah, worauf sie ganz aufgeregt ihren ganzen Körper hin und her bewegte und sich wie eine Schlange wand. Dann sprang sie wieder auf, und sie stieß so hoch nach oben! Well, Mr. Editor, ich zog meinen Hut über meinen Kopf ...«

Lola begnügte sich inzwischen nicht mehr mit spanischen Tänzen: sie hatte sich der rauen Wildnis angepaßt und einen sogenannten »Spider Dance« kreiert, der als Vorwand diente, in besagter Weise die Beine zu schwingen. Trotzdem – auch in San Francisco hielt sich die Begeisterung in Grenzen, und als der Reiz, einer Gräfin beim Spinnentanz zuzusehen, verflogen war, packte Lola erneut ihre Sachen und machte sich auf in die Berge der Sierra Nevada, wo die Goldgräber-Camps lagen. Doch hier, wo sie sich von der majestätischen Natur begeistern ließ, entschied sie sich, ihre Schauspielerei aufzugeben und sich häuslich niederzulassen. Sie erwarb, in einem Ort namens Grass Valley, ein Haus und eröffnete dort einen Salon, so wie sie es von Paris her kannte, und versuchte, sich an das Leben in der Wildnis zu gewöhnen.

Doch auch das hielt nicht lange vor. Eine Scheidung stand an: inzwischen hatte sie zum dritten Mal geheiratet; während die Zahl ihrer Liebhaber ein Vielfaches dessen erreicht hatte. Rastlosigkeit trieb sie weiter. Ein neuer Plan: eine Welttournee, über Australien nach Asien und von dort zurück nach Europa. Auch in Australien gab es Goldgräber; doch die Begeisterung war auch hier eher gedämpft, und Lola entschloß sich, nach Amerika zurückzukehren, wo sie schließlich in New York ihre Karriere beendete. Sie war jetzt vierzig Jahre alt, und sie erkannte, daß der einzige Reiz – abgesehen von ihrem Ruhm, der auf das Publikum gewirkt hatte –, nämlich ihre Schönheit und ihr Temperament, seine Anziehungskraft verloren hatte. Und so widmete sie die wenigen Jahre, die ihr noch blieben – sie starb 1861 –, karitativer Arbeit. Wie es heißt, half sie Prostituierten in den Elendsvierteln von New York. Sie wußte, was es heißt, seinen Körper zu verkaufen; denn sie hatte ihn nicht nur auf der Bühne – in recht gewagten Kostümen und Darbietungen – aller Welt präsentiert, sie hatte auch auf jene Weise von ihren körperlichen Vorzügen Gebrauch gemacht, wie es die käufliche Liebe gebot. Als sie Ludwig, dem König, zum ersten Mal gegenübertrat und dieser von ihrer Schönheit so sehr geblendet war, daß er nicht glauben konnte, was er sah, habe sie, so wird berichtet, nach einem Brieföffner gegriffen und damit ihr Mieder aufgeschlitzt, damit Seine Majestät sich von der Echtheit dessen, was es vorgab, an Ort und Stelle überzeugen konnte! Lola zog alle Register; und doch war sie keine Mätresse oder Kurtisane alten Stils. Sie war die erste Diva, der erste Vamp. Keine Prostituierte im traditionellen Sinne, aber durchaus nicht darüber erhaben, auch jene Mittel einzusetzen, die schon immer – bei jenen des vermeintlich schwachen Geschlechts, die darüber verfügen – zum Erfolg geführt haben. Nicht zuletzt auch dort, wo an die Stelle des Goldrausches schließlich eine neue Traumwelt treten sollte. Wie es heißt, ist auch in Hollywood aus so manchem Sternchen nur deshalb ein Star geworden, weil es bereit war, seine eher bescheidene Schauspielkunst durch Gefälligeres, das darüber hinwegsehen ließ, aufzuwerten. Lola Montez alias Eliza Gilbert war auf diesem Gebiet eine Pionierin; wobei es freilich Zufall ist, daß sie mit ihren vielfältigen Talenten auch Kalifornien beehrte.

2

Kalifornien und die Minengebiete in Nevada und Colorado stellen eine weitere Variante in der Geschichte der Prostitution dar. Sie ist freilich nicht auf den Westen der USA im 19. Jahrhundert beschränkt. Eine Entwicklung wie hier hat es auch andernorts gegeben; etwa in Alaska, in Südafrika oder am Amazonas. Aber der Boom, den die Entdeckung der Goldfelder in Kalifornien auslöste, war der erste seiner Art und auch der bedeutendste. Er veränderte das Gesicht der USA, die bislang durch die puritanische Tradition, wie sie im Osten vorherrschte, wo die ersten europäischen Siedler sich niedergelassen hatten, gekennzeichnet gewesen waren, wie auch durch das aristokratische Erbe, das sich im Süden – auf der Grundlage der Plantagenwirtschaft – herausgebildet hatte. Im Westen galten die überlieferten Traditionen und Werte wenig: hier entstand eine neue Gesellschaft, die sehr wesentlich das Image der Amerikaner – als Pioniere, die nicht nur die Wildnis zähmten, sondern auch binnen kürzester Zeit neue Städte aus dem Boden stampften – prägte. Nicht umsonst gilt noch heute Kalifornien als der Trendsetter der USA.

San Francisco nimmt in dieser Entwicklung eine besondere Rolle ein. Es ist zwar inzwischen von Los Angeles überflügelt worden, doch der Ausgangspunkt der phänomenalen Entwicklung, die Kalifornien erfaßte, war San Francisco. Hier konzentrierte sich die Gesellschaft im Zeichen des ersten Booms, den der Goldrausch ausgelöst hatte. Als Hafenstadt, die in der Nähe der Goldfelder lag, fiel San Francisco eine Schlüsselstellung zu, die es zum bedeutendsten Vorposten der USA am Pazifik machte. Mexiko hatte in einem Krieg mit den USA die Hoheit über Kalifornien (und angrenzende Gebiete) verloren, was just zu dem Zeitpunkt geschah, da das erste Gold entdeckt wurde. Für die USA eine glückliche Fügung; auch wenn man ihr mit handfesten Argumenten nachgeholfen hatte.

San Francisco, das zum Dreh- und Angelpunkt der mit dem Goldrausch einsetzenden Entwicklung wurde, war zunächst eine Mission der Franziskaner gewesen, die – noch unter der Ägide der Spanier, die über Mexiko herrschten – eine Kette von Missionsstationen an der Küste Kaliforniens errichtet hatten. Was – soweit es San Francisco (und Los Angeles) betrifft – nicht einer gewissen Ironie entbehrt, denn im Zeichen der neuen Zeit entpuppte sich San Francisco sehr bald als eine Art Sündenbabel der neuen Welt. Ein Ruf, der der Stadt auch heute noch anhaftet, wobei ihr Los Angeles freilich inzwischen den Rang abgelaufen hat, wie wir noch sehen werden. Selbst ein Franzose, seines Zeichens Konsul in San Francisco, fühlte sich, kaum daß die Stimmung aufgekommen war, berufen zu bemerken: »Erwerbszweige, die man in Europa mit aller Entrüstung zurückweisen würde, kann man hier überall beobachten, und es vergeht keine Woche, wo nicht eine chilenische oder amerikanische Brigg, im Auftrag von Spekulanten, eine Ladung von Frauen hier absetzt. Diese Art von Handel, so versichern sie mir, wirft zur Zeit den größten Gewinn ab.«

Sie kamen, freiwellig oder auch gezwungen, in hellen Scharen nach San Francisco: aus Mexiko, aus Peru, sogar aus Brasilien, aus Australien, aus China und natürlich aus Europa, wobei die Französinnen – der Entrüstung des Konsuls zum Trotz – besonders ins Auge fielen. Sie standen inzwischen im Ruf, mit besonderen Qualifikationen, die man in ihrem Gewerbe schätzte, ausgestattet zu sein. Auch die »Spanierinnen«, das heißt die Frauen, die aus dem ehemaligen spanischen (und portugiesischen) Amerika stammten, standen hoch im Kurs. Sie waren die ersten, die die Chance nutzten: in ihren Herkunftsländern herrschte Not und Armut und ein permanentes Chaos, das die Herrschaft der Spanier abgelöst hatte. Frauen aus dem spanischen Amerika galten als »warmherzig, großmütig und natürlich«. Im Gegensatz zu den Französinnen, mit denen man sich zwar unterhalten konnte, die aber als habgierig, eitel und schamlos bekannt waren. Am unteren Ende der Beliebtheitsskala standen die Engländerinnen, die aus Australien kamen, sowie Vertreterinnen des Gewerbes, die aus dem Osten anreisten, also Amerikanerinnen waren: sie galten als »vulgär, entartet und gewöhnlich«, was eine bemerkenswerte Charakterisierung darstellt; die an das erinnert, was man auch heute noch vielfach beobachten kann: Huren in den sogenannten westlichen Ländern, also Europas und Nordamerikas, gelten als wenig reizvoll; weil sie ihr Gewerbe in einer Art betreiben, die ihre innere Unzufriedenheit mit dem, was sie tun, verrät, und dies durch aggressives, geschäftsmäßiges Auftreten zu kaschieren suchen. Frauen, die aus anderen Gegenden stammen, bringen andere Voraussetzungen mit, die dem, was man von ihnen erwartet, entgegenkommen. Dazu zählt natürlich auch das patriarchale Erbe, dem sie zumeist angehören, und dies ist ein Beleg für die Ausbeutung, der sie ausgesetzt sind. Es ist aber auch eine Frage des Temperaments und der Einstellung zur körperlichen Liebe: darin gibt es beträchtliche Unterschiede.

Die »Spanierinnen«, so zahlreich sie waren, blieben anonym. Sie erlangten keinen höheren Status; im Gegensatz zu so mancher anderen ihres Gewerbes, die es bis zur »Madam« schaffte, einer Spezies, von der es gerade in San Francisco nicht wenige gab. Lediglich von einer, die aus dem spanischen Amerika stammte, wird berichtet: allerdings kennt man sie nur unter dem Namen »Juanita«. Hubert Howe Bancroft, ein zeitgenössischer Historiker, der ein monumentales Werk über die Geschichte Kaliforniens verfaßte, beschrieb sie mit den Worten: »Kaum fünf Fuß groß, von schlankem und ebenmäßigem Wuchs, flink und ungewöhnlich graziös in ihren Bewegungen, mit einer weichen, olivfarbenen Haut, langem schwarzen Haar und dunklen, innigen, leuchtenden Augen, die sich wie durch ein Fenster zu einem glimmenden Reisigbündel öffneten, das – durch Liebe oder Haß geschürt – aus ihrem Innern aufloderte«.

Juanita war keine gewöhnliche Hure, sondern die Geliebte eines Mannes, für den sie ihr Leben gab: als sie ihren Geliebten in Gefahr wähnte, stach sie einen Goldgräber, von dem die Bedrohung ausging, mit einem Messer nieder. Wofür sie gehängt wurde; die erste Frau, die in Kalifornien diese Strafe erlitt.

Die Frauen und Mädchen aus dem spanischen Amerika waren die Pioniere des leichten Gewerbes in San Francisco und den umliegenden Gegenden. Von den Franzosen wird berichtet, daß sogar ihre Regierung einen Beitrag leistete, indem sie ein Schiff mit dreihundert Dirnen an Bord nach Kalifornien schickte. Den Vogel aber schossen die Chinesen ab, die Prostituierte als regelrechte Sklavinnen importierten. Eine der weniger bekannten Episoden der in vielem nicht gerade rühmlichen Geschichte des pionierzeitlichen Kaliforniern.

»Chinatwon« gilt noch heute als eine der Touristenattraktionen San Franciscos. Zur Zeit des Goldrausches wetteiferte diese Enklave, in der chinesische Einwanderer siedelten, mit der sogenannten »Barbary Coast«, dem eigentlichen Rotlichtviertel, dessen Name bezeichnend genug war; denn er bezog sich auf die Küste Nordafrikas, die lange Zeit dafür berühmt gewesen war, daß sie von Piraten beherrscht wurde, die das Mittelmeer unsicher machten. Der Bauchtanz, der hier – in der islamischen Welt – seinen Ursprung hatte, hielt an der Barbary Coast San Franciscos aber erst Ende des 19. Jahrhunderts Einzug, nachdem er – anläßlich einer Weltausstellung in Chicago – gewissermaßen salonfähig geworden war. Dafür tat man sich an der Barbary Coast schon früh mit einer anderen Neuerung hervor, die dann erst sehr viel später wieder in Erscheinung treten sollte: der »topless bar«, wo leichtgeschürzte Animierdamen »oben ohne« bedienten.

Die Barbary Coast war eine Ansammlung von Spielcasinos, Tanzhallen und Bordellen. In den siebziger Jahren des 19. Jahrhunderts betrug die Zahl derer, die hier ihren zweifelhaften Geschäften nachgingen, 20 000; darunter wurden 3000 als Prostituierte registriert. Wie üblich, waren die Grenzen fließend: zumeist gab es keinen wirklichen Unterschied – Tänzerinnen waren gewöhnlich immer auch Prostituierte wie nicht anders die Animierdamen. Zwischen oder nach den Vorstellungen boten sie ihre Gunst den Zuschauern an, wobei bei den Herren, denen, die es sich leisten konnten, besonders jene Etablissements beliebt waren, die über Logen verfügten. Sie waren mit Vorhängen versehen und konnten bei Bedarf geschlossen werden; dann nämlich, wenn eine der eifrigen Liebesdienerinnen sich zu einem der Herren stahl, sich auf seinen Schoß setzte und ihn zu mehr animierte. Dem konnten nur wenige widerstehen. Am Gewinn, den natürlich nicht die Mädchen, sondern auch damals schon berüchtigte Unterweltgrößen abschöpften, waren auch Vertreter der städtischen Ordnung, die sich freilich erst allmählich etablierte, beteiligt. Auch dies nach bewährten Muster.

Was nun die Chinesinnen angeht, die zu Tausenden – zunächst legal und dann, als Gesetze gegen die Zuwanderung von Asiaten erlassen wurden, vermittels Schmuggel – nach Kalifornien gelangten, so war dies wohl das dunkelste Kapitel der Prostitution in Amerika. Sieht man von der sexuellen Ausbeutung der Schwarzen, die als Sklaven entrechtet waren, einmal ab. Sklaven waren auch die Chinesinnen, die – zumeist im Kindesalter – von ihren Eltern an skrupellose Händler verkauft und über den Pazifik verschifft wurden. In San Francisco an Land gesetzt, wurden sie an einen speziellen Ort verbracht, der als Auktionshaus diente: dort entledigte man sie ihrer Kleider, begutachtete sie und versteigerte sie an den Meistbietenden. Diejenigen, die Glück hatten, weil sie besonders anmutig waren, wurden von reichen Chinesen als Konkubinen erworben. Die meisten landeten in schäbigen Bordellen, wo sie – in käfigartigen Gelassen – wie Tiere gehalten wurden. Eine lange Lebensdauer gab man ihnen nicht: kaum ein halbes Dutzend Jahre. Doch viele zogen es vor, nicht so lange zu warten: sie begingen Selbstmord.

Es gehört zu den tragischen Erscheinungen der Prostitution, daß Frauen selbst immer wieder die Drahtzieher dieses Gewerbes waren. So auch in diesem Fall: eine Chinesin namens Ah Toy – sie stammte aus Kanton und war selbst Prostituierte gewesen, ehe sie den Aufstieg schaffte – war sich nicht zu schade, den Import von Chinesinnen, die zur Prostitution gezwungen wurden, in großem Stil zu betreiben. Zwar legte man ihr schließlich das Handwerk – zur Ehre der Kalifornier sei es gesagt –, doch damit endete nicht der infame Handel mit Chinesinnen. Schließlich warf er hohe Gewinne ab: in China wurden Mädchen für 30 bis 90 Dollar angeboten, in Kalifornien konnte man für sie das Zehn- bis Hundertfache erzielen. Wer da im Geschäft war, der war auch auf eine Goldader gestoßen.

3

San Francisco rühmte sich, »the wickedest place«, »der verrufenste Ort«, zu sein, und ohne Zweifel war es das auch in den Jahren seines Aufstiegs. Die Zahl der Damen zweifelhafter Tugend stieg schließlich auf über 10 000. Das war ein Fünftel aller zu allem Bereiten, die zur Zeit des sogenannten »Wilden Westens«, als es jenseits der Grenze, die der Missouri bildete, hoch herging, ihre wohlfeile Gunst in die Waagschale warfen. Gegen blankes Gold oder auch Silber, denn darum drehte es sich. Nicht nur in Kalifornien, auch in Nevada und Colorado, in den Black Hills von South Dakota und schließlich sogar in Alaska. Boomtowns schossen wie Pilze aus dem Boden, und es war immer das gleiche Bild: jemand stieß auf eine Ader, in Windeseile verbreitete sich die Neuigkeit, in Scharen fielen die Prospektoren ein, Zelte waren die erste Bleibe, dann folgten einfache Holzhäuser und schließlich sogar Paläste, sofern man das große Los gezogen hatte. Die ersten vor Ort waren die Männer, aber die Frauen ließen nicht lange auf sich warten. Zumeist war es ein

Barkeeper, der mit verdünntem Whisky die Goldgräber um ihre ersten Nuggets brachte und mit dem verdienten Geld die ersten Mädchen herbeilockte, die er bei sich einstellte. Sie mußten für die Stimmung sorgen und belebten das Geschäft vor allem dadurch, daß sie hielten, was sie versprachen. Unten war die Bar, mit Spiegeln an den Wänden und Bildern spärlich bekleideter Damen, die das verhießen, was im oberen Stockwerk für fünf Dollar zu haben war. Das war der Preis für eine »schnelle Nummer«. Wer eine ganze Nacht benötigte, der mußte 30 Dollar hinblättern. Der Wirt kassierte, die Mädchen bekamen ihren Anteil. Eher kärglich als üppig; aber man hatte sein Auskommen.

Die Luft war oft bleihaltig, und dies nicht nur auf den Straßen, zumal es solche oft noch gar nicht gab. »An Schießaffären«, berichtete ein Deutscher, den es bis nach Leadville, einer der Boomtowns in Colorado, verschlug, »ist zwar immer noch kein Mangel, hört man es doch des Abends öfters aus Barrooms knallen. Dies ist oft nur blinder Lärm, denn wenn die ›boys‹ recht lustig werden, so amüsieren sie sich manchmal damit, die Lampen mit Revolverschüssen auszublasen. Das Vigilanz Commitée macht übrigens in letzter Zeit seinem Namen Ehre. ›Leadvillains‹ und ›Leadvillainies‹ gibt es freilich immer noch genug. An Phrynens Altären herrscht noch der freieste Cultus, und die Schamlosigkeit – oder soll man es Naivität nennen – dieser Minenstadt-Moral geht soweit, daß neue Frauenzimmereinfuhren aus dem Osten durch umherwandelnde Plakatträger, wozu lächerlicherweise oft Esel dienen, in den Straßen angezeigt werden.«

Phryne, wir entsinnen uns, war jene Hetäre, die den griechischen Künstlern, da sie mit ihrer Schönheit an Aphrodite erinnerte, Modell stand. Mit der Anmut der Barroomschönen, die sich zwischen Pulverdampf und Glassplittern zurechtfinden mußten, sofern sie nicht selbst eine Kugel einfingen, war es gewöhnlich nicht weit her. Zumindest am Anfang, wenn es in einer Boomtown noch jeglicher Annehmlichkeit mangelte, kam es vor allem darauf an, dem rauhen Klima, das – im doppelten Sinne – in den oft entlegenen Camps herrschte, gewachsen zu sein. Dem Geschäft, das sich diese Pionierinnen der besonderen Art erhofften, tat das jedoch keinen Abbruch. Ein weibliches Wesen war immer noch besser als keines. So das Motto, das in den Camps herrschte, und jede, aber auch jede, wie wenig sie auch jener Phryne, die einst das Auge erfreute, ähneln mochte, wurde mit Enthusiasmus empfangen.

Die Frage taucht auch hier auf: was trieb die Frauen in die Camps? Abgesehen davon, daß sie am Boom teilhaben wollten. Was natürlich ein nicht zu unterschätzender Anreiz war. Dennoch: als Hure in der Wildnis, wo das Gesetz des Stärkeren galt und die Natur oft eine nicht geringere Gefahr darstellte, mußte man schon einen besonderen Anreiz verspüren, um sich diesen Widrigkeiten auszusetzen. Wie gewöhnlich fehlen dazu verläßlich Zeugnisse: selbst diejenigen, die Erfolg hatten und sich einen Namen machten, so daß man noch heute von ihnen spricht, schienen ohne Vergangenheit. Man wußte nicht, woher sie kamen, und sie selbst hatten zumeist auch kein Interesse, ihr vergangenes Leben, das nicht eben rühmlich war, an die große Glocke zu hängen.

Eine der Bekannteren ihrer Zunft, für die dies zutrifft, war Julia Bulette. Sie tauchte eines Tages in Virginia City auf. Kurz, nachdem hier reiche Vorkommen an Gold und Silber, die als Comstock Lode zur Legende wurden, entdeckt worden waren. Allein aus dem Comstock Lode floß in den ersten Jahrzehnten nach seiner Entdeckung eine halbe Billion Dollar an Edelmetall nach San Francisco. Virginia City, in Nevada, war also der richtige Ort für jemanden, der Unternehmungsgeist hatte. Und den besaß Julia Bulette. Die Mär, die sich um sie rankte, dichtete ihr so manche Ungereimtheit an. Doch soviel ist sicher: sie war eine jener hinreißenden Kreolinnen, wie sie selbst einem Napoleon den Kopf verdrehten. Doch anders als Josephine, die von den französischen Antillen stammte, läßt sich die Spur Julia Bulettes nur bis New Orleans zurückverfolgen, das freilich einst französisch gewesen war und nicht zuletzt deshalb als eine Hochburg der käuflichen Liebe galt. Hier also hatte die schöne Julia ihr Handwerk erlernt, ehe es sie in ein Goldcamp nach Kalifornien verschlug. Doch auch hier hielt es sie nicht: sie wollte höher hinaus. Virginia City, mit seinem legendären Ruf, schien die Chance, die sie suchte, zu bieten. Also etablierte sie sich in dem Ort, der bereits eine beachtliche Kolonie Gleichgesinnter, die es alle auf die Spendierfreudigkeit der Glücksritter abgesehen hatten, aufwies.

Es dauerte nicht lange, da war Julia der Star. Sie war nicht nur schön, sie hatte auch Klasse. Die Männer standen Schlange; aber nur die wirklich Erfolgreichen kamen zum Zuge, und bald schon sah man sie mit einem eleganten Phaethon durch die Stadt kutschieren, diamantgeschmückt und im Zobelpelz. Sie besaß ein stattliches Haus, in dem sie alsbald selbst nicht mehr – es sei denn in wirklich lohnenden Fällen, die die Kleinigkeit von tausend Dollar für einen Gunstbeweis einbrachten – Hand anzulegen brauchte: sie ließ die Kokettesten und Verführerischsten, die sie in San Francisco hatte auftreiben können, für sich arbeiten. Mit anderen Worten, sie hatte sich als Madame etabliert und unterhielt ein sogenanntes »Parlor House«. Keinen Saloon oder eine billige Absteige: ein Edelbordell, das der Mittelpunkt des gesellschaftlichen Lebens der Stadt war.

Natürlich hatte Julia Feinde. In dem Maße, wie sich aus einem Camp eine feste Siedlung und schließlich eine Stadt entwickelte, hielten auch Sitte und

Ordnung, wie sie das puritanische Amerika vorgab, Einzug. Ehrbare Frauen, wetternde Priester zogen gegen die Unmoral der frühen Jahre zu Felde. Und was einst in den höchsten Tönen verehrt und vergöttert wurde, verlor allmählich seinen Glanz, wurde ins Abseits gedrängt und mit jenem Tabu der Verwerflichkeit belegt, der ihm fortan anhaften sollte. Doch für Julia kam das Verhängnis aus einer anderen Richtung: ihre französische Zofe fand sie eines Morgens leblos und halbbekleidet auf ihrem Bett; sie war erwürgt worden. Ihr ganzer Schmuck, Juwelen und Edelsteine, war verschwunden: Julia Bulette war das Opfer eines Raubmordes geworden.

Trauer herrschte in der Stadt. Selbst die Arbeit in den Gruben ruhte. Und auch die Feuerwehr, für die sich Julia verwendet hatte, indem sie regelmäßig Geld für ihre Ausrüstung spendete, verhüllte ihre Fahrzeuge mit Trauerflor. So unermüdlich war Julias Einsatz für die Freiwillige Feuerwehr gewesen, so hieß es, daß sie selbst dann, wenn sie mit einem ihrer Verehrer beschäftigt war, diesen fluchtartig verließ, um dabei zu helfen, einen Brand an anderer Stelle zu löschen. Julia hatte ein prunkvolles Begräbnis verdient: der Sarg war mit schwarzen Federn geschmückt, die Seitenwände bestanden aus Glas; die Miliz spielte auf, und ein langer Trauermarsch zog durch die Stadt. »The Girl I Left Behind Me« schmetterte die Kapelle. Aber es war Julia, die von ihnen gegangen war. Und mit ihr all der Glamour, den sie verkörpert hatte.

Rote Tinte

Während die alltägliche Gewalt im amerikanischen Westen, unter der nicht zuletzt auch die weniger Tugendsamen des weiblichen Geschlechts zu leiden hatten, in Europa kaum Beachtung fand, erregte hier ein Vorfall Aufsehen, der schlagartig die morbide Welt der Prostitution in den Blickpunkt der Öffentlichkeit rückte. Die Prostitution war schon immer auf der Schattenseite der Gesellschaft angesiedelt gewesen; zumindest jene, die die gewöhnliche Prostitution umfaßte. Kriminelle Machenschaften waren nie weit vom Geschäft mit der käuflichen Liebe entfernt. Auch wenn Einzelheiten selten über den Kreis derer, die involviert waren, hinausgelangten. Das änderte sich, als es im Jahre 1888 in London zu einer Serie von Morden kam, die ganz England aufschreckte. Es begann damit, daß an zwei Feiertagen dieses Jahres, am Ostermontag und am Bank Holiday, zwei Frauen, die beide Prostituierte waren, ermordet wurden. Derartige Morde waren bislang eine Seltenheit gewesen, und so wurden diese auch nicht weiter beachtet. Doch dann ereignete sich ein dritter Mord. Wie es dazu in einer Rekonstruktion, die sich auf authentische Quellen stützt, heißt:

»Gegen 3 Uhr 45 am Morgen des 31. August machte der Schutzmann John Neil seine Runde in der Bucks Row, Whitechapel. Die Straße, die von einer einzigen Gaslaterne beleuchtet wurde, wies auf der einen Seite ein Lagerhaus und auf der andern eine Zeile von Reihenhäusern auf. In dem Zwischenraum zwischen den Häusern und einer Internatsschule befand sich ein Tor, das zu einigen Ställen führte. Das Tor war geschlossen, doch ganz in der Nähe lag auf dem Pflaster etwas Dunkles. Als Schutzmann Neil den Schein seiner Taschenlampe auf den Gegenstand richtete, erkannte er sofort, daß es sich bei dem formlosen Bündel um den Körper einer Frau handelte. Sie lag auf dem Rücken, ein Arm am Tor, der andere auf dem Pflaster ausgestreckt; ihr schwarzer Strohhut lag in der Nähe. Im Schein seiner Lampe konnte Schutzmann Neil eine schreckliche klaffende Wunde in der Kehle der Frau erkennen, aus der Blut in Rinnsalen in die Gosse geflossen war.«

Die Untersuchung ergab, daß es sich bei der Toten um eine 42-jährige Prostituierte namens Mary Ann Nichols handelte. Auffallend war, daß ihr der Täter den Bauch aufgeschlitzt hatte, so daß die Gedärme herausgetreten waren, und er auch auf den Genitalbereich mit einem Messer eingestochen hatte.

Eine Woche verging, dann ereignete sich, in der gleichen Gegend, ein weiterer Mord: Annie Chapman, 45 Jahre, gleichfalls Prostituierte, war auf dieselbe brutale Weise umgebracht worden. Zwar brachte man die beiden neuerlichen Morde mit den beiden früheren in Verbindung, doch man erkannte, daß es einen Unterschied gab: die Verstümmelungen, die zudem eine auffallende anatomische Kenntnis verrieten, denn sie wurden mit Präzision durchgeführt, wiesen auf einen Täter hin, der offenbar eine gezielte Absicht verfolgte. Die beiden anderen Morde ließen keine sexuellen Merkmale erkennen. Es ergab sich daraus ein erstes Indiz, das darauf hindeutete, daß es sich um mehrere Mörder handelte, wobei der eine, der die neuerlichen Morde begangen hatte, offensichtlich ein Psychopath war. Entsprechend groß war das Aufsehen, das diese Morde erregten. Derartiges war, wie gesagt, neu, und im England des 19. Jahrhunderts, das durch eine besondere Tradition geprägt war, die mit dem Begriff »Viktorianisches Zeitalter« umschrieben wird, reagierte man auf dieses Vorkommnis mit einer Mischung aus Panik, Hysterie und Faszination. Die Einstellung der Engländer zur Sexualität war zwiespältig: einerseits wurde sie in Bausch und Bogen verdammt, und die Prüderie, die daraus resultierte, zeitigte derart kuriose Exzesse, daß man sogar Tischbeine verhüllte, weil sie allzu sehr die Assoziation an ein tatsächliches Bein erweckten, woran zu denken als unschicklich galt. Hier feierte die christliche Moral, die die Sexualität stets verteufelt hatte, ihren absurdesten Triumph. Mit verheerenden Folgen: denn natürlich ließ sich die Sexualität nicht einfach verdrängen. Sie schuf sich geheime Ventile, denen man gewissermaßen im Untergrund frönte. Eines dieser Ventile war die Prostitution, die gerade im England des 19. Jahrhunderts sprunghaft anstieg. Was allerdings auch noch andere, wirtschaftliche Gründe hatte: England war die Geburtsstätte der Industriellen Revolution, die enorme gesellschaftliche Veränderungen mit sich brachte. Ein Proletariat entstand, gerade so wie es Marx und Engels, die nicht von ungefähr in England zu ihren Einsichten gelangten, anprangerten. Die Prostitution bot einem Heer von Frauen den einzigen Ausweg, wenn auch nicht aus dem Elend, so doch aus den Klauen der ärgsten Armut.

Die Prostitution war zwar verpönt, und es war gerade zu der Zeit, da sich die berüchtigten Morde im Londoner East End ereigneten, eine Kampagne im Gange, die Prostitution, die auszuufern drohte, einzudämmen: doch an der Faszination, die die Prostitution in der Vorstellung der Öffentlichkeit ausübte, änderte das nichts. In Verbindung mit den Morden, wie man sie sich zudem bestialischer nicht denken konnte, war sie *die* Attraktion schlechthin. Wobei zu unterschieden ist zwischen denen, die weit genug vom Ort des Geschehens entfernt waren, daß es lediglich ein geheimer Schauer war, der sie erfaßte, und denen, die die Ereignisse hautnah miterlebten und der Gefahr ausgesetzt waren, daß es auch sie treffen konnte.

Am 27. September ging in der Zentralen Nachrichtenagentur in London ein Schreiben folgenden Inhalts ein:

Chef,
Ich höre dauernd, daß die Polizei mich gefaßt hat, aber es wird noch einige Zeit dauern, bis sie mich schnappen. Ich kann nur lachen, wenn sie sich so klug geben und verkünden, sie seien auf der richtigen Spur. Der Witz mit Leather Apron [ein Verdächtiger] hat mich wirklich amüsiert. Ich gebe es den Huren und werde nicht aufhören, sie aufzuschlitzen, bis ich eingelocht bin. Gute Arbeit war das das letzte Mal. Die Lady hatte nicht einmal Zeit zu schreien. Wie sollten sie mich jetzt schnappen? Ich liebe meine Arbeit und will wieder anfangen. Sie werden bald von mir hören mit meinen amüsanten Spielchen. Ich habe etwas von dem passenden roten Zeug in einer Ingwerbierflasche vom letzten Mal aufbewahrt, um es als Tinte zu benutzen, doch es ist dick wie Leim geworden, und ich kann es nicht gebrauchen. Rote Tinte tut es auch, hoffe ich, ha ha! Beim nächsten Mal werde ich der Lady die Ohren abschneiden und sie an die Polizei schicken, nur so zum Spaß, meinen Sie nicht? Heben Sie diesen Brief auf, bis ich mit meiner Arbeit noch ein bißchen weiter bin, und dann veröffentlichen Sie ihn. Mein Messer ist gut und scharf, und ich will mich gleich an die Arbeit machen, sobald sich eine Chance bietet. Viel Glück.
Ihr ergebener
JACK THE RIPPER

In einem Nachsatz machte sich der Absender darüber lustig, daß man die Vermutung geäußert hatte, es könne sich bei dem Mörder um einen Arzt handeln. Worauf die Art der Morde hinwies.

Wer immer der Absender war: was er androhte, geschah – am 30. September ereigneten sich gleich zwei Morde. Wieder waren es zwei Prostituierte, wieder war es die gleiche Gegend, Whitechapel, wo man die Leichen fand, und wieder war der Mörder offenbar darauf aus gewesen, seine Opfer zu verstümmeln. Doch nur in einem Fall, beim zweiten Opfer, waren entsprechende Indizien festzustellen. Man ging davon aus, zumal die beiden Morde sich innerhalb einer Stunde ereignet hatten, daß der Täter, als er das erste

Opfer anfiel, gestört wurde und von seinem Opfer abließ und sich einem anderen zuwandte, wo er seine Tat vollenden konnte.

Noch ein zweites Mal erfolgte ein Bekennerschreiber. Es trug den Poststempel vom 1. Oktober. Ein Monat verging, dann schlug der »Ripper«, wie man den Mörder nun nannte, wieder zu. Das gleiche Muster, doch diesmal noch bestialischer. Wie es in einem Polizeibericht hieß:

»Die Kehle war mit einem Messer durchschnitten worden und der Kopf beinahe vom Rumpf getrennt. Der Bauch war zum Teil aufgeschlitzt, und beide Brüste waren vom Körper abgetrennt worden, der linke Arm hing, wie der Kopf, nur noch mit der Haut am Körper. Die Nase war abgeschnitten, von der Stirn die Haut entfernt und die Beine, bis zu den Füßen, ihres Fleisches beraubt. Der Bauch war mit einem Messer diagonal aufgeschlitzt worden, und die Leber und die Gedärme waren herausgerissen. Die Gedärme und andere Teile des Körpers fehlten, doch die Leber und dergleichen waren, so heißt es, zwischen die Füße des armen Opfers gelegt worden. Das Fleisch von den Schenkeln und den Beinen, zusammen mit den Brüsten und der Nase, hatte der Mörder auf einen Tisch gelegt, und eine der Hände der toten Frau war in ihren Leib geschoben worden.«

Das Opfer war in seiner Wohnung, einem schäbigen Zimmer in einem Wohnblock, getötet worden. Es war das jüngste Opfer: 24 Jahre. Der Name: Mary Jane Kelly.

Noch zwei weitere Morde folgten, 1889 und 1891. Doch sie unterschieden sich wiederum von der eigentlichen Mordserie, die dem Phantom, Jack the Ripper, angelastet wurde. Ihm wurden insgesamt fünf Morde zur Last gelegt. Mary Jane Kelly stellte zugleich das letzte und am grausamsten verstümmelte Opfer dar. Danach hatte der Spuk ein Ende. Man hat nie in Erfahrung gebracht, wer dahinterstand. Obwohl es an Theorien nicht gefehlt hat. Gerätselt wird bis heute. Nur eines ist sicher: der Täter wurde auf morbide Weise von Frauen angezogen, haßte sie gleichzeitig und fand offenbar nur dann sexuelle Befriedigung, wenn er sich in einer Orgie bestialischer Gewalt an ihnen verging. Er verkörperte in übersteigerter Form die sexuelle Ambivalenz einer Gesellschaft, die sich einen Moralkodex auferlegt hatte, der sie in einer Weise knebelte, daß sich die Sexualität nur zu oft in perversen Auswüchsen äußerte. Die Vorfälle, die sich in jenem Herbst des Jahres 1888 im Londoner East End ereigneten, stellen nur eine extreme Form dieser Perversität dar.

2

»Well, suppose I do get killed, it will be a good thing for me, for the winter is coming on and the life is awful. I can't leave it; nobody would employ me.« So lautete der Kommentar so mancher Prostituierten, die die Morde an den Opfern des »Ripper« aus nächster Nähe miterlebten: getötet zu werden, wäre nicht das Schlimmste; der Winter naht, das Leben ist schrecklich; aber es gibt keinen Ausweg, nirgends eine anständige Arbeit.

Es ist eine Ironie, daß das Viktorianische Zeitalter nach einer Frau benannt wurde, die als Inbegriff der Tugend galt (obwohl sie gar nicht so tugendhaft war) und gerade denen, deren Tugend ständig gefährdet war, nicht die geringste Hilfe zukommen ließ. Auch in England herrschte der Patriarchalismus, ungeschminkter noch als in so manchem anderen Land, das sich zivilisiert nannte, und im Zeichen dieses Patriarchalismus waren Frauen Wesen zweiter Klasse. Den Ehrbaren brachte man zwar Wertschätzung entgegen, aber irgendwelchen Einfluß auf die Gesellschaft besaßen sie nicht. Und die, die nicht zur Kategorie der Ehrbaren gehörten, konnte man wie Abfall behandeln. »Es ist das Schicksal solcher Mädchen«, erklärte »Walter«, ein Vertreter der Oberschicht, der anonym bleiben wollte, »gefickt zu werden, wenn sie jung sind.« Er spielte damit auf die besondere Vorliebe der Viktorianer an, den sexuellen Kontakt mit möglichst jungen Mädchen zu suchen, und fügte an: »Es ist das Gesetz der Natur, das man nicht ändern kann.« Im übrigen vertrat er die Meinung: »Es ist besser, wenn ein Gentleman sie für Geld fickt als ein Metzgerjunge umsonst.« Womit er wiederum die Vertreterinnen des niederen Standes meinte.

Die Doppelmoral herrschte natürlich nicht nur in England – aber hier ganz besonders –, wozu noch der Standesdünkel kam, der Frauen aus den unteren Schichten in zusätzlicher Weise diskriminierte. Sie waren »fair game«, Wild, das man leicht erlegen konnte.

Die Ripper-Morde geben einigen Aufschluß über das Leben jener Prostituierten – und sie bildeten die große Mehrheit der Dirnen –, die am Rande der Gesellschaft standen und in der Prostitution die letzte Zuflucht sahen. Mary Jane Kelly, das letzte Opfer, wurde in Irland geboren, folgte ihrem Vater nach Wales, als dieser dort eine Anstellung in einer Eisenhütte fand. Mit 16 Jahren heiratete sie einen Waliser Bergarbeiter, der jedoch schon bald bei einem Grubenunglück ums Leben kam. Da sie plötzlich ohne Mittel dastand, blieb ihr nur die Prostitution. Sie ging nach London, lernte dort einen Zuhälter kennen, der sie mit nach Frankreich nahm; schließlich kehrte Mary Jane nach England zurück, landete im East End, sank auf das Niveau einer gewöhnlichen Hure herab und verfiel dem Trunk. Es gab nicht viel in ihrem kurzen Leben, das sie mit ihrem Schicksal hätte versöhnen können.

Elizabeth Stride, die 45 Jahre war, als sie starb, stammte aus Göteborg in Schweden. Sie kam 1866 nach England, wo sie einen Zimmermann heiratete. Ihren Angaben zufolge hatte das Elend begonnen, als bei einem Schiffsunglück auf der Themse ihr Mann und zwei ihrer neun Kinder ums Leben kamen. Zwar hatte sie danach mit einem anderen Mann zusammengelebt, doch die Beziehung war schließlich auseinandergebrochen. Elizabeth ergab sich dem Trunk und prostituierte sich. Sie wurde Opfer Nummer drei.

Auch ihre Vorgängerin, Annie Chapman, war 45 Jahre alt, als sie starb. Sie war mit einem Kutscher aus Windsor verheiratet gewesen, ehe die Ehe scheiterte. Zwar unterstützte sie ihr Mann auch weiterhin, doch als er starb, war sie mittellos. Ihre zwei Kinder mußte sie in ein Heim geben; eine Zeitlang versuchte sie, sich damit durchzubringen, daß sie Blumen verkaufte und Häkelarbeiten herstellte; doch schließlich verfiel sie dem Alkohol und sank in die Prostitution herab. Sie bot sich für vier Pence die Nummer an; soviel brauchte sie wenigstens, um nachts ein Dach über dem Kopf zu haben: wie viele der Prostituierten ihrer Kategorie, hatte sie keine feste Bleibe; sie mietete ein Bett für den Preis von vier Pence pro Nacht. Verdiente sie die nicht, stand sie auf der Straße.

Ähnlich sah auch der Lebensweg der beiden anderen Opfer aus: sie alle gehörten zu den Verlierern einer Gesellschaft, die sich immer mehr auseinanderdividierte – in eine kleine Schicht von Reichen, die Aristokratie und eine aufstrebende Bourgeoisie, und das große Heer der Armen, die die Industrielle Revolution in die Städte schwemmte. England wandelte sich von einem Agrarland in eine Industrienation; auf dem Land hatte der Großgrundbesitzer immer auch eine gewisse Verpflichtung gegenüber denen, die von ihm abhingen, empfunden; in den Städten, wo Fabriken entstanden, herrschte ein unpersönliches Unternehmertum. Profitmaximierung war das oberste Gesetz; die Löhne, die gezahlt wurden, reichten nicht zum Überleben. Den Frauen bot sich eine Chance, zusätzlich etwas zu verdienen, indem sie nebenbei der Prostitution nachgingen. Die Entwürdigung, die damit einherging, ließ viele zur Flasche greifen; sie verloren jeglichen Halt, Familien brachen auseinander, die Prostitution wurde zum Full-time-job.

Die angesehene medizinische Zeitschrift »The Lancet« bezifferte 1857 die Zahl der Prostituierten in London auf 80 000; das bedeutete, daß von sechzehn Frauen eine der Prostitution nachging. Gleichzeitig wurden 6000 Bordelle in London registriert: jedes sechste Haus der Stadt diente der käuflichen Liebe. Man kann davon ausgehen, daß diese Zahlen ein eher konservatives Bild abgeben. Andere Quellen sprechen von 120 000 Dirnen, die es zur Zeit

Queen Viktorias in London gab. Tatsache ist, daß Großbritannien – was die Prostitution anbelangte – eine Spitzenposition einnahm. Wie es der Leiter der Abteilung für Verbrechensaufklärung beim Scotland Yard, Howard Vincent, 1881 formulierte: »Ich fürchte, daß die Prostitution in England wesentlich weiter verbreitet ist als in anderen Ländern.«

Wie dort, gab es natürlich auch in England eine große Bandbreite der Prostitution; denn die Nachfrage – wie auch das Angebot – war beträchtlich. Dabei läßt sich für London, wo sich die Prostitution in England konzentrierte, ein deutliches Gefälle nach geographischen Gesichtspunkten feststellen: im Westen, in der Gegend des Hyde Park, waren die Prostituierten der gehobeneren Klasse zu finden. Hier traf man sie oft zu Pferde, mit Hut, Rüschen und Reitgerte, von einer Lady kaum zu unterscheiden. Wer sich mit ihnen einließ, der hatte es meist auf eine Mätresse oder Konkubine abgesehen. Folglich war es vor allem der Adel, der hier nach einer Gespielin Ausschau hielt.

Im Zentrum der Stadt, zwischen Piccadilly und Leicester Square, traf man auf jene Dirnen, die es auf weniger exklusive Kundschaft abgesehen hatten. Obwohl auch sie noch eher zu den Erleseneren ihrer Zunft zählten: ausstaffiert »in schwarzen seidenen Umhängen oder leichten grauen Mänteln – viele mit Seidenpaletots und weiten Röcken«, bieten sie sich dem Auge des Betrachters dar, der abschätzend verfolgt, »wie sie auf- und abgehen«. So ein zeitgenössischer Beobachter, der des weiteren vermerkt: »Oft [sieht man sie] unter sich, eine oder mehrere in Gruppen, manchmal mit einem Verehrer, den sie sich geangelt haben, in einer Bar oder einem Restaurant, wo sie ein Glas Wein oder Gin trinken, zuweilen auch in einem hellerleuchteten Café, das mit großen Spiegeln geschmückt ist, wo sie sich eine Tasse guten Tees oder Kaffees genehmigen.«

Oft trog der Schein jedoch: die Mädchen, die zwar auf der Straße »anschafften«, brachten ihre Kunden dennoch in sogenannte »Dress Houses«, wo sie wohnten und auch die Freier bedienten. Sie standen in Abhängigkeit der Besitzer dieser Häuser, die letztlich Bordelle waren. Daneben gab es aber auch »gay girls«, wie man die Dirnen nannte, die auf eigene Rechnung arbeiteten. Sie bedienten ihre Kunden in Zimmern, die sich oft über den Geschäften befanden, in denen ihre Klientel einkaufte. Auch gab es Häuser in der Art von Stundenhotels, wo man ein Zimmer für die gewünschte Zeit mieten konnte.

Die meisten Prostituierten in London waren »Streetwalkers«; Bordelle im eigentlichen Sinne waren weniger beliebt. Obwohl – wie die oben genannte Zahl erkennen läßt – Bordelle keineswegs selten waren. Doch wird es sich dabei nicht immer um das gehandelt haben, was man etwa in Paris, wo diese Form der Prostitution eher gefragt war, unter einem Bordell verstand.

Am unteren Ende der Skala rangierte die große Zahl der Gelegenheitshuren am East End, einer Gegend, wo sich die ärmere Bevölkerung Londons konzentrierte und die Grenze zwischen Prostitution und sexueller Beliebigkeit fließend war. Während der Spitzenverdienst, über den jene verfügten, die am West End ihrem lukrativen Gewerbe nachgingen, pro Nacht dem entsprach, was ein Arbeiter im Monat verdiente, ja, darüber noch hinausreichte, mußte sich eine Hure am East End mit einem Bruchteil dessen zufriedengeben. Die Prostitution bot hier keinen Ausweg aus dem Elend; sie vergrößerte es nur noch, da die Prostitution zumeist mit Alkoholismus einherging. Wobei nicht immer deutlich zu unterscheiden ist, was am Anfang stand: der Alkohol, der eine Flucht in eine Scheinwelt suggerierte, oder die Prostitution, die sich als realistischere, wenn auch nicht weniger illusionäre Lösung anbot. In jedem Fall war die Prostitution, wie sie sich am East End offenbarte, ganz gleich, ob sie berufsmäßig oder eher nur sporadisch und unregelmäßig ausgeübt wurde, ein Indiz für das Versagen einer Gesellschaft, die einen immer größeren Teil ihrer Mitglieder an den Rand drängte, so daß diesen Zukurzgekommenen oft nur extreme Möglichkeiten blieben, ihr kümmerliches Dasein zu fristen. Prostitution bedeutete in diesem Fall ganz eindeutig eine Entwürdigung des Menschen; denn es haftete ihr nicht nur nicht jener Glamour an, wie er oft mit der Prostitution einhergeht, nicht zuletzt auch in den modischeren Gegenden des viktorianischen London, diejenigen, die der Prostitution am East End nachgingen, taten dies auch nicht freiwillig. Was durchaus nicht so selbstverständlich ist, wie es scheint: immerhin ergab eine Umfrage unter Prostituierten aus dem Jahre 1890, daß von 16 000 sogenannten »fallen women«, wie man – in Anlehnung an den Sündenfall – in prüderen Kreisen Prostituierte nannte, 11 000 angaben, aus *freiem Entschluß* sich für die käufliche Liebe entschieden zu haben. Wobei offenbleibt, was sie zu diesem Entschluß trieb. Es werden nicht wenige darunter gewesen sein, die wurden zwar nicht gezwungen, geraubt, verführt oder vergewaltigt, um so für die Prostitution abgerichtet zu werden; sie hatten aber dennoch keine andere Wahl. Es sei denn, sie wollten verhungern. Und wer will das schon? Die Prostitution erscheint da notwendigerweise als das geringere Übel. Eine Feststellung, die man verallgemeinern kann, wie wir noch sehen werden.

3

Es verwundert vielleicht nicht, daß gerade England, wo die Prostitution ein Ausmaß erlangte wie in keinem anderen Land, zumindest in der sogenannten zivilisierten Welt, zugleich auch das Geburtsland einer Bewegung ist, die als

Abolitionismus bekannt wurde. Damit ist nicht jene Kampagne gemeint, obwohl sie den gleichen Namen trägt und bekannter ist, die sich die Abschaffung der Sklaverei auf die Fahnen schrieb. Eine Bewegung, die gleichfalls in England ihren Ursprung hatte. Abolitionismus im Kontext der Thematik, die uns hier beschäftigt, bezieht sich auf eine Kampagne, die auf eine Beseitigung der Prostitution abzielte. Wie wir gesehen haben, waren in dieser Hinsicht immer wieder Versuche unternommen worden, ausgehend von einer christlichen Ethik, die die Prostitution als Sünde verdammte. Alle derartigen Versuche hatten sich als unrealistisch erwiesen: die Prostitution war, auch und gerade in der vom Christentum geprägten westlichen Welt, zu einem festen Bestandteil der Gesellschaft geworden. Ja, sie hatte, wie der Fall England beweist, eher nicht zugenommen, eine Entwicklung, die auch in anderen Teilen Europas – wie auch Nordamerikas – zu beobachten war. Es war ein Übel, da es sich überwiegend um Zwangs- beziehungsweise Elendsprostitution handelte, das man durchaus an die Seite der Sklaverei, die mit Schwarzen betrieben wurde, setzen konnte. Und so ging man mit ähnlichen Mitteln, wie man der Sklaverei zuleibe rückte, auch gegen die Prostitution vor. Der Anstoß erfolgte – im einen wie im andern Fall – aus kirchlichen Kreisen.

Bereits im Jahre 1865 startete man im Londoner East End eine Initiative, die zunächst nur kurative Ziele verfolgte: man richtete Zufluchtsstätten und Heime für Frauen und Mädchen ein, die Opfer skrupelloser Menschenhändler und Zuhälter beziehungsweise Profiteure der Prostitution geworden waren. Zunächst als »Christian Mission« bekannt, wechselte die Initiative, hinter der ein Methodistenprediger, William Booth, stand, 1878 ihren Namen und nannte sich fortan »The Salvation Army«. Wenn man ihren Mitgliedern heute begegnet, ist man geneigt, sie zu belächeln. Man sollte sich daran erinnern, daß die Salvation Army die erste Organisation war, die entschieden gegen die Prostitution, oder um es genauer zu benennen: gegen ihre schlimmsten Auswüchse, vorgegangen ist.

Eine zweite Initiative startete 1869 Josephine Butler. Ihr Name ist heute vergessen; ganz zu Unrecht: sie war eine bemerkenswerte Frau, die am Anfang der Emanzipationsbewegung stand. Ihr Vater, ein Gutsbesitzer, hatte zu jenen gehört, die die Kampagne zur Abschaffung der Sklaverei führten. Josephine hatte einen Professor in Oxford geheiratet, und hier war es, wo sie zum ersten Mal mit dem vorherrschenden Chauvinismus, der selbst die erlauchtesten Kreise der ausschließlich von Männern betriebenen Wissenschaft kennzeichnete, konfrontiert wurde. Sensibilisiert für die herrschende Ungerechtigkeit im Verhältnis zwischen den Geschlechtern, begann Josephine Butler schließlich mit einer aktiven Kampagne gegen die staatliche Anerkennung der Prostitution. Die Gesetzgebung in England war, soweit es die Prostitution betraf, ambivalent. Nach dem Motto: besser die Sünde tolerieren, soweit sie mit Unwürdigen begangen wird, als die Ehrbaren, die man auf ein Podest hob, zu gefährden, wurde die Prostitution geduldet; sie galt zwar als Ärgernis, aber zugleich auch als notweniges Übel. Verschiedene gesetzliche Anläufe, die bis Mitte des 18. Jahrhunderts zurückreichten, versuchten, die gröbsten Auswüchse zu beseitigen, doch ohne Erfolg. Das Gewerbe mit der käuflichen Liebe blühte und nahm immer verheerendere Formen an. Wobei ein Aspekt, auf den wir noch zu sprechen kommen werden, bislang noch gar nicht erwähnt worden ist: das, was man »White Slavery« nannte. Damit war der Handel mit Frauen und Mädchen gemeint, der nicht nur innerhalb einzelner Länder, sondern auch auf internationaler Ebene – insbesondere zwischen England und dem Kontinent – betrieben wurde.

Josephine Butler nahm sich vor allem letzteren Mißstandes an, indem sie die Gründung eines »Internationalen Verbandes der Freundinnen junger Mädchen« anregte, der gegen den organisierten Mädchenhandel mobil machte. Bevor sie sich jedoch dieser Kampagne zuwandte, die immerhin weltweite Wirkung erzielte, war es ein anderer Aspekt der Prostitution, der ihre Aufmerksamkeit erregte. Es handelte sich dabei um eine Reihe von Gesetzen, die unter dem Namen »Contagious Diseases Acts« für Zündstoff sorgten. Denn diese Gesetze bezogen sich auf militärische Standorte, wo die Prostitution besonders ausgeprägt war und man zum Schutz der Soldaten vor Geschlechtskrankheiten Prostituierten die Auflage erteilte, sich regelmäßig einer ärztlichen Kontrolle zu unterziehen. Was auf den ersten Blick als eine vernünftige Regelung erscheint, bedeutete aus der Sicht ihrer Gegner, zu denen insbesondere Josephine Butler gehörte, eine ausdrückliche staatliche Anerkennung der Prostitution, die ihrer Sanktionierung gleichkam. Mehr noch: der Staat, indem er die Prostitution gewissermaßen organisierte, machte sich letztlich zum Förderer der Prostitution. Um gegen diese Politik vorzugehen, gründete Butler 1875 eine sogenannte »Internationale Abolitionistische Föderation«, die die erste ihrer offiziellen Initiativen darstellte. Doch ein Erfolg blieb aus: bis es 1885 zu einer aufsehenerregenden Wende kam. Wieder einmal wurde im Parlament ein Gesetz diskutiert, das die Prostitution, die ständig weiter ausuferte, einzudämmen versuchte. Doch die Gesetzesvorlage drohte am Widerstand derer, die an den bestehenden Verhältnissen nichts ändern wollten, zu scheitern. Da erschien in der »Pall Mall Gazette«, einer Londoner Abendzeitung, eine Artikelserie, die zum ersten Mal das ganze Ausmaß der Prostitution einer Öffentlichkeit darlegte, die sich bislang eher gleichgültig verhalten hatte und auf einmal bis ins Mark geschockt war. Es war der Beginn der für England so typischen Sensationspresse, und nicht alles, was angeblich aufgedeckt wurde, hielt einer näheren Prüfung stand.

Doch eines ließ sich nicht leugnen: die Beweggründe waren – anders als heute, wo die Presse zumeist nur noch auf Sensationen aus ist – nobel, und so blieb denn die Kampagne der Abolitionisten in England, die mit der Artikelserie in der »Pall Mall Gazette« ihren Höhepunkt erreichte, nicht ohne Wirkung. Bereits einen Monat, nachdem die Artikelserie, die die bezeichnende Überschrift »The Maiden Tribute of Modern Babylon« trug, veröffentlicht worden war, wurde das anstehende Gesetz verabschiedet. Es sah vor, daß das Mündigkeitsalter (von vorher dreizehn) auf sechzehn Jahre angehoben wurde, womit einem wesentlichen Anliegen der Abolitionisten entsprochen wurde: der Eindämmung der Kinderprostitution, was mit der Bezeichnung »Maiden Tribute« signalisiert worden war. Daß im übrigen London als »neuzeitliches Babylon« bezeichnet wurde, in Anspielung auf die »Hure Babylon«, von der die Bibel kündet, war auch nicht gerade eine Empfehlung; was man mit um so größerer Betretenheit zur Kenntnis genommen haben wird, als London immerhin die Kapitale eines Weltreiches war. Der Dünkel der Engländer erhielt einen empfindlichen Dämpfer.

Das Gesetz sah außerdem eine Verschärfung des Verbots des Handels mit Frauen und Kindern vor, und im folgenden Jahr wurden sogar die »Gesetze zur Bekämpfung ansteckender Krankheiten«, gegen die Josephine Butler ihre Kampagne geführt hatte, aufgehoben. Wie es schien, hatten die Abolitionisten einen triumphalen Sieg errungen. Doch die Freude hielt nicht lange vor. In einer Rückschau auf die Prostitution in der Geschichte der Menschheit kam man 1911, in der angesehenen »Encyclopaedia Britannica«, zu dem Schluß: »Es gibt keine Daten für einen Vergleich des Grades an Liederlichkeit zum gegenwärtigen Zeitpunkt in westlichen Gesellschaften mit dem in anderen Ländern oder in früheren Zeiten, aber die unnennbaren Tatsachen, die fortwährend der Sittenpolizei zur Kenntnis gelangen und weniger häufig Ärzten und Richtern zu Ohren kommen, lassen keine Zweifel, daß – soweit es das Ausmaß des Lasters betrifft – die großen Zentren der modernen Zivilisation aber auch nicht das Geringste von Korinth, dem kaiserlichen Rom, Altägypten oder dem heutigen China lernen können.« Für das damalige Europa, das für sich den zivilisatorischen Fortschritt reklamierte, wahrlich kein Anlaß zur Selbstgefälligkeit. Selbst wenn man die vorherrschende Prüderie in Rechnung stellt.

Femme Fatale

»Der Vater hatte Rudolf oft um Geld angegangen und immer von ihm bekommen, denn der Vater verdiente nichts und steckte natürlich schon nach ein paar Wochen in allerlei Schwierigkeiten.

Einmal aber antwortete Rudolf auf ein solches Verlangen: ›Warum verdient denn die Peperl nichts ...?‹

›Die Peperl ...?‹ fragte der Vater.

›Na ja‹, meinte Rudolf, ›die könnt doch auch so viel verdienen wie die Zenzi ...‹

›Soll sie eine Hur werden ...?‹ antwortete der Vater langsam.

›Ah was ... eine Hur ...‹, rief Rudolf, ›jetzt tut's doch dasselbe, was die Zenzi macht ... da ist nix dabei ... und tausende Mädchen müssen sich so ihr Geld verdienen ...‹«

Bereits im 18. Jahrhundert gab es in Wien, das damals etwa 200 000 Einwohner zählte, zehntausend Huren. Wozu noch viertausend weitere kamen, die, so wird berichtet, »weniger frech, unterhalten werden und von Zeit zu Zeit in andere Hände kommen«. Womit Gelegenheitshuren und Kurtisanen beziehungsweise Mätressen gemeint waren, die einen höheren Status einnahmen. »Peperl« (und Zenzi) gehören einer anderen Generation an: es ist die Zeit des Fin de Siècle, die man auch die Epoche der Belle Epoque nennt. Sie stellt wiederum einen Höhepunkt glanzvollen gesellschaftlichen und kulturellen Lebens dar; von dem jedoch in den Kreisen, zu denen Peperl und ihre Freundin gehören, kaum etwas zu spüren ist. Sie entstammen dem einfachen Volk, und das hatte am Glanz der Belle Epoque nur wenig Anteil. Im Gegenteil: das Volk war es, das die Zeche bezahlte, denn die Lebensbedingungen der breiten Masse hatten sich zusehends verschlechtert. Der Begriff »Proletariat« bürgerte sich ein, und es waren in der Tat Not und Elend, was breite Massen des Volkes kennzeichnete. Das war in England so wie in Österreich, in Deutschland wie in Frankreich: die Industrielle Revolution ließ eine neue Klasse entstehen, das Bürgertum. Ihm kamen die Veränderungen zugute, auf

Kosten des Volkes (wie auch des Adels): die Städte expandierten, Fabriken und bürgerlicher Wohlstand zogen Arbeitskräfte und Dienstpersonal an, bei geringer Bezahlung und prekärer Lebensführung. Die Folge, da ein Großteil der benötigten Arbeitskräfte Frauen waren, das Abgleiten in die Prostitution, die in Wien ähnliche Erscheinungen zeitigte wie in London: sie war vor allem Elendsprostitution. Was auch für Peperl und Zenzi zutrifft, die – im einen Fall für den Vater, im andern für den Geliebten – einspringen mußten, da beide arbeitslos waren. Der Vater sträubte sich zwar noch – »... ich mag nicht, daß das Mädel eine Hure wird ...« –, aber er läßt sich schließlich überzeugen:

»›Aber davon ist doch keine Red'‹, unterbrach ihn Rudolf, ›das ist ja nur, bis Sie wieder eine Arbeit gefunden haben ... dann kann ja die Pepi auch wieder solid werden ...‹

Diese Logik leuchtete meinem Vater ein, und Rudolf gewann ihn ganz, als er hinzufügte: ›Ich laß die Zenzi ja auch nur wieder vögeln, weil ich vazierend bin. Bis ich eine Stelle hab', muß sie wieder brav sein.‹«

Rudolf nimmt das nicht so genau: wenn er eben mal keine Arbeit hat, dann muß eben die Zenzi herhalten. Zumal sie bereits einige Erfahrung hat. Auch Peperl ist kein Unschuldslamm mehr; aber gewerblich hat sie es bisher noch nicht getrieben. Was sich nun ändern wird:

»Am nächsten Tag rückte ich mit Zenzi aus. Es war beschlossen worden, und so begann ich meine Laufbahn. Wir gingen in die Innere Stadt, auf den Graben, Stephansplatz, Kärtnerstraße usw. Es war Sommer, heiß, und wir hatten nur leichte Blusen an. Dazu hatte mich Zenzi zu Hause gelehrt, mir das Hemd bis zum Gürtel herabzulassen, so daß ich die Brust unter dem Kleid bloß hatte.«

Was bei dem, um das es ging, nicht schadete:

»Vor uns ging ein großer, sehr nobel gekleideter Mann mit einem schwarzen Bart. Er drehte sich nach uns um und sah mich an. Dann verlangsamte er seine Schritte und ließ uns vorgehen.

An der Ecke der Dorotheergasse zog mich Zenzi in die enge Seitengasse. ›Komm nur‹, flüsterte sie, ›wir biegen ein ...‹

Zenzi drehte sich um. Der Herr stand an der Ecke und blickte uns nach. Wir standen, und Zenzi winkte ihm mit dem Kopf. Da kam er auf uns zu: ›Komm weiter ...‹, mahnte sie, ›da draußen spricht er uns nicht an ...‹

Sie zog mich rasch hinter ein Haustor, dort warteten wir. ›Da gehst immer her‹, riet mir Zenzi, ›wenn du am Graben oder an der Kärtnerstraße bist ... da wohnt niemand ...‹«

Unter Zenzis erfahrener Anleitung wird der Kunde dorthin lanciert, wo er ungestört seinen Wünschen nachkommen kann. Sie sind – Peperl hat Glück – vergleichsweise harmlos. Um so größer ist die Freude über den ersten gelungenen Coup:

»Ich blieb mit Zenzi noch eine Weile auf der Treppe, dann schlichen auch wir zum Haus hinaus. Und ich war ganz glücklich. Zwei Gulden, in zwei Minuten verdient. Und so leicht. Was hatte ich denn für Mühe gehabt? Dabei war ich diesem eleganten Herrn so zugetan, bewunderte ihn so sehr und hatte so viel Hochachtung vor ihm, daß ich gewiß kein Geld von ihm verlangt hätte.«

Es hat sie tatsächlich gegeben, die Josefine Mutzenbacher – die sich hinter dem »Peperl« verbirgt –, und ihr Schicksal wird sich kaum von dem unterschieden haben, wie es in der vermeintlichen »Lebensgeschichte einer wienerischen Dirne, von ihr selbst erzählt« dargestellt wird. Nur, ein autobiographisches Werk ist es nicht: obwohl die Autorenschaft nie eindeutig geklärt werden konnte, so geht man doch davon aus, daß der Wiener Gesellschaftschronist Felix Salten, der freilich durch ein anderes Werk namens »Bambi« bekannt wurde, der eigentliche Verfasser dieser Lebensgeschichte, die 1906 erschien, ist. Salten gehörte einem Kreis von Literaten an, zu dem auch Arthur Schnitzler zählte. Doch anders als Schnitzler wählte Salten seine Themen aus dem Volk, das er aus eigenem Erleben kannte, und so stellt die Geschichte der Josefine Mutzenbacher mehr als nur ein erotisches Meisterwerk dar. Immerhin gilt es als der bedeutendste deutschsprachige Beitrag zur gehobenen Pornographie, ein Feld, das bezeichnenderweise in anderen Sprachen sehr viel mehr gepflegt worden ist. Man denke an die »Kurtisanengespräche« Aretinos, an John Clelands »Fanny Hill« oder auch an die »Gefährlichen Liebschaften« von Choderlos de Laclos; wiewohl im letzteren Fall es sich nicht eigentlich um ein pornographisches Werk, wohl aber um ein Zeugnis des sittliches Verfalls zur Zeit des Rokoko handelt.

Bemerkenswert in diesem Zusammenhang ist, daß es sich stets um Darstellungen handelt – und dies nicht nur bei pornographischen Werken, sondern auch bei Romanen, die dieser Stilgattung nicht zuzurechnen sind, obwohl sie das Thema »Prostitution« behandeln –, die von *männlichen* Autoren verfaßt sind. Insofern ist die Authentizität dieser Werke begrenzt: sie stellen *kein* Selbstzeugnis dar. Was auch bei der Geschichte der Josefine Mutzenbacher deutlich wird: denn obwohl das Leben der Dirne, die Salten zum Gegenstand seiner Aufzeichnungen machte, offenbar ohne größere Widernisse verlief, heißt es doch, daß sie »nach einem reich erfüllten Hurenleben als hochbetagte Frau auf einem Gut bei Klagenfurt verstorben« sei, so ist es doch eher fraglich, ob die Mutzenbacher so viel Vergnügen bei dem empfunden hat, was ihren Unterhalt sicherte, wie es Salten den Leser glauben macht. Doch das ist ein Aspekt der Prostitution, der immer wieder übersehen worden ist; auch wenn es gerade bei den Romanciers des 19. Jahrhunderts nicht wenige gab, die ein sehr viel düsteres Bild zeichneten und damit der Wahrheit zweifellos näher kamen.

Was das Beispiel Mutzenbacher zeigt, trotz aller Beschönigung, das ist das soziale Milieu, aus dem sich ein Großteil der Prostituierten rekrutierte, wie auch die Mechanismen, die dazu führten, daß sie in die Prostitution abglitten. Zwar war gerade in Österreich, nicht zuletzt auf Grund des Einflusses der katholischen Kirche, die Prostitution besonders stigmatisiert – laut Gesetz vom Jahre 1885 war die Prostitution verboten –, doch wie überall, wo derartige Beschränkungen bestanden, wurden sie nicht konsequent beachtet. Weder von seiten der Behörden noch der Betroffenen: Wien war zur Zeit der Belle Epoque ein Zentrum vergnügungssüchtigen Lebens, mehr noch als London, ja selbst Paris. »Wien«, heißt es mit Bezug auf diese Zeit, die ihren Höhepunkt kurz vor der Jahrhundertwende erreichte, »die Sirene unter den Metropolen, wo reiche Männer Schönheit und Jugend um jeden Preis zu kaufen bemüht waren, wo in den Auslagenfenstern der Photographen nicht nur die berühmten Schauspielerinnen, sondern neben Erzherzoginnen und Komtessen auch die Beautés des Tages ausgestellt waren, die in der Liebe Karriere gemacht hatten, diese vollbusige Stadt war heißer Boden für arme Mädchen.« Die, angelockt vom Glanz der Stadt, in hehren Scharen herbeiströmten und sich als Arbeiterinnen, Dienstboten und Kellnerinnen verdingten, ohne je das Glück zu finden, das sie sich erträumt hatten. Die Löhne waren erbärmlich, Dienstmädchen wurden nur allzu leicht das Opfer sexueller Belästigung seitens ihrer Herren oder deren Söhne, und was die Kellnerinnen betraf, so waren sie nicht minder gefährdet, in einem Gewerbe, das von der Prostitution oft kaum zu unterscheiden war.

Auf der anderen Seite standen diejenigen, die von diesen Mißständen profitierten. Und das waren – neben den unmittelbaren Nutznießern, die die Prostitution manipulierten – die gesellschaftlichen Kreise, die den Ton angaben. Dabei ging der Kaiser, Franz Joseph, sozusagen mit leuchtendem Beispiel voran: da seine Ehe mit Elisabeth, auch »Sisi« genannt, nicht glücklich war, hielt er sich eine Mätresse, Katharina Schratt, ihres Zeichens Schauspielerin am Hofburgtheater. Immerhin, nach dem Tode der Kaiserin, ehelichte Franz Joseph seine Mätresse sogar, wenngleich auch heimlich.

Der kaiserliche Hof war der Mittelpunkt des gesellschaftlichen Lebens, wobei sich aller Erwartungen auf den sogenannten Hofball konzentrierten, der die Creme der Gesellschaft zusammenführte. »Die Tänzer sind meist Herren in Uniform«, berichtet Ludwig Hevesi, wie Salten ein Chronist seiner Zeit, »die Damen jene berühmten Wiener Comtessen, deren Schönheit europäischen Ruhm erlangt hat. Meistens feine, schlanke, hochaufgeschossene Gestalten, die in ihren duftigen, einfachen, nur bis zu den Tanzschuhen reichenden Kleidchen, ohne Schmuck, höchstens ein farbiges Seidenband um den Hals, eine Blume im schönen Haar, zwei auf den Tüllfalten gleich rosig angehauchten Lämmerwölkchen auf dem Parquette des Rittersaales dahinschweben.« Zu Walzerklängen, versteht sich.

Es versteht sich auch, daß eine Comtesse und ihresgleichen für die Liebe eigentlich viel zu schade waren; übrigens zu ihrem eigenen Schaden. Aber was das betraf, da hatten sie nicht mitzureden: Frauen der ehrbaren Kreise, und daran orientierte sich auch das aufstrebende Bürgertum, waren für die Liebe nicht geschaffen. Es sei denn, Liebe in einer verklärten Art und später, wenn sie verheiratet waren, in Form einer Pflichtübung. Um den Nachwuchs zu sichern. Sexualität war tabu, und sexuelle Begierde allemal. Sie galt als schmutzig und war dennoch, bedauerlicherweise, den Männern nicht auszutreiben. Weshalb sie Zuflucht zu Minderwertigen nahmen, die es – scheinbar – mit der Sexualität ähnlich wie sie hielten. Auf diese Weise wurde die sittliche Ordnung gewahrt, und die Prostituierte hatte obendrein noch ihr Auskommen. Auch im Zeitalter der Belle Epoque war die Welt noch in Ordnung. Nur Sisi mag geahnt haben, daß da etwas nicht stimmte. Aber es war eben noch nicht die Zeit, darüber zu reden. Nicht im kaiserlichen Wien.

2

Während in Wien, das an die Stelle Versailles' getreten war, höfisches Zeremoniell und aristokratische Privilegien noch einmal einen letzten Triumph feierten, ging es andernorts sehr viel volkstümlicher zu. Das traf nicht zuletzt auch auf Paris zu, wo die Monarchie – nach einem letzten Anlauf unter Napoleon III. – endgültig ausgedient hatte. Auch hier hatten sich zudem infolge der Industriellen Revolution große Wandlungen vollzogen: die Bourgeoisie war auf dem Vormarsch, und das Proletariat breitete sich aus. Die höheren Ansprüche an die Prostitution gingen zurück, und billige Erwartungen traten an ihre Stelle.»Den ganzen Tag, von morgens neun bis abends halb zwölf, müssen wir stehen«, beklagte sich eine Dirne.»Wenn man sich einige Monate lang jeden Tag zwischen dreißig und achtzig Freier geleistet hat, ist man reif fürs Krankenhaus.« Dabei handelte es sich noch nicht einmal um Straßenprostitution, traditionell die niedrigste Form der käuflichen Liebe: vielmehr ist eine neue Art von Bordell entstanden, wo die Kunden sozusagen am Fließband abgefertigt werden. Man nennt diese Neuerung im Prostitutionsgewerbe bezeichnenderweise »Schlachthäuser«: es geht dort zu wie auf dem Jahrmarkt. Berüchtigt ist das »Fourcy«, wo die einfache Nummer 5 Francs kostet. Dafür gibt's eine »Dame« und ein Zimmer. Allerdings herrscht Stoßbetrieb, im tatsächlichen Sinne des Wortes: 70 Kunden pro Schicht sind keine Seltenheit. Der »Mercure de France« schrieb indigniert: »Die Frauen, die dort arbeiten, sind nichts als freudenspendende Tiere. Die Gewohnheit, jeden zu empfangen, der das Haus besucht und bezahlt, läßt sie dem Äußeren der Kunden gegenüber völlig gleichgültig werden.« Kein Wunder, daß Mädchen, die hier landen, Schaden an ihrer Persönlichkeit nehmen. Was eher vorsichtig ausgedrückt ist: »Sie [die Dirnen] streiten sich untereinander, rauchen, lesen sentimentale oder obszöne Romane und trinken Alkohol; sie tragen flatternde, durchsichtige Morgenmäntel.« Wer aufbegehrt und nicht spurt, bekommt es mit der Aufseherin zu tun, die sich kaum von einem Sklaventreiber unterscheidet: »Die kleine Welt [der Bordelle] vegetiert unter den aufmerksamen Augen der Sous-Maîtresse, die das Vertrauen der Chefin genießt und die, falls notwendig, hart durchgreift, eine wahre Zuchtmeisterin in diesen Häusern der Unzucht.«

Häuser wie das »Fourcy« waren jedoch noch Luxusetablissements im Vergleich zu den wahren Lasterhöhlen, wo es wahrlich wie im einstigen Sodom und Gomorrha zuging: ein großer Saal, der als Schankraum diente, jedoch – im Unterschied zu einem tatsächlichen Bistro – Kellnerinnen aufwies, die nicht nur »oben ohne«, sondern gänzlich unbekleidet waren, und zwischen Kaffee und Wein zugleich auch ihre Gunst austeilten, an Ort und Stelle. Pro Schicht brachten sie es auf 30 Freier; das machte 60 Francs, wovon ein Viertel die Bordellwirtin einbehielt. Dennoch nicht schlecht, wenn man bedenkt, daß ein Arbeiter im Vergleich nur 10 Francs am Tag verdiente. Was mehr über das Elend der Arbeiterschaft sagt, aus der sich viele der Prostituierten rekrutierten, als über einen vermeintlich lukrativen Job, dem eine kellnernde Hure nachging. Immerhin verkaufte sie ihre Gunst – ganz zu schweigen von der entwürdigenden Weise, wie sie es tat – für einen Bruchteil dessen, was man im »Fourcy« verlangen konnte.

Die Rechtslage war in Frankreich ebenso undurchsichtig und ambivalent wie andernorts. Im Strafrecht tauchte der Begriff »Prostitution« nicht einmal auf. Es war den örtlichen Behörden überlassen, die nötigen Verordnungen zu treffen, die die Prostitution regelten. Danach war sowohl die Ausübung der Prostitution als auch das Betreiben von Bordellen zulässig. Prostituierte mußten sich registrieren lassen und waren zu regelmäßigen Kontrolluntersuchungen verpflichtet. Außerdem unterlagen sie bestimmten Auflagen, was die Art ihrer Kundenwerbung betraf. Der Staat war mit bis zu zwei Dritteln am Profit, der aus der Prostitution erwirtschaftet wurde, beteiligt. Allein dies war ein nicht zu unterschätzender Anreiz, die Prostitution *nicht* einzuschränken oder gar zu verbieten. Entscheidender dürfte aber auch in Frankreich die übliche Rechtfertigung zur Duldung der Prostitution gewesen sein, die darin bestand, daß man die Prostitution als notwendiges Mittel zur Aufrechterhaltung der öffentlichen Ordnung ansah. Darüber hinaus war auch in Frankreich die Bevölkerung katholisch und folglich der Anreiz zur Doppelmoral groß: die ehrbaren Frauen und Mädchen keusch und züchtig, die Männer so promiskuitiv wie eh und je und die, die dafür herhalten mußten, verfügbar und beliebig.

Schärfer waren die Auflagen, die die »Beschaffung« der Prostituierten regelten. Wobei man hier allerdings recht blauäugig argumentierte: es galt lediglich, Jugendliche vor der Prostitution zu schützen. Wobei jedoch – im Gegensatz zu England, wo die Gesetzgebung in dieser Hinsicht besonders lasch war – die Altersgrenze bei 21 Jahren lag. Insgesamt aber unterlag auch in Frankreich die Prostitution keiner wirklichen, effektiven Kontrolle. Was besonders bei einem Aspekt deutlich wurde: dem, was man »Traite des Blanches« nannte. Damit ist der Handel mit Frauen gemeint, und zwar solchen, die der »weißen Rasse« angehören. Im Gegensatz zu den Schwarzen, die – wenn auch nur noch in Afrika (und Brasilien) – als Sklaven gehandelt wurden.

Die Zunahme und Proletarisierung der Prostitution im Zuge der Industriellen Revolution führte zur Entstehung des Frauenhandels im großen Stil. Da sowohl die Nachfrage als auch das Angebot stieg, blühte dieser Handel wie nie zuvor. Selbst der diesbezügliche Handel, der eine Begleiterscheinung des Goldrausches in Kalifornien war, nimmt sich dagegen harmlos aus. Denn es wurde nun ein schwunghafter Handel mit Mädchen und Frauen betrieben, der schon bald weltumspannende Ausmaße annahm. Die Keimzelle war England, das nicht nur das Geburtsland der Industriellen Revolution war, sondern auch jungen Mädchen, ja Kindern den nötigen Schutz verwehrte, der nötig gewesen wäre, sie vor Prostitution und Verschleppung zu bewahren. Da auf dem Kontinent strengere Gesetze herrschten, wurde England zum bevorzugten Rekrutierungsfeld, wo in zahllosen Städten regelrechte Agenten operierten, die für den gewünschten Nachschub sorgten. Man versuchte es mit allen Mitteln: man fing junge Mädchen an Bahnhöfen ab, beschwatzte und verführte sie; andere wurden regelrecht entführt; Eltern verkauften ihre Kinder – die Möglichkeiten der Beschaffung waren unbegrenzt, und da der Markt florierte, war es ein lohnendes Geschäft, das jedweden Skrupel leicht überwandt. Zumal so erlauchte Persönlichkeiten wie Leopold II., König der Belgier, es sich nicht nehmen ließen, an dem schäbigen Handel teilzuhaben: er investierte immerhin 1800 Pfund im Jahr, die der Beschaffung von Mädchen aus England dienten. Dafür konnte man schon einiges erwarten: war doch in England eine geeignete Kandidatin schon für 20 Pfund zu haben. Allerdings gab es auch exklusivere Angebote: ein Mädchen etwa aus der Oberschicht, womöglich in kindlichem Alter – dafür mußte man auch schon mal 400 Pfund hinblättern. Aber das brachte sie allemal wieder ein: eine solche Kostbarkeit wurde natürlich nicht an ein Pariser »Schlachthaus« verhökert.

Nicht nur der belgische König, auch Belgien insgesamt war maßgeblich am »Traite des Blanches« beteiligt: denn es diente gewissermaßen als Drehscheibe des Frauenhandels. Ganz Europa wurde von hier aus versorgt. Doch der Export von Engländerinnen erfolgte auch in andere Gegenden der Welt; namentlich nach Argentinien, wo Buenos Aires zu einer Hochburg des »weißen Sklavenmarkts« wurde: hier wurden am Vorabend des Ersten Weltkrieges 1500 Prostituierte registriert, eine vergleichsweise geringe Zahl, wobei zudem nur 300 Einheimische waren. Der Rest kam aus Europa, vor allem aus England: in den siebzig Bordellen gehobeneren Standards der Stadt warteten ausschließlich Engländerinnen mit ihren Reizen auf. Die wenigstens werden freiwillig die weite Reise unternommen haben.

Um dem regen Handel mit menschlicher Ware Einhalt zu gebieten, raffte man sich schließlich auf, gemeinsame Anstrengungen zu unternehmen, um der beschämenden Lage Herr zu werden. Josephine Butler, die beherzte Pionierin im Kampf gegen die Prostitution, richtete schließlich ihr Augenmerk auf Belgien und gab den Anstoß zu einer Untersuchung, die die Hintergründe der belgischen Verstrickung in den Frauenhandel aufdecken sollte. Das war 1885. Vierzehn Jahre später kam es zu einer ersten internationalen Konferenz in London, die über den Mißstand des Handels mit Frauen beriet. Eine weitere Konferenz folgte 1902 in Paris, und schließlich wurde 1910 eine »Internationale Übereinkunft zur Unterdrückung des weißen Sklavenhandels« getroffen. Im Rahmen dieser Übereinkunft wurde die Kuppelei, soweit sie Mädchen unter 21 Jahren betraf, zur strafbaren Handlung erklärt; selbst wenn die Betreffende ihr Einverständnis geben sollte. In gleicher Weise galt der Handel mit Frauen und Mädchen über 20 Jahren als Verbrechen, wenn er auf trügerische Weise und durch die Anwendung von Gewalt erfolgte. Damit war ein Instrumentarium geschaffen, das dem Frauenhandel hätte Einhalt gebieten können. Doch ein Ereignis, das weit bedrohlicher schien, warf seine Schatten voraus und rückte alles andere, so dringlich es auch sein mochte, in den Hintergrund. Die Folge war, daß der Frauenhandel nicht nur nicht unterbunden wurde, sondern sich immer weiter ausbreitete. Bis er den ganzen Globus mit einem dichtgespannten Netz überzogen hatte.

3

Es war noch früh am Morgen, die Sonne noch nicht aufgegangen. Ein unheilverkündendes Omen, das derjenigen, die zu einem wartenden Automobil geführt wurde, womöglich bewußt war. Sie trug ein perlgraues Kleid, unter einem Mantel, dazu elegante Schuhe und einen Strohhut mit Schleier. Begleitet wurde sie von einer Wache, einer Ordensschwester und einem Geistlichen. Die Route, die die Fahrzeugkolonne nahm, zu der das Auto gehörte, führte vom Zentrum der Stadt, Paris, in die Außenbezirke. Das Ziel Vincennes, ein mittelalterliches Schloß, das als Kaserne diente.

Die Straßen waren noch leer, grauer Nebel lag über der Stadt. Zum Schutz vor der Kälte trug die Frau Handschuhe. Die Wagenkolonne durchfuhr das Tor des Schlosses, überquerte den Innenhof, vorbei an einem Kerker, einer Kapelle, und wandte sich dem hügeligen, bewaldeten Gelände zu, das sich hinter dem Schloß erstreckte und gewöhnlich für Manöver diente. Die Kolonne hielt, die Frau stieg aus, half der Schwester aus dem Wagen. Der Nebel war noch nicht zerstoben, Laub raschelte unter ihren Schritten.

Eine Gruppe Soldaten, in doppelter Reihe, hatte Aufstellung genommen. Angehörige eines Zuavenregimentes. Dahinter Einheiten von Kavallerie und Artillerie. Vorn ein einzelner Pfahl, zu dem die Frau geführt wurde. Sie weigerte sich, angebunden zu werden; auch eine Augenbinde lehnte sie ab.

Die ersten Strahlen der Sonne fielen auf die makabre Szene. Und das Echo des Urteils, das noch einmal verlesen worden war, hing in der Luft. Da hob sich ein Arm in die Höhe, die Klinge eines Schwertes blitzte im Sonnenlicht. Dann, wie ein Donnergrollen, zwölf Schüsse. Die Frau sank in sich zusammen; ein Offizier trat vor, versetzte ihr den *Coup de grace;* ein Arzt versicherte sich ihres Todes. Das Urteil war vollstreckt ...

Sie hieß Margaretha Geertruida Zelle; das zumindest war ihr Geburtsname. Später nannte sie sich Lady MacLeod, nach ihrem Mann, einem Schotten, der im holländischen Kolonialdienst tätig war. Ihr eigentlicher Name aber, unter dem sie bekannt werden sollte, war ein anderer: es war ein symbolträchtiger Name, er bedeutete – »Auge der Morgendämmerung«, womit die Sonne, der Sonnenaufgang, gemeint war. Diesmal jedoch war das Himmelsgestirn, das ihr stets wohlgesonnen gewesen war, zu spät aufgegangen. Dabei hatte sie eigentlich nie die Hoffnung aufgegeben; stets ihre Unschuld beteuert. Doch es herrschte Krieg, und sie war nicht die einzige, der man vorwarf, eine Spionin zu sein. Für die Franzosen lief es schlecht an der Front; sie brauchten einen Triumph, so fragwürdig er auch war.

Margaretha war die Tochter eines holländischen Geschäftsmannes, wuchs im Schoß einer wohlhabenden Familie auf, besuchte eine Klosterschule, versuchte sich dann auf einem Lehrerinnenkolleg und heiratete im Alter von 18 Jahren den um einiges älteren Kolonialoffizier MacLeod. Das Paar lebte zunächst in Amsterdam, wo ihm zwei Kinder, ein Junge und ein Mädchen, geboren wurden. Dann wurde MacLeod versetzt, und die Familie ging nach Indonesien, das holländischer Kolonialbesitz war. Für Margaretha eröffnete sich eine neue Welt, der Zauber des Orients, dem sie sogleich verfiel. Sie kleidete sich in Saris, pflegte Umgang mit den Einheimischen und begeisterte sich für den indischen Tanz, der in Indonesien gepflegt wurde. Der Ehe bekam das nicht, und die europäische Kolonialgesellschaft nahm Anstoß an dem »skandalösen Verhalten« der jungen Frau.

Die Familie kehrte nach Holland zurück, und die Ehe brach auseinander: Margaretha ließ sich scheiden. Eines ihrer Kinder, der Sohn, war in Indonesien einem mysteriösen Anschlag zum Opfer gefallen. Das Mädchen, ein einzelnes Kind, war kein Hindernis, um neue Wege einzuschlagen. Die aber führten Lady MacLeod nach Paris, wo sich eine glückliche Fügung ergab: sie lernte einen reichen Industriellen kennen, der ein begeisterter Sammler orientalischer Kunst war. Er war von der jungen Holländerin, die erste Versuche als Tänzerin gewagt hatte, hingerissen. Wobei es weniger der Tanz war, der ihn beeindruckte, als vielmehr ihre Schönheit, die in der Tat außergewöhnlich war und immer wieder gerühmt wurde. Monsieur Guimet, der sich der Holländerin annahm, hatte ein Museum, in dem seine reiche Kollektion Aufnahme fand, gegründet, und dieses erschien ihm als der geeignete Ort, die ambitionierte Tänzerin mit der grazilen Anmut einer Inderin groß herauszubringen. Allerdings störte der Name, und so verfiel man auf etwas Passenderes: »Mata Hari«, eine Bezeichnung, die aus dem Malaiischen stammte, das Margaretha während ihres Aufenthaltes in Indonesien erlernt hatte. Mit Mata Hari umschrieben die Malaien den Sonnenaufgang, und unter diesem Namen begann nun eine kometenhafte Karriere für die junge Holländerin. Über ihr Debüt im Musée Guimet hieß es in der französischen Presse, die die Neuentdeckung begeistert feierte: »Niemals vor ihr hat es jemand gewagt, mit dieser bebenden Ekstase und bar aller Schleier vor Gott zu verweilen. Und mit welchen wundervollen Bewegungen! Gewagt und züchtig zugleich. Sie ist wahrhaftig Absaras, Schwester der Nymphen, der Najaden und Walküren, von Sundra erschaffen, um Männer und Weise ins Verderben zu locken.«

Man verglich sie mit den Tempeltänzerinnen Indiens, sogar den Apsaras, den Himmelsnymphen. Und selbst Schiwa, der Herr der Götter, erfreut sich an ihrem Tanz: »Mata Hari wirkt nicht nur durch das Spiel ihrer Füße, ihrer Arme, der Augen, des Mundes und der karmesinroten Fingernägel. Von keiner Kleidung behindert, wirkt Mata Hari durch das Spiel ihres gesamten Körpers. Wenn die Götter von dem Angebot ihrer Schönheit und Jugend unbewegt bleiben, opfert sie ihre Liebe, ihre Keuschheit. Die Schleier, das Symbol ihrer Frauenehre, fallen. Einer nach dem andern wird den Göttern geopfert. Schiwa aber verlangt mehr. Devidasha rückt näher – noch ein Schleier, ein bloßes Nichts – ein Aufrichten ihrer stolzen, sieghaften Nacktheit. Sie weiht dem Gott alle Leidenschaft, die in ihr brennt.«

Natürlich nicht nur dem Gott: ganz Paris lag Mata Hari zu Füßen. Und bald auch das übrige Europa; überall, wo sie auftrat. Und es war nicht nur ihre Schönheit: es war die Art ihres Tanzes, in dem sich die Sinnlichkeit Indiens spiegelte, während sie alle Scham überwandt und ihren Körper quasi unverhüllt den Blicken der Zuschauer darbot, was den besonderen Reiz ihrer Auftritte ausmachte. Es war das erste Mal, daß eine Tänzerin, die Berühmtheit erlangte, derart gewagt in der Öffentlichkeit auftrat. Aber die Zeit kam ihr entgegen: 1905, als Mata Hari in Paris ihr Debüt gab, stand die Belle Epoque in höchster Blüte. Es gab keine Tabus, und die Frau stand im Mittelpunkt des gesellschaftlichen Lebens. Man feierte sie in der Kunst, vor allem im Tanz, der sich um exotische Motive rankte und den Körper der Frau als Vollendung der Schöpfung rühmte. Mata Hari trieb auf dieser Woge und ließ sich wahrhaft treiben. Unbekümmert, aber immer auch zielstrebig. Sie umgab sich mit einflußreichen Männern, schenkte ihre Gunst Prinzen und Bankiers, nahm sie aus, wo sie konnte. Eine *femme fatale* und »la femme la plus célèbre d'Europe«, wie es heiß. Die berühmteste Frau Europas.

Sie tanzte auf dem Vulkan, wie es alle taten, die sie bezauberte. Das Grollen war nicht zu überhören, aber man achtete seiner nicht. Bis es zu spät war, und die Apokalypse hereinbrach, die auch Mata Hari mit sich fortriß. Sie verdingte sich als Spionin; wenigstens sagte man es ihr nach. Spionierte mal für die Deutschen, mal für die Franzosen. Ohne wirklich zu wissen, worauf sie sich eingelassen hatte. Sie selbst erklärte, daß es nur die Männer waren, die sie interessierten. Wobei es nun mal eine besondere Schwäche von ihr sei, daß sie Offizieren den Vorzug gebe:

»Ich liebe Offiziere. Ich habe sie mein ganzes Leben lang geliebt. Ich bin lieber die Geliebte eines armen Offiziers als eines reichen Bankiers. Es ist meine größte Lust, mit ihnen zu schlafen. Dabei denke ich nicht an Geld. Außerdem stelle ich gern Vergleiche zwischen den verschiedenen Nationalitäten an. Ich schwöre Ihnen, daß mein Verhältnis zu allen Offizieren, die Sie erwähnten, von keinem anderen Gefühl inspiriert war, als von dem, was ich Ihnen gerade beschrieb. Außerdem kamen alle diese Herren zu *mir*. Allerdings habe ich aus vollem Herzen ja zu ihnen gesagt. Sie verließen mich absolut befriedigt – ohne daß der Krieg auch nur erwähnt wurde. Ich habe nichts gefragt, was indiskret war. Nur de Massloff habe ich laufend getroffen, weil ich ihn liebte.«

Woraus abzuleiten wäre, daß sie sich mit den andern deshalb abgegeben hatte, weil sie zwar vielleicht arm, aber nicht so arm waren, daß sie sich nicht für die Gunst, die sie ihnen gewährte, hätten erkenntlich zeigen können. Worüber Mata Hari durchaus nicht erhaben war. Sie war ein luxuriöses Leben gewöhnt, und der Tanz allein verschaffte ihr den gewohnten Luxus nicht.

Die Erklärung, die Mata Hari vor einem französischen Militärtribunal abgab, überzeugte ihre Richter nicht: der Umstand, den sie selbst einräumte, daß sie mit Offizieren unterschiedlichster nationaler Herkunft Umgang gepflegt hatte, war immerhin ein Indiz, das gegen sie sprach. Wobei dieser Umgang, nebenbei bemerkt, eine Erklärung dafür liefert, daß sie sich überhaupt auf das gefährliche Terrain der Spionage begab. Ein Wagnis, dessen Konsequenzen sie sich kaum bewußt gewesen sein wird. Mata Hari war eine Spielerin, forderte das Schicksal heraus – und verlor. An jenem Morgen, des 15. Oktober 1917, als sie im Wald von Vincennes vor ein Erschießungskommando trat. Sie starb, wie sie gelebt hatte: hocherhobenen Hauptes, selbst den Tod herausfordernd.

Historische Wende

Als im Herbst 1918, ein Jahr nach dem Tode Mata Haris, der Erste Weltkrieg zu Ende ging, bedeutete dies zugleich auch den Abgesang an eine Ordnung, die diesen Krieg recht eigentlich verschuldet hatte. Monarchien stürzten, und mit ihnen die Aristokratie, zuweilen sogar das Bürgertum, die »Bourgeoisie«, wie es seine Kritiker nannten. Was mit der Französischen Revolution begonnen hatte, fand seine Vollendung als Folge des Ersten Weltkrieges. Das 20. Jahrhundert begann unter einem neuen Vorzeichen.

Nirgendwo waren die Veränderungen, die den Auftakt des neuen Jahrhunderts bildeten, tiefgreifender als in Rußland, wo es bereits im März 1917 zu einer revolutionären Umwälzung kam, die ihrem Vorläufer, der Französischen Revolution, an Bedeutung nicht nachstand. Doch anders als die Französische Revolution, die durch Napoleon unterlaufen wurde, bedeutete die Oktoberrevolution einen radikalen Bruch mit der Vergangenheit. Es gab keine Kompromisse: die traditionelle, auf Klassen gegründete Gesellschaft wurde abgeschafft, und an ihre Stelle trat eine egalitäre Ordnung, so wie sie bereits während der Französischen Revolution verkündet worden war. In Frankreich – wie im übrigen Europa – blieb es eine hohle Phrase; nur in Rußland nahm man sie ernst. Auch wenn auch hier die völlige Gleichheit nie erreicht wurde; Privilegien, über die eine kleine Elite verfügte, gab es auch unter dem neuen System. Doch nichtsdestotrotz: die neue sozialistische Ordnung krempelte die Gesellschaft von Grund auf um, und wer davon besonders profitierte, waren nicht zuletzt die Frauen. Das traf auch für jene zu, die ihren Körper verkauften. Von denen es auch in Rußland eine große Zahl gegeben hatte.

Bereits 1913 hatte Lenin, der damals noch im Exil lebte, anläßlich einer Konferenz in London, bei der es erneut um das vieldiskutierte Thema des Frauenhandels ging, in einem Zeitungsartikel erklärt: »In London ist vor kurzem die Fünfte Internationale Konferenz zur Bekämpfung des Mädchenhandels abgehalten worden. Die Herzoginnen, Gräfinnen, Bischöfe, Pastoren und Rabbiner, Polizeibeamten und alle möglichen bürgerlichen Philanthropen haben sich da ausgetobt. Wieviel festliche Diners hat es gegeben, und was für großartige offizielle Empfänge! Wieviel feierliche Reden über die Schädlichkeit und Verwerflichkeit der Prostitution!«

Lenin wies auf einen Sachverhalt hin, der immer wieder Zusammenkünften dieser Art zum Vorwurf gemacht worden ist. Das reicht bis in die Gegenwart, wo die Mammutkonferenzen der UNO sich zumeist nur durch ihren gigantischen Aufwand auszeichnen: der effektive Erfolg ist oft gleich Null. Man streicht wie die Katze um den heißen Brei und kommt nicht wirklich zur Sache. Das war auch 1913 so. »Welche Mittel zu ihrer [der Prostitution] Bekämpfung«, fährt Lenin fort, »wurden aber von den eleganten bürgerlichen Delegierten in Vorschlag gebracht? Hauptsächlich zwei Mittel: Religion und Polizei. Das sei, so hieß es, das Sicherste, das Zuverlässigste gegen die Prostitution. Ein englischer Delegierter rühmte sich, daß er im Parlament für die körperliche Bestrafung der Kuppelei eingetreten war: so sieht ein moderner ›zivilisierter‹, die Prostitution bekämpfender Held aus! – Eine Dame aus Kanada schwärmte von Polizei und weiblich-polizeilicher Aufsicht über die Gefallenen. Zur Frage einer eventuellen Erhöhung der Arbeitslöhne meinte sie aber, die Arbeiterinnen seien keiner besseren Bezahlung wert. Ein deutscher Pastor wetterte dann gegen den modernen Materialismus, der sich angeblich des Volkes immer mehr bemächtige und die freie Liebe fördere. Und als der österreichische Delegierte Gärtner die Frage vom Standpunkt der sozialen Ursachen der Prostitution – der Armut und des Elends der Arbeiterfamilien, der Exploitierung der Kinderarbeit, der unerträglichen Verhältnisse usw. – anzuschneiden versuchte, wurde er durch feindselige Rufe zum Schweigen gebracht.«

Man muß derartige Konferenzen, die nur zu oft an Zirkusveranstaltungen erinnern, miterlebt haben, um ermessen zu können, wie groß die Frustration häufig ist angesichts blasiert zur Schau gestellter Heuchelei und Indifferenz. Das hat, wie man hier erfährt, eine lange Tradition: »Welche widerliche bürgerliche Heuchelei«, resümiert Lenin, »macht sich doch auf diesen aristokratisch-bürgerlichen Kongressen breit! Akrobaten der Wohltätigkeit und Anwälte der Polizei höhnen da über Armut und Elend und versammeln sich zur Bekämpfung der Prostitution, die doch von Aristokraten und Bourgeoisie gestützt wird!«

Die Industrielle Revolution, die von England ihren Ausgang nahm, führte nicht nur zu einer Proletarisierung und Verarmung weiter Bevölkerungsteile, sie rief zugleich auch eine Kritik an dieser Entwicklung hervor; wobei auch die Prostitution ins Schußfeld geriet, denn sie war ja durch die neue Entwicklung besonders betroffen. So verwundert es nicht, daß bereits Marx und Engels, in ihrem »Kommunistischen Manifest«, das 1848 veröffentlicht wurde, die Problematik der Prostitution aufgriffen und programmatisch erklärten: »Es versteht sich [...] von selbst, daß mit Aufhebung der jetzigen Produktions-Verhältnisse auch die aus ihnen hervorgehende Weibergemeinschaft, d.h. die offizielle und nichtoffizielle Prostitution verschwindet.«

Bislang war die Prostitution, aus dem Blickwinkel christlicher Ethik, immer unter dem Gesichtspunkt der *Moral* betrachtet worden. Die Industrielle Revolution und ihre Auswirkungen veränderten den Blick: nun wurde nach den *Ursachen* gefragt, und die waren wirtschaftlicher und gesellschaftlicher Art. Das war im alten Rußland ebenso wie im übrigen Europa. Wobei in Rußland noch die feudalistische Tradition, die hier besonders ausgeprägt war, hinzukam. Erst unter Alexander II., das heißt in der zweiten Hälfte des 19. Jahrhunderts, wurde in Rußland die Leibeigenschaft aufgehoben. Es versteht sich von selbst, daß die Verfügung über Hörige auch deren sexuelle Dienste miteinschloß. Was einer Zwangsprostitution gleichkam.

Aber der Adel gab sich natürlich nicht mit der gemeinen Prostitution zufrieden: bereits zu Beginn des 18. Jahrhunderts, als unter Zar Peter dem Großen mit der nach ihm benannten Stadt ein Zentrum aristokratischer Kultur entstand, kam es zur Errichtung der ersten Bordelle in Petersburg. Sie erhielten eine besondere Förderung durch das Auftauchen einer Deutschen, die nur als »Dresdenska« überliefert wird, woraus sich immerhin schließen läßt, daß sie aus Sachsen stammte, das ja – unter August dem Starken – ein gewisses Renommee für die Kunst der Liebe der leichteren Art erlangt hatte. Die »Dresdenska« möbelte die eher provinzelle Bordellkultur in Petersburg auf, indem sie ein Etablissement für höhere Ansprüche, ein »Maison de Rendezvous«, wie man es nannte, errichtete. Hier hatten Herren und Damen Zugang, außerdem wartete die »Dresdenska« mit eigenen Mädchen auf. Das ging eine Weile gut bis Elisabeth, die Tochter Peter des Großen, die schließlich den Zarenthron bestieg, es ihrer berühmteren Kollegin, Maria Theresia, die ihrerseits eine Keuschheitskommission zur Bekämpfung der Prostitution einsetzte, nachtat und die Dresdenska auswies, während ihr Nobelbordell aufgelöst wurde. Einen zweiten Anlauf gab es dann unter Katharina II., auch sie die »Große« genannt und selbst den angenehmeren Dingen des Lebens nicht abgeneigt. Zu ihrer Zeit rühmte sich Petersburg eines sogenannten »Drei-Sprachen-Bordells«: es bestand aus drei Etagen – im Parterre warteten Russinnen auf, im ersten Stockwerk Französinnen und im zweiten Freudenmädchen aus deutschen Landen. Hier kam jeder auf seine Kosten.

1843 wurde auch in Rußland die Prostitution legalisiert, und zwar in der Form, wie sie sich – als Folge der Neuerungen unter Napoleon – auch im übrigen Europa durchgesetzt hatte; das heißt, sie unterlag staatlicher Kontrolle, so daß die Prostituierten regelmäßig ärztlich untersucht werden mußten und zur Behandlung eingewiesen wurden, wenn sich dies als notwendig erweisen sollte. Diese sogenannte »Reglementierung« wurde von den Betroffenen als eine Einschränkung ihrer Freiheit betrachtet und – wie wir gehört haben – von den Gegnern der Prostitution vehement bekämpft. Vor allem auch deshalb, weil insbesondere die gewöhnlichen Prostituierten unter dieser Regelung, die oft mißbraucht wurde, zu leiden hatten, während die Edelprostituierten, die von der High Society protegiert wurden, davon ausgenommen waren. Dies traf zumindest für Rußland zu.

Mit der Zunahme der Industrialisierung, die auch in Rußland Einzug hielt, nahm die gewöhnliche Prostitution sprunghaft zu. Allein in Petersburg wurden am Vorabend des Ersten Weltkrieges 40 000 Prostituierte registriert. Das waren immerhin 10 000 mehr als in Wien. Der weitaus größte Teil entfiel auf Angehörige der unteren Schichten; bereits 1899 hatte ihr Anteil in Petersburg 90 Prozent erreicht. Die Not, die die Frauen in die Prostitution zwang, wird deutlich, wenn man sich die Löhne vergegenwärtigt. Eine Fabrikarbeiterin verdiente 1885 nicht einmal die Hälfte dessen, was ihre männlichen Kollegen erhielten, und auch bei ihnen reichte der Verdienst nicht zur Sicherung des Existenzminimums. Zwanzig Jahre später hatten sich die Lebenshaltungskosten um ein Viertel erhöht, die Löhne aber waren unverändert. Prostitution wurde schlechthin zur Notwendigkeit. Ein Gesetz des Systems, das die Exzesse, auf die es sich gründete, nur zu deutlich offenbarte. Die Zeit war reif für einen Wandel: in Rußland erfolgte er nicht ohne einen blutigen Umsturz.

2

Die Oktoberrevolution war die dritte der großen Zäsuren der neueren Geschichte der Menschheit. Ihre Auswirkungen waren überall auf dem Globus zu spüren, und obwohl die Ergebnisse, die sie zeitigte, inzwischen in Mißkredit geraten sind, so läßt sich doch nicht in Abrede stellen, daß die Revolution von 1917 auch bemerkenswerte Erfolge erzielt hat. Paradoxerweise lagen sie weniger im wirtschaftlichen Bereich, obwohl eine neue Ökonomie als Grundlage einer veränderten Gesellschaft gesehen wurde, als vielmehr auf sozialem Gebiet; wo es tatsächliche beachtliche Fortschritte gab. Die – das sei nebenbei bemerkt – inzwischen wieder weitgehend verlorengegangen sind. Wir werden darauf noch zu sprechen kommen.

Was nun die Prostitution anbelangt, so stellte die nunmehrige Sowjetunion das erste Land dar, das den systematischen Versuch unternahm, die Prostitution abzuschaffen. Sie wurde als ein Makel der Gesellschaft und ein Indiz wirtschaftlicher Rückständigkeit gesehen und folglich zu jenen Fehlentwicklungen gezählt, die es zu beheben galt. So wurde als erste Maßnahme eine Kommission zur Bekämpfung der Prostitution einberufen, die 1919 dem sogenannten Volkskommissariat für Gesundheitswesen angegliedert wurde. Drei Jahre später waren bereits erste Erfolge zu vermelden. »Nach der Oktoberrevolution, die unseren politischen und ökonomischen Zuschnitt von Grund auf verändert hat«, hieß es in einer amtlichen Verlautbarung, die in der Presse abgedruckt wurde, »begann die Massenprostitution zu verschwinden. Die Grundmomente, die dieses Verschwinden mitbewirkt haben, sind neben der ökonomischen Befreiung der Werktätigen: die völlige soziale Befreiung der Frau, die abgeänderte Form der Ehe, die Miteinbeziehung der Frau in alle Tätigkeitsgebiete und die weitgehende Agitations- und Aufklärungsarbeit.«

Allerdings räumte man ein, daß nach ersten Anfangserfolgen Rückschläge zu verzeichnen seien, die sich im Zuge der neuen Wirtschaftspolitik ergeben hatten, und es wurde zu verstärkten Anstrengungen aufgerufen, dem neuerlichen Anwachsen der Prostitution Herr zu werden. Dabei ist eine Maxime besonders bemerkenswert: »Der Kampf gegen die Prostitution darf unter keinen Umständen in einen Kampf gegen die Prostituierten ausarten.« Prostituierte wurden als Opfer, nicht als Schuldige gesehen.

Eine wesentliche Neuerung, die man auf Grund des Wiedererstarkens der Prostitution in Angriff nahm, waren sogenannte *Prophylaktorien,* eine Art Umerziehungsanstalt, die nicht zuletzt dem Schutz der Gesellschaft dienten, denn es galt vor allem auch die Gefahr einer Ausbreitung von Geschlechtskrankheiten einzudämmen. Das Konzept, das den Prophylaktorien zugrunde lag, erläutert eine Beobachterin, die sich vor Ort einen unmittelbaren Eindruck von den Anstrengungen machen konnte, die gerade hinsichtlich der Abschaffung der Prostitution unternommen wurden: »Die ›Prophylaktorien‹ sind Arbeitswerkstätten, verbunden mit einem Heim und einer medizinischen Abteilung, in denen geschlechtskranke, arbeitslose, ungeschulte Frauen, vorwiegend Prostituierte, Aufnahme finden, medizinisch behandelt, zur Arbeit angehalten und im proletarischen Sinn umerzogen werden. Nach beendeter Behandlung bringt man die Zöglinge dieser Prophylaktorien, um sie der Arbeit zuzuführen, in Fabrikbetrieben unter.«

Entscheidend ist, daß man nicht etwa ein bloßes Verbot der Prostitution erließ und sich damit begnügte, man erkannte vielmehr, daß man dem Problem der Prostitution nur Herr werden könne, wenn man den Prostituierten eine Alternative bot, indem man sie auf eine neue Tätigkeit vorbereitete und in ein geregeltes Berufsleben integrierte. Das war eine bemerkenswerte Neuerung, die auch konsequent durchgeführt wurde und sich durchaus bewährte: Prophylaktorien wurden überall im Lande eingerichtet, und im Verein mit einer gezielten Aufklärungsarbeit und stringenten Gesetzen wurde die Prostitution in der Sowjetunion so weit zurückgedrängt, daß sie kein soziales Problem mehr darstellte. Es verdient dies hervorgehoben zu werden, weil es – wie gesagt – als ein Novum in der Geschichte anzusehen ist.

Dennoch soll nicht geleugnet werden, daß es auch in der Sowjetunion nicht gelang, die Prostitution völlig auszurotten. Wie ein amerikanischer Beobachter, der mit der Situation in der Sowjetunion aus eigener Anschauung vertraut war, schrieb: »Die Prostitution ist praktisch verschwunden in der Sowjetunion, doch Überbleibseln kann man noch begegnen. Es gibt keine Callgirls, keine Bordelle oder organisierten Frauenhandel, doch Straßendirnen schaffen es immer noch, entlang der Gorkowa in Moskau ihrem Gewerbe nachzugehen, wie auch in ähnlichen Gegenden in anderen Städten. Straßendirnen sind jedoch wesentlich weniger auffällig als in vielen westlichen Städten, zum Beispiel in London. Ein Grund, der die Prostitution erheblich beeinträchtigt, ist der Wohnungsmangel. Die Mädchen haben keinen Ort, wohin sie mit ihren Kunden gehen können; manchmal verwenden sie Taxis, die um einen Block herumfahren oder sonst eine Fahrt unternehmen für den Zeitraum, der nötig ist.«

Mit anderen Worten: der Liebesdienst findet im Taxi statt, was natürlich die Stimmung nicht hebt und dem Geschäft eher abträglich ist. Auch wenn der Taxifahrer gelegentlich so taktvoll sein mag, sich die Beine zu vertreten, damit sich der Klient, an dem auch er verdient, nicht gestört fühlt. Im übrigen weiß beziehungsweise wußte er (aber inzwischen weiß er es wieder), wo eine Prostituierte zu finden war, sofern sie denn nicht im Taxi auf Kundschaft wartete. Das häufig nur deshalb gemietet wurde, weil es besagten Extraservice bot.

Die Rechtsprechung sah harte Strafen für Kuppelei vor. Die Prostitution als solche aber war kein Strafdelikt; da sie offiziell nicht existierte, gab es auch keine gesellschaftliche Handhabe gegen sie. Belangt werden konnten Prostituierte dennoch, und zwar unter dem Vorwurf des »Müßiggangs« beziehungsweise des »Parasitentums«, wie man es nannte. Da jeder verpflichtet war, einer geregelten Arbeit nachzugehen, machte man sich strafbar, wenn man eine solche Tätigkeit nicht nachweisen konnte. Folglich richteten Prostituierte es so ein, daß sie eine Arbeit vorweisen konnten und betrieben die Prostitution nur als Nebenerwerb. Daneben gab es aber auch solche, die dem Geschäft mit der käuflichen Leibe hauptberuflich nachgingen. Sie konnten in zwei Gruppen unterschieden werden: jene, die sich für die oberen Ränge der Gesellschaft (die auch in der Sowjetunion, allen Beteuerungen zum Trotz, nicht klassenlos war) bereithielten, und jene, die sich – im Auftrag des KGB, des Geheimdienstes – mit ausländischen Besuchern befaßten. Die andererseits aber auch zu den bevorzugten Kunden der »nichtstaatlichen« Prostituierten zählten, denn allein sie boten die Aussicht auf begehrte Luxusgüter, die es in der allgemeinen Tristesse des Werktätigenparadieses nicht gab. Die Prostituierten im Dienste des Staates waren Spioninnen; ihre Kunden mußten damit rechnen, abgehört oder gar gefilmt zu werden. Die sogenannten *sekretutki,* die gewissermaßen auch für den Staat arbeiteten, denn bei ihnen handelte es sich, wie die Bezeichnung, unter der sie bekannt wurden, besagt, um Bürokräfte in staatlichen Betrieben und Behörden, waren Sekretärinnen und Prostituierte in einem. Oder, um es genauer zu benennen: sie rangierten zwar auf den Gehaltslisten; ihre einzige Aufgabe bestand aber lediglich darin, ihren Vorgesetzten mit dem zu Diensten zu sein, was es ja eigentlich gar nicht gab. Oder geben durfte. Aber Ausnahmen bestätigen die Regel. Sie diskreditierten ein System, das dennoch den Anspruch erheben kann, die Prostitution als Massenphänomen beseitigt zu haben. Exzesse, wie sie in den westlichen Ländern (und sonst überall auf der Welt) hinsichtlich der Prostitution zu beobachten waren, gab es in der Sowjetunion nicht. Das ist kein geringes Verdienst.

Un petit patron

»Aus einer Ecke taucht ein nacktes Weib. Sie kommt heran wie eine Schlaf-wandlerin. Alles wandelt hier im Schlaf. Sie nähert sich mit wankenden Schritten. Die Sonne liegt auf der Rückseite der Roller wie ein Tier mit gel-bem glänzenden Fell. Alles hier ist in Gelb getaucht. Was ist das? Welch eine Schrift zwischen den Brüsten des Weibes? Die Buchstaben tanzen vor seinen Augen, er kann sie nicht zusammenfügen. Die Ziffern darunter springen in die Höhe und mischen sich unter die Buchstaben. Die Deutsche versucht wie-der, die Arme um seine Knie zu schlingen, und röchelt mit trunkner Stimme. Die Beine des umgestülpten Tisches beginnen, sich vor seinen Augen zu dre-hen wie die Haken des Hakenkreuzes auf einer gelben Armbinde. Die Augen des Weibes bohren und schlingen sich ihm ins Hirn. Wie kommen diese Augen hierher? Woher sind sie plötzlich hier aufgestiegen? Was machen hier Danielas blaue Augen ? ... ›Das schönste Paar der Welt: Pa und Ma ...‹ Danis Stimme ... die Augen schreien ... ihr aufgerissener Mund ... das ist Danielas Stimme, die zu ihm schreit! ... er hört ... er hört deutlich: ›HARRY!!! HARRY!!!‹«

Es war in der Tat eine überraschende Begegnung, die sich da in einem Ar-beitslager in Polen im Jahre 1942 zutrug. Dabei war die Überraschung für Harry größer als für Daniela; denn sie hatte erwartet, ihn zu treffen. Es sogar so eingerichtet, obwohl es kein geringes Wagnis war, das sie einging. Und es wurde ihr dann ja auch zum Verhängnis.

Harry und Daniela waren Geschwister. Sie entstammten einem kleinen Ort in der Nähe von Krakau und waren Juden. Daniela, die zu dem Zeit-punkt, da ihre Leidensgeschichte begann, 14 Jahre alt war, befand sich ge-rade auf einer Klassenfahrt, als das Schicksal zuschlug. Die Klasse wollte den Wawel, eine Art Burg, die über Krakau thronte und ein Wahrzeichen der Stadt war, besuchen. Doch der Zug, in dem sie fuhren, wurde unterwegs an-gehalten. In einem Ort an der Strecke, wo der Zug hielt, trieb man alle Juden, die hier wohnten, und die Schüler der Klasse, die den Zug hatten verlassen müssen, auf dem Marktplatz zusammen und exekutierte sie. Das war so üblich; denn gerade hatten die Deutschen Polen überfallen und diejenigen, auf die sie es besonders abgesehen hatten, waren die Juden. Polen war seit undenklichen Zeiten ein Zufluchtsort der Juden gewesen, und dies nahmen die Deutschen zum Anlaß, mit ihrer Drohung, das jüdische Volk zu vernichten, Ernst zu machen.

Daniela hatte das Glück, wenn man es so nennen will, dem Massaker in Jablowa, dessen Zeuge sie wurde, zu entkommen. Nur um sich wenig später im Ghetto von Krakau wiederzufinden, über das inzwischen die Deutschen herrschten. Schon hier versuchte sie, mit ihrem Bruder, der in einem anderen Ghetto in der Nähe kaserniert war, denn auch er war den Schergen ins Netzt gegangen, in Berührung zu kommen. Doch da sie das Verbot, ihr Ghetto zu verlassen, übertreten hatte und dabei geschnappt wurde, drohte ihr der Abtransport. Von dem man wußte, daß er in den Tod führte. Mitbewohner versteckten sie, und fortan lebte sie ständig in der Angst, entdeckt zu werden.

Doch auch so erfüllte sich ihr Schicksal, das eine besonders perfide Prüfung für sie bereithielt. Zusammen mit anderen jungen Mädchen, die im Ghetto zusammengetrieben wurden, verbrachte man sie in ein Arbeitslager. Zu besonderer Verwendung.

Über ihre Ankunft in diesem Lager heißt es in dem Bericht, der auf Grund ihrer Tagebuchaufzeichnungen veröffentlicht wurde:

»Je fünfzig von den Mädchen des neuen Transports wurden in den großen Dienstblock eingelassen. Obenan saß an einem besonderen Tisch die Lagerärztin, ein rotes Kreuz auf der Armbinde. Neben ihr, zur Seite des Tisches, stand eine Frau: ein Gesicht wie ein Mann, stahlkalt und schweigend, die Arme über der Brust gekreuzt; eine geflochtene Peitsche hing seitwärts unter ihren gekreuzten Armen nieder. Sie trug einen glatten braunen Sweater, bis zum Hals hinauf geschlossen und enganliegend, in ein Paar Reithosen hineingesteckt, und hohe, auf Glanz gewichste Stiefel. Die Binde auf ihrem Arm war von schwarzem Atlas, auf die mit leuchtend roter Seide die Worte ›Ober-Kalfaktorin‹ gestickt waren.«

Eine Figur zum Fürchten, selbst wenn sich hinter ihrer seltsamen Bezeichnung nicht auch noch die Tatsache verborgen hätte, daß sie im Lager das Sagen hatte.

Der erste Akt: Inspizierung. »Innen, am Tor der Baracke«, vermerkt der Bericht, »gehen die beiden Gruppen aneinander vorbei: links ziehen die Hinausgehenden die Lagerkleidung an, die ihnen dort zugeteilt wird, und rechts ziehen die Hereingekommenen sich nackt aus, werfen ihre Kleidung auf einen großen Haufen, einen stets wachsenden Kleiderberg, und treten an den langen Tisch heran, an dem ihre ersten Formalitäten im Lager erledigt werden.« Wozu, neben der Inspektion, auch eine Selektion gehörte. Das sah folgendermaßen aus:

»Die Schreiberinnen verzeichnen die Daten jeder Einzelnen ausführlich, mit pünktlicher Genauigkeit, auf Kartothekblättern.
    ›Krank gewesen?‹
    ›Welche Krankheit?‹
    ›Kranke in der Familie?‹
    ›Verheiratet?‹
    ›Ledig?‹
    ›Geschlechtsverkehr mit einem Mann?‹
    Die Reihe rückte vor. Bei einem besonderen Tisch stand eine vom Dienstkommando und stach mit blauer Farbe eine Ordnungsnummer zwischen die Brüste eines jeden der herantretenden Mädchen. Und unmittelbar danach preßte ihr eine andere, oberhalb der Nummer, einen länglichen elektrischen Stempel ins Fleisch.«

Nicht jede schmückte fortan dieser Stempel; denn mit diesem Stempel hatte es eine besondere Bewandtnis: »Während das Leben wie eine fremde Sache vor deinen Augen schwebte, hat der Körper keinen Schmerz gefühlt, da fremde Hände eine Ordnungsnummer ins Fleisch stachen; und während der Stempel die Worte FELD-HURE ins Fleisch brannte, hat weder der Körper noch die Seele in jenem Augenblick, im Dienstblock des Nazilagers ›Kraft durch Freude‹, einen Schmerz gefühlt.«

Wie man sieht, hat die Parole »Kraft durch Freude« hier eine besondere Bedeutung. Allerdings ist das Lager kein reines Bordell: »Am letzten Tisch, dem der Lagerärztin und der Ober-Kalfaktorin, wurde das Schicksal eines jeden Mädchens endgültig entschieden. Das Lager war in zwei Teile geteilt. ›Arbeitskommando‹ und ›Freudenkommando‹. An diesem Tisch fiel das Los, in welchen Teil des Lagers ein Mädchen geschickt werden solle.«

Daniela wird dem Arbeitskommando zugeteilt. Nicht, daß sie nicht hübsch wäre. Ihre Schönheit wird ihr schließlich doch noch zum Verhängnis. Aber sie ist erst vierzehn, und wenn das Alter, an sich, auch keine Rolle spielte, so war die Erscheinung Danielas doch eher noch kindlich; jedenfalls übersah man anfangs ihre Reize. Und erst bei einer dritten Begutachtung befand man sie für würdig, mit dem Stempel »Feld-Hure« versehen zu werden.

Nun war selbst der Teil des Lagers, der der »Freude« gewidmet war, kein

Bordell im üblichen Sinne. Das fing schon damit an, daß auch hier eine Selektion erfolgte: ein sogenanntes »Institut für Hygiene und wissenschaftliche Forschung«, das dem Bordell angeschlossen war, nahm an einigen der Mädchen, die ausgewählt wurden, medizinische Versuche vor. Dabei ging es um Befruchtung oder die Verhinderung derselben, um Zwillinge und Geschlechtskrankheiten, für welch letztere man – zur Erhaltung der Truppe – dringlichst an geeigneten Präparaten experimentierte. Wozu die Selektierten ein geeignetes Versuchsfeld boten.

Daniela wurde nicht selektiert. Was nicht bedeutete, daß sie den Schergen des makabren Instituts gänzlich entging: »Kam ein neuer Transport in der ›Freuden-Abteilung‹ an, so passierten die Mädchen zuerst den Operations-Block, der sich in der Wissenschafts-Abteilung befand. Der Operations-Block wurde vorher freigemacht, und an allen Mädchen des neuen Transports wurde die Sterilisation auf einmal vorgenommen. Am nächsten Tag waren die Mädchen schon bereit zur Aufnahme in die Freuden-Abteilung. Da Daniela aber ein außerordentlicher Einzelfall war, wurde der Sterilisationsakt an ihr im Wissenschaftsblock durchgeführt; in einem Käfig, der gerade frei stand.«

In einem solchen Zoo kam man sich wie bei Hagenbeck vor; sofern Daniela gewußt hätte, was damit gemeint war. Aber sie erkannte es auch so:

»Durch das Drahtnetz blicken die Augen der Draußenstehenden zu ihr hinein, wie man in den Käfig eines gefangenen exotischen Tieres im zoologischen Garten hineinsieht. Sie lag da, nackt, die ausgespreizten Knie an die aufragenden Eisenstangen des Tischs geschnallt. In den Händen eines der Assistenten sah sie das Instrument, das man heute früh tief in ihr Geschlechtsteil eingeführt hatte. Ihr Körper erzitterte instinktiv. [...] Gleich werden sie Harry hereinbringen, sie werden ihn gebunden festhalten, damit er sehe, was man jetzt mit ihr tun werde. Sie wollte schreien, doch ... [es] drang ... [kein] Schreien [...] aus ihrem Hals. Das gefesselte Leben erbebte in ihrem Innern. Ihr Leib zitterte.«

Harry, ihr großer Bruder, an den sie sich in Gedanken klammerte, war ihre einzige Stütze. Doch was hätte er gesagt, wenn er sie so, in all ihrer Erniedrigung, erblickt hätte? Daran wagte sie nicht zu denken. Und doch blieb ihr auch diese letzte Entwürdigung nicht erspart. Doch erst einmal stand die Freude auf dem Programm. Es war eine Freude besonderer Art:

»Im Block herrscht Stille.

Augenblicklich dürfen sie noch vor dem, was sogleich geschehen wird, Angst haben. Jetzt dürfen sie noch Schauder empfinden vor dem, was ihnen bevorsteht. Und sie werfen sich in die offenen Arme der Angst, welche bald den Deutschen ihren Platz räumen wird, die jetzt hierher, in den Block, kommen, um sich zu unterhalten. Noch einen Moment, und die Mädchen haben ein Lächeln aufzusetzen. Der hohe deutsche Besuch kommt doch nicht hierher, um hier Trübsal zu blasen und sich traurige Augen anzusehen – er will sich unterhalten! ... Hat die Puppe das kapiert? Wenn nicht, wird man ihr die Ohren aufmachen, daß sie es verstehen! Vor allem – die Nummer herzeigen! ... Die muß er schwarz auf weiß in der Tasche haben. Nur so, auf alle Fälle. Nachher, wenn er beim Büro vorbeigeht, wird er sehen, was er damit anfängt. Und jetzt, wenn er die auf ihrer Brust eingebrannte Nummer sicher in der Tasche hat, wird die Puppe schon so freundlich sein, alles herzugeben! ... Und zwar mit Gusto! Lustig, so daß man etwas davon hat! Und worauf er gerade Appetit hat. Es muß ihm so schmecken wie sein Pilsner Bier – aber wie ein frisches mit Schaum.«

Die Deutschen, das waren deutsche Soldaten, auf der Durchreise, an die Front. Sie sollten ein wenig aufgeheitert werden, bevor es in den Tod ging. Und so mußten die Mädchen in der »Freuden-Abteilung« spuren, damit der Zweck auch erfüllt wurde. Und wehe, sie taten es nicht: drei »Meldungen«, wie man es nannte, genügten, und ab ging's ins Gas. Da ließen die Deutschen nicht mit sich spaßen. Die »Freuden-Abteilung« war schließlich nicht nur zur Freude da. Machte einer der uniformierten Freier eine Meldung, das heißt, er beschwerte sich, weil das Mädchen womöglich nicht kooperativ genug war, dann brauchte sich das nur noch zweimal wiederholen, und die Zeit war abgelaufen. Vorher wurde man noch öffentlich, vor versammeltem Lager, gezüchtigt, dann wurde man in einen Lastwagen verfrachtet, in dem schon die Toten lagen, die das »Arbeitskommando« nicht überstanden hatten, und die Reise ins Jenseits war besiegelt.

Daniela hielt sich tapfer. Drei Jahre lang. Dann ergab sich eine Möglichkeit, in jenes Nachbarlager zu gelangen, wo sich ihr Bruder Harry befand. Sie hatte ihn in all den Jahren nicht wiedergesehen. Aber als sie ihm schließlich begegnete, war das zugleich die wohl größte Pein: die Deutschen feierten eine Orgie, bei der sie zum Einsatz kam. Die Scham, die sie empfand, als sie ihr Bruder entdeckte, überwand sie nicht. In ihr »Freudenlager« zurückgekehrt, ging sie schließlich den letzten Weg: »Aus dem Dunkel hervor wandelte Danielas Gestalt in ihrem weißen Nachtgewand. Sie ging geradewegs auf den Teich zu und trat in den roten Lichtschein des Lagerwegs. Die Nacht, die hinter dem Stacheldraht lauerte, öffnete rote, brennende Augen und folgte gierig dem Dahinwandeln des zarten Mädchenkörpers im weißen Leinengewand, der unentwegt in ihren aufgesperrten Rachen schritt.«

Nicht etwa, daß sie flüchten wollte. Nein, es gab nur einen Ausweg:

»Die Nacht erwidert das Krachen des Schusses mit wild rollendem Gelächter. Die Wachttürme ringsum werden wach und spitzen die Ohren. Die S.S.-Wache auf der Brücke kann das Lachen nicht unterdrücken und läßt es frei ausbrechen, bis hinüber zu den letzten Wachtposten an der Straße: mögen doch die Kameraden es wissen, daß ihn morgen drei Tage Urlaub erwarten! Das ›Wild‹ liegt in seinem Schußgebiet. Er hat mit Überlegenheit und Ruhe gehandelt. Er hat das Wild bis ans Wasser herankommen lassen; nicht einen Augenblick zu früh hat er geschossen. Den rechten Moment zu erfassen, darauf kommt es an. Und er, der Posten auf der Brücke, hat ihn erfaßt!«

2

Ihr Name war Daniela Preleschnik, und er verdient an die Seite der Anne Franks gestellt zu werden, die mit ihrem Tagebuch die Herzen in aller Welt rührte. Daniela ist eine Namenlose geblieben, obwohl der Bericht, der auf ihren Tagebuchaufzeichnungen beruht, bereits 1960, als die erste Ausgabe auf deutsch erschien, in sechzehn anderen Sprachen vorlag. Man hat ihn immerhin zur Kenntnis genommen, und so ist das Zeugnis, das Daniela hinterließ, nicht gänzlich unbeachtet geblieben.

Sie mag ein Sonderfall in ihrem Lager gewesen sein; vielleicht, weil sie noch so jung war. Aber sie war keineswegs eine Ausnahme, soweit es ihr Schicksal betrifft: Zwangsprostitution gehörte im Dritten Reich zum Alltag. Sie betraf zwar nicht die Deutschen selbst, wenigstens nicht generell, aber dafür um so mehr Frauen und Mädchen in den von den Deutschen besetzten Gebieten. Grundsätzlich war die Prostitution zur Zeit des Nationalsozialismus zwar geduldet; unterlag aber einer strengen Kontrolle. Ein Gesetz zur Regelung der Prostitution, das vom 26. Mai 1933 datiert, stellt unter Strafe, »wer öffentlich in auffälliger Weise oder in einer Weise, die geeignet ist, einzelne oder die Allgemeinheit zu belästigen, zur Unzucht auffordert oder sich dazu anbietet«. Wie üblich, sah man in der Prostitution ein notwendiges Übel, das aber nach Möglichkeit unsichtbar bleiben sollte, denn es paßte nicht in die Vorstellung einer angeblich sittlich vorbildlichen Herrenrasse. Schon Hitler hatte, in »Mein Kampf«, mit markigen Worten die Prostitution gegeißelt: »Wer der Prostitution zu Leibe gehen will, muß in erster Linie die geistige Voraussetzung zu derselben beseitigen helfen. Er muß mit dem Unrat unserer sittlichen Verpestung der großstädtischen ›Kultur‹ aufräumen, und zwar rücksichtslos und ohne Schwanken vor allem Geschrei und Gezeter, das natürlich losgelassen werden wird.«

Hitler bezog sich auf die Zeit der zwanziger Jahre, die auch als die »Roaring Twenties« bekannt geworden sind. Sie stellten einen Wandel gegenüber der voraufgegangenen Epoche, die im Zeichen viktorianischer Prüderie (und Doppelmoral) gestanden hatte, dar. Überkommene Tabus wurden überwunden, man fiel ins andere Extrem, frönte einem hedonistischen Lebensstil und näherte sich schließlich erneut einem Abgrund, zunächst einer wirtschaftlichen Krise, die weltweit zu einer Rezession führte, und dann der Naziherrschaft, die infolge der Krise hochgespült wurde. Eine neue Moral wurde propagiert, die eine Rückkehr zur Prüderie bedeutete und die Frau auf die Funktion einer Gebärmaschine reduzierte. Denn das auserwählte Volk schickte sich an, die Welt zu erobern, und dazu mußte man Vorsorge treffen und, als es dann soweit war und die Welt in Flammen stand, für Nachschub sorgen. Welchem Zweck auch eine besondere Einrichtung diente, die als »Lebensborn« bekannt geworden ist. Im Volksmund hieß sie »Himmler-Harem«, auch von »Edelbordellen«, die »Zuchtbullen der SS« zur Verfügung standen, war die Rede. Jedenfalls war der Zweck der Übung, die hier gepflegt wurde, gezielt eine rassische Elite zu schaffen; wobei es unerheblich war, ob die prüde Moral, die man sonst propagierte, eingehalten wurde. Nicht der Trauschein war entscheidend, sondern das Erbgut. Von Bordellen aber kann dennoch nicht die Rede sein: es handelte sich bei den Einrichtungen, die unter dem Begriff »Lebensborn« figurierten, um eine Art Mütterheim, das eher biederen Charakter hatte. Prostituierte hatten hier keinen Zugang, auch keine Edelnutten, die es im übrigen in der braunen Tristesse, wie sie im Dritten Reich herrschte, auch gar nicht gab. Andererseits soll nicht verhehlt werden, daß die Verblendung so mancher Maid, selbst wenn sie schon fortgeschrittenen Alters war, so weit ging, daß sie dem »Führer« ein Kind zu schenken bereit war, auch wenn sie sonst an eine Familie nicht dachte. Das heißt, nicht verheiratet war und auch nicht eine Ehe anstrebte. Insofern kann man vielleicht von Prostitution sprechen: die Lebensborn-Adeptin stellte ihren Körper nicht zur Lust, sondern zu höherer Ehre, die sie dadurch erlangte, zur Verfügung. Der Volksmund stützt sich immer auf ein Körnchen Wahrheit.

Was nun die tatsächlichen Prostituierten betrifft, so waren sie im Dritten Reich strengen Auflagen unterworfen. Sie mußten sich registrieren lassen, waren regelmäßiger ärztlicher Kontrolle unterworfen und durften sich nur in bestimmten Gegenden aufhalten; im Sinne des Gesetzes, das ihnen untersagte, öffentlich in Erscheinung zu treten. Im übrigen wurde seitens der

Obrigkeit, die auf Zucht und Ordnung bedacht war, dafür gesorgt, daß – wenn es denn schon einschlägige Etablissements gab – es sich dabei wenigstens um »anständige deutsche« Bordelle handelte. Sie mußten einen Mindeststandard an Ausstattung und Hygiene aufweisen, und vor allem war darauf zu achten, daß die Fenster immer verhangen waren und die Dirnen nicht vor der Tür herumlungerten.

An Nachschub, für den Dirnenberuf, herrschte kein Mangel. Was in gewisser Weise paradox ist; denn die Nazis waren – ähnlich wie die Russen, unter den neuen, sozialistischen Parolen – der Auffassung, daß man der Prostitution am besten mit Arbeit beikommen könne, die man schuf und den Prostituierten zuwies. Doch was die Nazis auf der einen Seite zurechtrückten, das hoben sie auf der andern wieder auf: indem sie in ihrem Rassen- und Herrenwahn kurzerhand all jene in die Kategorie von Prostituierten einstuften, die als »asozial« galten. Wer über keinen Wohnsitz, keine Arbeit, keine Schulbildung verfügte, mußte damit rechnen, daß er der Prostitution verdächtigt wurde; was entsprechende Maßnahmen nach sich zog, die von Entmündigung und Sterilisation bis zur Einweisung in ein Arbeits- oder Konzentrationslager reichen konnten. Wo man freilich nicht selten mit einem tatsächlichen Einsatz als Prostituierte rechnen mußte.

Während im Reich insgesamt eher sittliche Strenge herrschte, ging es an der Front, als der Krieg, den die Nazis vom Zaun gebrochen hatten, in Europa tobte, wesentlich ungezwungener zu. Wobei man unterscheiden muß zwischen der Westfront, wo man auf Bestehendes zurückgreifen konnte, und der Ostfront, wo man den Voraussetzungen für die Lust in Uniform erst auf die Beine helfen mußte. Zumal in Rußland, wo die Prostitution ja verboten und praktisch abgeschafft war.

Besonders günstig war die Ausgangslage in Frankreich, wo das Geschäft mit der Lust fast nahtlos in die neue Zeit, die von den deutschen Besatzern vorgegeben wurde, überging. Bereits ein Jahr nach der Besetzung von Paris gab es hier bereits dreißig Bordelle, die unter der Ägide der Wehrmacht standen, aber weiterhin von den ursprünglichen Betreibern geführt wurden. Die Frauen, die hier arbeiteten, wurden mit Kontrollnummern und Kennkarten versehen, und jeder, der sie aufsuchte – und es waren nur Angehörige der Wehrmacht zugelassen –, war verpflichtet, eine Besucherkarte, die die Liebesdienerin ihm aushändigte und die ihre Daten enthielt, für einen bestimmten Zeitraum aufzubewahren. Damit – beim Auftreten einer Geschlechtskrankheit – gezielt Maßnahmen der Eindämmung unternommen werden konnten. Denn nichts fürchteten die Verantwortlichen mehr als eine Schwächung der Truppe durch den Ausbruch von Lustseuchen.

Um dem vorzubeugen, tat man ein übriges, indem man bemüht war, auch

diejenigen der Prostituierten zu registrieren, die außerhalb der Wehrmachts-
bordelle ihrem Gewerbe nachgingen. Der Erfolg war allerdings gering: in Paris gab es von diesen »Freischaffenden« zwischen 80 000 und 100 000: nur ein
Bruchteil davon, fünf- bis sechstausend, konnte von den deutschen Behörden
erfaßt werden. Gegen die Flut unkontrollierter Lust war kein Ankommen.

Anders sah die Sache im Osten aus. Hier war das Terrain geradezu jung-
fräulich. Was gar nicht einmal übertrieben ist: so waren die Deutschen nicht
wenig erstaunt, als sie bei entsprechenden Untersuchungen feststellten, daß
offenbar die Jungfräulichkeit bei ledigen Russinnen weit verbreitet war – sie
betrug in zwei konkreten Fällen, die besondere Beachtung fanden, 85 Prozent. Man kann daraus ermessen, wie groß die Tragik war, die sie erwartete:
denn wer den Einfall der Deutschen überlebte, mußte zunächst damit rechnen, vergewaltigt zu werden, und wurde dann vor die Wahl gestellt, in einem
Bordell der Wehrmacht zu arbeiten oder nach Deutschland in ein Arbeitslager deportiert zu werden. Und selbst dann, wenn sich die Frauen für ein Lager entschieden, waren sie vor einer Zwangsprostitution nicht sicher. Denn
auch in den Arbeitslagern und KZs richteten die Deutschen Bordelle ein. Was
erstere betrifft, so lieferte Himmler, der ein Befürworter einer solchen Einrichtung war, ein – wie man meinte – schlagendes Argument. »Wenn ich die
Bordelle nicht einrichte«, erklärte er, »gehen diese Millionen Ausländer auf
die deutschen Frauen und Mädchen los.« Nicht auszudenken, was dann aus
dem sorgsam gehegten Pflänzchen der Herrenrasse geworden wäre; zumal
die Frauen und Mädchen im Reich, deren Männer und Verehrer an der Front
standen, gänzlich leer ausgingen und einem konzentrierten Übergriff seitens
der Zwangsarbeiter wohl nur bedingt Widerstand entgegengesetzt hätten.
Also durften sich auch Zwangsarbeiter mit Prostituierten, die speziell für die
Lager abgestellt waren, vergnügen. Wenn sie ordentlich arbeiteten, versteht
sich. Denn Prostitution bedeutete hier für die Begünstigten zugleich einen
Ansporn: ohne Leistung, keine Lust.

Bordelle im Osten, die der Wehrmacht (und der SS) zur Verfügung standen, mußten nicht nur erst neu geschaffen werden, es ergab sich zusätzlich
auch das Problem, daß es im Osten ja eigentlich – im Gegensatz zum Westen,
wo selbst Franzosen, wenngleich auch nur bedingt, zur Kategorie der Herrenrasse zählten – nur Untermenschen gab. Mit ihnen Umgang, und noch dazu
intimen, zu pflegen, war ein arger Verstoß gegen die herrschenden Prinzipien.
Der aber letztlich toleriert wurde: es ging ja auch nicht um Nachwuchs –
schließlich wurden die in Frage Kommenden, die fortan als »Feldhuren« dienen mußten, prophylaktisch sterilisiert. Sie waren wirklich nur fürs Vergnügen da. Und so mancher, der ihre Dienste in Anspruch nahm, wird den richtigen Kick erst dadurch erlangt haben, daß er sich doch eigentlich eingestehen

mußte, daß er etwas Unerlaubtes beging – indem er die Ideologie der Herrenrasse, für die er seinen Kopf hinhielt, letztlich ad absurdum führte. Aber
selbst die Nazis mußten Konzessionen machen, wenn es um die Lust ging.

Daniela war eines der Mädchen, das die Deutschen im Osten zur Prostitution zwangen. Wie das geschah, ist an ihrem Beispiel deutlich geworden. Es
klang auch an, daß sie nur eine unter vielen war. Juden wurden nicht nur
vergast; das war nur die Endstation. Vorher mußten viele noch ihren Mördern als Matratze dienen. Man sage nicht, daß die Deutschen nicht auch
praktisch veranlagt waren.

Genial, aus ihrer Sicht, war auch die Regelung, die man bezüglich der
Konzentrationslager traf. »Das Lagerbordell«, berichtet ein Zeuge, der selbst
Insasse eines Konzentrationslagers war, »wurde mit dem keuschen Namen
›Sonderbau‹ benannt und in Buchenwald bezeichnenderweise zwischen dem
Experimentierblock 46 und dem Häftlingskrankenbau errichtet.« Die Expe-
rimentierfreudigkeit der Deutschen war in den Konzentrationslagern besonders ausgeprägt. Davon konnten auch die Insassinnen des KZs »Ravensbrück«, das ein spezielles Frauenlager war, ein Lied singen. Aber auch für
andere Zwecke waren sie nützlich: »Aus dem Frauen-KZ Ravensbrück wurden unter Führung von je zwei SS-Scharführerinnen, die sich häufig wie Flin-
tenweiber aufführten, stets 18 bis 24 Mädchen in jedes der Lager gebracht,
wo ein Bordell eröffnet wurde.« Man versprach ihnen, daß sie nach einem
halben Jahr freikommen würden. Was pure Illusion war; selbst wenn man es
ehrlich gemeint hätte: die meisten waren nach einem halben Jahr nicht mehr
in der Lage, um die Erfüllung des Versprechens nachzusuchen. Geschlechts-
krank, erwartete sie nur die Spritze, die sie hinüber ins Jenseits brachte. Die
praktische Seite der Deutschen offenbarte sich hier in dem Umstand, daß sie
erst Prostituierte nach Ravensbrück einlieferten, weil sie Prostituierte waren
beziehungsweise die engen Grenzen, die der Prostitution gesetzt waren, überschritten hatten, und sie dann, indem sie sie gewissermaßen reaktivierten, als
Prostituierte wieder zum Einsatz brachten. Nichts wurde verschwendet im
Dritten Reich. Selbst Prostituierte nicht.

3

Als sich mit der Schlacht um Stalingrad eine Wende im Zweiten Weltkrieg
abzeichnete, bedeutete dies dennoch kein Ende der Kampfhandlungen. Sie
zogen sich noch zwei Jahre lang hin, und selbst dann, als der Schlachtenlärm
verstummte, waren die Greuel noch nicht vorüber. Nicht nur, daß die Deut-

schen – in einem letzten Aufbäumen des Hasses oder in dem Bemühen, Spuren zu verwischen – noch einmal eine Unzahl von Gewalttaten begingen, unter denen besonders die sogenannten Todesmärsche zu erwähnen sind, auch die Sieger, freilich nur im Osten, ließen sich nicht lumpen. Daß sie sich an den Deutschen, Frauen und Mädchen, vergingen, gehorchte dem Gesetz der Vergeltung. Schließlich waren es die Deutschen gewesen, die den Krieg auch auf Zivilisten, insbesondere Frauen, die sie erniedrigten, ausgeweitet hatten. Da war es nur verständlich, daß die Russen, als sie die Oberhand gewonnen hatten, es ihnen mit gleicher Münze heimzahlten. Dabei waren sie allerdings keineswegs zimperlich: mehr als zwei Millionen Deutsche, Frauen und Mädchen, wurden – teils auf der Flucht, teils bei der Besetzung eroberter Gebiete, allen voran Berlins – von Angehörigen der russischen Streitkräfte mißbraucht. Doch darüber hinaus vergingen sich russische Soldaten auch an Insassinnen von Konzentrations- und Arbeitslagern, die sie »befreiten«. Der Krieg hatte die Grenzen zwischen Recht und Unrecht gründlich verwischt.

Im Westen sah die Situation allerdings anders aus. Hier begann der große Rückschlag für die Deutschen mit dem sogenannten »D-Day«, dem Tag der Invasion der Alliierten in der Normandie am 6. Juni 1944. Frankreich und Belgien wurden überrollt, und schließlich stießen die Amerikaner und Engländer bis auf den Boden des Deutschen Reiches vor. Aber es war auch hier kein Spaziergang, und bis die westlichen Alliierten sich mit ihren Verbündeten im Osten an der Elbe trafen, verging noch einmal fast ein Jahr. Dennoch bedeutete der Vormarsch der Alliierten im Westen einen Triumph der besonderen Art: als Sieger gefeiert, wo immer sie auftauchten – selbst bei den Deutschen, die kriegsmüde waren und die Eroberer quasi als Befreier empfingen –, hatten die Soldaten der Alliierten leichtes Spiel, wenn es um die Herzen vor allem der weiblichen Bevölkerung ging. Wobei es freilich nicht nur die Herzen waren, die beim Anblick eines siegreichen GI höherschlugen. Auch der Hunger, die Sorge um das nackte Überleben, meldete sich, und natürlich dachte man auch ans Geschäft, jenes, das zwar auch unter den deutschen Besatzern nicht zu kurz gekommen war, jetzt aber, im Siegesrausch, erst richtig aufblühte. Bereits Stunden, nachdem die Alliierten Cherbourg besetzt hatten, das von den Deutschen erbittert verteidigt worden war, hatten sich die einschlägigen Häuser der Stadt auf die neue Klientel eingestellt: diese wies immerhin die Besonderheit auf, daß man dem weißen und schwarzen Anteil an den Truppen der Amerikaner gesondert Rechnung tragen mußte. Ein Problem, dem man mit der Errichtung separater Etablissements begegnete.

So mancher GI beziehungsweise sein Pendant in den britischen (und kanadischen) Streitkräften erlebte bei dem Vormarsch der Alliierten im Westen zwar nicht seine Feuertaufe, aber dennoch eine Art Initiationsritus, bei dem man sich schließlich auch bewähren mußte. Wie sich ein einstiger Tommy, nicht ohne den für die Briten so charakteristischen Humor, erinnerte:

»Wir gingen hinein und gelangten in eine kleine Bar, in der wir überall Frauen sahen, die mit nichts anderem als ihrer Unterwäsche bekleidet waren. ›Verhalte dich ganz natürlich‹, sagte ich zu Knobby [ein Begleiter]. ›Tu so, als ob du so was schon dein ganzes Leben lang gemacht hast.‹ Ich ging zu einem hübschen blonden Mädchen, das einen Pudel im Arm hielt, und fragte sie forsch: ›*Voulez-vous couchez avec moi et combien?*‹ Ich besaß zweihundert Francs, was ich für mehr als ausreichend hielt, und zu meiner Freude und Knobbys Überraschung willigte sie ein und führte uns hinauf in ihr Zimmer. Zu meinem Schrecken bestand sie darauf, eine Schüssel hervorzuholen und mein Geschlechtsteil zu waschen. In dem kalten Wasser sank meine Vorfreude so schnell, daß sie es mit dem Finger kitzelte und sagte: ›*Alors, c'est un petit patron.*‹ Ich antwortete: ›Da warte nur ab!‹«

Auf sechzig Prozent wird die Zahl derer geschätzt, die unter den Soldaten der Westalliierten Umgang mit einer Prostituierten oder einem Mädchen hatten, das zwar keine Gewerbliche war, es aber mit der Moral nicht so genau nahm. Was übrigens eine allgemeine Erscheinung war: der Krieg hatte eine demoralisierende Wirkung, auch und gerade, was das sexuelle Verhalten betraf. Das äußerte sich nicht nur in sexueller Gewalt, wie sie an der Ostfront gang und gäbe war, sondern auch in einem Rückgang sexueller Hemmschwellen generell. Den Tod ständig vor Augen, alle Ordnung auf den Kopf gestellt, verloren traditionelle Normen ihren Wert: »Französische Mädchen sind leicht zu haben«, schrieb ein amerikanischer Soldat in einem Brief an seinen Vater, »denn wir haben Zigaretten und Schokolade und sind Helden in ihren Augen, also werde ich von nun an nicht wählerisch sein und meinen Spaß haben, wo immer ich ihn finde, solange ich noch lebe.«

Überall, wo die Sieger erschienen, wurden sie mit offenen Armen empfangen. Das war auch bei den Deutschen so: in Berlin betrachteten die Mädchen, wie es in einer anderen Quelle heißt, »vier Zigaretten als gute Bezahlung für die ganze Nacht«. Und: »Eine Büchse Corned Beef bedeutete wahre Liebe.« Was nicht verwundert, wenn man bedenkt, was die Russen geboten hatten, als sie – vor den Amerikanern – Berlin erreichten. Ein »Fraulein« stand bei den GIs hoch im Kurs, und nach der Tugend fragte keiner. Sie war zur Gänze auf der Strecke geblieben, und nicht einmal der größte Verlust. Das Leben ging weiter, und es begann mit einem einfachen Tausch: Geschenke wie aus dem Schlaraffenland gegen Gunstbezeugungen ohne Vorbehalt. Prostitution war zu einem Überlebenskampf geworden; das Leben zählte mehr als die Scham.

Das war ähnlich in Japan, wo die Alliierten gleichfalls als Sieger aus einem Krieg hervorgingen, der schließlich den ganzen Globus in seinen Strudel gerissen hatte. Dabei waren auch die Japaner nicht zimperlich gewesen, wenn es galt, ihre Truppen bei Laune zu halten. In den Pazifik, wo sie ebenso kämpften wie auf dem asiatischen Festland, schickten sie Huren aus dem eigenen Lande, die entsprechend ausgewählt und medizinisch untersucht worden waren. Auf dem Festland – aber auch in Japan selbst – kamen Frauen zum Einsatz, die – ähnlich wie es die Deutschen an der Ostfront taten – unter der lokalen Bevölkerung rekrutiert und zur Prostitution gezwungen wurden. Man nannte sie »Trostfrauen« – immerhin ein gefälligerer Ausdruck als »Feldhure« –, und sie waren Chinesinnen, Koreanerinnen und Philippininnen, 200 000 an der Zahl. Eine von ihnen, die aus Korea stammte und nach Japan verschleppt wurde, berichtet: »Uns wurde gesagt, wir würden in eine Fabrik gebracht. Ich wurde gezwungen, mich auszuziehen. Ich wehrte mich. Da bedrohte man mich mit einem Schwert in meinem Nacken. Ich kämpfte, und mein Finger wurde abgehackt. Ich beschloß, Selbstmord zu begehen, aber die anderen Mädchen überredeten mich, nicht im Ausland zu sterben. Der Chef des Ortes war ein Japaner mit Namen Yoshida. Den ganzen Tag über gab es lange Schlangen von Soldaten. Wenn ich müde und erschöpft war, wurde ich mit Lederriemen geschlagen und angetrieben. Am Tag mußte ich die Soldaten bedienen und bei Nacht die Offiziere.«

Die Japaner fürchteten nicht zu Unrecht, daß man ihnen ihre Vergehen heimzahlen würde, und versuchten, sich auf das Unvermeidliche vorzubereiten. Indem sie spezielle Bordelle einrichteten, die für die GIs vorgesehen waren. Damit wollten sie verhindern, daß sich die Sieger an ihren Frauen und Töchtern vergriffen, was denn in der Tat auch nicht geschah. Es gab ausreichend Ersatz, obwohl gerade auch Yoshiwara, das traditionelle Amüsierviertel von Tokio, arg in Mitleidenschaft gezogen worden war: von den 310 Bordellen und Teehäusern, die es vor dem Krieg hier gab, hatten nur neun den Feuersturm, der Tokio heimsuchte, überstanden. Es war deshalb auch kein großer Verlust, für das traditionelle Japan, das ohnehin diskreditiert war, als Yoshiwara schließlich, auf Drängen der Amerikaner, gänzlich geschlossen wurde. Unter ihrem Einfluß hatten sich neue Formen der käuflichen Liebe durchgesetzt.

Dritter Teil

Die entfesselte Lust

Ticket nach Beirut

Der Zweite Weltkrieg bedeutete – mehr noch als der Erste – eine Zäsur in der Geschichte der Menschheit. Auch wenn dies zunächst nur im sogenannten westlichen Teil der Welt erkennbar werden sollte: zum ersten Mal seit der Einführung des Christentums setzte sich ein moralischer Standard durch, der nicht mehr durch die Religion geprägt war. Was zugleich auch zu einer Befreiung der Frau von überkommenen Zwängen führte. Wenigstens gab es dazu erste entscheidende Ansätze.

Die Gründe für diesen Wandel klangen bereits an: die Erfahrung des Krieges, durch den alle Normen auf den Kopf gestellt worden waren, hatte eben diese Normen im gleichen Maße, wie man sie außer acht gelassen hatte, abgewertet. Vor dem Hintergrund elementarer Erfahrungen wie Krieg und Zerstörung erschienen sie auf einmal als irrelevant, der Luxus eines Zeitalters, das der Vergangenheit angehörte und mit den Erschütterungen, die das gegenwärtige heimsuchten, nichts gemein hatte. Man schuf sich neue Wertmaßstäbe; sofern man sich überhaupt die Mühe machte, verbindliche Regeln aufzustellen. Auf jeden Fall hatten sich die Beziehungen zwischen den Geschlechtern, durch die Erfahrung des Krieges, radikal gewandelt. Gegensätze hatten sich verwischt, Konturen waren unscharf geworden: wenn drei Viertel aller amerikanischen Soldaten, die im Zweiten Weltkrieg gekämpft hatten, sexuelle Begegnungen während ihres Einsatzes gehabt hatten, wie eine Statistik der Armeeführung 1945 konstatierte, dann bedeutete dies notwendigerweise eine Veränderung der Einstellung gegenüber denen, mit denen man diese Begegnungen gehabt hatte. Wie auch gegenüber denjenigen, die in der Heimat die traditionellen, allgemein anerkannten Partner gewesen waren. Prostituierte und »Pick-ups«, Mädchen, die »leicht zu haben« waren, auch wenn es sich dabei nicht immer tatsächlich um Prostituierte gehandelt hatte, waren keine »gefallenen« Frauen mehr. Sie waren oft die einzigen gewesen, die menschliche Regungen gezeigt hatten. Das Stigma, das ihnen traditionell angehaftet hatte, wich einer realistischeren Einschätzung. Prostituierte waren nicht mehr Geächtete; sie gehörten zur Gesellschaft. Der erste Schritt zur sozialen Anerkennung war getan.

Gleichzeitig wandelte sich das Bild der Frau schlechthin. Der Krieg hatte die Gesellschaft gelehrt, daß die Frau durchaus – wenn man ihr die Chance gab, sich zu bewähren – ihren Mann stehen konnte. Während die Männer im Felde standen, waren die Frauen in zunehmendem Maße in Wirtschaft und Verwaltung integriert worden: das hatte ihnen nicht nur einen eigenen Verdienst beschert, sondern auch ihr Selbstvertrauen gestärkt und ihnen allgemeine Anerkennung eingebracht. Die Folge davon war ein gestiegenes Selbstwertgefühl, die Wertschätzung persönlicher Unabhängigkeit und die Forderung gesellschaftlicher Gleichstellung. Die traditionelle Rolle der Frau, die auf ihre Funktion als Ehepartner und Mutter beschränkt gewesen war, erschien ihr auf einmal nicht mehr erstrebenswert. Ein neues Frauenbild war geboren; und obwohl es noch eine Weile dauerte, bis es sich tatsächlich durchsetzte, war der Anfang gemacht. Ein Prozeß war in Gang gesetzt, dessen Fortschreiten sich zwar verzögern konnte, der dennoch aber nicht mehr aufzuhalten war. Und in dem Maße, wie die Frau, Mutter und Tochter, aus den Sphären verehrter Wertschätzung bis hin zur Idealisierung und Anbetung auf den Boden des Irdischen und der Realität zurückgeholt wurde, dorthin, wo sie vor dem Aufkommen christlicher Verklärung gestanden hatte, in dem Maße geriet das Bild der Gegensätzlichkeit – hier die Tugendsame, dort die Sünderin – ins Wanken. Die eine war nicht mehr so heilig, wie sie gewesen war, und die andere nicht mehr so verachtenswürdig, wie man sie gesehen hatte. Auch die »Ehrbare« war nun bereit zu »Necking« und »Petting«, und es sollte die Zeit kommen, da würde sie sich sogar auf einen unverbindlichen »One-night-stand« einlassen. Was unterschied sie da noch, aus der Sicht der Traditionalisten, von einer Professionellen? Nur das Geld.

Am deutlichsten war der Wandel in Verhaltensweisen und Normvorstellungen in den USA zu beobachten, und da die USA als der eigentliche Sieger aus dem Krieg hervorgegangen waren, was ihre Position in der Welt erheblich stärkte, bedeutete dies, daß sich die Neuerungen, die in den USA aufkamen, auch in anderen Gegenden ausbreiteten. Namentlich in Europa. Wobei insbesondere die Medien, Presse, Film, Werbung, die neue Sicht transportierten. Die Frau stand auf einmal im Mittelpunkt: als Sternchen, als Diva, als pikanter Anreiz zum Kauf von Bademoden bis hin zu Waschmaschinen. »Sexy« mußte sie sein, die neue Frau, und »Sex Appeal Sells« lautete das neue Motto. Wo war da noch das behütete, unschuldige Wesen? »Sex« hieß das neue Schlagwort, und es war immer auf die Frau bezogen. Die sich dadurch nicht irritiert fühlte, im Gegenteil: sie goutierte es als Auszeichnung. Der Prostituierten war eine mächtige Konkurrentin erwachsen.

Nun war nicht alles Gold, was glänzt. Auf die Liberalisierung, die sich nolens volens infolge des Krieges ergeben hatte, folgte alsbald der Versuch einer

Reaktion. Man beklagte den Verlust überkommener Werte, die Haltlosigkeit der Gesellschaft, die Verwahrlosung der Jugend und warf neue Dämme auf. Die zwar eine Weile hielten; doch den Strom der Zeit, der sich gewandelt hatte, nicht wirklich aufhalten konnten. Die Beatniks griffen ihn auf, dann die Hippies und schließlich die große sogenannte »Sexuelle Revolution«. Mit ihr vollendete sich eine Entwicklung, die mit ihren Wurzeln in die Zeit des Ersten Weltkrieges zurückreicht; wenngleich es auch der Zweite war, der ihr zum Durchbruch verhalf.

Nach dem Boom, den die käufliche (oder auch erzwungene) Liebe während des Zweiten Weltkrieges (und in der Zeit unmittelbar danach) durchlaufen hatte, trat eine allgemeine Flaute ein. Die Soldaten zogen ab, die »Ehrbaren« unter dem weiblichen Teil der Bevölkerung rüsteten auf, um ihrerseits in die Offensive zu gehen, und das Establishment, von traditionellen Kräften genötigt, aber auch in dem Bemühen, den aus dem Ruder gelaufenen Kurs der Gesellschaft zu korrigieren, erließ Verfügungen, die der ausgeuferten Prostitution Einhalt gebieten sollten. Mit bemerkenswertem Beispiel ging Frankreich voran, das freilich gleich zweimal einen Höhenflug des käuflichen Gewerbes während des Krieges – erst unter deutschem, dann unter amerikanischem Vorzeichen – erlebt hatte: bereits am 15. Januar 1946 wurde per polizeilicher Verordnung die Schließung der Bordelle in Paris verfügt, und drei Monate später, am 13. April, wurde die Verordnung auf ganz Frankreich ausgeweitet. Es war dies ein Eingriff in eine Tradition, die nirgendwo so ausgeprägt gewesen war wie in Frankreich; wo das Bordell geradezu zu einer klassischen Einrichtung der Prostitution geworden war. Fortan mußte sich die Branche auf einen neuen Arbeitsstil umstellen: Bars und Cafés wurden nun zum bevorzugten Jagdrevier der Liebesdienerinnen, und das Beispiel Lilles, das ein französischer Beobachter aus den Reihen der Polizei in einem Bericht über die Prostitution anführt, steht stellvertretend für die Neuerungen, die sich ergeben hatten, schlechthin:

»Lille zählt 300 000 Einwohner und beherbergt an die 250 mehr oder weniger offen arbeitende Freudenmädchen, bedeutend weniger als vor dem Kriege. Die Trottoiramazonen sind meist kanonischen Alters, während die jungen die Cafés und Bars vorziehen. Seit der Beseitigung der Sanitätspflichtkontrolle und der Umwandlung der Anwerbung [von Kunden] in eine einfache Übertretung sind jedoch eine quantitative Zunahme und überhandnehmende Frechheit feststellbar. Die Mädchen werden immer schamloser und pfeifen auf die Strafmandate: Sie betrachten sie als Geschäftsunkosten oder versuchen, mit allen möglichen Tricks um die Zahlung herumzukommen. Die Vorführung von Minderjährigen beim Jugendrichter nützt wenig: es gibt keine Umerziehungsanstalten. Einige Tage nach der Prozedur stehen solche Mädchen wieder auf der Straße oder in der Bar.«

Ähnlich waren die Erfahrungen, die man in Italien machte. Auch hier hatte der Krieg seine Spuren hinterlassen, und um sie einzudämmen, wurde auch in Italien, allerdings erst 1958, die Schließung der Bordelle verfügt. Doch die Bilanz, die man ein Jahr später zog, war eher ernüchternd: »... [es] muß zugegeben werden«, erklärte ein Abgeordneter, »daß die Paragraphen des Gesetzes vom 20. Februar 1958 über die Umerziehung der Bordellmädchen und der registrierten Prostituierten enttäuschten. Nur sehr wenige Interessierte haben von der Möglichkeit Gebrauch gemacht, zu einem anständigen Leben zurückzukehren.« In der Tat sind die Zahlen nicht ermutigend: »Von den 7000 durch die bisherigen Maßnahmen betroffenen Prostituierten haben nur 200 den Vorschlag eines kostenlosen Aufenthaltes in einer Anstalt angenommen.« Was immerhin ein Indiz dafür ist, daß die Prostitution einer erheblichen Eigendynamik unterliegt, die nicht zuletzt auch von den Prostituierten selbst beflügelt wird. Wir werden darauf noch zu sprechen kommen.

Während man auf dem Kontinent, wo die Prostitution während des Krieges eine erhebliche Ausweitung erfuhr, Maßnahmen ergriff, um sie zurückzudrängen, auch wenn man damit nicht sehr erfolgreich war, ging man in England das Problem – wie stets – gelassener an. Bordelle waren hier nie en vogue gewesen, und die einzige Änderung, die man – angesichts des allgemeinen Klimas der Eingrenzung der Prostitution – hier vornahm, betraf ein Gesetz, das 1956 verabschiedet wurde und gegen das alte Übel der Kuppelei gerichtet war, die mit verschärfter Strafe belegt wurde. Im übrigen beschritt man hier den Weg, die sittliche Überwachung weitgehend weiblichen Polizisten zu übertragen.

So gelassen und pragmatisch man in England die Prostitution handhabe, zumal ihre ärgsten Auswüchse, wie sie die Viktorianische Ära kennzeichneten, überwunden waren, so wenig konnte man andererseits verhindern, daß es gerade hier zu einem handfesten Skandal kam, der als die »Profumo-Affäre« in die Annalen der Geschichte einging. Profumo war Kriegsminister in der Regierung MacMillan; die Affäre, die er 1963 heraufbeschwor, hätte beinahe dazu geführt, daß die Regierung der Konservativen »über eine Hure gestürzt« wäre, wie es hieß.

Besagte Hure nannte sich Christine Keeler; sie war das, was man inzwischen als »Call-Girl« bezeichnete. Wiederum eine Neuerung, die sich im Zuge des Umbruchs nach dem Kriege ergeben hatte. Bekannt wurde die Keeler nicht nur durch den Skandal, in den sie verwickelt war, sondern auch durch ein Foto von ihr, das sie – unbekleidet und in suggestiver Pose – rittlings auf einem Stuhl zeigt und zum Sinnbild der neuen, selbstbewußten, auf Sex-Appeal setzenden Prostituierten geworden ist.

Profumo, der Minister, war freilich nicht der erste, der ein hohes Amt bekleidete und sich dennoch in die Niederungen der Prostitution verstrickte, weder in England noch andernorts. Profumo hatte nur das Pech, daß die Keeler auch einen Russen zu ihren Kunden zählte, der stellvertretender Marineattaché an der sowjetischen Botschaft war. Eine delikate Situation, die sich daraus für den nichtsahnenden Profumo ergab; immerhin war es die Zeit des Kalten Krieges, und so stolperte er über die Affäre; während andere, die in einen ähnlichen Skandal, wenn auch nicht so brisanter Art, verwickelt waren, mehr Glück hatten. Allerdings waren sie, wie es scheint, auch skrupelloser.

2

»Als Bar- und Tischdame in einem sogenannten Künstlerlokal begann sie ihre Laufbahn. Eine Inderin, die keine war, bildete sie zu ihrer ›Dienerin‹ aus. Ein reicher Pelz- und Diamantenhändler aus der Türkei machte sie zu einer seiner Dauerfreundinnen und schenkte ihr den schwarzen Opel-Kapitän, mit dem sie als eine der ersten motorisierten Dirnen Frankfurts sehr schnell ins große Geschäft mit der flüchtigen Liebe einstieg.«

Man nannte sie »des Wirtschaftswunders liebstes Kind«, und in der Tat war es der rasante wirtschaftliche Aufschwung in den fünfziger Jahren, der die »blonde Rosie«, wie sie auch genannt wurde, auf der Welle des Erfolges treiben ließ. Sie war der neue Typ der Dirne, eine »PKW-Hetäre«, wie es der »Spiegel« nannte. Zu ihren Kunden gehörten Freier aus der ganzen Welt. Noch drei Jahre nach ihrem – gewaltsamen – Tod räumten Kriminalbeamten, wie die »Zeit« berichtete, ein, daß »Interpol [...] noch in Südamerika« ermittelte und daß »die polizeilichen Ermittlungen [...] sich auch noch gegen griechische Offiziere und Kunden aus der Türkei, Spanien, England und Guatemala« richteten. Aus aller Herren Länder zog es sie nach Frankfurt; freilich nicht *nur* wegen der »blonden Rosie«, aber es schadete nichts, daß sie für die aufstrebende Mainmetropole, die sich zum Wirtschaftsstandort Nummer eins in Deutschland mauserte, auf ihre Weise Reklame machte.

Wer war dieses aufsehenerregende Wunderkind? Das »Hamburger Abendblatt«, das mit einer Korrespondentin vor Ort war, wußte zu berichten:

»Ganz schlicht ausgedrückt: Rosemarie Nitribitt wurde am 1. Februar 1933 in Düsseldorf als uneheliches Kind geboren. Bis zum 5. Lebensjahr blieb sie im Waisenhaus Eschweiler. Dann kam sie zu Pflegeeltern nach Niedermendig am Rhein. Bereits als Vierzehnjährige fiel sie durch völlige sexuelle Verwahrlosung auf. Der Gendarm holte sie aus den Zelten der Franzosen am nahegelegenen Flugplatz. Das Amtsgericht Mayen ordnete die Fürsorgeerziehung an. ›Alle Versuche, ihr Abgleiten in die Prostitution zu verhindern, sind erfolglos‹, hieß es schon von der Fünfzehnjährigen.«

Der »blonden Rosies« Karriere in Frankfurt begann bereits 1948, als sie bei einer Razzia im Bahnhofsviertel aufgegriffen wurde. Das war ein Jahr, nachdem sie bei den französischen Besatzungssoldaten ihren »Einstand« gefeiert hatte. Von Frankfurt ging es zurück an den Rhein, wo Rosie sich in Andernach als Buffetdame versuchte. Auch eine Ausbildung als Mannequin faßte sie ins Auge, landete aber zunächst einmal in einem Erziehungsheim. Mit 19 Jahren kam sie auf die Idee, sich volljährig erklären zu lassen. Über Koblenz, wo sie eine Zeitlang lebte, driftete sie dann zurück nach Frankfurt, wo endlich die große Karriere begann. »Dieses stumpfnasige Mädchen«, bemerkte das »Hamburger Abendblatt«, »mit dem allzu langen Kinn und den engstehenden Augen, das in der Vorwahl einer jeden Schönheitskonkurrenz durchgefallen wäre, das ohne die glänzende Verpackung Landsstreicherin ihrer Jugendzeit geblieben wäre, es wurde nun zu einer Art Markenartikel. Die Schnellverdiener einer neuen Managerschicht waren stolz, wenn sie sich ›die Nitribitt‹ leisten konnten, so wie sie sich das teuerste Automobil leisteten. Und das große Hotel, das die kleine Dirne noch vor einigen Monaten aus dem Hause gewiesen hatte, vermittelte sie nun an die bezahlenden Gäste.«

Das war immerhin ein Erfolg und lief ganz praktisch ab: der Portier rief an, und Rosie kam. Die Herren, die es sich schließlich leisten konnten, bemühten sich nicht selbst: die Bordelldirne hatte ausgedient, dem Call-Girl gehörte die Zukunft. Und der Mercedes, der zum Statussymbol der Rosie wurde? »Am 19. Mai 1956 erstand sie für 13 000 DM bar auf den Tisch plus Erlös aus dem Kapitän von 5000 Mark das schnittige Mercedes-190-SL-Modell, das man von ihren vielen Photos kennt. Nun faszinierte sie die Männer, die den Wert eines Menschen nach seinem Auto einschätzten, noch mehr. Die Preise vervierfachten sich unter der Devise: ›Man hat ja die gleiche Automarke, das verpflichtet.‹«

Dennoch, obwohl Rosie als »Luxus-Dirne« galt, führte sie ein eher bescheidenes Leben. Sie bewohnte eine Zweizimmerwohnung: Miete 160 Mark. Die Einrichtung war eher spartanisch: Couch, Sessel, eine Musiktruhe und Nippes; nur im Schlafzimmer leistete sich Rosie die Extravaganz einer

Spiegelwand. Aber das war schließlich eine Investition ins Geschäft; dem letztlich auch der Mercedes diente, sowie Pelze und Schmuck. Ansonsten begnügte sich Rosie mit einem eher frugalen Lebensstil: Milchreis war ihr Leibgericht. Im übrigen konnte sie weder lesen noch schreiben; wenigstens nicht wirklich. Aber das glich sie durch einen beachtlichen Geschäftssinn aus. »Als ›Schwerarbeiterin ihres Gewerbes‹«, vermerkte das »Hamburger Abendblatt«, »raffte sie an Sach- und Geldwerten mindestens 100 000 DM zusammen.« Das war in den fünfziger Jahren, als die D-Mark noch ihren ursprünglichen Wert besaß, immerhin ein hübsches Polster.

So verwundert es nicht, daß Rosie angeblich Neider hatte, die ihr womöglich zum Verhängnis wurden. Jedenfalls war das die gängige Theorie. Was war geschehen? Wie es die »Zeit«, die sich an einen Kriminalroman erinnert fühlte, formulierte:

»Der Fall Nitribitt begann wie ein Kriminalreißer: In einem Appartementhaus im Zentrum einer Großstadt stapeln sich vor einer Wohnungstür die Brötchentüten. ›Hier stimmt etwas nicht!‹ sagen sich die Hausbewohner und alarmieren die Kriminalpolizei. Hinter der Tür, vor der sich die Semmeln stapeln, wohnt eine alleinstehende junge Dame, die ihre Zeit damit verbringt, Herrenbesuche zu haben. Das ist ihr Beruf.

Auch die Jahreszeit ist passend gewählt. Der Oktober geht zu Ende. Gerade die richtige Jahreszeit für düstere Geschichten. Und dann kommen die Kriminalisten ins Haus, öffnen mit kundiger Hand die Tür – und finden eine Leiche. ›Erwürgt‹, stellt der Polizeiarzt fest. Es ist kein erfreulicher Anblick. Die kleine Lampe am Plattenspieler brennt noch. Es ist alles so, wie man es im Kriminalroman oft gelesen hat.«

Der Verdacht fällt auf einen gewissen Heinz Pohlmann, seines Zeichens Handelsvertreter, der zwar nicht zur Kundschaft, wohl aber zum Bekanntenkreis der Nitribitt gehörte. Pohlmann kann kein Alibi nachweisen und – er steckt finanziell in der Klemme. Doch plötzlich kann er seine Schulden begleichen und sich obendrein auch noch ein neues Auto leisten. Pohlmann kommt in Untersuchungshaft; aber man kann ihm die Tat, die er im übrigen abstreitet, nicht nachweisen, und er wird schließlich wieder auf freien Fuß gesetzt. Es wird weiter ermittelt, in alle Richtungen, bis es schließlich – im Juni 1960, zweieinhalb Jahre nach der Tat – zum Prozeß kommt, der beträchtliches Aufsehen erregt und als der »sensationellste Mordprozeß der Nachkriegszeit« apostrophiert wird. Angeklagt ist – Pohlmann; wiewohl man keine neuen Beweise gegen ihn in der Hand hat. Im Gegenteil, es gibt da einige Ungereimtheiten, die aufhorchen lassen: »Sensationellstes Detail des Prozesses war die

Enthüllung, daß Pohlmann im Sommer 1959 seine ›Persönlichkeitsrechte‹ für 50 000 Mark über ... [einen] Hamburger Anwalt [...] an einen großen Unbekannten verkauft hat. Der Vertrag verpflichtet den ›Publizisten‹ Pohlmann zum Schweigen. Schon vorher soll ein anderer Unbekannter 250 000 Mark dafür geboten haben, daß Pohlmann in ... [einem Bericht für die ›Quick‹] keine Namen von Nitribitt-Kunden nennt.« Das berichtete der »Spiegel« und zitierte dazu den besagten Anwalt, der als Erklärung anführte: »Schließlich standen ja das deutsche Ansehen und die Interessen der westdeutschen Export-Industrie auf dem Spiel.«

Mit Rücksicht auf diese »Interessen« und das »Ansehen« derer, die diese Interessen vertraten, kam denn auch bei dem Prozeß die eigentliche Sensation, die Offenbarung eines Gesellschaftsskandals, der die junge Republik erschüttert hatte, nicht zur Sprache. »Der Prozeß«, schrieb die »Frankfurter Rundschau«, »um den Tod der Rosemarie Nitribitt brachte weder Sensationen noch Enthüllungen. Er konnte auch nicht zum Kriterium der allgemeinen Moral unserer Zeit oder einer bestimmten Gesellschaftsschicht werden, weil in der Beweisaufnahme vor dem Frankfurter Schwurgericht nur der Angeklagte und das Opfer ins Licht gerückt wurden. Die gutsituierten Gäste, die sich bei der Nitribitt wohl gefühlt hatten, auch jener Liebhaber, der für Heinz Pohlmanns Schweigen 50 000 Mark zahlte, blieben im Dunkel der Anonymität.«

Der »Fall Nitribitt« wurde nie geklärt: Pohlmann konnte man die Tat wiederum nicht nachweisen; er wurde freigesprochen. Nicht auszuschließen, daß es sich um einen Auftragsmord handelte. Um besagte Interessen zu wahren. Es stand der Ruf der Nation auf dem Spiel.

3

Vor lauter Aufregung, die die Nitribitt-Affäre verursacht hatte, war eines völlig übersehen worden: die Frage – wer war diese Nitribitt eigentlich? Oder anders ausgedrückt: was hatte sie zu dem gemacht, was sie geworden war? War nicht auch sie ein Opfer, der Gesellschaft, der Umstände einer Zeit, die ihr nicht gewogen gewesen war? Es klang zwar an, in den Berichten in der Presse, woher sie stammte und wie ihre Kindheit und Jugend verlaufen war: aber daraus irgendwelche Schlüsse zu ziehen, um zu *Erklärungen* zu gelangen, darum bemühte sich niemand. Das interessierte nicht.

Es ist deshalb um so kurioser, daß just in dem Jahr, da die Nitribitt ihr gewaltsames Ende fand, eine Untersuchung in Deutschland veröffentlicht wurde, die den Titel trägt: »Die Prostitution als psychologisches Problem«.

Das war eine bemerkenswerte Neuerung in der Beschäftigung mit dem Phänomen »Prostitution«, das traditionell unter ganz anderen Aspekten behandelt worden war. Sieht man von den frühen, antiken Schriften, die sich dem Thema »Prostitution« widmen – erinnert sei an Ovid oder die »Hetärenbriefe« Alkiphrons –, wie auch den indischen Handbüchern der Liebe einmal ab, so war die Prostitution, seit Aufkommen des Christentums, stets unter dem Gesichtspunkt der *Moral* behandelt worden. Daneben hatte die Sorge um eine Verhinderung der Verbreitung von Geschlechtskrankheiten, für die die Prostitution verantwortlich gemacht wurde, im Mittelpunkt der Betrachtung gestanden. Die Prostituierten selbst fanden keine Beachtung; sie galten als asozial, Außenseiter der Gesellschaft, die nicht wirklich einer genaueren Aufmerksamkeit wert waren.

Das änderte sich erst, als im Zuge der Umbrüche, die im Gefolge der Industriellen Revolution auftraten, die Prostitution sich zu einem unübersehbaren sozialen Problem ausweitete. Die Folge waren erste soziologische Untersuchungen, die in Frankreich ihren Ausgang nahmen, sich auf England ausweiteten und schließlich auch in den übrigen Ländern der westlichen Welt, in Österreich, in Deutschland und in den USA, in Angriff genommen wurden. Erste Statistiken wurden erstellt, Theorien entwickelt und Vorschläge erarbeitet, wie das Problem, das die Prostitution aufwarf, zu lösen sei. Dabei wurden auch schon erste psychologische Fragestellungen berücksichtigt, doch es herrschte noch immer die Vorstellung, daß die Prostitution etwas Verwerfliches sei, das mit einem Tabu belegt wurde. Konkrete oder gar kritische Aussagen waren nicht nur verpönt; man wagte sich auch gar nicht erst an sie heran.

Den Durchbruch erzielten erst die Forschungen unter der Leitung von Alfred Charles Kinsey, der die Ergebnisse seiner Forschungen zur Sexualität des Menschen in zwei bahnbrechenden Veröffentlichungen, die respektive 1948 und 1953 erschienen, der allgemeinen Öffentlichkeit vorlegte. Die Arbeiten Kinseys und seiner Mitarbeiter, die sich dem sexuellen Verhalten von Mann und Frau widmen, bedeuteten eine Wende: das Tabu, das den Begriff der Sexualität umgab, war gebrochen, und es trauerte ihm fortan niemand mehr nach. Im Gegenteil: die Sexualwissenschaft etablierte sich zu einem angesehenen und vielbeachteten Zweig der Forschung. Auch die Psychologie weitete das Feld ihrer Untersuchungen aus.

Was die Prostitution betrifft, so behandelte Kinsey dieses gesellschaftliche Phänomen – obwohl er ihm Beachtung schenkte – dennoch nur aus einem einseitigen Blickwinkel: er berücksichtigt lediglich die Perspektive des Mannes (und verrät damit einen noch in der Tradition verhafteten Ansatz). Immerhin ist es aufschlußreich zu erfahren, was Kinsey beispielsweise über die Motive sagt, die Männer dazu veranlassen, die Dienste von Prostituierten in Anspruch zu nehmen. Dazu heißt es, in seiner ersten Untersuchung über »Das sexuelle Verhalten des Mannes«: »Männer gehen hauptsächlich wegen ihrer ungenügenden anderweitigen sexuellen Triebbefriedigung zu Prostituierten oder weil die Prostitution verschiedene Arten der sexuellen Betätigung bietet, die auf andere Weise nicht so leicht erreichbar sind.« Auch einen anderen Grund führt er an: »Viele Männer gehen zu Prostituierten, um die Vielfalt sexueller Erfahrung, die ein neuer Partner bieten kann, bei ihnen zu finden.« Schließlich findet sich auch noch ein anderes Motiv: »Einige Männer experimentieren mit der Prostitution nur, um herauszufinden, was sie bedeutet.«

Über die Prostituierten selbst hatte Kinsey nichts zu sagen. Doch konnte man dazu, fast zur gleichen Zeit, da der erste Bericht Kinseys erschien, von anderer Seite etwas erfahren: 1949 veröffentlichte die Französin Simone de Beauvoir »Le Deuxième Sexe«, das in seiner Art nicht minder bedeutsam war als die Arbeiten Kinseys; wiewohl dem Werk nicht die gleiche Aufmerksamkeit beschieden war. Beauvoir hatte es gewagt, ein Manifest für die Frau zu schreiben. Entsprechend kritisch äußert sie sich zur Prostitution: »Aus Klugheit bestimmt der Mann seine Frau zur Keuschheit, aber er begnügt sich nicht mit der Regelung, die er ihr auferlegt.« Folglich nimmt er sich eine Geliebte oder bedient sich der Prostitution. Was zwar als schändlich gilt, aber nicht eigentlich für den, der die Schande begeht. »Die Prostituierte ist ein Sündenbock. Der Mann lädt auf sie seine Schändlichkeit ab und verleugnet sie dann.« Schlimmer noch: die Gesellschaft verachtet sie; die Prostituierte ist eine Ausgestoßene: »Mag eine staatliche Regelung sie unter Polizeiaufsicht stellen oder mag die Dirne heimlich ihr Gewerbe treiben, auf jeden Fall wird sie als Paria behandelt.«

Aber auch auf die Prostituierte selbst geht Simone de Beauvoir ein:

»Es ist naiv, wenn man sich fragt, welche Gründe die Frau zur Prostitution treiben. Heutzutage glaubt man nicht mehr an die Theorie von Lombroso, der Prostituierte und Verbrecherinnen gleichsetzte und in den einen wie in den andern Degenerierte sah. Es ist möglich, wie die Statistiken behaupten, daß das geistige Niveau der Prostituierten ganz allgemein etwas unter dem Durchschnitt liegt und manche unter ihnen ausgesprochen schwachsinnig sind: Frauen, deren geistige Fähigkeiten zurückgeblieben sind, wählen gern einen Beruf, der keine Spezialisierung von ihnen verlangt. Doch die meisten sind normal, einige sogar sehr intelligent. Sie unterliegen keinerlei erblichen, keinerlei physiologischen Belastung.«

Lombroso, ein Italiener, gehörte zu jenen Pionieren, die sich – unter soziologischem Gesichtspunkt – mit dem Problem der Prostitution befaßten. Allerdings ist es keineswegs naiv, nach den Gründen zu fragen, die Frauen und Mädchen in die Prostitution treiben. Es ist die Kernfrage; auf die es allerdings schon seit dem 19. Jahrhundert eine immer wieder geäußerte, wenn auch mit der gleichen Regelmäßigkeit verdrängte Antwort gibt, die da lautet: »Von allen Ursachen der Prostitution ist keine wirksamer als die Arbeitslosigkeit und das Elend, die unausbleiblichen Folgen unzureichender Löhne.« Das schrieb 1857 Alexandre Jean Baptiste Parent-Duchatelet, der als der eigentliche Begründer einer wissenschaftlichen Betrachtung der Prostitution anzusehen ist. Seine Aussage hat auch heute noch Gültigkeit; wenngleich auch nicht uneingeschränkt.

Das wird deutlich, wenn man sich dem Phänomen der Prostitution von der speziell *psychologischen* Warte nähert. So kommen die beiden Verfasser der bereits genannten Arbeit, Borelli und Starck, auf Grund ihrer Untersuchungen des psychologischen Aspekts der Prostitution, wobei sie auch die Ergebnisse anderer Forschungsarbeiten zur Prostitution mit einbezogen, zu dem Schluß, daß die eigentliche Ursache der Prostitution, soweit es die sie Ausübenden betrifft, *persönlichkeitsbedingt* ist. Dazu heißt es in einer abschließenden Betrachtung: »Infolge psychischer Unreife, psychischer Mängel, teilweise auch körperlicher Schwächen und Behinderungen sind die Prostituierten insgesamt (relativ) lebensuntüchtiger als die Frauen des normalen Durchschnitts. Es mußte daher angenommen werden, daß die häufigen Angaben der Prostituierten, die Gewerbsunzucht infolge wirtschaftlicher Not aufgenommen zu haben, zumindest subjektiv richtig sind, insofern Belastungssituationen, die normalerweise noch zu bewältigen gewesen wären, ihre sonst vielleicht latent gebliebenen Störungen aktualisiert und das Versagen veranlaßt haben.«

Das Beispiel Nitribitt, das bei der Untersuchung von Borelli und Starck keine Berücksichtigung fand, macht dennoch deutlich, was mit dem Schluß, zu dem sie gelangen, gemeint ist: ursächlich für das Abgleiten in die Prostitution war nicht materielle Not, obwohl sie auch eine Rolle gespielt haben mag, sondern die Verwahrlosung des Mädchens, das in ungeordneten Verhältnissen aufwuchs, folglich ein gestörtes Verhältnis zur Gesellschaft entwickelte, selbst gefühlsmäßig wie auch intellektuell Defizite aufwies und diese schließlich zu kompensieren suchte, indem sie nach Anerkennung strebte und sich mit ostentativem Luxus umgab. Diese Persönlichkeitsentwicklung ist allerdings insofern nicht repräsentativ für die Prostituierte schlechthin, als es nur den wenigsten gelingt, so erfolgreich in ihrem Beruf zu sein, wie das bei der Nitribitt der Fall war. Hier kamen besondere Umstände hinzu, wie die Tatsache, daß Frankfurt eine aufstrebende Wirtschaftsmetropole war, die entsprechend günstige Voraussetzungen bot, und daß insgesamt ein Klima des Aufbruchs herrschte, das nicht mehr im Einklang mit überkommenen Normen stand.

Dennoch verdient es, festgehalten zu werden, daß – soweit es die Ausübenden der Prostitution betrifft – zwischen Primär- und Sekundärfaktoren, die zur Aufnahme der Prostitution führen, zu unterscheiden ist. Die grundlegende Voraussetzung schafft die Persönlichkeitsstruktur, wobei diese anlagebedingt oder auch durch die Art der Sozialisierung geprägt sein mag. Es handelt sich zumeist um eine *labile* Persönlichkeit, die – wenn sie mit zusätzlichen Problemen wie etwa einer materiellen Notlage konfrontiert wird – nicht mehr in der Lage ist, auf angemessene Weise, wie es gemeinhin der Fall ist, zu reagieren. Dies bedeutet *nicht,* daß man den Schwarzen Peter wiederum, wie es nun mal allseits geübter Brauch war (und zumeist noch immer ist), den Prostituierten zuschiebt: sie sind *Opfer,* nicht Täter! Und es ist ein gesellschaftliches Manko, wenn Frauen und Mädchen in die Prostitution abgleiten, die sie zu Außenseitern der Gesellschaft stempelt und somit die Deformation ihrer Persönlichkeit noch verstärkt.

Es ist ein Mythos zu glauben, daß Prostituierte für das, was sie tun besonders empfänglich seien. Um noch einmal Borelli und Starck zu zitieren: »Gegenüber andersartigen Behauptungen konnte gezeigt werden, daß die Prostituierten nicht allgemein durch eine erhöhte sexuelle Triebhaftigkeit gekennzeichnet werden können, sondern darüber hinaus die Zahlen über die sexuelle Erregbarkeit und zum Teil die dargestellten Fälle es wahrscheinlich machen, daß die Prostituierten häufig in einem nur geringen Maße sexuell ansprechbar sind.« Kurzum: »Im Anschluß an frühere Untersuchungen wird daher behauptet, daß die Prostitution kein Problem der Sexualität ist.«

Die Klientel täuscht sich folglich: sie hat es zumeist mit einer frigiden Partnerin zu tun, die sie im übrigen noch nicht selten verachtet. Die Prostituierte errichtet um sich eine Mauer, einen Schutzwall; sie kapselt sich selbst ab. Entwickelt Haß gegen die Gesellschaft, in ähnlicher Weise, wie die Gesellschaft sie ausgrenzt. Beides schaukelt sich gegenseitig hoch, und der Graben, der sich auftut, wird immer breiter. Vielleicht ändert sich das, unter den neuen Voraussetzungen, aber es ist eher unwahrscheinlich.

4

Die Eltern eines jungen Mädchens aus Hannover erhielten eines Tages ein Telegramm folgenden Inhalts:

»Anita aus unbegreiflichen Gründen Selbstmord begangen Stop Haben alles Mögliche zur Rettung getan Stop Heute früh 5. Januar 3 Uhr im Hospital verschieden Stop Mein aufrichtiges Beileid Stop Brief und Unterlagen folgen Stop Konsulat informiert – Bryman.«

Die Illustrierte »Stern«, die über den Fall berichtete, brachte weitere Einzelheiten in Erfahrung. Sie sind recht aufschlußreich, denn das Mädchen, um das es sich handelte, war kein Einzelfall. Hier einige Angaben zur Person:

»Geboren 1934. Mit elf Jahren Ausbildung als Tänzerin in Hannover. Solotänzerin in Darmstadt, Köln und Frankfurt. Tausende jubeln dem kleinen schwarzhaarigen Mädchen zu. Die großen Kollegen prophezeien ihr eine glänzende Zukunft. Anita Ringwelski – ein Name, den die internationalen Theateragenten sich merken werden. Ende 1952 lernt Anita die Ballettmeisterin Maja Junk kennen. ›Ihre Karriere können Sie nur im Ausland machen, ich habe etwas in der Türkei für Sie‹, schlägt sie Anita vor. Am 27. Februar 1953 fliegt Anita mit zwei deutschen Kolleginnen und der Junk von Frankfurt nach Istanbul. Sie hat einen Vertrag in der Tasche, als Solotänzerin der Bryman-Show, Dauer zwölf Monate, Gage 450 Mark bei freier Station. In Hannover liefert der Briefträger fast jeden Tag Post mit türkischen Marken ab. Anita schreibt von der Märchenstadt Istanbul, von ihrer Arbeit und ihren Ersparnissen. Im November berichtet sie nach Hause, daß die Bryman-Truppe vom millionenschweren Besitzer des Nachtlokals ›Palm Beach‹ in Beirut eingeladen sei. Ihre monatliche Gage würde sich verdoppeln. Im Januar 1954 schreibt sie, daß sie nach Amerika gehen könne, aber sie wisse noch nicht, ob sie es annehmen solle.«

Kurz darauf ist Anita tot. Doch Fragen tauchen auf. Handelt es sich bei der Toten tatsächlich um das Mädchen? Angeblich habe sie eine Überdosis Schlafmittel eingenommen. Doch die Leiche, die man fand, wies ein aufgedunsenes Gesicht auf, und der »Stern« zitiert einen Mediziner, der kategorisch erklärt, daß es keinen Zusammenhang zwischen Schlafmitteln und dem Zustand der Leiche geben könne. Was also ist geschehen?

Der »Stern« gibt keine Antwort; obwohl seit dem Tod des Mädchens bereits geraume Zeit vergangen ist. Doch es werden Vermutungen geäußert, die in das Bild der damaligen Zeit passen. Auf Grund der Tatsache, daß die beiden anderen Mädchen, die als Tänzerinnen engagiert worden waren, plötzlich verschwunden sind, kommt der Verdacht auf, daß es sich um einen Fall von »Mädchenhandel«, wie man es damals nannte, handelt. Dabei war der Orient ein bevorzugtes Terrain für dubiose Geschäftemacher, die mit der Ware Mensch einen schwunghaften Handel trieben. Das Geschäft mit den Mädchen lief immer nach dem gleichen Muster ab: man setzte ein Inserat in eine Zeitung, derart, daß man Tänzerinnen suche, worauf nicht etwa nur Dutzende, sondern Hunderte, ja Tausende von Zuschriften erfolgten, diejenigen, die in die engere Wahl kamen, wurden begutachtet, man gab ihnen einige Erklärungen zu der Tätigkeit, die erwartet wurde, auch wenn man dabei mehr verschwieg als wirklich darlegte, ein Vertrag wurde geschlossen, und ab ging die Reise. Tanzkünste waren nicht wirklich erforderlich, wie sich bald herausstellte. Und Ballett war schonmal gar nicht gefragt. Dafür mußte man um so mehr für den alkoholischen Konsum der Gäste sorgen und sich auch sonst um sie kümmern. Wobei sich zuweilen die Geister schieden. Wie im Falle Anitas, womöglich. Falls es sich bei der Toten, auf die sich das Telegramm bezog, tatsächlich um das Mädchen aus Hannover handelte. Daß Mädchen in einem solchen Fall Selbstmord begingen, kam durchaus vor. So wird von einer Österreicherin berichtet, die sich aus dem Fenster stürzte, um dem Ansinnen zu entgehen, das man an sie stellte. Denkbar im Falle Anita Ringwelskis ist aber auch, daß sie verschleppt wurde, zusammen mit den beiden anderen Mädchen. Um im Harem eines reichen Bankiers oder Ölmagnaten zu verschwinden oder aber in ein Bordell eingesperrt und zur Prostitution gezwungen zu werden. Ein solches Los erwartete zwar nicht jede, die sich auf das Abenteuer eines Engagements im Orient einließ, aber sie mußte damit rechnen.

Die fünfziger Jahre waren die Blütezeit des sogenannten Mädchenhandels. Den es zwar – wie wir gesehen haben – auch schon vorher gegeben hatte, ganz abgesehen von der Tatsache, daß er sozusagen mit der Prostitution Hand in Hand geht und mit dieser um den zweifelhaften Ruhm, das älteste Gewerbe zu sein, gewissermaßen wetteifert, der dennoch aber – nachdem er zwischen den Kriegen zurückgegangen war – nach dem zweiten Weltenbrand einen neuen Aufschwung erlebte. Wobei die Gründe dafür die gleichen waren, die auch zu einem Anstieg der Prostitution schlechthin führten: die Not und das Elend, die das Erbe des Krieges waren. Bezeichnend in diesem Zusammenhang ist eine Notiz, die sich in einer Ausgabe des »Spiegel« findet; wobei es sich um die gleiche Zeit handelt, da auch über den Fall des angeblichen Selbstmordes der Tänzerin berichtet wurde. Es waren nur wenige Wochen vergangen: »Die Zahl der Fälle von Mädchenhandel sei ständig im Wachsen begriffen, erklärte die Delegierte Dr. Morard vor dem Internationalen Konsultativkomitee für Flüchtlingsfragen in Genf. Der Eiserne Vorhang liefere den Frauenhändlern Flüchtlinge, die vor die Wahl gestellt seien, entweder in ihr Elend zurückzukehren oder die ihnen gestellten Bedingungen anzunehmen.«

Flüchtlinge aus den nunmehr kommunistischen Ländern des Ostblocks waren jedoch nur eine Quelle, die die Prostitution und den Handel mit

Geisha in kostbarem Seidenkimono (20. Jh.)

Auf Goldsuche im Wilden
Westen:

Jennie Rogers, »Madam«
in Denver (oben);
zu allem bereit in Fort Smith
(unten)

Belle Epoque:
Pariser Charme im Bordell

Ahnungsloses Opfer:
Jack the Ripper schlägt wieder zu
(zeitgenössische Illustration)

Kurtisanen im
Hyde Park

Von der Obrigkeit
geduldet:
Dirnen im
viktorianischen
London

Josephine Butler,
Pionierin im Kampf gegen die »Weiße Sklaverei«

Tanz auf dem Vulkan:
Mata Hari

Stolperstein eines Ministers:
Christine Keeler

Frauen speiste. Die Not war insgesamt auch in den fünfziger Jahren noch
so groß – auch wenn die Zeichen eines wirtschaftlichen Aufschwungs unverkennbar waren –, daß viele Frauen und Mädchen sich auf dubiose Angebote einließen, die nur zu oft in einem noch größeren Elend endeten wie
jenes, dem sie zu entfliehen suchten. Dabei übte der Orient eine besondere
Anziehungskraft aus; er galt als ein Märchenland, das Exotik und ver-
schwenderischen Reichtum verhieß. Nicht alle, die sich auf ein solches Abenteuer einließen, waren so blauäugig, daß sie nicht ahnten, wie glatt das
Parkett war, auf das sie sich begaben. Aber auch sie ließen sich blenden von
den Versprechungen oft skrupelloser Impresarios, die sich nur zum Schein
als Vertreter des Show-Business ausgaben, in Wirklichkeit aber bessere
Zuhälter oder gar Menschenhändler waren. Frauen und Mädchen, die auf
diese Weise in der Prostitution landeten, waren vom Typ her keine gewöhnlichen Prostituierten. Was auch für jene zutrifft, die regelrecht entführt und
dann zur Prostitution gezwungen wurden. Es ist diese Unterscheidung zu
beachten, denn für diese Kategorie von Prostituierten trifft die Charakterisierung, wie sie oben skizziert wurde, *nicht* zu. Der Unterschied ist offensichtlich: bei Mädchenhandel zum Zwecke der Prostitution liegt der Tatbestand des *Zwanges* vor, der bei der gewöhnlichen Prostitution eher eine
Ausnahme darstellt. Folglich ist die Persönlichkeitsstruktur von Frauen und
Mädchen, die über den Menschenhandel in die Prostitution geraten, anders
als bei ihren Kolleginnen, die zumeist lediglich in die Prostitution *ableiten*. Dies gilt es zu bedenken, will man eine gültige Aussage über die Motive und das Wesen derer machen, die – auf die eine oder andere Weise –
in die Prostitution gelangen. Ein Beispiel, das zudem recht aufschlußreich
ist, da es einen anderen Aspekt des Frauenhandels betrifft, mag verdeutlichen, was gemeint ist. Es handelt sich um eine Russin, auf die der Zeuge,
der über sie berichtet, in einem Rehabilitationszentrum für Drogenabhängige
in Macao, damals noch portugiesische Kolonie, aufmerksam wurde. Er
schreibt:

»Bei dem russischen Mädchen handelt es sich um einen interessanten Fall. Sie
war die Tochter eines wohlhabenden Weißrussen, der – zusammen mit Tausenden anderen – während der Revolution nach Charbin floh. Kurz darauf
starb ihr Vater. Ihre Mutter ging nach Shanghai und sorgte für ihr Auskommen in der einzigen Weise, die sich ihr bot: durch Prostitution. Als die chine-
sischen Kommunisten die Stadt einzunehmen drohten, schloß sich das junge
Mädchen dem Strom von Flüchtlingen an, die nach Macao entkamen, wo
sie im Alter von fünfzehn Jahren in ein Bordell gelangte. Zu der Zeit waren
Bordelle in Macao noch nicht verboten, und da sie jung und weiß war, war

sie sehr gefragt, besonders bei den Engländern. Ihre Mutter starb, und in ihrer Not nahm sie Zuflucht zu Drogen und wurde süchtig.«

Die Drogen gaben ihr den Rest; insofern, als sie sich immer mehr verschuldete, und somit keine Chance mehr bestand, sich aus der Prostitution zu befreien.

Es handelt sich hier zwar nicht um Mädchenhandel im eigentlichen Sinne: doch für die Betroffene waren die Umstände ähnlich – sie wurde durch äußere Umstände und nicht, weil ihre Persönlichkeit etwa darauf angelegt war, in die Prostitution verstrickt, aus der es kein Entrinnen gab. Wobei in diesem Fall zu ergänzen ist, daß die Russische Revolution in der Tat Flüchtlingsströme nicht nur im Westen, sondern auch im Osten auslöste, wo den Frauen und Mädchen unter diesen Exilrussen oft nichts anderes übrigblieb als die Prostitution, um ihren Lebensunterhalt zu bestreiten. Die Zahl der Russinnen, die in den dreißiger Jahren in Shanghai der Prostitution nachgingen, wurde seinerzeit auf 8000 geschätzt.

Der Mädchenhandel in den fünfziger Jahren, der von Europa ausging, erreichte gleichfalls beachtliche Ausmaße. Insbesondere Frankreich, das zu der Zeit noch Kolonialmacht war, war zum Zentrum des Mädchenhandels aufgerückt. Wie der Schweizer Journalist Hans Leuenberger, der sich auf die Spuren der Mädchenhändler begab, in einem Bericht über den Handel, der speziell mit dem Orient abgewickelt wurde, vermerkte: »Die Abgeordnete von Paris, Mme. Lefèvre, richtete vor nicht langer Zeit eine Anfrage an den Innenminister Frankreichs. Sie fragte, was er gegen den Mädchenhandel zu tun gedenke. In den vergangenen zehn Jahren seien über hunderttausend Frauen und Mädchen aus Frankreich spurlos verschwunden.«

Nordafrika, der Nahe Osten, Indochina: Frankreich unterhielt noch ein weites Netz kolonialer Verbindungen, und das erleichterte natürlich den Menschenhändlern, die in Frankreich ihre Ware rekrutierten, das Geschäft. Aber auch die Engländer – ohnehin Pioniere des seinerzeitigen »weißen Sklavenhandels« – ließen sich nicht lumpen. Besonders Alexandria, in Ägypten, und Singapur, auf der Malaiischen Halbinsel, galten als eine Drehscheibe des internationalen Frauenhandels. Natürlich sollte auch der amerikanische Kontinent nicht vergessen werden: Havana, auf Kuba, entpuppte sich zu einem einzigen Bordell, das die Amerikaner mit Beschlag belegten und schließlich Fidel Castro auf den Plan rief, der es freilich – Ironie der Geschichte – zu späterer Zeit seinerseits nicht würde verhindern können, daß die Prostitution erneut zu einem Devisenbringer für die vermeintliche Zuckerinsel werden sollte. Die Prostitution hatte viele Facetten: selbst die Kommunisten schafften sie erst ab und führten sie dann wieder ein. Nicht nur in Kuba, auch in

China. Obwohl hier die Prostitution (noch) kein Pfeiler der Wirtschaft ist. Aber man duldet sie zumindest wieder; und sie belebt das Geschäft, mit ausländischen Investoren. Von den eigenen aufstrebenden Wirtschaftskapitänen, die schließlich auch ihr Vergnügen haben wollen, gar nicht zu reden. Jedenfalls ist auch in China der einst vielgerühmte kommunistische Puritanismus passé. Die Prostitution boomt an allen Ecken und Enden.

Bemerkenswert ist, soweit es den Frauenhandel betrifft, daß die Pioniere in diesem Geschäft – und zwar nicht nur die Händler, sondern auch ihre Opfer – *Weiße* waren. Farbige Frauen wurden zwar auch – und dies seit undenklichen Zeiten – gehandelt: doch ihre eigentliche Stunde war noch nicht gekommen. Dazu bedurfte es erst einer weiteren Liberalisierung der Sitten (und des Marktes). Als Sexuelle Revolution, die alles bisher Dagewesene in den Schatten stellte, sollte sie alsbald für Furore sorgen.

Glückliche Fügung

Waren die fünfziger Jahre durch eine Rückkehr zur Prüderie gekennzeichnet, die jedoch nicht mehr die repressive Form der Vergangenheit annahm, denn eine liberalere Grundtendenz blieb erhalten, so brachte das folgende Jahrzehnt, die sechziger Jahre, erneut einen grundlegenden Wandel in Werten und Normen. Die Gründe hierfür waren vielfältiger Art: zum einen hatte sich in der westlichen Welt – und allein auf diese beziehen wir uns hier – das Leben wieder normalisiert; das heißt, die Spuren des Krieges waren überwunden, die Anstrengungen des Wiederaufbaus geleistet und somit Freiräume geschaffen, die es der Gesellschaft erlaubten, die Früchte, die sie neu gesät hatte, zu ernten. Wohlstand hielt überall Einzug, und mit dem Wohlstand kam die Lust am Experimentieren. Das Leben drohte in Überdruß und Eintönigkeit abzugleiten; also suchte man nach neuen Herausforderungen, und da diese nicht gegeben waren, schuf man sie sich: indem man just gegen das rebellierte, was man – nach den Zerstörungen des Krieges – so mühsam aufgebaut hatte. Wohlstand und Wohlanständigkeit wurden suspekt; also lehnte man sich dagegen auf. Und wählte dazu vor allem ein Mittel, das – mehr als alles andere – geeignet war, das Establishment, wie man es nannte, zu schockieren: die Aufkündigung des herrschenden Moralkodex. Bezog sich dies auch auf die Moral im allgemeinen, die sittlichen und ethischen Grundlagen der Gesellschaft insgesamt, so gewann doch ein Aspekt, der sich am leichtesten verwirklichen ließ, besondere Bedeutung: die Abkehr von den moralischen Normen im engeren Sinne, die als repressiv entlarvt und in Bausch und Bogen aufgekündigt wurden.

Dieses gesellschaftliche Unbehagen und die Rebellion, die daraus resultierte, waren jedoch nur ein Grund, der zu dem tiefgreifenden Wandel, den die sechziger Jahre einläuteten, führte. Daneben waren es auch politische Veränderungen, die für Unruhe sorgten. Das betraf nicht nur eine Eskalation des Kalten Krieges, die zu neuen militärischen Konfrontationen führte, sondern auch die Emanzipation der sogenannten farbigen Völker, die entweder ihre Unabhängigkeit erlangten oder sich gegen eine fortbestehende oder erneute Vormachtstellung seitens der westlichen Welt, insbesondere der USA, auflehnten. Hier stand eine Parteinahme an, und während die Regierenden sich für einen reaktionären Kurs entschieden, sympathisierten die Protagonisten des Wandels, Intellektuelle und ihre Jünger, die sich in der Jugend manifestierten, mit der Gegenseite, denen, die vermeintlich oder tatsächlich eine Alternative darstellten. Ein Gegenbild boten zu dem, was in der westlichen Welt suspekt geworden war; wozu auch und nicht zuletzt alternative Formen von Liebe, Erotik und Sexualität gehörten. Die man zum absoluten Standard erklärte, von dem man sich inspirieren ließ. Der Orient, von Marokko bis Indien, wurde zur Spielwiese all derer, die auf der Suche nach mystischer Erfahrung, spiritueller Erleuchtung und sexueller Erfüllung waren. Und indem man neue Welten entdeckte, verwarf man um so mehr die alte: an die Stelle des Christentums trat die buddhistische Lehre, Jogis und Scharlatane waren die neuen Heiligen, und was sie verkündeten, war häufig nicht mehr als ein enthemmter oder gar hemmungsloser Weg zum Sex. Der mystisch überhöht wurde, aber eine radikale Umkehr von Gewohntem bedeutete. Nicht mehr Schuld, das Bewußtsein, eine um Grunde sündhafte oder verwerfliche Handlung zu begehen, wie es dem Ethos des Christentums entsprach, sondern die Befreiung von Tabus, die einer natürlichen Entfaltung der Sexualität im Wege gestanden hatten, war die Norm, die nun propagiert wurde. Und es waren nicht nur indische Gurus, die den Weg zum Nirwana priesen, auch heimatliche Erleuchtete, von Wilhelm Reich bis Alex Comfort, verkündeten die neue Lehre, die da die Freiheit, sich sexuell auszuleben, verhieß. »Alles ist jedem erlaubt, solange es nicht dem anderen schadet!« so hieß das Motto, das an die Stelle christlicher Morallehre trat.

Dennoch wäre die neue, radikale Forderung vermutlich eine leere Floskel geblieben, wenn nicht just in dem Augenblick, da sie erhoben wurde, die Wissenschaft mit einer Neuerung aufgewartet hätte, die die entscheidende Voraussetzung für ihre Realisierung schuf: die Befreiung der Frau, mit Hilfe von Antikonzeptiva, von der ihr bisher eigenen Last, Sexualität stets im Kontext der Fortpflanzung sehen zu müssen. Diese Einschränkung weiblicher Sexualität bestand nun nicht mehr, und dies bedeutete für die Frau zugleich den endgültigen Schritt hin nicht nur zu sexueller, sondern auch gesellschaftlicher Gleichstellung. Familie und Nachkommenschaft waren nicht mehr ihr alleiniger Daseinszweck, wie es zudem von der Kirche gefordert worden war: zum ersten Mal in der Geschichte der Menschheit konnte die Frau frei über ihr Leben entscheiden – auch dies führte zu einem Wandel, der tiefgreifender noch als alle anderen war.

Das Ergebnis dieses gesellschaftlichen Umbruchs, der sich in den sechziger Jahren des vergangenen Jahrhunderts vollzog, war die sogenannte »Sexuelle

Revolution«. Zwar war sie nur eine Folge dieses Wandels, aber gerade sie hatte weitreichende Auswirkungen. Da sie das gesamte gesellschaftliche Gefüge veränderte: nicht nur daß die Frau an Ansehen und Status gewann, einher mit dieser Entwicklung ging auch die Abwertung und der Niedergang der Familie, was sowohl Auswirkungen auf das eheliche Zusammenleben, wie auch auf die nachrückende Generation, die Kinder, hatte. Sie zahlten die Zeche, und zahlen sie noch immer. Das ist die Kehrseite der vielbeschworenen und über Gebühr gerühmten Sexuellen Revolution.

Aber natürlich sind auch und gerade die Sexualpartner selbst von der neuen Freiheit betroffen. Und dies nicht nur im positiven Sinne. Wie eine vergleichende Studie über das Sexualverhalten und Liebesleben in verschiedenen Ländern und Kulturen verdeutlicht, die in den neunziger Jahren auf Initiative eines amerikanischen Wissenschaftlers, Robert Francoeur, durchgeführt wurde, haben gerade in dem Land, wo die Sexuelle Revolution ihren Ausgang nahm, ihre Anhänger am wenigsten davon profitiert. »Diese Polarität [zwischen Puritanismus und Perversion]«, resümiert Francoeur, »hat eine Art schizophrenes Verhältnis der Amerikaner zur Sexualität zur Folge. Nirgendwo sonst wurden die Debatten um sexuelle Belästigung so medial übergekocht wie bei uns, andererseits existieren 700 Varianten von Fetischismus-Klubs.« Die Studie ergab weiterhin, daß gerade in den USA ein hoher Grad an Frustration unter Singles, die einen immer größeren Teil der Gesellschaft bilden, herrscht, weil sie nicht verheiratet sind. Dazu die »New York Times«: »Die amerikanische Popkultur ist voll von allein stehenden jungen Frauen, die in ihren sündteuren Manolo-Blahnik-Pumps von einem Katastrophen-Date zum nächsten trippeln. Der gefährliche Subtext dazu ist: Seht her, die US-Frau, jetzt ist sie schick wie unabhängig, und nun will sie keiner mehr.« Und was den Mann betrifft, so bescheinigt Francoeur dem Amerikaner »die größte Gefühlsunfähigkeit der westlichen Zivilisation«.

Ähnliche Klagen hört man auch hierzulande; wobei aber auch der gegenteilige Vorwurf aufkommt: nicht der Mann, sondern die Frau werde zunehmend gefühlskalt. Ist sie es nicht, die als erste zum Scheidungsrichter rennt? Wie auch immer: man hat, wie es scheint, das Kind mit dem Bade ausgeschüttet und ist von einem Extrem (auch wenn es längst schon der Vergangenheit angehört hatte) ins andere verfallen. Ein Prozeß, der womöglich irreversibel ist.

Doch das interessiert uns, im Rahmen unserer Ausführungen, nur insofern, als es Auswirkungen auf die eigentliche Fragestellung hat, die es hier zu klären gilt: welche Folgen ergeben sich auf Grund der neuen Einstellung zur Sexualität und des Verhaltens, das daraus resultiert, für die Prostitution? Man sollte meinen, daß sie überflüssig geworden ist. Denn wenn eines die Sexuelle Revolution bewirkt hat, dann ist es die Beliebigkeit und allgemeine Verfügbarkeit von Sex. Keuschheit und Jungfräulichkeit sind alte Zöpfe, um die sich niemand mehr schert, Schwangerschaft ist kalkulierbar geworden, Abtreibungen sind auch kein Unglück mehr, und die Liebe, sie gehört auch nicht eigentlich mehr zum Sex. Also wird er ebenso beliebig gewährt wie gefordert. Wo bleibt da die Prostitution?

Alex Comfort, einer der Pioniere der neuen Sexualmoral, konstatiert in seinem Buch »Der aufgeklärte Eros«: »Mittlerweile wird die Bedeutung der professionellen Prostitution, eines Bestandteils verhältnismäßig stabiler Zivilisationen, durch eine zunehmende Promiskuität vermindert.« Und er fordert: »In Wirklichkeit wäre wohl die beste Lösung des Problems der Prostitution eine höhere Einstufung dieses Berufes.« Damit nimmt Comfort eine Einsicht vorweg, wie sie sich schließlich immer mehr durchsetzen sollte. Und die – wie man sich erinnern wird – der eigentliche Anlaß für unsere Untersuchung ist. Doch darauf werden wir später noch einmal zurückkommen.

Bemerkenswert ist auch eine andere Feststellung, die Comfort macht. Er schreibt:

»Neben ihrem Wesen als Institution ist die Prostitution eine Lebensweise, die mit Absicht gewählt wird; im modernen England, wo es keine ›weißen Sklaven‹ gibt und der wirtschaftliche Druck der Armut äußerst selten ist, erfolgt die Wahl im allgemeinen wohlüberlegt. Soweit unsere Gesellschaft davon betroffen ist, läßt diese Wahl eine definitive Persönlichkeitsstörung erkennen – die Hure ist jedoch nur in den seltensten Fällen die triebhafte heterosexuelle ›Buhlerin‹ der religiösen Auffassung. Ihr Hauptmerkmal ist in vielen Fällen eine herausfordernde Haltung zur Gesellschaft und der sexuelle Teil ihrer Tätigkeit mehr Mittel zum Zweck als Ursache ihrer Wahl.«

Mit anderen Worten: es ist nicht mehr die Not, auch nicht die Schmach einer Verführung oder Entjungferung wie andererseits auch nicht mehr Entführung und Zwang, was am Anfang der Laufbahn einer Prostituierten steht. Sie entscheidet sich in freier Wahl für diesen Weg: auch wenn es andere Zwänge gibt, die letztlich doch entscheidend sind. Comfort: »Die Hinweise von Revolutionären und Philanthropen auf die wirtschaftlichen Ursachen der Prostitution sind irreführend, soweit sie das heutige England betreffen. Ein niedriger Lebensstandard kann als finanzieller Antrieb wirken, aber die neuesten Theorien besagen, daß es vor allem Konfliktsituationen und eine schlechte Umgebung während der Kindheit sind, die neben einem unreifen und regressiven Persönlichkeitsbild ein Mädchen zur Prostitution führen.«

Das deckt sich mit dem, was wir an anderer Stelle ausgeführt haben. Wobei hier freilich zu ergänzen ist, daß wirtschaftliche Not als »Initialzünder«, also das, was letztlich den Ausschlag gab, inzwischen entfallen ist. Nicht nur in England, auch in den übrigen Ländern der westlichen Welt. Was die primäre Bedeutung der anderen Faktoren, die ein Mädchen für die Prostitution prädestinieren, unterstreicht. Dies trifft freilich – wie wir noch sehen werden – nur für diejenigen zu, die aus unserer Gesellschaft stammen. Die Situation ist völlig anders bei sogenannten Migrantinnen, also Prostituierten, die auf die unterschiedlichste Weise in den Westen gelangen: für sie gilt nach wie vor, daß Armut ein entscheidender Faktor für die Aufnahme der Prostitution ist.

Doch der Wandel im Erscheinungsbild der Prostituierten, insofern als es eine Verschiebung in der Motivation gegeben hat, ist nur die eine Seite, die die neue Sexualmoral offenbart. Die eigentliche Frage lautet: hat sich die Prostitution, da Sex auf andere Weise verfügbar ist, nicht überlebt? Ganz offensichtlich ist dies nicht der Fall, denn das Geschäft mit dem *käuflichen* Sex boomt wie nie zuvor. Sexuelle Befriedigung im neuen, aufgeklärten Sinne also Fehlanzeige? Nicht anders als bei der Liebe? Die Erkenntnis drängt sich auf, daß die Sexuelle Revolution zwar eine Veränderung des sexuellen Verhaltens, vor allem der Frau, bewirkt hat, daß dies aber nicht in der Weise geschehen ist, daß sich daraus dauerhafte Beziehungen oder auch nur sexuelle Befriedigung und Erfüllung ergeben. Die steigende Zahl der Singles beweist es: am Ende der Revolution steht das Individuum, ganz gleich ob Mann oder Frau; der Mann hat nur den Vorteil (wieder einmal), Zuflucht bei anderen Formen der Liebe zu suchen. Im Klartext: die gute, alte Hure bietet immer noch – und jetzt erst recht – einen Ausweg. Von der Seite ist die Prostitution auch in Zukunft gesichert.

2

Die Liberalisierung im Zuge der Sexuellen Revolution erfaßte auch einen Bereich, der bislang eher eine Nebenrolle im Geschlechtsleben des Menschen gespielt hatte: die Pornographie. Mit diesem Begriff, der sich um das griechische Wort *porne*, »Hure«, rankt, umschreibt man all jene Formen der Sexualität, die auf eine Darstellung des Geschlechtlichen in Wort und Bild abzielen. Im Gegensatz zu künstlerischen Darstellungen sexuellen Inhalts, sowohl in der Literatur als auch in der bildenden Kunst, ist die eigentliche Pornographie durch keinerlei künstlerische Ambitionen gekennzeichnet: sie dient allein dem Zweck, und dies in ungeschminkter, eindeutiger Weise, sexuell zu erregen, ohne daß dazu die Anwesenheit einer anderen Person erforderlich ist. Pornographie erfüllt somit nicht nur eine komplementäre, sondern vor allem auch eine *Ersatz*funktion; woraus sich gerade in der heutigen Zeit ihre besondere Bedeutung ergibt. Denn neben der Prostitution im herkömmlichen Sinne ist es vor allem die Pornographie, die dem Single-Dasein entgegenkommt. Ja, es womöglich sogar in vielen Fällen bedingt; insofern, als Pornographie in ihrer heutigen Form durchaus eine Konkurrenz zur realen, partnerschaftlichen Sexualität darstellt.

Wenn die Prostitution als das älteste Gewerbe gilt, dann ist die Pornographie nicht minder allgegenwärtig seit Anbeginn der menschlichen Geschichte. Allerdings dürften die frühesten Darstellungen vermeintlich pornographischer Art, wie man sie in Felsmalereien oder weiblichen Statuetten findet, weniger explizite sexuelle Bedeutung gehabt, als vielmehr dem Zweck gedient haben, durch einen Analogiezauber die Fruchtbarkeit, von Mensch, Tier und Pflanze, zu sichern. Hier stand ganz eindeutig eine *religiöse* Funktion im Vordergrund.

Ähnliches läßt sich auch von den Tempelplastiken in Indien sagen, die die Sexualität des Menschen feiern, dennoch aber den religiösen Kontext deutlich erkennen lassen. Anders die Darstellungen sexuellen Inhalts, die aus der Zeit der griechischen und römischen Antike stammen: hier handelt es sich ganz eindeutig um Pornographie, die nicht mehr im Zusammenhang mit religiösen Vorstellungen zu sehen ist, sich dafür aber nicht immer deutlich von eigentlich künstlerischem Schaffen trennen läßt. Was auch für die Literatur gilt.

In der Antike galt Pornographie – wie auch die Prostitution – nicht als anstößig. Was sich, wie zu erwarten, mit der Einführung des Christentums änderte. Während in anderen Kulturen und Weltgegenden – wie etwa in Japan oder China – die Pornographie sich weiterhin frei entfalten konnte, wurde sie im christlichen Abendland stigmatisiert und in den Untergrund abgedrängt. Zwar trat sie immer wieder auch öffentlich in Erscheinung, als Ausdruck künstlerischen Schaffens getarnt, doch blieb sie stets im Hintergrund; zumeist privilegierten Kreisen vorbehalten, die über die nötigen Mittel verfügten, sich auch Verbotenes zu beschaffen, um damit ihre anspruchsvollen Bedürfnisse zu befriedigen. Das betraf Pornographie sowohl in ihrer literarischen als auch künstlerischen Erscheinungsform im engeren Sinne.

Ein radikaler Wandel in Bedeutung und Wirkung der Pornographie trat erst in den siebziger Jahren des 20. Jahrhunderts ein, als die Sexuelle Revolution eine Phase der Enttabuisierung in allen Bereichen der Sexualität einleitete, die nicht zuletzt auch die Pornographie erfaßte. War sie bislang eine Randerscheinung gewesen, so rückte die Pornographie nun immer mehr in den Blickpunk der Öffentlichkeit und wurde schließlich zu einem Massen-phänomen. Die Alltäglichkeit holte sie ein, und so sorgte sie ihrerseits dafür, daß sich der Prozeß der sexuellen Liberalisierung noch beschleunigte.

Gleichzeitig mit der Ausweitung und allgemeinen Akzeptanz der Porno-graphie fand eine Veränderung in ihren Erscheinungsformen statt. Da die Se-xuelle Revolution in den USA ihren Ausgang genommen hatte, war es nur natürlich, daß auch die neuen Formen der Pornographie in den USA ihren Ursprung hatten. Was allerdings auch damit zusammenhängt, daß sich zu-gleich ein grundlegender Wandel in den Medien anbahnte, der wiederum in den USA erstmals in Erscheinung trat, die zudem einen immer größeren Ein-fluß auf Kultur und Gesellschaft in aller Welt ausübten. So geschah es, daß an die Stelle pornographischer *Literatur,* die bislang im Vordergrund gestan-den hatte, die *visuelle* Pornographie – in Form von Video und schließlich Internet – trat, so daß heute die Pornographie weitgehend mit den audio-visuellen Medien identisch ist. Nicht, daß sie sie gänzlich beherrschen, aber doch unleugbar in einem immer größeren Maße: »90 % allen Materials, das aus dem Internet heruntergeladen wird, ist pornografisch.« So eine lakoni-sche Feststellung in einem Atlas zur Sexualität in der Welt, der aus dem Jahre 2000 stammt.

Nicht minder bedeutsam ist die Verbreitung pornographischer Videos; wo-bei das San Fernando Valley, in Kalifornien, in der pornographischen Video-branche den gleichen Stellenwert einnimmt wie Hollywood in der Welt des Films. Mit 8000 sogenannten Hard-Core-Videos, die pro Jahr in den USA her-gestellt werden (an ihre Stelle treten allerdings zunehmend sogenannte DVDs), steht Amerika auf Platz eins in der Rangfolge pornographischer Video-Pro-duktion. Amerikanische »Pornos« beherrschen den einschlägigen Markt welt-weit; was nicht nur Auswirkungen auf die Ausrichtung dieses Marktes hat, sondern auch auf das Verhalten der Konsumenten. Denn – abgesehen von Ge-waltvideos, die häufig mit »Pornos« einhergehen – sind amerikanische Hard-Core-Videos vor allem durch eines gekennzeichnet: eine völlige Ausblendung von Gefühlen und erotischer Empfindung. Der Inhalt, der transportiert wird, reduziert sich allein auf den sexuellen Akt, der von entmenschlicht erscheinen-den Wesen, die wie Maschinen oder Roboter agieren, vollzogen wird. Der Partner, das heißt die Partnerin, denn sie ist es, die im Mittelpunkt steht, wird dennoch verdinglicht: Sexualität gerät zu einer mechanischen Tätigkeit bar jeglicher emotionaler Regung. Nicht zu Unrecht führen Gegner dieser Art von Pornographie ins Feld, daß sie die Frau erniedrigt, sie ihrer Würde beraubt, ihr jegliche Persönlichkeit abspreche. »Pornographie ist, wenn die Erniedrigung der Frau ... sexualisiert dargestellt wird.« So formuliert es Alice Schwarzer, eine der Wortführerinnen der Gegner der Pornographie.

Was uns zurück zu unserem Thema führt. Schließlich ist Pornographie nicht gleich Prostitution. Oder? Es ist eine der Ironien der Sexuellen Revolution, daß gerade sie zu einer neuen Form der Prostitution geführt hat. Denn neben der traditionellen Prostitution etablierte sich nun ein neuer Zweig, der nicht mehr aus sexuellen Dienstleistungen im herkömmlichen Sinne besteht, sondern aus der Darbietung des Körpers zum Zwecke der visuellen Konsumption. Es besteht also nicht mehr ein persönlicher Kontakt zwischen Prostituierter und Freier; was nicht bedeutet, daß nicht doch der Dienst einer Prostituierten in Anspruch genommen wird. Derart, daß sie mit einem Partner, der ein Darsteller wie sie ist, den Geschlechtsakt gewissermaßen in aller Öffentlichkeit vollziehen muß. Für Printmedien, in Form sogenannter »Herrenmagazine«, für Videos und – last, not least – das Internet. The world-wide web.

Das ist eine neue Qualität der Prostitution. Zugleich unpersönlich und intim; so intim, wie nie zuvor. Man sollte meinen, daß es da Hemmungen gibt. Prostitution im Bordell, verschwiegen und in einem vertrauten Umfeld, das ist eine Sache, Prostitution im Angesicht der ganzen Menschheit (und für alle Zeiten), das ist etwas anderes. Wie steht eine *solche* Prostituierte zu ihrer Arbeit?

Eine, die das neue Geschäft mit der Prostitution – auf Grund ihrer Tätigkeit sowohl vor als auch hinter der Kamera – zur Genüge kennt, ist die aus Polen stammende Teresa Orlowski. In einem Interview, das in einer Sex-Postille aus dem Hause Beate Uhse veröffentlicht wurde, bekennt sie freimütig auf die Frage, ob es stimme, daß Darstellerinnen in Hard-Core-Filmen zu reinen Lustobjekten degradiert würden:

»Wer so etwas behauptet, sollte einmal dabeisein, wenn ein Hardcore-Film gedreht wird. Es sind fast immer die Girls, die am eifrigsten bei der Sache sind. Sie fühlen sich dabei wohl kaum als Lustobjekte – eher als Lustwesen. Den meisten macht es unheimlich viel Spaß, und einige von ihnen lassen ihren Sex-Phantasien dabei freien Lauf und tun ganz überraschende Dinge, die so gar nicht im Drehbuch stehen. Nein, beim Hardcore-Film wird keine Frau ausgenutzt – im Gegenteil: was sie tun, tun sie freiwillig. Und meist ist ihre Gage auch höher als die der männlichen Darsteller. Lustobjekte sind eher die Männer.«

Auch wenn Teresa Orlowski, die immerhin aus eigener Erfahrung spricht, hier auch Eigenwerbung betreibt, so ist ihre Argumentation dennoch stichhaltig: nicht nur spielen Männer in pornographischen Videos – zumindest visuell – die zweite Geige und müssen sich zumeist mit einer erheblich gerin-

231

geren Gage zufriedengeben – der Star ist eindeutig der weibliche Darsteller –, es ist auch für jedermann einsichtig, der einen einschlägigen Videofilm betrachtet, daß die Darstellerinnen *nicht* zu dem, was sie tun, gezwungen werden. Orlowski: »Keine Kamera ist so ehrlich wie die Hardcore-Kamera.« Was die Darstellerinnen zu ihrer Tätigkeit *motiviert,* ist allerdings eine andere Frage. Und es sollte auch nicht unerwähnt bleiben, daß Videos aus Osteuropa oder den Ländern der Dritten Welt, wie etwa Thailand, auf das wir noch zu sprechen kommen werden, anderen Gesetzen unterliegen: hier ist nur zu häufig zu beobachten, daß Darstellerinnen nicht nur nicht mit dem, was sie tun, vertraut sind, sondern ganz offensichtlich auch zu dieser Tätigkeit genötigt werden.

Anders hierzulande, wie überall in der westlichen Welt, die die Sexuelle Revolution all ihrer moralischen Normen – wie es scheint – beraubt hat. Dazu der »Stern«, in einem Bericht über die neue Schamlosigkeit, die man der Frau von heute attestieren muß: »Sie ziehen sich aus, schreiben ungehemmt über Sex, wollen vor der Kamera gebären – in der neuen nackten Welt der Frauen gibt es keine Tabus mehr. Ihre Devise heißt: ›Wir sind so frei.‹« Wen wundert's, wenn sich da Frauen und Mädchen zu Hauf finden, die sich auch pornographisch vor der Kamera produzieren möchten. Bob Guccione, der Herausgeber des »Penthouse«, des Pendants zum »Playboy«, bringt es auf den Punkt, wenn er erklärt: »Frauen im Allgemeinen sind Exhibitionistinnen. Männer sind im Allgemeinen Voyeure. Wir nutzen diese Tatsache aus.« Eine glückliche Fügung, könnte man meinen; wenn dabei nicht etwas essentiell Menschliches auf der Strecke bliebe: der erotische Kick, die sensuale Verlockung, das Geheimnis, die Magie der Sexualität. Sex ist zur Ware verkommen, billig und wohlfeil. Das letzte Abenteuer nähert sich seinem Ende.

Russisch Roulette

»Es war ein richtiger Sugardaddy. Er liebte meine Jugend und behandelte mich rücksichtsvoll wie seine eigene Tochter – ja, hier lag wohl der erotische Reiz für ihn; er erwähnte auch manchmal seine Tochter. Ich zog mich ohne große Verspreizungen aus, faltete meine Kleidung wie ein wohlerzogenes Kind auf ein Beistelltischchen und legte mich dann auf das breite, mit einem frisch gestärkten Laken bezogene Rattanbett. Er setzte sich ans Fußende. Ich blickte ihn mit einem leisen Lächeln an, bemüht, guten Liebesdienst zu bieten. Ich ließ meinen Körper eidechsengleich schlingern. Seine Augen umfloren sich, entzogen sich noch mehr in Sehnsucht und Erinnerung. Er faßte mich zart an, so als sei ich eine wertvolle Jadeschnitzerei, die von einem Liebhaber geprüft wird. Er rieb meine Brustwarzen sachte zwischen Daumen und Zeigefinger, und sie sprangen durch die mechanische Reizung nach oben. Dann geschah alles ohne Sperenzchen. Er warf den Kimono ab, ich öffnete meine Schenkel und spürte ihn auf mir. Er roch nach Tabak, Mundwasser und einem bitterherben Parfüm. Er war rücksichtsvoll genug, mich nicht auf den Mund zu küssen. Das hätte ich gehaßt. Er ließ das Gewicht seines Oberkörpers auf den Ellenbogen ruhen, so daß ich ohne Not atmen konnte. Ich hatte meinen Schoß vorweg reichlich mit Gleitcreme geschmiert, aber doch schmerzte die Scheide etwas, als er eindrang. Ich sagte ihm aber, daß es nicht weh tue. Und schließlich öffnete sich die Muskelröhre, so weit es nötig war, und Creme und Erektionstropfen machten sie zur Rutschbahn. Er stammelte einen Kosenamen, den ich nicht verstand. Vermutlich war ich auch gar nicht gemeint. Dann überschlug sich sein Stoßen und endete jäh. Nur der Nachhall des rhythmischen Ergusses war spürbar. Er stöhnte, verharrte eine Weile, griff nach einer Schachtel Kleenex und verließ schließlich meinen Schoß. Wir lagen noch eine Weile nebeneinander. Er bedankte sich. Nachdem wir geduscht hatten, zündete er sich eine Zigarette an, und wir saßen uns handtuchumwickelt mit gekreuzten Beinen auf dem Bett gegenüber. Mit einem Mal schauten wir uns beide schelmisch in die Augen. Ich weiß nicht, woher der gemeinsame Impuls kam. Wir lachten jetzt richtig gelöst. Es war ein Gefühl von Charme und Poesie, wie ich es mit Freiern nur selten wieder erlebte.«

Malee, eine junge Thailänderin aus dem Norden ihres Landes, hatte Glück; denn ihr erster Freier war ein Amerikaner, der der Exotik ihrer Reize verfiel und fast so etwas wie ein Freund wurde. Das war nicht selbstverständlich, zumal in einem Land, wo die Prostitution zwar ein fester Bestandteil des Lebens war, denn sie hatte in Thailand eine lange Tradition, doch wo sie keineswegs in der Weise gepflegt wurde, wie man es hätte vermuten können. Wie sich Nid, eine Freundin Malees, beklagte: »[...] die Thai-Männer sind [...] alle knauserig, und dabei auch noch grob und rücksichtslos.« Und sie drängte Malee, mit ihr nach Udom zu kommen. »Dort sind Farang, viele GI. Die Amerikaner haben mehr Geld und sind auch großzügiger.« Daß die amerikanischen GIs, die in Thailand stationiert waren, über mehr Geld verfügten als die Einheimischen, war nur zu verständlich, und das konnte man den thailändischen Männern nicht eigentlich anlasten. Wohl aber die Art, wie sie Liebesdienerinnen behandelten. Obwohl sie praktisch alle mit Prostituierten Umgang pflegten. Das gehörte, wie gesagt, zu den Besonderheiten der thailändischen Tradition. Wie auch die Diskriminierung der Frau schlechthin; was ein Erbe des Buddhismus war. Über den Malee, die die Chance hatte, sich aus der einheimischen Tradition zu lösen, und sie nutzte, denn auch nichts Gutes zu berichten weiß:

»Ich entdeckte den Buddhismus als parteiliche Religion. Ich erkannte einen klaren Widerspruch darin, daß im ländlichen Leben die Frauen bei uns die wesentliche soziale Kraft sind, während sie im religiösen Leben eine demütig-untergeordnete Rolle zu spielen haben. Der Buddhismus entstand auf indischem Boden, und von dort übernahm er auch vom Hinduismus die furchtsame Mystifikation des weiblichen Geschlechtes. Nur Männer gelten als befähigt, sich vom Körperlichen ins Vergeistigte erheben zu können. Wir Frauen hingegen sind erdverbunden. Manu, der klassische Gesetzgeber des alten Indien, warnte die gelehrten Männer vor der weiblichen Gefahr, die sie zu Sklaven der Begierde und Gefühlshaftigkeit machen könnte. Und bei ihm erscheint auch schon das einheitlich-widersprüchliche Bild von Heiliger und Hure: ›Kein Mann sollte sich mit seiner Mutter, Schwester oder Tochter an einen einsamen Platz begeben; denn die Sinne sind mächtig und überwältigen sogar einen Weisen.‹«

Frauen, die man gemeinhin für minderwertige Wesen erachtet, verdienen nicht wirklich Respekt, und folglich verstößt es auch nicht gegen die von der

Religion sanktionierte Norm, wenn man sie zu Prostituierten degradiert und sie dann als Ausgestoßene der Gesellschaft behandelt. 95 Prozent aller Thailänder, männlichen Geschlechts, haben Bordellerfahrung; fast fünf Millionen Thais nehmen jährlich die Dienste von Prostituierten in Anspruch. Doppelt so hoch ist allerdings die Zahl der Touristen, die Jahr für Jahr nach Thailand strömen: sie liegt bei zehn Millionen. Nicht alle kommen der Liebe wegen, doch die meisten Touristen sind Männer, und die Mehrzahl von ihnen lockt allein die Aussicht auf ein sexuelles Abenteuer. Immerhin halten sie damit die Wirtschaft des Landes in Gang, denn der Tourismus bedeutet für Thailand den wichtigtsen Devisenbringer. Fast drei Millionen Prostituierte und 60 000 Bordelle garantieren, daß der Urlaub zum Erfolg wird. Aber, wie gesagt, die eigentliche Ursache der Misere ist den Thailändern selbst anzulasten; allerdings nicht nur den Männern, auch Familien, den Eltern der Mädchen, die gezwungen werden, ihre Haut zu Markte zu tragen. Die Not, vor allem in den ländlichen Gebieten, ist oft so groß, daß man zu dem altbewährten und allseits praktizierten Brauch Zuflucht nimmt, die Töchter in die Städte zu schicken, wo sie ihre Körper verkaufen müssen, damit die Daheimgebliebenen über die Runden kommen. Die patriarchale Ordnung und die ihr verbundene Religion liefern dazu die nötige Handhabe, und wehe dem Mädchen, das sich dagegen auflehnt!

Auch Malee gehörte zu diesen Unglücklichen, und es waren nur besondere Umstände, die verhinderten, daß sie schließlich im Elend endete. In Bangkok und Pattaya, den eigentlichen Touristenzentren, machte sie wiederum die Bekanntschaft mit Freiern, die mehr als nur ein billiges Abenteuer suchten. So daß sie schließlich nach Deutschland gelangte; wo sie heiratete. Doch wie sie freimütig bekennt:

»Die Gruppe feierte meinen Einstand. Michael spendierte eine Flasche Pommery nach der anderen. Mitten in die zechfreudige Stimmung ließ er die Nachricht platzen, morgen werde er beim Standesamt in der Mandlstraße das Aufgebot bestellen. Ich traute meinen Ohren nicht. Und dann setzte eine feuchtschmatzige Gratulationsknutscherei ein, wobei sich die Frauen allerdings merklich zurückhielten. Ich wusch mir danach das Gesicht und spülte den Mund aus, um den Würgereiz zu verlieren. Ich grinste mich im Toilettenspiegel an. War das die Lösung all meiner Probleme? Ich kannte die Antwort: Lieber freie Hure als gefesselte Ehefrau eines Mannes, den ich lediglich sympathisch fand.«

Die Ehe, die Malee nur einging, um eine Aufenthaltsgenehmigung zu erlangen, war denn auch nicht von Dauer. Allerdings waren es besondere, unvorhergesehene Umstände, die ihr schon bald eine Ende bereiteten. Malee, deren erste Station in Deutschland München gewesen war, ging nach Hamburg und etablierte sich dort schließlich als Call-Girl. Sicher kein Happy-End; aber angesichts der Möglichkeiten, die sich einem Mädchen ihrer Herkunft und ihres Metiers in Thailand gemeinhin bieten, hatte sie ein noch annehmbares Los gezogen. Dort, wo sie herkam, im Norden Thailands, sind 65 Prozent der Prostituierten mit dem HIV-Virus infiziert. Darin liegt der eigentliche Fluch des Sextourismus in Thailand; denn wie sehr die thailändischen Männer die Frauen auch sexuell ausbeuten mögen, es sind die Fremden, die in immer größerer Zahl das Land der goldenen Buddhas auf der Suche nach wohlfeilem exotischen Sex besuchen, denen die Schuld an der Einschleppung des Aids-Virus anzulasten ist. Freilich haben wiederum die thailändischen Männer, die allein das politische Sagen haben, nichts unternommen, das Unheil abzuwehren. Es nimmt sich eher wie Hohn aus, wenn man darauf verweist, daß in Thailand doch eigentlich die Prostitution verboten ist. Schlimmer noch als die Korruption, die nicht zuletzt auch die Prostitution begünstigt, ist in Thailand die Heuchelei.

2

»Warum kommen Europäer?« fragte der »Focus« eine thailändische Prostituierte. Die Antwort: »Sie mögen unser Land – sie mögen die Thai-Ladys, weil wir schöne Haut, schöne Körper und ein gutes Herz haben. Ganz anders als in Europa, wo den Frauen die Liebe und die Innigkeit fehlt. Wir geben Wärme.«

Die Lust auf sexuelle Abenteuer mag ein Motiv sein; doch es ist nicht das einzige, was immer mehr Männer aus dem Westen bei der Orientalin Zuflucht suchen läßt. So paradox es klingt: die Sexuelle Revolution hat sie vertrieben und vertreibt sie aus den heimatlichen Gefilden, wo allzuoft nur noch ein rauher Wind weht, der alle sexuellen Gelüste im Keim erstickt. Oder auch abblitzen läßt. Da bleibt nur der Trost: bei der altvertrauten Hure oder der hoffnungsvolle Aufbruch in die Ferne. Wo so mancher Traum in Erfüllung geht; wie trügerisch er sich bei näherem Hinsehen auch erweisen mag.

Doch die Exotin – ob in Thailand oder Kenia, auf den Philippinen oder in der Dominikanischen Republik – ist nicht der einzige Schwarm, von dem der neue enthemmt-gehemmte Mann träumt. Auch hierzulande kann er sich mit der pflegeleichten Alternative zum mittlerweile allzu anstrengenden Althergebrachten eindecken. Ob aus Polen oder Brasilien, aus Kasachstan oder Kolumbien, ohne den Dauerbrenner, das königliche Siam, zu vergessen: Kataloge, wo es das beziehungsweise die Gewünschte zur Auswahl (und zur Probe) gibt, machen es möglich. Braun, gelb oder kaffeefarben, anschmiegsam und treuergeben: hier findet jedes verstörte Herz, was es begehrt und wiederaufrichtet. Es ist zwar nicht die Prostitution im klassischen Sinne, doch so manche, für die der Revolutionsgeschädigte entbrennt, hat einschlägige Erfahrungen – oder muß sich darauf einstellen. Denn auch im Schlaraffenland des Westens (oder Nordens) fließt nicht nur Milch und Honig. Malee mag sich freiwillig für den Weg entschieden haben, den sie immerhin schon kannte. Andere ereilt das Schicksal wie eine kalte Dusche: vor die Wahl gestellt, in Scham und Schande in ihre Heimat zurückzukehren, wo sie zudem nur Armut und Not erwartet, entscheidet sich so manche für das scheinbar geringere Übel und stellt sich darauf ein, fortan ihren Körper zu verkaufen. Was ihr wahrscheinlich auch nicht erspart geblieben wäre, hätte sie es vorgezogen, in die Heimat zurückzukehren.

Die Sexuelle Revolution treibt die seltsamsten Blüten. Freiheit für die einen, Sklaverei für die anderen. Nicht, daß dies nicht auch schon früher so gewesen wäre. Doch da war es nur die sogenannte farbige Welt, die der Weiße Mann sich Untertan machte. Heute ist es auch der Osten. Nicht der Orient, sondern das, was einmal als Gegenentwurf zum ausbeuterischen kapitalistischen System des Westens galt. Seit 1989 ist auch der Osten farbig; zumindest was seine entwicklungspolitische Affinität zur eigentlichen Dritten Welt anbelangt. Vielerorts ist heute der Osten maroder als so manches klassische Entwicklungsland. Wie sonst wäre es zu erklären, daß Frauen im Osten in hehren Scharen ihre Heimat verlassen und willig ein Los auf sich nehmen, das gerade dort, wo sie herkommen, einst verpönt und quasi überwunden war.

Aber sie kommen natürlich nicht nur freiwillig, auch wenn die Not, der sie zu entfliehen suchen, sie zu einer vorsätzlichen Entscheidung zwingt. Die Zahl derer, die genötigt werden, weil sie sich verleiten lassen oder in eine Falle tappen, ist mindestens ebenso groß. Und man sage nicht, daß es hierzulande – zumal da, wo sie landen – zivilisierter zugeht, als dort, woher sie kommen!

»Auf dem Kassiber, den ein Rentner in Dresden unter einem Fenster fand, standen nur zwei Worte auf Deutsch: ›Polizei, Hilfe‹.

Den Rest mußte die Kripo aus dem Ungarischen übersetzen lassen; ›Ich schreibe diesen Brief geheim ... weiß nicht, wo ich mich befinde, bin eingesperrt.‹

Weiter war auf dem hastig bekritzelten und mit ›Lena‹ unterschriebenen Zettel von einem brutalen ›Gyula‹ die Rede. Der sei ein Komplize der Brüder

Robby und Gábor, die ›von Einbrüchen leben‹, ›Frauen verkaufen‹ und ›Mädchen als Huren arbeiten lassen‹.

Die Suche der Polizei nach Lena blieb erfolglos. Der Tip aus der Szene, mal in der Dresdner Diskothek ›Hollywood‹ nachzuschauen, führte nicht weiter.«

So beginnt eine Reportage im »Spiegel«, die sich mit dem Thema »Frauenhandel und Zwangsprostitution« befaßt. Darin heißt es weiter:

»Lenas Geschichte ist auch Ilonas Geschichte. Das Mädchen, 16, aus dem ungarischen Bátaszék verdiente daheim mal eben 3000 Forint (55 Mark) im Monat, und in der Diskothek ›Strand‹ war nicht viel los.

Als ihr Landsmann Sándor sie zu einer Spritztour nach Westdeutschland einlud, willigte Ilona gern ein. In Kaiserslautern übergab Sándor das Mädchen ein paar Tage später an einen anderen Ungarn mit Spitznamen ›Motores‹ alias József Sárközi. Der verfrachtete Ilona in ein Bordell. Dort mußte sie anschaffen – ›30 Mark im Separee, 30 auf dem Rücksitz, 500 Mark pro Nacht im Zimmer‹ sagte Ilona später aus.

Nur einen Bruchteil des Dirnenlohnes durften Sárközis Mädchen behalten. Wenn die Bar zumachte, ›hat uns Motores zu der Straße mit den roten Lichtern nach Trier gefahren – da wollte mich einer für 10 000 Mark kaufen‹. Nach 14 Tagen kam Ilona frei, sie ging zur Polizei.«

Doch damit ist die Liste noch nicht zu Ende, die der »Spiegel« aufführt. Um ermessen zu können, mit welch brutaler Gewalt die Menschenhändler zu Werke gehen, sind auch die beiden folgenden Beispiele aufschlußreich:

»Dagmara, 22, Verkäuferin aus dem polnischen Stettin, landete auf ähnliche Weise im ›Salsa‹-Klub in der Nähe von Nimwegen, wo sie für 1000 Mark cash an zwei Balkanesen übergeben wurde. ›Während der Fahrt‹, gab Dagmara zu Protokoll, ›hielten mir die Schlepper eine Rasierklinge an den Hals.‹

Jana, 18, aus dem tschechischen Usti und Ludmilla, 19, aus Bulgarien entkamen in Köln einem Bordell, nachdem die Betreiber sie halb totgeschlagen hatten. ›Man hatte uns Arbeit als Kellnerinnen versprochen und uns dann die Papiere abgenommen‹, sagten sie bei der Vernehmung. ›Wir wurden verprügelt und gegen Geld zu schmutzigen Sachen mit Männern gezwungen.‹«

Man wird sich erinnern, was der Anlaß für unsere Untersuchung ist: wir hinterfragen die gesellschaftliche Aufwertung der Prostitution hierzulande, die nicht mehr als sittenwidrig gilt. Dazu noch einmal der »Spiegel«:

»Rund 400 000 Frauen, Teilzeitkräfte und Amateure eingerechnet, gehen nach Berechnungen des Bundeskriminalamtes (BKA) in Deutschland auf den Strich. Ein Viertel der etwa 200 000 Vollprofis, die nach Berechnungen des hessischen Innenministeriums bei täglich 1,2 Millionen Kunden einen Jahresumsatz von 70 Milliarden Mark erzielen, kommt aus Osteuropa. 15 000 bis 20 000 Mädchen und Frauen, erklärt BKA-Experte Willi Fundermann, ›werden unter falschen Voraussetzungen hierher gelockt und zur Prostitution gezwungen‹.«

Die Statistik stammt aus dem Jahre 1993. Inzwischen hat sich die Situation eher noch verschärft: mittlerweile geht man davon aus, daß bis zur Hälfte aller Frauen, die in Deutschland als Prostituierte arbeiten, Ausländerinnen sind, die zumeist illegal und unter Zwang ihrem Gewerbe nachgehen. Weitaus der größte Teil dieser Opfer des modernen Sklavenhandels stammt mittlerweile aus dem ehemaligen Ostblock: einem Bericht des BKA zufolge betrug ihr Anteil 1999 87,5 Prozent!

Der Tatbestand ist also eindeutig: Prostitution in Deutschland bedeutet zum großen Teil *Zwangsprostitution!* Soviel ist sicher und kann an dieser Stelle schon einmal konstatiert werden. Ein zweiter Aspekt, der klargestellt werden muß, ist der Umstand, daß zwar die Nutznießer der Prostitution in Deutschland – nicht nur die Freier, sondern auch die Bordellbetreiber – wenn auch nicht ausschließlich, so doch größtenteils Deutsche sind, daß aber zumindest der *Handel* mit den Frauen durchweg in ausländischer Hand liegt. Dazu der »Spiegel«:

»Vor allem Türken, Jugoslawen und Exilrussen, Polen, Bulgaren und Roma aus Tschechien beuten aus und erpressen, prügeln und vergewaltigen in illegalen Puffs Tausende wehrloser Frauen.›Organisierte Menschenhändler‹, haben nach Erkenntnissen [...] des hessischen Landeskriminalamtes (LKA) inzwischen ›das ganze Bundesgebiet netzartig überzogen‹. Selten wissen Interpol-Fahnder in Deutschland, wer die Köpfe der weltweit miteinander verbundenen Händlerringe sind.«

Auch diese Einschätzung stammt aus dem Jahre 1993. Aber man kann nicht davon ausgehen, daß sich inzwischen etwas geändert hat. Denn zum einem sind die deutschen Behörden traditionellerweise lax gegenüber Ausländern gewesen: da hat niemand gewagt, mal wirklich aufzuräumen; was man hätte tun können, wenn man es denn tatsächlich gewollt hätte. Zum andern herrschen seit dem 11. September 2001 ganz andere Prioritäten an der Front der Verbrechensbekämpfung: Menschenhändler gelten – im Vergleich zu islamischen Terroristen – nur noch als kleine Fische. Ihr Treiben gilt fast schon als Kavaliersdelikt, gemessen an der neuen Ordnung, die den Fundamentalismus im Visier hat. Die Leidtragenden sind die Opfer der Sklavenhändler, die im Windschatten der »großen Politik« agieren.

Es sollte dabei allerdings nicht verkannt werden, daß – wie es bereits anklang – der Kampf gegen das organisierte Verbrechen, das länderübergreifend agiert, keine leichte Aufgabe ist. Wobei im Falle des Frauenhandels noch besondere, erschwerende Momente hinzukommen: nicht nur sind die Menschenhändler in der Wahl ihrer Methoden nicht zimperlich, wenn es darum geht, Frauen in ihre Fänge zu bekommen und sie der Prostitution zuzuführen, sie sind auch zumeist unangreifbar, denn ihre Opfer wagen in den seltensten Fällen, gegen sie auszusagen. Sie sind entweder eingeschüchtert und fürchten Repressalien oder müssen mit sofortiger Abschiebung rechnen, wenn sie sich zu erkennen geben. Schließlich ist ihr Aufenthalt zumeist illegal, und eine Abschiebung bedeutet die Rückkehr ins Elend, dem sie doch zu entfliehen versuchten. Wobei man sie nicht immer von dem Vorwurf freisprechen kann, daß sie zumindest im höchsten Maße naiv sind, wenn sie sich auf die Versprechungen der Menschenhändler einlassen. Nicht alle, die im Westen in der Prostitution landen, sind an ihrem Los gänzlich unschuldig. Oft haben sie auch schon in ihren Heimatländern als Prostituierte gearbeitet. Was die internationale Studie über sexuelles Verhalten, die der Amerikaner Francoeur durchführte, über die Verhältnisse im heutigen Rußland zu vermelden weiß, trifft auch für die anderen Länder des ehemaligen Ostblocks zu. »Prostitution«, heißt es in dem Bericht über die Studie, »wird [in Rußland] zunehmend salonfähig und lakonisch als ganz normaler Ganz- oder Teilzeitjob betrachtet. In der Ukraine boomt das Strichgewerbe noch mehr. 40 Prozent der dortigen Studentinnen geben freimütig an, sich damit etwas dazuzuverdienen.«

Man spricht von der »Feminisierung der Armut« im ehemaligen Ostblock: zwei Drittel der Arbeitslosen in Rußland sind Frauen. Sie sind vom Zusammenbruch des kommunistischen Systems, in dem sie immerhin ein verbürgtes Anrecht auf Arbeit hatten, besonders betroffen. »Ihre Sorge gilt dem Überleben, nicht dem Feminismus.« So der Kommentar einer Mitarbeiterin von »La Strada«, einer Organisation, die sich der Opfer des neuen Menschenhandels annimmt. Die Lage der Frauen ist häufig so prekär, daß sie bereit sind, jedes Risiko auf sich zu nehmen. Dazu gehört auch Aids, die gefürchtete Geißel der Prostitution, von der inzwischen auch Osteuropa nicht mehr verschont ist. Wie übrigens auch China nicht, wo es zwar keinen Zusammenbruch, aber eine Aufweichung des Kommunismus gegeben hat, als dessen Folge auch hier ein rapider Anstieg der Prostitution zu verzeichnen ist.

Die Prostitution war schon immer ein billiges Ventil, wenn es galt, Umbrüche in der Gesellschaft zu flicken.

3

»Der junge Serbe, der mich [...] käuflich erworben hatte, trieb mich in Begleitung acht anderer Soldaten aus der Festung heraus. Wir stapften einen Trampelpfad herunter. Ich mußte aufpassen, daß ich im Schnee meine Pantoffeln nicht verlor. Nicht weit weg hatten die schwarzen Legionäre ihr Camp aufgeschlagen. In der Dunkelheit konnte ich, dicht nebeneinander, drei Baracken ausmachen. In einer davon wurde ich eingesperrt. In dem Raum standen drei Feldbetten und ein Tisch. Licht brannte. Es war nicht geheizt. Von irgendwoher schleppten die Männer eine Tür an, die sie auf Ziegelsteine legten. Dann warfen sie einen Schlafsack drauf. Das sollte mein Bett sein.«

Leila, ein junges Mädchen aus Bosnien – sie war gerade 16 Jahre alt, als ihr Martyrium begann –, hatte bereits zwei Kreise der Hölle, wie es Dante genannt hätte, hinter sich. Dies war die dritte Station, und zwei weitere sollten noch folgen. Bislang war Leila nur vergewaltigt worden; doch nun begann ihre Karriere als Hure, eine Trophäe serbischer Soldaten, die ihr Opfer von Ort zu Ort verschleppten:

»Ich hatte Angst, aber anfangs war ich noch gefaßt. Vielleicht wollten sie mich nur als Arbeitssklavin behalten. Doch dieser Hoffnungsfunke erlosch schnell. Ich war ausschließlich zum Vergnügen dieser Männer hier. In ihren schwarzen Uniformen umringten sie mich und rissen dreckige Witze. ›Seht euch diese kleine Nutte an. Die ist sicher schon ganz wild auf uns.‹ Ich schlotterte am ganzen Körper. Der erste, der mich vergewaltigte, nannte sich Rambo. Sein Oberkörper war tätowiert. Den Rücken zierten zwei gekreuzte Knochen. Auf der Schulter war ein Adler eingeritzt.«

Auch wenn es uns Deutschen nicht ansteht, über andere zu richten, zumal wenn es sich um Vergehen handelt, die unangenehme Erinnerungen wecken, so sollte man doch wenigstens die Dinge beim Namen nennen und einen Serben wie Rambo als das bezeichnen, was er ist – ein Primitivling, wie alle seinesgleichen, die aus der Geschichte nicht gelernt haben:

»Der Kahlkopf zog mich an meinem Kopf durch das Zimmer. Da winkelte er mein hüftlanges Haar um seinen Arm und hielt sein Messer an meinen Haaransatz. Grinsend schnitt er mir den Zopf ab und schmiß ihn auf den Boden. Dann stieß er mich auf ein Bett, zog mir mit einem Ruck die Hose runter und wälzte seinen Körper auf mich. Ich winselte: ›Tun Sie das bitte nicht.‹ Er stöhnte: ›Ich ficke deine muslimische Mutter.‹ Die anderen Männer feuerten Rambo an: ›Zeig's ihr!‹ Der Adler auf seiner Schulter blickte mich mit kalten Augen an. Ich konnte nicht mehr aufhören zu weinen. Rambos Atem stank nach Alkohol. Dann zitierte er seinen blonden Kumpel ›Vuk‹ herbei. Ein kräftiger kleiner Kerl mit eisblauen Augen. ›Laß noch was übrig für uns‹, geiferte einer. In dieser Nacht kamen noch sieben andere.«

Und es blieb nicht bei dieser Nacht. Einen Monat hielten die »schwarzen Legionäre« ihre Beute gefangen:

»Nur wenn sie mich mit der Pistole oder dem Messer dazu zwangen, redete ich. Immer neue Schimpfworte ließen sie sich für mich einfallen, um mich als ›Türkin‹ zu verhöhnen. Tag und Nacht gaben sich serbische Soldaten die Klinke in die Hand. Ich weiß nicht mehr, wie viele Männer es waren. Vielleicht zwanzig. Ich weiß nicht mehr, wie oft es passierte. Ich weiß nur, daß mich alle vergewaltigten. Mehrmals hintereinander. Rambo und ›Vuk‹ gehörten zu den Schlimmsten. Mein Körper fühlte sich wie ein Stück Holz an. Die Welt um mich herum verschob sich ständig wie buntes Glas in einem Kaleidoskop. Die andauernde Furcht ließ mich innerlich erstarren.«

Doch dies war gewissermaßen nur der Vorhof zur Hölle. Leila landete schließlich in einem regelrechten Bordell, das sich die serbischen Soldaten eingerichtet hatten. Hier kannte man keine falsche Scham:

»Meistens mußten wir mit ansehen, wie die Soldaten sich an den anderen Frauen vergingen. Wie sie sich auf deren knochigen Körpern befriedigten, Zigaretten auf den Brüsten ausdrückten oder Messer in ihre Haut schlitzten. Nur gelegentlich mißbrauchten sie einen alleine im gegenüberliegenden Zimmer. Dieses ganze Grauen hätten wir nicht ausgehalten, wären wir nicht schon längst völlig abgestumpft gewesen. Die Männer tauchten zu jeder Tageszeit auf. Nachts wählten sie sich mit der Taschenlampe jemanden aus.«

Doch zu wählen gab es immer weniger. Denn man trieb auch auf andere Weise sein Spielchen mit den wehrlosen Opfern:

»Auch hier mochte man solche Spiele wie ›Russisch Roulette‹. Einmal zerrten drei Soldaten ein Mädchen zum Fenster. Unter ihren verklebten Haaren funkelten ihre erschrockenen Augen. Einer zielte mit der Pistole auf ihre Schläfe und drückte ab. Doch nur ein leises Klicken war zu hören. Das Mädchen atmete auf. Der zweite hielt seine Pistole an ihren Kopf. Es knallte so laut, daß ich zusammenzuckte. ›Sei froh. Es ist vorbei für dich‹, war alles, was mir durch den Kopf ging. Für mich existierte keine Steigerung an Grausamkeit mehr. Alles war gleich schlimm.«

Anfangs waren sie einundzwanzig Mädchen gewesen. Am Ende waren es nur noch drei. Das war nach einem Jahr; in dieser Zeit hatte keines der Opfer den Raum, in dem sie eingesperrt waren, verlassen dürfen.

Leila wurde am Ende gerettet; ausgerechnet ein Serbe war es, der sich ihrer erbarmte. Doch die Schmach, die sich die Serben aufgeladen hatten, machte er dadurch nicht wett.

Der Krieg auf dem Balkan ist zum Glück beendet. Doch bedeutet dies nicht, daß hier inzwischen Ordnung eingekehrt ist. Trotz der Stationierung internationaler Truppenkontingente und Polizeieinheiten, die den Frieden überwachen sollen. So paradox es klingt: gerade die Anwesenheit der Fremden, nicht nur Militär und Polizei, auch technisches Personal und Mitarbeiter von Hilfsorganisationen, die den Wiederaufbau unterstützen sollen, schuf neue Probleme. Wie es Madeleine Rees, zuständig in Sarajevo für die Einhaltung der Menschenrechte, eine Aufgabe, die im Namen der Vereinten Nationen erfolgt, formuliert: »[...] wie immer, wenn es irgendwo eine Konzentration von Männern gibt, die eine Uniform tragen, explodiert der Markt der Prostitution.« Das ist auch im ehemaligen Jugoslawien so; sei es nun in Bosnien-Herzegowina, sei es im Kosovo. Seit der Stationierung von Sfor- und Kfor-Truppen eskaliert der Menschenhandel auf dem Balkan. Wie auch sonst in Europa, wo die Prostitution sich zunehmend auf den Handel mit Frauen stützt, werden die Mädchen im ehemaligen Ostblock rekrutiert. Manche sind nicht älter als 15 Jahre. Ist die Situation auf dem Balkan doch noch prekärer als in Westeuropa, denn es gibt noch kaum gesetzliche Strukturen, die ein Mindestmaß an Ordnung garantieren. Die Folge: eine noch schamlosere Ausbeutung der Mädchen, die in die Prostitution gelockt werden.

Ein ähnlich verhängnisvolles Erbe hat die UNO auch in Kambodscha hinterlassen, wo die Stationierung von Friedenstruppen zu einer erheblichen Ausweitung der Prostitution geführt hat. Schlimmer noch: da zu der UNO-Streitmacht auch Kontingente aus Afrika gehörten, wurde auch in Kambodscha das Aids-Virus eingeschleppt, das sich inzwischen immer weiter ausgebreitet hat. Wobei insbesondere die Frauen die Leidtragenden sind; denn sie werden von ihren Männern angesteckt. Ein Fluch der Prostitution, der auch andernorts zu beobachten ist. Nicht zuletzt in Afrika, wo ja die tödliche Imunschwäche ihren Ausgang nahm. Hier ist besonders ein Land in die Schlagzeilen geraten: Sierra Leone, wo in den neunziger Jahren, zur gleichen Zeit, da auch auf dem Balkan alles drunter und drüber ging, ein blutiger Bürgerkrieg tobte. Der seinerseits auf besonders perfide Weise die Prostitution anheizte. Dazu heißt es in einem Bericht von »Amnesty International«, der sich den Vergehen widmet, die weltweit gegen Frauen begangen werden:

»Während des neunjährigen Bürgerkrieges in Sierra Leone haben Rebelleneinheiten systematisch und weit verbreitet Frauen und Mädchen vergewaltigt oder in anderer Weise sexuell mißbraucht. Während die im Zuge des Konflikts verübten Verstümmelungen, insbesondere das vorsätzliche Abtrennen von Gliedmaßen, international erhebliche Proteste auslösten, fand die sexuelle Gewalt gegen Frauen, obwohl vom Ausmaß her ein noch drängenderes Problem, keine vergleichbare Aufmerksamkeit. Von den Tausenden Frauen und Mädchen, die Rebelleneinheiten verschleppt haben, sind fast alle vergewaltigt und in die sexuelle Sklaverei gezwungen worden.«

Ergänzend heißt es weiter: »Die meisten Vergewaltigungsopfer haben sich mit ansteckenden Geschlechtskrankheiten und viele vermutlich auch mit HIV/AIDS infiziert.« Ein Bericht der Vereinten Nationen aus dem Jahre 2001 attestiert Sierra Leone, das von der sonst im Afrika südlich der Sahara weit verbreiteten Imunschwäche bislang weitgehend verschont geblieben war, eine explosionsartige Zunahme von Aids-Infizierten. Die Zwangsprostitution in Sierra Leone war für viele der Opfer zugleich ein Todesurteil. Die diabolischen Auswirkungen der Prostitution haben keine Grenzen.

Ein neues Gesetz

Am 20. September 1949 trat die vierte Generalversammlung der Vereinten Nationen zusammen. In der Nachfolge des Völkerbundes, der das Chaos des Zweiten Weltkrieges nicht hatte verhindern können, waren die Vereinten Nationen bemüht, die Schäden, die der verheerende Weltenbrand hinterlassen hatte, zu beheben. Dazu gehörte auch das Problem der Prostitution, das zumal in der Nachkriegszeit völlig außer Kontrolle geraten war. Es war dies der Grund, weshalb sich die vierte Generalversammlung der UNO nicht zuletzt auch dieses Themas annahm und sich dazu auf eine Konvention einigte, die am 24. Dezember 1949 in Kraft trat. In dieser Konvention heißt es:

In der Erwägung, daß die Prostitution und ihre schädlichen Nebenerscheinungen, nämlich der Menschenhandel zu Prostitutionszwecken, mit der Würde und dem Wert des Menschen unvereinbar sind und das Wohl von Individuum, Familie und Gemeinschaft gefährden [...] vereinbaren [die »Hohen Vertragsschließenden Teile«], daß bestraft wird, wer, um die Begierde Dritter zu befriedigen:
1. Zu Prostitutionszwecken eine andere Person anstellt, verleitet oder entführt, auch wenn diese damit einverstanden ist;
2. die Prostituierung einer anderen Person ausbeutet, auch wenn diese damit einverstanden ist.

Es wird des weiteren vereinbart,

daß ebenfalls bestraft wird, wer:
1. einen Prostitutionsbetrieb besitzt, leitet oder absichtlich finanziert oder zu finanzieren hilft;
2. zu Fremdprostitutionszwecken, im ganzen oder teilweise, ein Haus oder jede andere Örtlichkeit mietet oder mit Absicht vermietet.

Diese Übereinkunft der UNO, die offiziell als »Konvention über die Bekämpfung und die Beseitigung des Menschenhandels und der Ausbeutung der Fremdprostitution« bezeichnet wurde, bekräftigte und vereinheitlichte vorangegangene internationale Abkommen zum Schutz vor Menschenhandel und Zwangsprostitution, die in den Jahren 1904 bis 1933 getroffen worden waren. Fortan verpflichteten sich alle Staaten, die dieser Konvention beitraten, zur Bekämpfung des Frauenhandels und der Zuhälterei sowie der Abschaffung von Bordellen und anderen Örtlichkeiten, die der Prostitution Vorschub leisten. Besonders betroffen von dieser Übereinkunft waren jene Länder wie Frankreich, Italien und Japan, wo Bordelle weit verbreitet waren und die Prostitution infolge des Krieges eine erhebliche Ausweitung erfahren hatte. Es wurden denn auch – wie bereits angemerkt – in allen drei Ländern Verbote gegen Bordelle erlassen, während in den skandinavischen Ländern – wie auch in Deutschland – derartige Verbote bereits bestanden hatten. In England, wo Bordelle nie ein Kennzeichen der Prostitution gewesen waren, wurde 1959 ein Gesetz erlassen, das die Straßenprostitution unterband. So wohlmeinend die Konvention der UNO und die nationalen Gesetze, die im Einklang damit erlassen wurden, auch waren, das Problem der Prostitution ließ sich damit nicht aus der Welt schaffen. Es trat sogar eine merkliche Verschlechterung der Situation ein, da durch die neuen Maßnahmen die Prostitution in den Untergrund getrieben wurde und damit staatlicher Kontrolle gänzlich entzogen war. Allein der Frauenhandel ging merklich zurück; was allerdings eine natürliche Entwicklung war, denn die Wirren des Krieges wie auch die Not der Nachkriegszeit, die ihm Vorschub geleistet hatten, waren bald überwunden. Eine neue Welle dieses Handels setzte erst mit der allgemeinen sexuellen Liberalisierung Ende der sechziger Jahre ein; ein Trend, der noch verstärkt wurde durch kriegerische Auseinandersetzungen in den Ländern der Dritten Welt und das Anwachsen der Not, die im Gefolge der Entlassung in die Unabhängigkeit auftrat. Eine dritte Welle folgte schließlich seit 1989, als – mit dem Ende des Kommunismus – der Eiserne Vorhang fiel und ein wahrer Exodus von Frauen aus dem ehemaligen Ostblock begann. Bislang haben sich alle Versuche, diese neue Form des Menschenhandels zu unterbinden, als fruchtlos erwiesen. Man ist allerdings von offizieller Seite auch nicht allzu rührig gewesen. Schließlich sitzt einem das Hemd näher als die Jacke.

Was scheren einen Farbige und Exkommunistinnen? Die werden höchstens als Konkurrentinnen scheel angesehen, weil sie die Preise verderben. Jedenfalls besteht keine Solidarität zwischen den einheimischen und ausländischen Prostituierten, was die Situation nur noch prekärer macht. Immerhin gibt es inzwischen, ja schon seit geraumer Zeit, eine Hurenbewegung, die die Belange von Prostituierten vertritt. Sie ist eine Begleiterscheinung der Frau-

enbewegung und hat – wie diese – ihren Ursprung in den USA, wo eine ehemalige Prostituierte, Margo St. James, 1973 eine Vereinigung von Prostituierten gründete, die sich »Call Off Your Old Tired Ethics«, kurz COYOTE,
nannte. Wenig später kam es in Frankreich zur Gründung einer weiteren Initiative von Prostituierten, deren unmittelbarer Anlaß eine Reihe von bestia-
lischen Morden an Prostituierten war, die an das Unwesen erinnerte, mit dem
Jack the Ripper das viktorianische London aufgeschreckt hatte. Es kam zu
Demonstrationen, die sich über das ganze Land ausbreiteten und sich
schließlich auch gegen die Regierung richteten, der man Heuchelei vorwarf.
Eine Protestaktion, die auf dem Gelände eines Schlosses stattfand, das dem
damaligen Staatspräsidenten, Giscard d'Estaing, gehörte, brachte es auf den
Punkt. Auf Transparenten, die die versammelten Huren schwenkten, stand
geschrieben: »Wir sind aus ganz Frankreich gekommen, um dem Schloß
einen Besuch abzustatten, das Giscard d'Estaing mit dem Geld aus unseren
Strafen und Steuern für sich erwerben konnte.« Die Regierung sah sich genötigt, in einem »Bericht zur Lage der Prostituierten« Stellung zu beziehen.
Während sich die Huren zu einem »Französischen Kollektiv von Prostituierten« zusammenschlossen, das sich als eine politische Interessenvertretung
verstand und der Hurenbewegung in aller Welt weiteren Auftrieb gab.

1985 fand in Amsterdam ein erster internationaler Hurenkongreß statt,
dem 1986 ein zweiter in Brüssel folgte. Das Ergebnis war eine »Charta für
die Rechte der Prostituierten«, die eine Anerkennung der Prostitution, die
Aufhebung ihrer Stigmatisierung und Schutz vor Gewalt und Ausbeutung
forderte. Die Forderungen, die das internationale Netzwerk der Hurenbewegung erhob, fanden Eingang in eine Resolution des Europäischen Parlamen-
tes, derzufolge die Mitgliedstaaten aufgefordert werden, Schritte zu unternehmen, die Prostitution zu entkriminalisieren, sie also der Strafverfolgung
zu entziehen, Prostituierten gleiche Rechte wie anderen Bürgern zuzugeste-
hen und ihnen Schutz und gesundheitliche Fürsorge zu gewähren. Auf diesem
Wege folgten nun, freilich mit einiger Verzögerung, zunächst die Niederlän-
der, die das neue Jahrtausend mit einem bahnbrechenden Gesetz einläuteten,
das die Prostitution nicht nur legalisiert, indem es die Einrichtung von Bordellen vorsieht, die seit 1911 verboten waren, sondern Prostituierten auch
eine berufliche Gleichstellung gewährt. Das heißt, sie haben Anspruch auf
soziale Leistungen. Zahlen also nicht nur Steuern, sondern sind auch deren
Nutznießer. Was gemeinhin nicht der Fall ist.

Die Niederlande haben mit dem neuen Gesetz zur Gleichstellung der Prostituierten ein Zeichen gesetzt, das inzwischen auch in Deutschland aufgegriffen worden ist. Einen anderen Weg ist Schweden gegangen. Was einigermaßen überrascht; gelten die Schweden doch – zumal was Sexualität

betrifft – als besonders aufgeschlossen. Doch anders als überall sonst auf der Welt hat hier der Feminismus über die Hurenbewegung gesiegt: mit Wirkung vom 1. Januar 1999 ist Prostitution in Schweden verboten. Das wäre nicht weiter erwähnenswert, denn derartige juristische Anläufe sind schließlich nichts Neues. Man denke an die USA, wo – außer im Staat Nevada, der mit dem Sündenbabel Las Vegas sozusagen der Inbegriff des modernen Babylon ist – die Prostitution zwar illegal ist und dennoch boomt wie in keinem anderen Land. Was dem »schwedischen Modell« seine Besonderheit verleiht, das ist die Zielsetzung des Gesetzes: nicht Huren machen sich strafbar, sondern Freier. Das ist eine geradezu revolutionäre Neuerung, die auch nur deshalb zustande kam, weil 44 Prozent der Abgeordneten im schwedischen Parlament Frauen sind und die restlichen nicht wagten, gegen den innovativen Gesetzentwurf zu stimmen. Fortan droht jedem in Schweden, der sich des »Kaufs sexueller Dienste« schuldig macht, eine Ahndung, die bis zur Gefängnisstrafe reichen kann. Man darf gespannt sein, ob dies tatsächlich ein Garaus für das älteste Gewerbe bedeutet.

2

In Deutschland trat das neue Gesetz zur Prostitution am 1. Januar 2002 in Kraft. Wie ist die Lage hierzulande? Um einige Zahlen zu nennen, die auf neueren Erhebungen beruhen:

- Die Zahl der Prostituierten in Deutschland beläuft sich auf 400 000. Etwa zwei Drittel von ihnen arbeiten in Bordellen, Clubs oder Bars; ein Viertel der Prostituierten begnügt sich mit dem Straßenstrich, während zwölf Prozent als Call-Girls oder im Escort-Service arbeiten.
- Der Anteil der Ausländerinnen an den bundesdeutschen Prostituierten kann nur geschätzt werden; er verzeichnet einen rasanten Anstieg und dürfte sich mittlerweile der 50-Prozent-Marke nähern.
- Drogenabhängige, die zur untersten Kategorie der Prostituierten gehören und sich auf den Straßenstrich konzentrieren , machen einen Anteil von etwa acht Prozent aus.
- Die Zahl der Kunden, die den Dienst einer Prostituierten in Anspruch nehmen, beläuft sich auf über eine Million am Tag.
- Die jährlichen Umsätze, die mit der Prostitution erzielt werden, liegen im zweistelligen Milliardenbereich; wobei der Staat an den Gewinnen beteiligt ist.

Kein Wunder, daß der »Spiegel« schon 1994 die Prostitution als »Wachstumsbranche« bezeichnete; was sich nicht zuletzt auch auf Deutschland bezog: »In Deutschland macht die Branche einen Jahresumsatz von schätzungsweise 50 Milliarden Mark. Daimler-Benz, das größte deutsche Industrieunternehmen, mußte letztes Jahr über eine halbe Million Automobile verkaufen, um zehn Milliarden weniger umzusetzen.« Dabei liegt Deutschland nur im Mittelfeld, im Vergleich zu den übrigen Ländern Europas, wo die Prostitution gleichfalls boomt.

Motor dieses Booms, der ungebrochen ist, ist nach wie vor die wirtschaftliche Misere im Osten, die ständig Nachschub an »Frischfleisch«, wie es in der Branche heißt, in den Westen spült. »Der Andrang aus dem Osten«, vermerkte der »Spiegel« 1999, »ist ungebrochen. Vor der deutschen Botschaft in Riga bildeten sich in den vergangenen Jahren oftmals Schlangen, 65 000 Touristenvisa wurden allein 1997 ausgegeben. Die diplomatischen Niederlassungen im ehemaligen Ostblock seien sich der Probleme durchaus bewußt, bekennt ein Sprecher des Bonner Außenministeriums, ›aber wir können ja nicht allen hübschen jungen Frauen die Einreise verweigern‹.«

In der Tat zeichnen sich die Osteuropäerinnen, die in den Westen drängen, durch besondere Attraktivität aus; denn das ist das einzige Kapital, das sie vermeinen vermarkten zu können. Der Kunde weiß es zu schätzen; denn während einheimische Prostituierte, die zumeist abgebrüht und oft auch schon älteren Semesters sind, die Freier oft vergraulen, ist die »Ware« aus dem Osten tatsächlich frisch, oft unbedarft und willig, jeden auch noch so ausgefallenen Wunsch zu erfüllen. Und sollten sich die Mädchen aus dem Osten einmal weniger einsatzfreudig erweisen, dann hilft die Mafia, die sie nur zu oft in ihrem Netz gefangenhält, nach. Acht von zehn Frauen, die illegal nach Deutschland gelangen, sind sich nicht darüber im klaren, was sie hier erwartet. So eine Einschätzung des Bundeskriminalamtes, und was damit gemeint ist, ist dies: die Frauen werden unter Vortäuschung falscher Tatsachen nach Deutschland gelockt und hier in die Prostitution gezwungen. Kaum einer gelingt es, sich aus den Fängen der Mafia zu befreien. Die Methoden, die die Mafia anwendet, sind von so großer Brutalität geprägt, daß die Opfer nicht wagen, sich ihren Peinigern zu widersetzen. Und selbst wenn es zu einer Strafverfolgung kommen sollte, fehlt es nur zu oft an Zeugen, die bereit sind, gegen die Mafia auszusagen. Die Frauen sind so eingeschüchtert, daß sie es vorziehen, den Schutz staatlicher Behörden nicht in Anspruch zu nehmen. Zumal der oft zwiespältig ist, denn wer illegal nach Deutschland eingereist ist und noch dazu einer Beschäftigung nachgeht, und sei es auch nur die Prostitution, muß mit seiner sofortigen Abschiebung rechnen. Was die Betroffenen nicht nur zurück ins Elend stößt, sondern auch den Repressalien der Mafia aussetzt.

Wie sehr die Prostitution in Deutschland durch die internationale Mafia geprägt ist, zeigt eine Statistik, die sich auf die städtischen Zentren der Prostitution bezieht: danach sind Dortmund, Essen, Kiel und Stuttgart vollständig in ausländischer Hand, während der Anteil ausländischer Zuhälter an der Prostitution in Städten wie Berlin, Bremen, Düsseldorf, Hamburg, Hannover und Köln bei annährend 75 Prozent liegt. Dazu der Kommentar: »In allen Bundesländern bauen Ausländer ihren Einfluß im Rotlichtmilieu aus. In Stuttgart (2745 Prostituierte) spielen deutsche Zuhälter bei der Wertschöpfung auf dem Strich nach Erkenntnissen der Polizei ›kaum noch eine Rolle‹, in Essen (350 Prostituierte) ›keine mehr‹.« Und was die Herkunft der Mafiosi betrifft, so heißt es weiter:

»In Köln (6000 Prostituierte) wächst die Furcht der einheimischen Luden vor den dominierenden türkischen und polnischen Kollegen, in Duisburg wächst vor allem die Macht von Ex-Jugoslawen. In München (1000 Prostituierte) müssen sich bayerische Zuhälter das Geschäft mit Kosovo-Albanern und Österreichern teilen; in Nürnberg versuchen sich Türken in Animierlokalen breit zu machen, dort haben aber noch die Deutschen das Sagen.«

Für die Prostituierten in Nürnberg ein Glück, denn nicht nur die Mafia aus dem Osten, auch die Türken, die sich im Milieu eingenistet haben, gelten als besonders brutal. Sie verlangen von ihren Opfern, bis zu 20 Freier in einer Nacht zu bedienen.

Als »letzte Burg« gewissermaßen gilt die Herbertstraße in Hamburg; auch hier haben die deutschen Luden noch das Sagen. Ansonsten befinden sie sich auf dem Rückzug; wie auch die einheimischen Huren, die fürchten, von der neuen Welle der Zugewanderten verdrängt zu werden. Es tobt ein erbitterter Konkurrenzkampf im Gewerbe.

Vor diesem Hintergrund, der die Komplexität des Problems offenbart, muß das vielgerühmte neue Gesetz zur »Gleichstellung der Prostituierten« gesehen werden. Man kann den Initiatoren dieses Gesetzes ihren guten Willen nicht absprechen; zumal sie nur Forderungen aufgegriffen haben, die von den Betroffenen selbst, die sich 1980 zu einer ersten Interessenvertretung zusammenschlossen, erhoben wurden. Diese Interessenvertretung, die sich in Berlin konstutuierte und unter dem Namen »Hydra« bekannt wurde, forderte ein Ende der Diskriminierung der Prostituierten, die Aufwertung ihrer Tätigkeit als Beruf und eine soziale Absicherung. Das neue Gesetz nun, das einen radikalen Wandel in der Einschätzung der Prostitution bedeutet, ist den Forderungen der Prostituierten in den wesentlichen Punkten entgegengekommen. Fortan gilt:

Artikel 1 des ... [Gesetzes] stellt klar, daß bei entgeltlichen sexuellen Handlungen nicht mehr automatisch von Unsittlichkeit ausgegangen werden kann [...]

Das heißt:

Ihre [der Prostituierten] Tätigkeit wird vom Gesetzgeber nicht als gegen die guten Sitten verstoßend gewertet.

Dies ist der Knackpunkt; denn nur, was nicht sittenwidrig ist, kann vom Staat anerkannt und durch Maßnahmen, die er ergreift, begünstigt werden. Diese sehen denn auch als entscheidende Änderung die Möglichkeit vor, daß Prostituierte, deren Tätigkeit anderen Berufen gleichgestellt wird, in die Sozialversicherung aufgenommen werden können; womit sie gegen Krankheit, Beschäftigungslosigkeit und im Alter abgesichert sind. Das ist ein wesentlicher Vorteil, der bislang nicht genutzt werden konnte. Zudem hebt das Gesetz das Verbot der Förderung der Prostitution, die bisher als strafbare Handlung galt, auf. Prostituierte dürfen nunmehr in Bordellen und entsprechenden Einrichtungen legal arbeiten, wobei sich allerdings das Problem ergibt, wie das neue Verhältnis zwischen Arbeitgeber – Bordellier – und Arbeitnehmer – Prostituierten – gestaltet werden soll. Denn einerseits ist nun durch ein regelrechtes Arbeitsverhältnis eine soziale Absicherung gewährleistet, andererseits soll aber auch verhindert werden, daß Prostituierte der Ausbeutung anheimfallen, wie das in der Vergangenheit nur zu oft der Fall gewesen ist. Es bleibt abzuwarten, in welcher Weise hier ein gangbarer Weg gefunden wird. Bislang sind alle Beteiligten eher skeptisch. Auch und gerade die vermeintlich Begünstigten. Dazu der Kommentar einer Betroffenen: »Die Frage ist, ob ich am frühen Morgen 200 Euro schwarz oder 90 Euro versteuert haben will.« So die Einschätzung einer Bordschwalbe, die in Berlin auf den Strich geht. Denn natürlich verdient der Staat mit, am neuen Gesetz. Auch das Arbeitsamt zeigt sich zurückhaltend. »An die Vermittlung von Huren in Bordelle«, vermerkt der »Spiegel«, »wollen sich die Beamten freilich nicht wagen.« Immerhin hat auch hier die Stunde der Aufklärung geschlagen: »Allenfalls können Damen und Herren als Bauchtanz- oder Striptease-Akrobaten vermittelt werden.« Das ist immerhin ein Anfang. Auf jeden Fall ist der Damm gebrochen: nach zweitausend Jahren stehen wir wieder da, wo wir am Ende der Antike standen. Die christliche Moral hat endgültig ausgedient; kapituliert, könnte man wohl auch sagen, denn von Sodom und Gomorrha sind wir gar nicht mehr so weit entfernt. Und das ist nicht nur ein ethisches Problem.

Pretty Woman
oder: Der Preis des Fortschritts

Am Ende dieser Untersuchung muß ich dem Leser ein Geständnis machen: Ich bin mir noch immer nicht sicher, wie ich denn nun die Prostitution bewerten soll. Also habe ich mich aufgemacht und mich selbst einmal im Milieu umgesehen. Ich hatte dazu einen Fragebogen vorbereitet, der mir dabei helfen sollte, Aufschluß darüber zu erlangen, was denn nun die Prostituierten selbst über sich und das, was sie tun, denken. Die beiden Etablissements, die ich auswählte, gehören zu den bedeutenderen ihrer Art; das eine gilt sogar als Europas größtes Bordell: es besteht eigentlich aus zwei derartigen Einrichtungen, einem für den gewöhnlichen Kunden, das sich »Pascha« nennt, und einem Penthouse, das exklusiveren Kreisen vorbehalten ist und als »Maharadscha« firmiert. Das zweite Etablissement, das der schlichte Name »Bordell« ziert, liegt ersterem direkt gegenüber, so daß man gewissermaßen gleich zwei beziehungsweise drei Fliegen mit einer Klappe schlagen kann.

Es war an einem Donnerstag, gegen 18 Uhr, als ich zunächst dem »Bordell« meine Aufwartung machte. Viel war zu dieser Zeit nicht los, aber ich hatte den Zeitpunkt mit Absicht gewählt, weil ich fürchtete, bei geschäftigerem Verkehr nicht zum Zuge kommen zu können. Das »Bordell« ist ein eher schlichtes Haus, aber es erstreckt sich über mehrere Etagen, die jeweils aus einem Gang mit Zimmern zu beiden Seiten bestanden. Die Fenster im Treppenhaus und am Ende der Flure waren blind und mit roter Farbe bemalt, und es roch allenthalben nach Desinfektionsmitteln. Die erste Dame, auf die ich traf, war offensichtlich Deutsche, was – wie ich allerdings schon wußte – durchaus keine Selbstverständlichkeit ist. Ich trug ihr mein Anliegen vor, und obwohl sie mir eine Weile zuhörte, erklärte sie schließlich, sie mache das schon zu lange, als daß sie noch irgend etwas interessiere. Ich schätzte sie auf Mitte dreißig, und obwohl sie nicht der Typ der ausgebufften Hure war, kann man doch ermessen, was sie meinte, wenn man sich vergegenwärtigt, was eine andere ihres Schlages dem »Spiegel« gegenüber freimütig bekannte: in 22 Berufsjahren habe sie etwa 20 000 Männer bedient.

Die Nächste, der ich begegnete, war eine Blonde undefinierbarer Herkunft. Sie ließ mich gar nicht zu Wort kommen, als sie erkannte, daß bei mir nichts zu holen war. Die dritte, die ich ansprach, war noch sehr jung. Kaum älter als zwanzig. Sie trug – wie es üblich ist – einen Bikini und saß, mit übereinandergeschlagenen Beinen, auf einer Art Barhocker vor dem Eingang zu ihrem Zimmer, was gleichfalls die gängige Form der Darbietung ist. Sie war ausnehmend hübsch, in einer unaufdringlichen Weise; dies und ihr Alter machten mich einigermaßen betroffen. Ich versuchte, ihr zu erklären, worum es ging. Was sie aber offenbar nicht erfaßte; obwohl sie gut Deutsch sprach: sie war Ungarin. Immerhin erklärte sie, daß sie verheiratet sei, und antwortete auf meine Frage, warum sie das tue, was sie täte (ich vermied es grundsätzlich, das Wort »Prostitution« zu gebrauchen), daß sie Geld brauche, um ein Haus bauen zu können. Natürlich verstand ich das nicht, auch nicht den Umstand, daß sie verheiratet war, wenigstens hätte ich dazu gern Näheres erfahren. Doch sie wich weiteren Fragen aus und wies darauf hin, daß sie von einer Kamera überwacht würde. Was mich im nach herein hellhörig machte; aber das Gespräch war leider beendet. Sie war der Typ, dem man in der Literatur begegnet, wo Huren gern idealisiert werden. Vielleicht verdiente sie es.

Die nächsten, denen ich meine Aufwartung machte, waren Schwarze. Vier Jamaikanerinnen, die es vorzogen, Englisch zu sprechen. Sie hörten sich geduldig meinen Vers an; von einem Gesetz, gar einem neuen, hatten sie noch nie etwas gehört. Aber es interessierte sie auch nicht. Ich gewann den Eindruck, daß sie sich mit einem ausgiebigen Schwatz untereinander einen schönen Tag machten.

Damit beließ ich es, was meine Recherchen im »Bordell« anlangten. Eigentlich war ich erst einmal bedient und überlegte, ob ich es dabei bewenden lassen sollte. Wirklich kooperativ war keine gewesen; im Gegenteil, ich hatte den Eindruck gewonnen, daß sie mein Anliegen als aufdringlich empfanden. Wenn sie mich nicht gar als abartig einstuften.

Ich ging ein paar Schritte, machte dann kehrt und wandte mich der Konkurrenz zu. Ein imposanter Bau, mit blauem Anstrich, nicht zu verfehlen. Schon von weitem wird man daran erinnert, daß es hier um etwas Besonderes geht. Das dem Fiskus immerhin jährlich sechs Millionen Euro einbringt. Verständlich, daß er die Kuh, die er melkt, auch schon vor dem neuen Gesetz nicht wagte zu behelligen. Eine Hand wäscht die andere. Im »Pascha« war ich schon einmal gewesen; zu ersten Erkundungen. Seitdem trug ich mich mit dem Gedanken, einmal darüber zu berichten. Aber es kam immer etwas anderes dazwischen.

Mittlerweile war einige Zeit vergangen; aber ich fand mich noch ganz gut zurecht. Im »Pascha« ist das Ambiente etwas feudaler als im »Bordell«; doch die Mädchen unterschieden sich kaum. Die meisten, mit denen ich ins Gespräch kam, waren Thailänderinnen. Nicht besonders hübsch, wie man etwa erwarten könnte. Auch sie – angeblich – in Deutschland verheiratet. Mehr verrieten sie nicht. Die asiatische Sanftmut, für die gerade die Thailänderinnen berühmt sind, ließen sie gänzlich vermissen. Sie hatten sich offenbar an rauhere Sitten des Umgangs, wie sie hierzulande herrschen, gewöhnt. Ich fand sie weder attraktiv noch sympathisch. Was man durchaus von einer Reihe anderer sagen kann, die mir im »Pascha« auffielen. Freilich konnte ich nicht mit allen sprechen, selbst zu dieser frühen Stunde, da eher Flaute herrschte. Da war eine Deutsche – etwa 25 Jahre –, die mir bereitwillig einige Fragen beantwortete, dann aber ungeduldig wurde und nicht länger von ihrer Arbeit abgehalten werden wollte. Eine andere Deutsche schätzte ich auf kaum älter als achtzehn. Sie wirkte eher unbedarft, wies aber den Gedanken von sich, daß sie nicht etwa aus freien Stücken hier sei. Eine Schwarze wirkte ziemlich verloren; sie stammte aus Liberia. Der Krieg habe sie vertrieben; schließlich geht es auch da drunter und drüber. Auch sie sei verheiratet; mit einem Deutschen. Nun ja ...

Schließlich fiel mir noch ein junges Mädchen auf, das wiederum so gar nicht hierher zu passen schien. Sie machte einen eher fröhlichen Eindruck, war offensichtlich Ausländerin und war recht hübsch, auf eine natürliche, ungekünstelte Weise. Auf meine Frage, woher sie komme, eröffnete sie mir, daß sie Mexikanerin sei. Was mich einigermaßen überraschte, denn Mexiko gehört gemeinhin nicht zu den Ländern, die durch ihre Präsenz im internationalen Sexgeschäft auffallen. Aber im Kölner »Pascha« ist wahrscheinlich so ziemlich jedes Land dieser Erde vertreten. Für Völkerkundler eine wahre Fundgrube, und da ich selbst einmal zu dieser Zunft gehörte und gerade Mexiko recht gut kenne, plauderten wir eine Weile Spanisch und ergingen uns in Erinnerungen an ihre Heimat. Sie stammte aus Puebla und sei Studentin. Zunächst besuche sie einen Sprachkurs, dann wolle sie studieren. Wirtschaftswissenschaften. Ihr Berufsziel: ein Job bei Volkswagen de México; in Puebla unterhält Volkswagen ein großes Werk.

Sie habe zunächst versucht, anderweitig eine Arbeit zu finden. Doch die Deutschen legten einem überall Steine in den Weg, und da habe sie den Vorschlag einer Landsmännin aufgegriffen und sich für den Job hier entschieden. Das mache sie einmal die Woche; aber es sei nicht immer leicht. Die Kunden seien oft *antipático;* was soviel wie widerwärtig heißt. Besonders Italiener und Türken seien nicht leicht im Umgang; das wäre oft hart.

So ganz habe ich sie nicht verstanden. Wie sie das wegsteckt ... aber das ist eben das große Enigma: ein Teil der Faszination, die die Prostitution seit jeher ausübt. Sie ist so schillernd wie ein Chamäleon.

Was habe ich gelernt, von meinem Besuch im »Bordell« und im »Pascha«?

Im wesentlichen dies: es gibt nicht *die* Prostituierte! Prostituierte mögen sich in vielem ähnlich sein, aber man kann sie nicht alle über einen Kamm scheren. Was diejenigen, mit denen ich sprach, gemein hatten, das war das angebliche Motiv für ihre Tätigkeit: sie erklärten übereinstimmend, das sie es wegen des Geldes machten. Wobei offenbleibt, ob dahinter wirkliche Not stand oder ob es nur der Wunsch war, einen schnellen Euro zu machen.

Auffallend war, daß die große Mehrheit derer, denen ich begegnete, Ausländerinnen waren. Deutsche waren entschieden in der Minderheit. Die meisten der Prostituierten waren zudem noch recht jung; es gab kaum eine über dreißig. Es bestätigt dies den allgemeinen Trend, der dahingeht, daß immer mehr Ausländerinnen auf den Markt der käuflichen Liebe drängen und daß sie in der Regel jünger sind als die heimischen Prostituierten. Dies ist eines der Probleme, und nicht das geringste. Denn das neue Gesetz, das als ein Markstein auf dem Wege der sexuellen Liberalisierung gefeiert wird, zielt gewissermaßen an der Hälfte der Prostituierten vorbei. Ausländische Prostituierte, die zumeist illegal oder unter Vorspiegelung falscher Tatsachen ihrer Tätigkeit nachgehen, werden durch das Gesetz nicht begünstigt. Ihrer Ausbeutung und Mißhandlung steht nach wie vor nichts im Wege. Aber das ist nur ein Teil des Problems: gravierender ist die Signalwirkung, die von dem neuen Gesetz ausgeht; denn es macht die Prostitution gewissermaßen gesellschaftsfähig. Dabei geht der Gesetzgeber von der öffentlichen Meinung aus, die er ausdrücklich eingeholt hat, bevor er sich an das neue Gesetzeswerk machte. So heißt es in der offiziellen Begründung des Gesetzes:

> ... *[die bisherige] Bewertung [der Prostitution] entspricht nicht mehr der heutigen Zeit und wird von weiten Teilen der Bevölkerung nicht geteilt. Dies hat insbesondere eine Umfrage ergeben, die das Verwaltungsgericht Berlin in Rahmen eines [relevanten] Verfahrens [...] durchgeführt hat. Die meisten der befragten gesellschaftlichen Organisationen sehen die Prostitution nicht als sittenwidrig an. In einer dimap-Umfrage aus dem Jahre 1999 sprachen sich 68 % der Befragten dafür aus, Prostitution rechtlich anzuerkennen.*

Keine überwältigende Mehrheit, aber immerhin zwei Drittel. Und da wir in einer Demokratie leben, bedeutet des Volkes Wunsch immer auch Gebot des Staates. Was aber das Volk wünscht, ist nicht unbedingt dem Gemeinwohl förderlich. Dazu ein Beispiel: Ich entnehme einer Fernsehzeitschrift, daß für den 31. Juli 2002 im ZDF eine Sendung vorgesehen ist, die den Titel trägt: »Frauenhandel – Die Balkanroute«. Die Ankündigung wird ergänzt durch das Porträt einer Frau und den Text: »Mit Vergewaltigung und Schlägen wurde Florinita zur Prostitution gezwungen. Sechs Wochen lang! Dann verschleppten albanische Menschenhändler Florinita nach Italien [...]« Es hätte auch Deutschland sein können, und obwohl die 19-jährige schließlich freikam, war das Unheil angerichtet.

Nun die Preisfrage: welche Sendezeit ist für eine derartige Reportage vorgesehen? Im vorliegenden Fall: 22.45 Uhr. Als ob die Nation noch um Viertel vor elf für eine solche Sendung empfänglich ist. Aber es folgt eine zweite Frage: was gab es wohl um 20.15 Uhr, zur Hauptsendezeit? »Eine Liebe auf Mallorca«, Spielfilm, dreimal solang wie die Reportage. Ein Kommentar erübrigt sich. Es sei denn, man fügt ergänzend hinzu, daß dies kein Einzelfall, sondern die *Regel* ist. Man könnte es auch als Skandal bezeichnen. Aber das ist vielleicht doch ein Kommentar.

Auf jeden Fall braucht man sich nicht zu wundern, daß die Prostitution hierzulande nicht mehr als sittenwidrig gilt. Das Bedenkliche daran ist, daß der Prostitution durch diese Einstellung Tür und Tor geöffnet werden. Die Hemmschwelle wird weiter fallen und damit die Nachfrage steigen, was wiederum entsprechende Auswirkungen auf das Angebot hat. Das Fatale an der neueren Entwicklung im Bereich der Prostitution ist das Zusammentreffen der Sexuellen Revolution mit dem Zusammenbruch des Kommunismus. Daraus resultiert nicht nur ein rasanter Anstieg der Prostitution, sondern auch eine Verschiebung hin zur kriminellen Form der Prostitution. Die es zwar auch früher gegeben hat; aber nicht in dem Maße. Es ist eine völlig neue Situation entstanden, und der Gesetzgeber ist gefordert, hier entsprechende Maßnahmen zu ergreifen. Dazu gehört auch, den Medien – zumindest den öffentlich-rechtlichen – gelegentlich auf die Finger zu klopfen, damit auch einmal Umfrageergebnisse erzielt werden, die nicht Ausdruck von Hedonismus und Indifferenz sind.

Es soll hier nicht der Prüderie das Wort geredet werden; es geht auch nicht um die Frage, ob die Prostitution für die Gesellschaft insgesamt schädlich ist oder nicht. Es geht uns allein darum zu klären, ob die Prostitution für diejenigen, die sie ausüben, nachteilige Auswirkungen hat oder ob sie tatsächlich ein Beruf wie jeder andere ist, der nicht mehr nur Duldung, sondern Anerkennung und die Möglichkeit zu freier Entfaltung verdient. Auf diese Frage eine Antwort zu finden, fällt nicht leicht. Auch nach einer Rückschau auf 5000 Jahre gesellschaftlicher Entwicklung, die von den frühen Stadtkulturen in Mesopotamien bis zur globalen Zivilisation der Gegenwart reicht. Die Prostitution ist dabei stets eine Konstante gewesen, auch wenn sie nicht in allen Gesellschaften ausgeprägt oder präsent war. Wie das Beispiel der Südsee zeigt, gibt beziehungsweise gab es auch Gesellschaften, wo die Prostitution keine Rolle spielte. Was darauf zurückzuführen ist, daß es eine liberale Einstellung zur Sexualität gab und die Frau sexuell nicht diskriminiert wurde. Es ist hingegen ein Kennzeichen sogenannter fortschrittlicher Kulturen, die durchgehend ausgeprägt patriarchalisch strukturiert waren, daß in ihnen allen die Prostitution als feste Institution bestand. Wobei eine deutliche Zweiteilung zu beobachten ist: eine Trennung zwischen einer gehobenen Prostitution, die von einer Minderheit ausgeübt wird, und der gewöhnlichen Prostitution, die das Gros der Prostituierten umfaßt. Ein Stigma gegen die Prostitution hat es vermutlich immer gegeben, aber es betraf in erster Linie, wenn nicht gar ausschließlich, die gemeine Prostitution. Während die höhergestellten Prostituierten, seien es nun Hetären, Kurtisanen oder Mätressen, oft eine geachtete Stellung einnahmen und eine nicht unbedeutende Wirkung auf die Künste ausübten. Das betraf zwar vor allem die bildenden Künste, aber auch die Literatur.

Zwar gibt es auch heute eine erkennbare Trennung zwischen gehobener und gewöhnlicher Prostitution, aber ein Call-Girl ist keine Kurtisane und eine Hetäre schon mal gar nicht. Insofern hat ein deutlicher Niveauverlust der Prostitution stattgefunden; sie beschränkt sich heute praktisch nur noch auf die reine Sexualität. Was natürlich damit zusammenhängt, daß sich die Stellung der Frau in der Gesellschaft gewandelt hat; so daß es heute eher umgekehrt ist, als es etwa bei den Griechen der Fall war: gebildet ist heute die Frau schlechthin, was auch ihr Ansehen erhöht hat, während die Prostituierte das Niveau der gewöhnlichen Hure kaum noch übersteigt. Was ihrem Nimbus nicht gerade förderlich ist.

Von ihrer Persönlichkeit her weist die Prostituierte zumeist gewisse psychische Mängel auf; wobei nicht immer deutlich ersichtlich ist, ob diese eine Folge ihrer Tätigkeit sind oder diese vielmehr bedingen. Opfer aber scheint die Prostituierte in jedem Fall zu sein: ein widriges Schicksal, das sie in die Prostitution treibt, spiegelt sich im Werdegang der meisten, und die Erfahrungen, die sie in der Prostitution machen, sind nicht geeignet, diesen Nachteil auszugleichen; im Gegenteil, sie verstärken ihn noch. »The happy hooker«, wie man mit Julia Roberts alias »Pretty Woman« sagen könnte, ist ein Mythos. Kurtisanen mag ein erfülltes Leben beschieden gewesen sein, die gewöhnliche Hure, wie man sie heute zumeist nur noch findet, führt eher ein kümmerliches Dasein. Nicht unbedingt im materiellen Sinne, wohl aber was ihr Seelenleben betrifft. Sie ist gezeichnet: mag sie auch auf der Welle des oberflächliches Erfolges schwimmen, es ist dennoch ein elendes Leben, das sie führt, von Selbstzweifel und Haß geprägt. Wie es eine Berliner Prostituierte, von der Hurenbewegung Hydra, formulierte: »Ob es dir nun Spaß macht oder nicht, du kriegst 'ne Macke dabei ab.« Und »Spaß« macht es immer weniger: Oder ist etwa besagte Florinita zum Vergnügen in der Prostitution gelandet?

Es drängt sich also die Erkenntnis auf, daß die Prostitution nach wie vor ein Übel ist; nicht unbedingt im christlichen Sinne – das ist ein anderes Thema –, wohl aber unter sozialen Gesichtspunkten. Deshalb stellt die Legalisierung der Prostitution *keine* Lösung des Problems dar; denn sie leistet ihr Vorschub, während sie gleichzeitig an dem eigentlichen Problem, wie es sich immer deutlicher abzeichnet, vorbeigeht. Solange der Staat nicht *allen* Prostituierten den gleichen Schutz und die gleiche Fürsorge gewährt, fördert er eine Zweiklassengesellschaft unter den Prostituierten: er begünstigt die, die ohnehin privilegiert sind, und stürzt die, die aus dem Elend kommen, in noch größere Not. Solidarität ist gefordert, auch mit denen, die keine Deutschen sind. Es reicht eben nicht zu dulden, daß sie hierzulande ihre Haut zu Markte tragen. Wie es nicht gereicht hat, die Prostitution der deutschen Huren lediglich zu dulden. Entweder man legalisiert die Prostitution, dann gilt das für alle, oder man macht es wie die Schweden. Die das Problem bei der Wurzel anpacken: zur Abwechselung mal nicht die Prostituierten, sondern die Freier aufs Korn nehmen. Doch ob es ihnen gelingen wird, die Moral der Gesellschaft umzukrempeln, das ist noch sehr die Frage. Es hieße nicht zuletzt auch, die Protagonisten der Sexuellen Revolution in ihre Schranken zu weisen. Doch woran soll man sich orientieren? Die Kirche hat ausgedient. Und was gibt es sonst? Man wird sich einiges einfallen lassen müssen.

Letzte Meldung:

»In Deutschland gehen mindestens 140 000 Frauen der Prostitution unter Zwang nach.«   *Focus, 24. Mai 2004*

Anhang

Nachweis der Zitate

Die beiden *Mottos* am Anfang des Buches wurden entnommen aus: Hannsferdinand Döbler, Eros und Sexus, München 2000 (ursprgl. 1971), S. 148 (Hetäre); Germaine Aziz, Geschlossene Häuser, Zürich 1994, S. 77.

Wovon die Rede ist: Der Spiegel, Nr. 43, 2001, S. 249 (Gesetz); Focus, Nr. 46, 1999, S. 13 (Frauenhandel); The Economist, 26. August 2000, S. 18 (desgl.).

Erster Teil: Herodot, Historien, hrsg. v. H. W. Haussig, Stuttgart 1971, S. 91 (Babylonier); Sumerische und akkadische Hymnen und Gebete, übers. u. hrsg. v. A. Falkenstein u. W. v. Soden, Zürich 1953, S. 67 f. (Inana); Das Gilgameschepos, übers. u. hrsg. v. Hartmut Schmökel, Stuttgart u.a. 1971, S. 67, 30 f., 61, 62 u. 63; Herodot, S. 82 (Marduk-Tempel); Dighanikaya, übers. u. hrsg. v. Otto Franke, Göttingen 1913, S. 198 ff. (Ambapali); Das Kamasutram des Vatsyayana, Ausg. v. Burton u. Arbuthnot, Hanau 1964, S. 33 f., 31 f., 54, 157 u. 186; Susan Marcott, The First Buddhist Women, Berkeley 1991, S. 126 f. (Vimala); Marco Polo, Il Milione, übers.u. hrsg. v. Elise Guinard, Zürich 1983, S. 319 ff.; George MacMunn, The Underworld of India, London 1933, S. 100 (Tantrismus); Lehrspruch aus dem Guhya-Samaj Tantra,, zit. in: A. Mookerjee u. M. Khanna, The Tantric Way, Delhi u.a. 1977, S. 186; Ashley Thirleby, Das Tantra der Liebe, Frankfurt/M. u.a. 1982, S. 154 (Chakrapuja); Kiharu Nakamura, Kiharu – Memoiren einer Geisha, München u. Wien 1998, S. 52 ff., 50, 51 u. 54 f.; Alice Mabel Bacon, Japanese Girls and Women, Boston u. New York 1919, S. 287 u. 290 f. (Geisha); Robert Brunhuber, in: Beliner Tageblatt v. 15. Dezember 1907 (Yoshiwara); Plutarch, Grosse Griechen und Römer, übers. u. hrsg. v. Konrat Ziegler, Bd. 5, Zürich u. Stuttgart 1960, S. 325 f. (Kleopatra); The Geography of Strabo, übers. v. H. L. Jones, Bd. IV, S. 191, London u. Cambridge/Mass. 1954 (Aphrodite); Athenaeus, The Deipnosophists, übers. v. C. B. Gulick, Bd. VI, S. 97 u. 99, London u. Cambridge/Mass. 1959 (desgl.);

Pindar, Siegesgesänge und Fragmente, übers.u. hrsg. v. Oskar Werner, München o.J., S. 439 (Xenophon); Demosthenes, zit. in: Athenaeus, Deipnosophists, S. 95; Homer, zit. in: H. D. F. Kitto, The Greeks, Harmondsworth 1967, S. 228; Athenaeus, S. 77 (Solon); Xenarchos, zit. in: Athenaeus, S. 73 u. 75; Plutarch, Grosse Griechen und Römer, Bd. II, 1955, S. 137 (Aspasia); Athenaeus, S. 79 (Aristophanes); ebd., S. 185 u. 187 (Phryne); Alkiphron, Hetärenbriefe, übers. v. Wilhelm Plankl, München 1942, S. 65 (Thais); Athenaeus, S. 113 u. 115 (Mätressen); Publius Ovidius Naso, Liebeskunst, übers. u. hrsg. v. Niklas Holzberg, Darmstadt 1985, S. 13 u. 15 (Theater, Romulus); Gaius Suetonius Tranquillus, Leben der Caesaren, übers. u. hrsg. v. André Lambert, Zürich u. Stuttgart 1955, S. 257 (Caligula, Steuern); Dion Chrysostomos, Sämtliche Reden, übers. u. hrsg. v. Winfried Elliger, Zürich u. Stuttgart 1967, S. 143; Tacitus, Annalen, übers. v. August Horneffer, Stuttgart 1957, S. 337 u. 344 (Messalina); Juvenal, Satiren, übers. u. hrsg. v. Joachim Adamietz, München 1993, S. 97 u. 99 (desgl.); Sueton, Leben der Caesaren, S. 253 (Caligula) u. 335 (Nero).

Zweiter Teil: 1. Korrinther 6, 15-19 u. 7, 1 f.; Lukas 7, 36-50; Prokop, Anekdota, übers. u. hrsg. v. Otto Veh, München 1970, S. 77, 79, 81, 83, 85, 89 u. 145; Imad ad-Din, in: Die Kreuzzüge aus arabischer Sicht, übers. u. hrsg. v. Francesco Gabrieli, München 1976, S. 256 ff.; Auszug aus einem Protokoll, Stadtarchiv Nördlingen, zit. in: Peter Schuster, Das Frauenhaus, Paderborn u.a. 1992, S. 11; Michel de Montaigne, Die Essais und das Reisetagebuch, übers. u. hrsg. v. Paul Sakmann, Stuttgart 1948, S. 65 f., 66 f., 73 f., 77 u. 68; Rodiconda, zit. in: Monica Kurzel-Runtscheiner, Töchter der Venus, München 1995, S. 302; Matteo Bandello, zit. in: Georgina Masson, Kurtisanen der Renaissance, Bergisch Gladbach 1978, S. 61 u. 85; Imperia, Nachruf, zit. in: Masson, Kurtisanen, S. 88; Johann Burchard, Alexander VI. und sein Hof, hrsg. v. Ludwig Geiger, Stuttgart o. J., S. 315; Brief, ebd., S. 323 f.; Giacomo Casanova, Geschichte meines Lebens, hrsg. v. Erich Loos, Bd. III, Berlin 1965, S. 235 ff.; E. u. J. de Goncourt, Die Frau im 18. Jahrhundert, Bd. I, München 1920, S. 140 f. u. 147 f.; Herzog von Saint-Simon, Erinnerungen, übers. u. hrsg. v. Norbert Schweigert, Stuttgart 1983, S. 128 f.; Casanova, Geschichte, Bd. III, S. 239 f.; E. u. J. de Goncourt, Die du Barry: Ein Lebensbild, München u. Leipzig 1923, S. 223, 221 f., 224 u. 225; Goncourt, Frau, Bd. II, 1920, S. 41 (Elend); Louis-Antoine de Bougainville, Reise um die Welt, Leipzig 1772, S. 156 ff.; Philibert Commerson, Auszug aus einem Brief, in: Die edlen Wilden, hrsg. v. Gerd Stein, Frankfurt/M. 1984, S. 197 f.; The Journal of Captain James Cook on His Voyages of Discovery, hrsg. v. J. C. Beaglehole, Bd. I, Cambridge 1955, S. 92 f.; Auszug aus einem Brief Ludwigs I., in: Martin Schäfer, Der andere Ludwig: König Ludwig I. von Bayern, München 1987, S. 106 (Bekenntnis); Colin Wilson u. Robin Odell, Jack The Ripper, London u.a. 1987, S. 17, 44 f. u. 54; The Encyclopaedia Britannica, Bd. XXII, Cambridge 1911, S. 464; Josefine Mutzenbacher, Die Lebensgeschichte einer wienerischen Dirne, München 1969, S. 225 f., 227, 228 f. u. 230; Ludwig Hevesi, zit. in: Karlheinz Roschitz, Kaiserwalzer, Wien 1996, S. 176 f.; La Presse v. 18. März 1905, Auszug in: Sam Waagenaar, Mata Hari, Bergisch Gladbach 1983, S. 92 f. (Tanz); Vernehmungsprotokoll, ebend., S. 396; Lenin, am 26. Juli 1913 in der »Rabotschaja Prawda«, zit. in: Fanina W. Halle, Die Frau in Sowjetrussland, Berlin u.a. 1932, S. 307 f.; Iswestija v. 16. Dezember 1922, zit. in: Halle, Frau, S. 317 (Bilanz); Halle, S. 330 (Prophylaktorien); John Gunther, Inside Russia Today, New York 1962, S. 361 f. (Prostitution); K. Zetnik, »Freudenabteilung«, Paris 1960, S. 270 f., 156 ff., 198, 213 u. 277 f. (Daniela); Eugen Kogon, Der SS-Staat, München 1991, S. 213 f. (KZ-Bordelle); britischer Soldat, zit. in: John Costello, Love, Sex, and War, London 1985, S. 336; Koreanerin, zit. in: AI-Journal, Nr. 6, 2002, S. 9.

Dritter Teil: Marcel Sicot, Weltphänomen Prostitution, München 1965, S. 57 (Frankreich) u. 97 (Italien); Hamburger Abendblatt, 25/26. Juni 1960 (Nitribitt); Die Zeit v. 8. Juli 1960 (desgl.); Der Spiegel v. 6. Juli 1960 (desgl.); Frankfurter Rundschau, 13. Juli 1960 (desgl.); A. C. Kinsey u.a., Das sexuelle Verhalten des Mannes, Berlin u. Frankfurt/M. 1965, S. 560; Simone de Beauvoir, Das andere Geschlecht, Reinbek 1968, S. 533 u. 534; Siegfried Borelli u. Willy Starck, Die Prostitution als psychologisches Problem, Berlin u.a. 1957, S. 250; Stern, Nr. 9, 1954 (Mädchenhandel); Der Spiegel, Nr. 12, 1954 (desgl.); Sean O'Callaghan, The Yellow Slave Trade, London 1968, S. 57 (Russin); Hans Leuenberger, in: Bunte Illustrierte, Nr. 3, 1957; Robert Francoeur, zit. in: Profil, Nr. 37, 1999, S. 114; Alex Comfort, Der aufgeklärte Eros, Reinbek 1971, S. 121, 119 u. 120; Judith Mackey, Der Fischer Atlas Sexualität, Frankfurt/M. 2000, S. 65 (Internet); Alice Schwarzer, zit. in: Herrad Schenk, Die Befreiung des weiblichen Begehrens, München 1994, S. 182; Teresa Orlowski, in: Beate Uhse Sexpress, Nr. 1, 1997; Stern, Nr. 43, 1998, S. 40 f. (Schamlosigkeit); Bob Guccione, zit. in: Der Spiegel, Nr. 23, 2002, S. 155; Malee, Tigerkralle und Samtpfote, München 1990, S. 68 f., 33, 110 f. u. 147; Focus, Nr. 10, 2002, S. 181 (Thailand); Der Spiegel, Nr. 34, 1993, S. 70 ff. (Frauenhandel); Profil, Nr. 37, 1999, S. 116 (Francoeur); Alexandra Cavelius, Leila: Ein bosnisches Mädchen, München 2001, S. 80 f. u. 86 f.; Madeleine Rees, zit. in: Le Nouvel Observateur, Nr. 1854, 2000, S. 11; Amnesty International, Geschundene Körper – Zerrissene Seelen, Bonn

2001, S. 56 u. 57 f. (Sierra Leone); Konvention von 1949, in: Sicot, Weltphänomen Prostitution, S. 147 f.; Der Spiegel, Nr. 46, 1994, S. 178 (Prostitution in Deutschland); Spiegel, Nr. 5, 1999, S. 101 (Andrang aus dem Osten); Spiegel Spezial, Nr. 8, 1998, S. 70 (Mafia); Bundesministerium für Familie, Senioren, Frauen und Jugend, Materialien zur Gleichstellungspolitik, Nr. 87, 2002, S. 6 (Prostitutionsgesetz); Spiegel, Nr. 12, 2002, S. 60 f. (Kommentar); ebd., Nr. 1, 2001, S. 55 (Arbeitsamt).

Pretty Woman: Der Spiegel, Nr. 12, 2002, S. 60 (Arbeitsleistung); Prostituiertengesetz, S. 4; Hörzu, Nr. 30, 2002, S. 68 (Frauenhandel); Hydra (Hrsg.), Beruf: Hure, Hamburg 1988, S. 23 (Berliner Prostituierte).

Ergänzende Literatur

Die im Nachweis der Zitate genannten Werke werden hier nicht noch einmal aufgeführt.

Allgemein

Aresin, L., u. K. Starke, Lexikon der Erotik. München 1996

Bullough, V. L., The History of Prostitution. New Hyde Park 1964

Bullough, V. u. B., Prostitution: An Illustrated Social History. New York 1978

Bullough, Vern u.a., A Bibliography of Prostitution. New York u. London 1977

Dufour, Pierre, Geschichte der Prostitution. 6 Bde., Leipzig o. J.

Epton, Nina, Amor und die Engländer. Reinbek 1964

Feustel, Gotthard, Käufliche Lust. Leipzig 1993

Francoeur, R. T., The International Encyclopedia of Sexuality. New York 1999

Henriques, Fernando, Prostitution and Society. 3 Bde., London 1961-1968

Herter, Hans, Die Soziologie der antiken Prostitution im Lichte des heidnischen und christlichen Schrifttums, in: Jahrbuch für Antike und Christentum, Jg. 3, 1960

Hill, C., u. W. Wallace, Erotikon: Erotische Kunst und Literatur aus aller Welt. Köln 1999

Hyde, H. M., Geschichte der Pornographie. Stutgart 1965

Jarrett, Lucinda, Striptease: Die Geschichte der erotischen Entkleidung. Berlin 1999

Leipoldt, Johannes, Die Frau in der antiken Welt und im Urchristentum. Leipzig 1954

Lewandowski, Herbert, Ferne Länder – fremde Sitten. Stuttgart 1960

O' Callaghan, Sean, Damaged Baggage: The White Slave Trade and Narcotics Trafficking in the Americas. New York 1969

Roberts, Nickie, Whores in History: Prostitution in Western Society. London 1992

Schmölzer, Hilde, Die Frau: Das gekaufte Geschlecht. Bad Sauerbrunn 1993

Tannahill, Reay, Kulturgeschichte der Erotik. Frankfurt/M. u.a. 1983

Thiele-Dohrmann, Klaus, Pikant wie ein Engel: Hetären, Kurtisanen, Mätressen. Hamburg 1995

Wolf, H. J., Geschichte der Prostitution. Köln 1997

Erster Teil

Balsdon, Dacre, Die Frau in der römischen Antike. München 1989

Becker, J. E. d., The Nightless City, or the History of Yoshiwara Yukwaku. Rutland u. Tokio 1972

Bolen, C. v., Erotik des Orients. Teufen 1955

Chandra, Moti, The World of Courtesans. Delhi u.a. 1973

Chatterjee, S. K., Devadasi: Temple Dancer. Kalkutta 1945

Clauss, Manfred, Kleopatra. München 1995

Davidson, J. N., Courtesans and Fishcakes: The Consuming Passions of Classical Athens. New York 1999

Downer, Lesley, Geishas. München 2001

Durand, J.-M., La femme dans le Proche-Orient antique. Paris 1987

Fauth, Wolfgang, Sakrale Prostitution im Vorderen Orient und im Mittelmeerraum, in: Jahrbuch für Antike und Christentum, Jg. 31, 1988

Flacelière, Robert, L'amour en Grèce. Paris 1960

Frichet, Henry, Fleshpots of Antiquity: The Lives and Loves of Ancient Courtesans. New York 1934

Frühlingsträume: Erotische Kunst aus China. Amsterdam 1997

Gardner, J. F., Frauen im antiken Rom. München 1995

Grant, Michael, Kleopatra. Bergisch Gladbach 1981

Grimal, Pierre, L'amour à Rome. Paris 1988

Haas, Volkert, Babylonischer Liebesgarten. München 1999.

Henry, M. M., Prisoner of History: Aspasia. Oxford 1995

Hughes-Hallett, Lucy, Cleopatra: Histories, Dreams and Distortions. London 1991

Kiefer, Otto, Sexual Life in Ancient Rome. London 1950

Kramer, S. N., The Sacred Marriage Rite. Bloomington u. London 1969

Kytzler, Bernhard, Frauen der Antike. Frankfurt/M. u. Leipzig 1997

Laurent, Emile, Die Prostitution in Indien: Eine kulturhistorische Studie. Freiburg. i. Br. u. Leipzig 1901

Leick, Gwendolyn, Sex and Eroticism in Mesopotamian Literature. New York 1994

Licht, Hans, Sittengeschichte Griechenlands. Stuttgart 1959

Longstreet, S. u. E., Yoshiwara: Im Reich der Geishas. Hamburg u. Düsseldorf 1973

Mathur, A. S., u. B. L. Gupta, Prostitutes and Prostitution. Agra 1965

Namouchi, Nicole, Käufliche Liebe: Prostitution im alten Indien. Frankfurt/M. 1995

Peruzzi Sulla, Emilio, Prostituzione sacra nell' Italia antica. Brescia 1976

Pirenne-Delforge, Vinciane, L'Aphrodite grecque. Paris 1994

Pommerenke, Millicent, Asian Women and Eros. New York 1958

Punekar, S. D., u. K. Rao, A Study of Prostitution in Bombay. Bombay 1962

Ramala, Benerji, The Castaway of Indian Society: History of Prostitution in India. Kalkutta 1989

Rawson, Philip, Tantra: The Indian Cult of Ecstasy. London 1973

Reinsberg, Carola, Ehe, Hetärentum und Knabenliebe im antiken Griechenland. München 1993

Saito, Eiko, Die Frau im alten Japan. Leipzig 1989

Schmökel, Hartmut, Heilige Hochzeit und Hoheslied. Wiesbaden 1956

Scott, A. C., The Flower and the Willow World: The Story of the Geisha. New York 1960

Seibert, Ilse, Die Frau im alten Orient. Leipzig 1973

Siems, A. K. (Hrsg.), Sexualität und Erotik in der Antike. Darmstadt 1988

Stumpp, B. E., Prostitution in der römischen Antike. Berlin 1998

Svejda-Hirsch, Lenka, Die indischen *devadasis* im Wandel der Zeit. Bern u.a. 1991

Sznycer, Maurice, La Prostitution dans le monde sémitique ancien. Paris 1983

Vaneer, William, Diary of a Geisha Girl. New York 1959

Vanoyeke, Violaine, La prostitution en Grèce et à Rome. Paris 1990

Vardiman, E. E., Die Frau in der Antike. Wien u. Düsseldorf 1982

Varenne, Jean, Le Tantrisme. Paris 1977

Winkler, J. J., The Constraints of Desire: The Anthropology of Sex and Gender in Ancient Greece. New York 1990

Yamauchi, E. M., Cultic Prostitution, in: Orient and Occident, hrsg. v. H. A. Hoffner, Neukirchen-Vluyn 1973

Zannas, Eliky, Khajuraho. Den Haag 1960

Zweiter Teil

Acton, William, Prostitution, Considered in its Moral, Social and Sanitary Aspects. London 1857

Asbury, Herbert, The Barbary Coast. New York 1957

Bernier, Olivier, Pleasure and Privilege. Garden City 1981

Biagi, Guido, Un etera romana: Tullia d'Aragona. Florenz 1897

Bouchard, A., u. Romi, Das goldene Zeitalter des Bordells. München 1992

Bronner, Vera, La lutte contre la Prostitution en URSS. Moskau 1936

Brown, Dee, Pulverdampf war ihr Parfum: Die sanften Helden des Wilden Westens. München u. Zürich 1979

Browning, Robert, Justinian und Theodora. Bergisch Gladbach 1988

Butler, A. M., Daughters of Joy, Sisters of Misery: Prostitutes in the American West, 1865-90. Urbana u. Chicago 1985

Butler, A. S. G., Portrait of Josephine Butler. London 1954

Butler, J. E., Personal Reminiscences of a Great Crusade. London 1896

Cameron, Ian, Lost Paradise: The Exploration of the Pacific. London u.a. 1987

Castelot, André, Madame du Barry. Paris 1989

Clayson, Hollis, Painted Love: Prostitution in French Art of the Impressionist Era. New Haven u. London 1991

Cloulas, Ivan, Die Borgias. Solothurn u. Düsseldorf 1988

Corban, Alain, Les filles de noce. Paris 1982

Daniel, Mark, Jack the Ripper. Harmondsworth 1988

Devi, Manada, Autobiography of an Educated Fallen Woman. Kalkutta 1931

Drago, H. G., Notorious Ladies of the Frontier. New York 1969

Dyer, Alfred, The European Slave Trade in English Girls. London 1880

Fridland, L. S., From Different Sides: Prostitution in the USSR. Berlin 1931

Gentry, Curt, The Madams of San Francisco. Garden City 1964

Gestrich, Andreas (Hrsg.), Gewalt im Krieg. Münster 1996

Gnoli, Umberto, Cortigiane della Rinascenza. Arezzo 1941

Goncourt, E. u. J. d., Frau von Pompadour. München 1922

Goulemot, J. M., Gefährliche Bücher: Erotische Literatur, Pornographie und Zensur im 18. Jahrhundert. Reinbek 1993

Hardwick, Mollie, Emma, Lady Hamilton. New York 1969

Heine, Susanne, Frauen der frühen Christenheit. Göttingen 1986

Hessen, Robert, Die Prostitution in Deutschland. München 1910

Heyden-Rynsch, V. v. d., Europäische Salons. Reinbek 1995

Hibbert, Cristopher, Versailles. Wiesbaden 1975

Holdredge, Helen, The Woman in Black: Lola Montez. New York 1955

Holt, H. E., The Diary of Mata Hari. Hollywood 1967

Howarth, David, Tahiti: A Paradise Lost. London 1983

Janny, O. E., The White Slave Trade in America. New York 1911

Keay, Julia, The Spy Who Never Was. London 1988

Kelen, Betty, Mätressen: Skandale an europäischen Fürstenhöfen des 19. Jahrhunderts. Reinbek 1969

Klier, Freya, Die Kaninchen von Ravensbrück, München 1994

Larivaille, Paul, La vie quotidienne des courtisanes en Italie pendant la Renaissance. Paris 1975

Lawners, Lynne, Lives of the Cortesans: Portraits of the Renaissance. New York 1987

Leontsini, Stavroula, Die Prostitution im frühen Byzanz. Wien 1989

Lilienthal, Georg, Der »Lebensborn e. V.«. Stuttgart u. New York 1985

Lombroso, C., u. G. Ferrero, Das Weib als Verbrecherin und Prostituierte. Hamburg 1894

Londres, Albert, Der Weg nach Buenos Aires. Berlin 1928

Maisch, Ingrid, Maria Magdalena zwischen Versuchung und Verehrung. Freiburg i. B. u.a. 1996

Maiwald, S., u. G. Mischler, Sexualität unter dem Hakenkreuz. München 2002

Miller, R. D., Shady Ladies of the West. Los Angeles 1964

Mitford, Nancy, Madame de Pompadour. London 1954

Möller, Beate (Hrsg.). Die Heilige und die Hure. Radolfzell 1989

Otis, L. L., Prostitution in Medieval Society. Chicago 1985

Parent-Duchatelet, A. J. B., De la Prostitution dans la Ville de Paris. 2 Bde., Paris 1836

Pearsall, Ronald, The Worm in the Bud: The World of Victorian Sexuality. Harmondsworth 1983

Pearson, Michael, The Age of Consent: Victorian Prostitution and Its Enemies. New Abbot 1972

Pini, Ledo, Leibeskult und Liebeskitsch: Erotik im Dritten Reich. München 1992

Pompadour, Madame de, Briefe. München 2001

Rauh, Reinhold, Lola Montez. München 1996

Reiter, J. S., Der Wilde Westen: Die Frauen. O. O. 1980

Richard, Emile, La prostitution à Paris. Paris 1890

Richardson, Joanna, The Courtesans: The Demi-Monde in Nineteenth-Century France. Cleveland u. New York 1967

Rossiaud, Jacques, Dame Venus: Prostitution im Mittelalter. München 1989

Rousselle, Aline, Der Ursprung der Keuschheit. Stuttgart 1989

Rugoff, Milton, Prudery and Passion: Sexuality in Victorian America. London 1972

Schmitz-Köster, Dorothee, »Deutsche Mutter, bist du bereit ...«: Alltag im Lebensborn. Berlin 1997

Schrank, Josef, Die Prostitution in Wien. 2 Bde., Wien 1886

Schreiber, Hermann, Die Belle Epoque: Paris 1871-1900. München 1990

–, Die ungekrönten Geliebten: Leben und Liebe der großen Mätressen. Darmstadt o. J.

Semerau, Alfred, Die Kurtisanen der Renaissance. Wien u. Leipzig 1926

Spiel, Hilde, Glanz und Untergang: Wien 1866-1938. München 1987

Stern, M. u. A., Sex in the Soviet Union. London 1981

Steven, Marcus, Doppelmoral, Sexualität und ›geheime Kultur‹ im viktorianischen England. Frankfurt/M. 1977

Stürmer, C. v., Die Prostitution in Rußland. Berlin 1899

Täuber, R. E., Der häßliche Eros: Darstellungen zur Prostitution in der Malerei und Grafik (1855-1930). Berlin 1997

Terrot, Charles, The Maiden Tribute: A Study of the White Slave Traffic of the Nineteenth Century. London 1959

Thoma, Helga, Madame, meine teure Geliebte. Zürich 1998

Tobias, Rolf, Viktorianisches Lesebuch: Sexualität und Erotik in einem prüden Zeitalter. Bergisch Gladbach 1985

Vasilevskie, L. A. u. L. M., Prostitutsin i novaia Rossia. Moskau 1923

Walter (Pseudonym), My Secret Life. 11 Bde., Brüssel 1888-94

Ward, Benedicta, Harlots of the Desert. London u. Oxford 1987

Wilson, J. H., Nell Gwyn: Royal Mistress. New York 1952

Winter, Ella, Red Virtue. New York 1933

Dritter Teil

Ackermann, L., u. C. Filter, Die Frau nach Katalog. Freiburg u.a. 1994

Adams, A., u. W. Stadiem, Madam 90210: Die Wahrheit über die »Pretty Women« von L. A. Berlin 1995

Agisra (Hrsg.), Sextourismus und Frauenhandel. Kiel 1989

Andersen, Raffaela, Intimszenen. München 2002

Barry, Kathleen, Sexuelle Versklavung von Frauen. Berlin 1983

Bauer, Willi, Geschichte und Wesen der Prostitution. Stuttgart 1956

Biermann, Pike, Wir sind Frauen wie andere auch: Prostituierte und ihre Kämpfe. Reinbek 1982

Campagna, Norbert, La Pornographie, l'éthique et le droit. Paris 1998

Delacoste, F., u. P. Alexander (Hrsg.), Sex Work: Writings by Women in the Sex Industry. San Francisco 1987

Durban, Pierre, La psychologie des prostituées. Paris 1969

Dworkin, Andrea, Pornographie: Männer beherrschen Frauen. Köln 1987

Fichte, Hubert, Interviews aus dem Palais d'Amour. Reinbek 1972

Frederick, J., u. T. L. Kelly, Für Brot und Götter: Tradition und Alltag der Prostitution in Südasien. Frankfurt/M. 2001

Greenwald, Harold, The Call Girl: A Social and Psycho-analytic Study. New York 1958

Harris, Sara, House of the 10 000 Pleasures: A Modern Study of the Geisha and of the Streetwalker of Japan. London 1962

Hübner, I., u. M. Roper, Protest in Spitzenhöschen: Huren wehren sich. Frankfurt/M. 1985

Hyde, H. M., A Tangled Web: Sex Scandals in British Politics and Society. London 1986

Khalaf, Samir, Prostitution in a Changing Society: A Sociological Survey of Legal Prostitution in Beirut. Beirut 1965

Kimball, Nell, Memoiren aus dem Bordell. München 2001

Latza, Berit, Sextourismus in Südostasien. Frankfurt/M. 1989

Launer, Ekkehard (Hrsg.), Frauenhandel. Göttingen 1992

Limanowska, Barbara, Trafficking in Human Beings in Southeastern Europe. Belgrad 2002

Mente, B. d., The Pleasure Girls of Japan. London 1966

Millet, Kate, Das verkaufte Geschlecht: Die Frau zwischen Gesellschaft und Prostitution. Köln 1981

Montreynaud, Florence, Amours à vendre. Grenoble 1993

Niesner, E., u. C. Jones-Pauly, Frauenhandel in Europa. Bielefeld 2000

Nobuo, Kanemolo, Edo-Zoshi: Image of Ukiyoe, Now. Kyoto 1987

Phillippon, Odette, Le trafic des femmes. Paris 1956

Rentscher, Regula, Ware Liebe. Wuppertal 1987

Riecker, Joachim, Ware Lust. Frankfurt/M. 1995

Robin u.a., Call me! München 1997

Schmidt, H. G., Der neue Sklavenmarkt: Geschäfte mit Frauen aus Übersee. Basel 1985

Simmat, W. E., Prostitution und Öffentlichkeit: Soziologische Betrachtungen zur Affäre Nitribitt. Schmiden o. J.

Streiber, Petra, Internationaler Frauenhandel.Berlin 1998

Summers, A., u. S. Dorril, Honey Trap. Sevenoaks 1989

Uhse, Beate, Sex Sells. München 2002

Wytscheck, Sandra, Ausländerinnen: Schicksal Prostitution. Hänsel-Hohen-
hausen 2000

Periodika (Reportagen, Schwerpunktthemen)

Milliarden-Business Sex, *News,* Nr. 28, 2002, S. 44 ff.
Nackt, *Stern.* Nr. 6, 2002, S. 128 ff.
Le Nouvel Observateur, Nr. 1866, 2000, S. 6 ff.
Prostitution: Les Nouvelles Mafias, *Le Nouvel Observateur,* Nr. 1854, 2000,
    S. 4 ff.
Sex im 21. Jahrhundert, *Der Spiegel,* Nr. 48, 2000, S. 180 ff.
Sex Branche Schweiz, *Facts,* Nr. 22, 1999, S,. 32 ff.
Le Monde Diplomatique, Manière de voir, Nr. 44, 1999, S. 13 ff.
Der öffentliche Sex, *Der Spiegel,* Nr. 50, 1998, S. 102 ff.
Deutschland bei Nacht, *Spiegel Spezial,* Nr. 8, 1998
Sex und Lügen in Amerika, *Der Spiegel,* Nr. 32, 1998, S. 104 ff.
The Sex Business, *The Economist,* Nr. 7, 1998, S. 23 ff.
Der Fall Reeperbahn, *Der Spiegel,* Nr. 50, 1997, S. 86 ff.
Prostitution, *Profil,* Nr. 48, 1997, S. 74 ff.
Nackt bis auf die Seele, *Der Spiegel,* Nr. 29, 1997, S. 92 ff.
»Ich bin eine Hure«, *P. M. Perspektive,* Nr. 48, 1997, S. 54 ff.
Das Tal der Pornos, *Spiegel Spezial,* Nr. 8, 1997, S. 108 ff.
The Business of Porn, *U. S. News & World Report,* Nr. 6, 1997, S. 42 ff.
Frauenhandel, *Der Spiegel,* Nr. 4, 1997, S. 98 ff.
Prostitution, *Stern,* Nr. 50, 1996, S. 36 ff.
Liebe und Triebe, *Spiegel Spezial,* Nr. 8, 1996
Weltmarkt Sex, *Focus,* Nr. 2, 1995, S. 110 ff.
Wachstumsbranche Prostitution, *Der Spiegel,* Nr. 46, 1994, S. 178 ff.
Sex For Sale, *Time,* Nr. 25, 1993, S. 30 ff.
Die verkaufte Frau, *Focus,* Nr. 12, 1993, S. 110 ff.

Belletristik

Amado, Jorge, Tieta aus Agreste. München 1988
Arcan, Nelly, Hure. München 2002
Aretino, Kurtisanengespräche. Frankfurt/M. 1986
Avelane, Gérard, Verkaufte Nächte. Schmiden 1958
Benalti, Alexander, Anruf genügt! Schmiden 1958

Cleland, John, Fanny Hill, St. Albans 1976

Choderlos de Laclos, Schlimme Liebschaften. Frankfurt/M. 1972

Decoin, Didier, Die schöne Buchhändlerin. München 1996

Defoe, Daniel, Moll Flanders (1722)

Despentes, Virginie, Die Unberührte. Reinbek 1999

–, Baisse-moi – Fick mich. Reinbeck 2002

Deusel, P. M., Madeleine Tel. 136211. München 1965

Die leichten Damen der Weltliteratur, hrsg. v. M. S. Fischer, Franfurt/M. u. Berlin 1990

Dujovne Ortiz, Alicia, Die tangofarbene Frau. Berlin 2001

Dumas, Alexandre, Die Kameliendame. Frankfurt/M. 1999

Fell, Alison (Hrsg.), Jadeschwert und Pflaumenblüte. Reinbek 1995

Gaillard, Robert, Tahiti. München 1961

Gautier, Théophile, Eine Nacht der Kleopatra. Berlin u. Leipzig 1904

Goethe, J. W. v., Der Gott und die Bajadere (1798)

Golden, Arthur, Die Geisha. München 1998

Hauschild, Hans, Die Gestalt der Hetäre in der griechischen Komödie. Leipzig 1933

Houllebecq, Michel, »Plattform«. Köln 2002

Jerofejew, Viktor, Die Moskauer Schönheit. Frankfurt/M. 1993

Kakar, Sudhir, Kamasutra, oder Die Kunst des Begehrens. München 2002

Kisch, E. E., Der Mädchenhirt. Berlin 1914

Korber, Tessa, Die Kaiserin. München 2002

Kuby, Erich, Rosemarie – des deutschen Wunders liebstes Kind. Stuttgart 1958

Long, J. L., Madame Butterfly. New York 1898

Loti, Pierre, Madame Chrysanthème. Paris 1888

Lukian, Hetärengespräche (2. Jh. n. Chr.)

Mason, Richard, Suzie Wong. Reinbek 1960

Messadié, Gerald, Alexandria. München 1999

Miller, Henry, Stille Tage in Clichy. Reinbek 1990

Nerciat, R.-A. A. d., Liebesfrühling. Berlin 1995

Nosaka, Akiyuki, Japanische Freuden. Reinbek 1993

O'Hara, John, Butterfield 8. München u. Zürich 1966

Prévost d'Exiles, A.-F., Histoire du Chevalier des Grieux et de Manon Lescaut. (1731)

Restif de la Bretonnes, N.-E., Lucile ou les progrès de la vertu (1768)

Rotheart, Martha, Ich, Kleopatra. München u. Zürich 1981

Saikaku, Ihara, Japanische Kurtisanengespräche des 17. Jahrhunderts. München 1967

Schroeder-Devrient, Wilhelmine, Aus den Memoiren einer Sängerin (1868/ 1875)
Siemes, Isabelle, Die Prostituierte in der literarischen Moderne, 1890-1933. Düsseldorf 2000
Sneider, Vern, Die Geishas des Captain Fisby. Frankfurt/M. 1959
Sprott, Duncan, Die irische Mätresse. Frankfurtt/M. 2000
Vanoyeke, Violaine, Messaline. Paris 1988
Vargas Llosa, Mario, Das grüne Haus. Reinbek 1968
Zola, Émile, Nana. Berlin 2002
Zwagerman, Joost, Falsches Licht. München 1997

Bildnachweis

Alle Abbildungen: Archiv des Autors. In einigen Fällen konnten die Inhaber der Bildrechte nicht ermittelt werden. Bei berechtigten Ansprüchen wende man sich bitte an den Verlag.

Historischer Überblick

Zeitliche Zuordnung besonderer Häufigkeit charakteristischer
Formen der Prostitution

Periodenabfolge	Prostitutionsarten
frühe Hochkulturen	sakrale Prostitution; Kurtisanen
klassische Antike	Hetärentum, Mätressen; Zwangsprostitution
Mittelalter	gemeine Prostitution
Renaissance	Kurtisanentum
Rokoko	Mätressen
19. Jahrhundert	Armutsprostitution; Frauenhandel
20. Jahrhundert	gemeine Prostitution, Zwangsprostitution, Call-Girls; Frauenhandel
Gegenwart	Armutsprostitution, Frauenhandel; mediale Prostitution (Pornographie)

Personen- und Sachregister